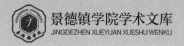

景德镇学院学术文库

JINGDEZHEN XUEYUAN XUESHU WENKU

转型社会的思想激荡：

春秋至西汉时期意识形态的生成

晏功明——著

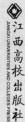

江西高校出版社

JIANGXI UNIVERSITIES AND COLLEGES PRESS

图书在版编目（ＣＩＰ）数据

转型社会的思想激荡：春秋至西汉时期意识形态的生成/晏功明著.--南昌：江西高校出版社，2021.5（2022.2重印）

（景德镇学院学术文库）

ISBN 978－7－5762－0865－8

Ⅰ.①转…　Ⅱ.①晏…　Ⅲ.①社会意识形态—研究—中国—春秋时代—西汉时代　Ⅳ.①D092.2

中国版本图书馆 CIP 数据核字（2021）第 014915 号

出 版 发 行	江西高校出版社
社　　　址	江西省南昌市洪都北大道96号
总 编 室 电 话	(0791)88504319
销 售 电 话	(0791)88522516
网　　　址	www.juacp.com
印　　　刷	天津画中画印刷有限公司
经　　　销	全国新华书店
开　　　本	700mm×1000mm　1/16
印　　　张	20
字　　　数	300 千字
版　　　次	2021 年 5 月第 1 版
	2022 年 2 月第 2 次印刷
书　　　号	ISBN 978－7－5762－0865－8
定　　　价	58.00 元

赣版权登字 -07-2021-111

《景德镇学院学术文库》
前言

　　景德镇学院是一所地方性应用型本科院校,学校创建于1977年。学校坚持社会主义办学方向,落实立德树人根本任务,遵循"自强不息、泽土惠民"校训精神,坚持"知行合一、守正出新"办学理念,确立"地方性、应用型"办学定位,走"特色化、差异化、国际化"发展路径。近年来,围绕建设特色鲜明的地方性应用型本科院校发展目标,学校积极开展学术研究,承担科学研究和文化传承创新职能。

　　大学因学术而兴,因文化而繁荣。为繁荣学术研究,推动广大教师积极从事学术工作,使学校学术新秀脱颖而出,系统地展现景德镇学院的优秀学术成果,我们决定出版《景德镇学院学术文库》,每年资助出版一批学术著作。

　　《景德镇学院学术文库》的学术追求是出精品。入选文库的专著,为有较高水平的学术成果,或解决重大课题,或确立新观点,或使用新史料,或开拓新领域的专题研究。学校尤其欢迎年轻教师和博士积极参与学术文库,出高水平的学术成果。

　　《景德镇学院学术文库》由科研处面向全校教师征集,经过初审、同行匿名评审,就其选题价值、学术创见、研究方法、分析论证、文献征引、文字表述等方面给出明确意见,经校学术委员会终审,方可入选。入选的专著,必须遵守学术著作规范,遵守学术道德,不存在知识产权争议。涉及知识产权问题,由作者本人负责。

　　《景德镇学院学术文库》的出版,传承的是"自强不息、泽土惠民"校训精神,流淌的是"求真务实"的学术血脉。我们相信,《景德镇学院学术文库》对于继承与发扬景德镇学院学术精神,对于深化相关学科领域的研究,对于促进景德镇学院的学术繁荣、推出学术新秀,必将起到积极的推动作用,谱写景德镇学院新时代兴学育人新篇章。

《景德镇学院学术文库》编辑出版委员会

发现古代中国（自序）

　　喊出"发现古代中国"的口号,的确有王婆卖瓜的味道。本书是笔者怀着敬畏的心态对春秋战国时期的诸子思想所做的学术研究的成果之一。当然,是学术就有其边界,它不是普通百姓满大街卖凉粉的吆喝。普通百姓靠生活常识打发日子,学术却要揭示生活常识背后的真相。因此,学术所提的问题不能等同于百姓在生活中互动的问题,如"吃饭了吗"。学术问题可以是前人研究过的同一问题,但它会根据新视角或方法给出不同的却合乎逻辑的解释。相应地,撇开自然科学不谈,对社会科学学术问题做解释就是揭开特定文明的神秘面纱。因此,社会科学的学术既是对特定文明的传承,也是对特定文明的阐发。久而久之,层出不穷的学术成果就不断拓展了我们对特定文明的认知。喊出"发现古代中国"的口号,意味着前人对春秋战国时期的古代中国,要么存在着不少误读,要么囿于思维的惯性选择性地漠视了。譬如,春秋战国时期的社会转型,一般认为是西周分封制向郡县制转型。分封制和郡县制就如当代国家治理乡村的村委会、村民小组制一样,都是国家治理社会的结构。但国家治理社会的结构不能等同于社会本身的结构。在人类社会早期,国家治理社会的结构与社会结构往往是同一的。然而,随着时间的推移,国家治理社会的结构开始与社会结构分离开来,因而国家治理社会的结构与社会结构在功能上就有明显的差异。国家治理社会的结构是国家重塑社会的结构,主要承担着国家治理的功能;社会结构是社会自我生成的结构,承担着社会自我传承和发展的功能。春秋时期古代中国的分封制确实带有宗法家族社会结构的色彩。这是中国古代社会国家统治方式因陋就简地套用家族社会结构来实施治理的产物。随着分封制承担的社会自我传承与发展功能的逐渐弱化以及国家治理功能的加强,分封制不再是社会结构。而且,分封制内在所具有的宗法家族社会结构将妨碍国家治理。因此,郡县制取代分封制就成为历史的大趋势。而学术研究所发现的这种大趋势往往使人误认为,郡县制取代分封制实际上是一种社会结构取代另一种社会结构。于是,国家治理社会结构的转型误导了人们对春秋战国时期社会转型的认识。当这种误导成为许多学者的共识时,春秋战国时期社会转型的具体内涵就在人们的不假思索中被漠视了。

春秋战国是诸子百家争鸣的时代,这个时代在雅斯贝尔斯看来,也是古代中国文明的轴心时代(公元前770年至公元前221年)。雅斯贝尔斯认为:"轴心时代之前的历史缺乏轴心时代产生的精神张力,这种精神张力从那时起就不断在起着作用,它赋予人类所有的活动以崭新的问题性和意义。"[1]相应地,包括孔子、老子等诸子在内的古代中国轴心时代的思想家就决定了之后中国文明的发展路径。因此,发现春秋战国时期的古代中国,本质上是揭示中国古代文明的真相。对今天的中国人来说,研究两千多年前的古代中国文明,就是一次跨时空

---

① [德]卡尔·雅斯贝尔斯:《论历史的起源与目标》,李雪涛译,华东师范大学出版社2016年版,第13页。

的探索。如果这次探索不被人称为异想天开的行为而是成为研究诸子争鸣的学术，那么它作为一家之言，不仅要经得起学界同人的批评和质疑，而且要经得起时间的检验。只有经过时间检验的学术著作，才能真正让人心存敬畏。

对于对春秋战国时期的历史不太熟悉的读者来说，这个时期的很多历史故事一定会让他们感兴趣。《史记·魏公子列传》中有一段信陵君魏无忌"窃符救赵"的故事。魏无忌成功窃得兵符，主要是大梁城守门人侯嬴出谋划策的结果。然而，当魏无忌率领随从出发救赵国时，侯嬴却以年老为由不跟从，只许诺：他将面朝北用剑自刎。最后的结局是侯嬴自杀。从现代人的角度来理解，如果事情未成功，侯嬴自杀尚可理解，但事情成功了侯嬴还要自杀就有点儿不可思议了。至此，读者可能意识到春秋战国时期人的行为模式迥异于现代中国人的行为模式。然而，侯嬴的故事只是引起了读者的兴趣，读者一般不会追问为什么，因为随着阅读的深入，新的故事又把人们引入了一个新的世界。因此，很多可以提出学术问题的故事都在读者兴趣的变化中流逝了。之所以如此，可能是因为阅读只是引起了读者的疑惑，但疑惑并未引导读者去打开故事背后神秘的大门。神秘的背后隐藏着一个复杂的世界，人们寻求简单解释的思维惯性妨碍了他们去揭开复杂世界的面纱。因此，对疑惑的探索往往还未开始就"胎死腹中"了。这样阅读就成了浏览，无法进入学术的殿堂。研究春秋战国时期诸子的思想，我们仅在阅读时头脑中不断产生疑惑还远远不够，还需要有社会学的想象力。正如美国社会学家米尔斯所说，具有社会学想象力的人能够看到春秋战国时期更广阔的历史舞台，能从中发现春秋战国时期古代中国社会转型的具体架构。在这个社会转型的架构中,人们可以阐释春秋战国诸子的种种选择和心态。个人的焦虑不安(如孔子感叹"莫我知也夫"①;墨子"独自苦而为义"②)被集中体现为春秋战国时期社会转型的生存困扰。③

人类传承特定的文明,不仅受个人认知的主观局限,而且受到时间和空间的限制。时间越久远,文献散佚越严重,那么古代的人类文明对现代人来讲就变得越难以理解,传承就越艰难。空间越大,地理越远,特定文明中古代人的生活方式就越可能迥异于当代人的生活方式。个体内化的特定文明对迥异于自己的文明会自觉或不自觉地抵制。每个置身特定文明中的学者,在学术研究中不时会发出"不识庐山真面目,只缘身在此山中"的感慨。因此,从事社会科学学术研究的人特别需要有社会学的想象力。然而,发挥社会学的想象力不是纯粹地、天马行空地臆断,譬如,根据《韩非子·外储说左上》中"墨子为木鸢,三年而成,蜚一日而败"就推断墨子在春秋战国时期就造出了现代飞机。因此,我们发挥社会学的想象力可以设想春秋战国时期的社会构造,但这种想象只是一种理论假设。这种理论假设建立在不证自明的前提下:人类在相似的情境下会有相似的行为。而且,对于大脑想象出的有关春秋战国时期社会转型的理论假设,我们还应适当地运用推理得出推论,然后根据春秋战国时期的历史文献或考古材料进行检验。美国社会学家帕森斯说:"真正的科学理论不是呆滞地'冥思苦

---

① 《论语·卷七·宪问第十四》。
② 《墨子·贵义》。
③ [美]C.赖特·米尔斯:《社会学的想象力》,陈强、张永强译,生活·读书·新知三联书店 2012 年版,第 3 页。

索'的结果,也不是把一些假设中所包含的逻辑含义加以敷衍的结果,而是从事实出发又不断回到事实中的观察、推理和验证的产物。"①所以,对春秋战国时期诸子思想的学术研究,不能是观点的罗列和历史材料的堆积,我们应张开社会学想象力的翅膀并善用逻辑推理的力量。只有这样,对春秋战国时期诸子思想的研究才能走出学术研究的前科学时代。

对春秋战国时期诸子著作的研究已有两千多年的历史。撇开两千多年的研究中有关古文的注释部分,有相当多的研究采用的是"六经注我"的模式。"六经注我"预示着后人在发挥想象力,不断对前人的思想进行个人的引申和发挥。这种引申和发挥有时会曲解春秋战国时期诸子思想的原意,它在一定意义上妨碍了对先秦诸子思想的传承和发展。因此,"六经注我"的模式并非缺乏想象力,而是个人主观默认的价值立场戕害了诸子的思想。确实,学术研究无法摆脱价值立场,但特定的价值立场只是未加证明的理论假设,如果它要成为学术,就要接受合乎逻辑的检验。检验并不是简单地堆积历史材料,而是要进行适当的推理。因此,前人提出"大胆假设,小心求证",意思是大胆想象必须合乎逻辑推理。对于那些只会想象不善用逻辑推理者,不客气地说,他们还徘徊在学术殿堂的门口。

春秋战国时期诸子百家争鸣,那时是古代中国文明的轴心时代。与春秋战国时期的百家争鸣相媲美,20世纪初中国有过一场新文化运动。新文化运动喊出"民主"与"科学"的口号。它和春秋战国时期诸

---

① ［美］T. 帕森斯:《社会行动的结构》,张明德、夏遇南、彭刚译,译林出版社2003年版,序言第2页。

子百家争鸣一样,都是国人对社会转型的反映。春秋战国时期诸子百家争鸣,形成思想创新的局面,而近代中国的新文化运动与其说是一场思想创新运动,不如说是中国传统文明无力应对西方挑战的一种西方转向。这种转向本质上反映了中国传统文明对社会现代转型反应的无力,中国传统文明并未焕发出新的精神创造力,并没有像公元1500年左右的西方科学与技术一样开创出一个新时代。德国哲学家黑格尔说:"密纳发的猫头鹰要等黄昏到来,才会起飞。"①今天,中国社会的现代转型已进入加速时期,相应地,今天的中国社会正在呼唤中国传统文明自身再创造一个思想焰火迸发的时代。

当然,要复兴古代中国的传统文明,就必须先了解和发现古代中国。

是为序。

---

① [德]黑格尔:《汉译世界学术名著丛书:法哲学原理或自然法和国家学纲要》,范扬、张企泰译,商务印书馆2017年版,第14页。

第一章　前　言

第一节　问题的提出及其实质

一、问题的提出

春秋战国时期既是古代中国礼崩乐坏的时期,又是诸子百家思想争鸣的时期。当时比较有影响的政治思想,大抵有儒家、道家、墨家和法家四大派别。四派的思想家们往往在争鸣中相互攻讦。儒家孟子攻击道家杨朱和墨家墨子说:"杨氏为我,是无君也;墨氏兼爱,是无父也。无父无君,是禽兽也。"①儒家荀子评论墨家时说:"不知壹天下,建国家之权称,上功用,大俭约,而僈差等,曾不足以容辨异,县君臣;然而其持之有故,其言之成理,足以欺惑愚众,是墨翟、宋钘也。"②荀子对墨子、宋子、慎到、申不害、庄子展开了批评,认为"墨子蔽于用而不知文,宋子蔽于欲而不知得,慎子蔽于法而不知贤,申子蔽于势而不知知,惠子蔽于辞而不知实,庄子蔽于天而不知人"③。荀子还批评儒家孟子:"略法先王而不

---

① 《孟子·滕文公下》。这句话的大意是:杨派主张个人第一,这便否定对君上尽忠,就是目无君上。墨派主张天下同仁,不分亲疏,这便否定对父亲尽孝,就是目无父母。目无君上、目无父母,那就成禽兽了。详见杨伯峻:《中国古典名著译注丛书:孟子译注》,中华书局2010年版,第143页。

② 《荀子·非十二子》。这句话的大意是:不懂得统一天下、建立国家的法度,崇尚功利实用,重视节俭而轻慢等级差别,甚至不容许人与人之间有分别和差异的存在,也不让君臣之间有上下的悬殊。但是他们立论时却有根有据,他们解说论点时有条有理,足够用来欺骗蒙蔽愚昧的民众。墨翟、宋钘就是这种人。详见张觉:《中华古籍译注丛书:荀子译注》,上海古籍出版社1995年版,第85页。

③ 《荀子·解蔽》。这句话的大意是:墨子蒙蔽于只重实用而不知文饰,宋子蒙蔽于只见人有寡欲的一面而不知人有贪得的一面,慎子蒙蔽于只求法治而不知任用贤人,申子蒙蔽于只知权势的作用而不知才智的作用,惠子蒙蔽于只务名辩而不知实际,庄子蒙蔽于只知自然的作用而不知人的力量。详见张觉:《中华古籍译注丛书:荀子译注》,上海古籍出版社1995年版,第454-455页。

知其统,犹然而材剧志大,闻见杂博,案往旧造说,谓之五行,甚僻违而无类,幽隐而无说,闭约而无解。案饰其辞而祗敬之,曰:'此真先君子之言也。'子思唱之,孟轲和之,世俗之沟犹瞀儒,嚾嚾然不知其所非也,遂受而传之,以为仲尼、子游为兹厚于后世。是则子思、孟轲之罪也。"①墨子批评孔子弟子祸乱列国,他说:"孔某所行,心术所至也。其徒属弟子皆效孔某:子贡、季路辅孔悝乱乎卫,阳货乱乎齐,佛肸以中牟叛,漆雕刑残,莫大焉。"②法家集大成者韩非,不仅批评法家"申子未尽于术,商君未尽于法"③,而且批评儒家和墨家:"墨者之葬也,冬日冬服,夏日夏服,桐棺三寸,服丧三月,世主以为俭而礼之。儒者破家而葬,服丧三年,大毁扶杖,世主以为孝而礼之。夫是墨子之俭,将非孔子之侈也;是孔子之孝,将非墨子之戾也。"④韩非还批评庄子和杨朱是"畏死远难,降北之民也,而世尊之曰贵生之士"⑤。道家庄子批评儒墨之辈是沽名钓誉之徒,走的都是旁门左道。他说:"枝于仁者,擢德塞性以收名声,使天下簧鼓以奉不及之法非乎? 而

---

① 《荀子·非十二子》。这句话的大意是:大致效法古代圣明的帝王而不知道他们的要领,然后还自以为才气横溢,志向远大,见闻丰富广博。根据往古旧说来创见新说,把它称为"五行",非常乖僻悖理而不合礼法,幽深隐微而难以言说,晦涩缠结而无从解释,却还粉饰他们的言论并郑重其事地说:"这真正是先师孔子的言论啊。"子思倡导,孟轲附和,社会上那些愚昧无知的儒生七嘴八舌地不知道他们的错误,于是就接受了这种学说而传播它,以为是孔子、子游立此学说来嘉惠后代,这就是子思、孟轲的罪过了。详见张觉:《中华古籍译注丛书:荀子译注》,上海古籍出版社1995年版,第88页。

② 《墨子·非儒下》。这句话的大意是:孔子的所作所为,都是由他的心术决定的。他的门人弟子都去效法孔丘:子贡、季路辅佐孔悝在卫国作乱,阳货在齐作乱,佛肸占据中牟发动叛乱,漆雕氏极为残暴。没有比这更大的罪行了。详见李小龙译注的《墨子》,中华书局2007年版,第173页。

③ 《韩非子·定法》。这句话的大意:申不害的术还不完善,商鞅的法也不完善。详见高华平、王齐洲、张三夕译注的《韩非子》,中华书局2010年版,第625页。

④ 《韩非子·显学》。这句话的大意是:墨子的丧葬思想是,冬天死了人就用冬天的服装,夏天死了人就用夏天的服装。用三寸厚的桐木板做棺材,守孝三个月。当代的君主认为这是节俭,因而礼遇他们。儒家提倡倾家荡产办丧事,守孝三年,要极度悲哀以致损坏了身体,靠扶着拐杖才能行走。当代君主认为这是孝道,因而礼遇他们。那么肯定墨子的节俭,就要否定孔子的奢侈;肯定孔子的孝道,就要否定墨子的不孝。详见高华平、王齐洲、张三夕译注的《韩非子》,中华书局2010年版,第728页。

⑤ 《韩非子·六反》。这句话的大意:贪生怕死,逃避危险,是投降败逃的人,而世人还尊称他们为"珍惜生命的人"。详见高华平、王齐洲、张三夕译注的《韩非子》,中华书局2010年版,第655页。

曾、史是已。骈于辩者，累瓦结绳窜句，游心于坚白同异之间，而敝跬誉无用之言非乎？而杨、墨是已。故此皆多骈旁枝之道，非天下之至正也。"①同时，庄子借批评大禹以刑罚治天下导致天下道德衰败一事来批评法家。他说："今子赏罚而民且不仁，德自此衰，刑自此立，后世之乱自此始矣。"②而且诸子弟子相互攻讦似乎还延续到了汉代。围绕"汤武受命"，西汉道家黄生和儒家辕固生还在汉景帝面前展开过激烈的辩论。③ 至此不禁要问：儒家、墨家、道家、法家的思想争鸣从春秋战国一直持续到西汉，为什么最终只有儒家思想在传统中国取得了国家意识形态的地位？

二、问题的实质

对上述问题的回答似乎牵涉到不同思想和国家政权的关系。如果从直观的角度来理解，无论哪种学派思想成为国家意识形态，似乎都取决于统治者的选择。然而，熟知中国历史的人会发现，儒、道、法家的思想都曾是国家的指导思想。法家思想曾是战国早期秦国商鞅变法的政治指导思想。刘邦取代秦朝建立西汉王朝后，在汉初文帝和景帝时期，"黄老"思想曾是统治核心集团的治国方略，并出现后世所称道的"文景之治"。儒家思想只有在汉武帝接受大儒董仲舒"罢黜百家，独尊儒术"的建议后，才真正成为中国西汉以后历代王朝的国家意识形态。因此，能否成为国家意识形态，并不是儒、道、墨、法各派别争夺国家指导思想的表象问题。自汉武帝以后，历经魏、晋、南北朝、唐、宋、元、明、清朝，道家、法家思想都是统治者施政的帝王之术。换言之，儒家独尊后，道家和法家思想都未完全从统治者的指导思想中消失过。因此，春秋战国时期诸子的政治思想，能否成为国家意识形态，并不能简单地从统治者的选择角度来理解。如果某一派

---

　　①《庄子·骈拇》。这句话的大意是：标榜仁义的，炫耀德行、蔽塞本性来求沽名钓誉，岂不是使天下喧嚷着去奉守不可从的法式？曾参和史鱼就是这类人的代表。多言诡辩的，说了一大套空话，穿凿文句，游荡心思于坚白同异的论题上，岂不是疲敝精神求一时的名誉而争执着无益的言论？杨朱、墨翟就是这类人的代表。可见这些都是旁门左道，不是天下的正途。详见陈鼓应：《庄子今注今译》（修订本），商务印书馆 2007 年版，第 275 页。

　　②《庄子·天地》。这句话的大意是：现在你行使赏罚而人民却不仁爱，德行从此衰落，刑罚从此兴建，后世的祸乱从此开始了。详见陈鼓应：《庄子今注今译》（修订本），商务印书馆 2007 年版，第 362 页。

　　③《史记·儒林列传》。

思想成为国家意识形态纯粹是统治者偶然的选择，那么自汉武帝以来，道家思想曾多次撼动儒家思想的国家意识形态地位。譬如，唐朝时期道家思想就曾因老子名李耳与李唐王室同姓而处于相当尊崇的地位。唐朝玄宗皇帝不仅亲自注释《道德经》，而且尊老子为玄元皇帝，定道教为国教。同样，道家思想也曾受明朝朱姓皇帝的礼遇。显然，从国家统治者的角度来理解先秦哪一派思想能成为国家意识形态，并没有找到合适的视角。而且，如果一种思想只要被统治者采纳就是意识形态，那么这意味着意识形态与普通政治思想没有根本区别。所以，对"为什么最终只有儒家思想在传统中国取得了国家意识形态的地位"的回答不能肤浅地理解为不同思想竞争国家政治指导思想的问题。

从诸子思想本身来看，人们会说，儒、道、法、墨四家思想各自的内在特质决定了它们在竞争中有不同的命运，只有儒家思想十分幸运地获得了国家意识形态的地位。从四家思想来看，似乎各家对自己的学说都十分自信。儒家孔子、孟子、荀子都自视甚高（或为弟子推崇）。孔子说："苟有用我者，期月而已可也，三年有成。"①孟子也说："如欲平治天下，当今之世，舍我其谁也？"②荀子弟子也认为："今之学者，得孙卿之遗言余教，足以为天下法式表仪。所存者神，所过者化。观其善行，孔子弗过。"③而且他们都周游列国，寻找施展自己抱负的政治舞台，并且一些诸侯对他们颇为礼遇。然而，终孔子、孟子和荀子一生，其政治思想并未真正得到列国当权者的采纳。法家商鞅认为："以法治者，强；以政治者，削。"④法家韩非子认为："明主之国，无书简之文，以法为教；无先王之语，以吏为师；无私剑之捍，以斩首为勇。是境内之民，其言谈者必轨于法，动作者归之于功，为勇

① 《论语·卷七·子路第十三》。这句话的大意是：假若有用我主持国家政事的，一年便差不多了，三年便会很有成绩。详见杨伯峻：《论语译注》，中华书局 1980 年版，第 137 页。

② 《孟子·公孙丑下》。这句话的大意是：如果想使天下太平，在今日的社会，除了我，还有谁呢？详见杨伯峻：《中国古典名著译注丛书：孟子译注》，中华书局 2010 年版，第 100 页。

③ 《荀子·尧问》。这句话的大意是：现在的学者，只要能得到荀卿遗留下的言论和残剩下来的教导，完全可以作为天下的法度准则。他所在地方就得到全面的治理，他经过的地方社会就发生变化。看看他那善良的行为，孔子也不能超过。详见张觉：《中华古籍译注丛书：荀子译注》，上海古籍出版社 1995 年版，第 689 页。

④ 《商君书·去强》。这句话的大意是：用法律来治国，国家就强大；用政教来治国，国家就会被削弱。详见周晓露：《中国古典文化大系：商君书译注》，上海三联书店 2014 年版，第 47 页。

者尽之于军。是故无事则国富,有事则兵强,此之谓王资。既畜王资而承敌国之釁,超五帝、侔三王者,必此法也。"①墨子则说:"王公大人用吾言,国必治;匹夫徒步之士用吾言,行必修。"②道家老子则讲:"道常无为而无不为。侯王若能守之,万物将自化。"③显然,从儒家、道家、法家、墨家本身的思想内容来看,它们都有一套实现天下大治的主张。我们不能简单地说哪一门派自诩能实现国家治理,就认为该派思想更有利于国家治理,否则将过于主观。

也许有人说,应从诸子思想用于国家治理的实践绩效来看,哪个学派绩效高就意味着该学派最有资格获得国家意识形态的地位。如果熟知历史记载就会发现,孔子曾治理中都一年,西方诸侯都来学习孔子治理中都的方法。④ 似乎孔子治理地方的绩效不错。而且,汉武帝之后,采用儒家道德教化的方式治国的官员都取得了不错的成绩。如西汉时期燕人韩延寿做官"上礼义,好古教化,所至必聘其贤士,以礼待用,广谋议,纳谏争;举行丧让财,表孝弟有行,修治学官,春秋乡射,陈钟鼓管弦,盛升降揖让,及都式讲武,设斧钺旌旗,习射御之事","在东郡三岁,令行禁止,断狱大减,为天下最"。⑤ 西汉初年孝惠帝元年(公元前194年),曹参出任齐国丞相,接受胶西盖公提出的"道贵清静而民自定"的主张,用"黄老之术"治理齐国九年,齐国社会安定,人货繁荣。⑥ 后来西汉文帝和景帝采纳"黄老无为而治"的治国理念,休养生息,实现了汉初的国家振兴。同样,商鞅

---

① 《韩非子·五蠹》。这句话的大意是:君主英明的国家,不用文献典籍而以法令为教材,禁绝先王的言论而以官吏为老师;制止游侠刺客的凶暴举止而鼓励杀敌立功的勇敢行为。这样,那些擅长言谈的人一定要遵守法律,从事劳动的人一定让他们回归农业生产,表现勇敢的人叫他们全部到军队去服役。因此,太平时国家富有,发生战争时则兵力强大,这就是称王天下的资本。已经积累成就王业的资本,又能利用敌国的资本,那么超过五帝赶上三王,一定得靠这种办法。详见高华平、王齐洲、张三夕译注的《韩非子》,中华书局2010年版,第716页。

② 《墨子·鲁问》。这句话的大意是:王公大人采纳我的话,国家一定大治;平民百姓采纳我的话,德行一定变得美好。详见李小龙译注的《墨子》,中华书局2007年版,第250页。

③ 《老子》第三十七章。这句话的大意是:道永远是顺其自然的,然而没有一件事不是它所为。侯王如果能持守它,万物就会自生自长。详见陈鼓应:《老子今注今译》(修订版),商务印书馆2003年版,第213页。

④ 《史记·孔子世家》。

⑤ 《汉书·卷七十六·韩延寿传》。

⑥ 《史记·曹相国世家》。

在秦孝公的支持下实施变法,"行之十年,秦民大说,道不拾遗,山无盗贼,家给人足。民勇于公战,怯于私斗,乡邑大治"①。法家商鞅变法为后来秦国统一中国奠定了坚实的基础。所以,除了墨家,从国家治理的绩效来理解诸子思想能否成为国家意识形态也缺乏说服力。"为什么最终只有儒家思想在传统中国取得了国家意识形态的地位"这个问题也不应理解为不同思想派别指导国家治理实践的绩效差异问题。如果这样理解,那么任何思想(如管理学、行政学和公共卫生学)只要对国家治理有用,就可以成为意识形态。这样,思想和意识形态就没有本质的区别。总之,本研究提出的问题,既不是不同派别思想竞争国家指导思想的问题,也不是不同派别思想指导国家治理实践的绩效差异问题,而是不同派别思想能否成为意识形态,并上升为国家意识形态的问题。

第二节　国内外研究现状

一、我国对春秋战国时期诸子思想的研究现状

我国研究春秋战国时期诸子思想的著作和研究春秋战国社会的历史专著众多,几乎每本专著都涉及春秋战国时期诸子思想成为意识形态的某些特质。章太炎先生指出:"古之学者,多出于王官世卿用之时。"②据此可知,春秋战国诸子思想多源出政府官学,它们注定与国家权力存在紧密的联系。冯友兰先生对老子思想的传播就曾:"《老子》之学说,《荀子》批评之,《庄子·天下篇》称述之,《韩非子》'解'之'喻'之,《战国策》中,游说之士亦引用之,故可知其在战国时已为'显学'矣。"③然而,冯友兰先生的说法只表明了老子思想传播广泛,并未说明老子思想如何形塑社会。胡适先生曾说:"杨朱的哲学,也是那个时势的产儿。当时的社会政治都是很纷乱的,战事连年不休,人民痛苦不堪。这种时代发生一种极端消极的哲学,是很自然的事。况且自老子以后,'自然主义'逐渐发达……

---

① 《史记·商鞅列传》。
② 章太炎:《诸子学略说》,广西师范大学出版社 2010 年版,第 3 页。
③ 冯友兰:《中国哲学史》,重庆出版社 2009 年版,第 142 页。

杨朱的学说便是这一种自然主义的天然趋势了。"①从这句话可以看出,胡适先生认为杨朱哲学的出现是社会对政治的反动。然而他的观点并未揭示出老子思想发展到杨朱思想的过程。傅斯年先生曾试图解答顾颉刚先生提出的"为何孔子思想在秦汉以后独尊"的问题,他认为:"儒家道理中有几个成分和汉以来的社会中主要部分有相用的关系,同时儒家的东西有其说,而又有人传,别家的东西没有这多说,也没有这多人传,就可以几世后儒家统一了中等阶级的人文。儒家尽可以有若干质素甚不合于汉朝的物事,但汉朝找不到一个更有力的适宜者,儒家遂立足了。一旦立足之后,想它失位,除非社会有大变动,小变动它是能以无形的变迁而适应的。从汉武帝到清亡,儒家无形的变动甚多,但社会的变化究不曾变到使它四方都倒之势。"②傅斯年先生无疑认为儒家适应了西汉以来的社会。然而,他只提出了观点而没有论证,还停留在假说阶段。

对于这个问题,程憬先生也做了回答。他依据阶级分析方法认为,春秋战国到秦汉社会,封建社会转化为半封建社会。并且,孔子的"德治""礼化"思想,一方面疑古,另一方面创新,最终适应了列国兼并走向统一社会的大趋势。③ 程憬先生指出儒家适应了国家统一的社会趋势。然而,他的分析过于理论化而显得空泛,而且缺乏严谨的史料和诸子文本的支持。

钱穆先生根据不同地域的社会文化风气来理解先秦诸子的思想特质。他说:"东方齐鲁学人,大率尚文化,重历史,其学风对象,以整个社会为主,重一般之人生,不以狭义的国家富强为出发点。故其议论思想,往往求为整个社会谋彻底之改进。此为儒墨两家所同。其后道家继起,其论学态度亦复同也。至三晋之士,则其目光意气,往往仅限于一国,仅以谋其国家之富强为基准。其用意所在,仅就现状粗加以革新,并不能注意及于整个之社会,全部之人生……故其议论,往往尚权力而薄文化,重现实而轻历史。则法家兵家纵横家皆然。"④钱穆先生的主张从华夏文明不同地域的角度来分析儒、墨、道、法家思想的特质。然而,他与傅斯年先生一样,只提出了见解,并未展开论证。

---

① 胡适:《中国哲学史大纲》,中国华侨出版社 2013 年版,第 122 – 123 页。
② 傅斯年:《中国古代思想与学术十论》,广西师范大学出版社 2006 年版,第 156 页。
③ 顾颉刚:《古史辨》第 2 册,上海古籍出版社 1982 年版,第 145 – 146 页。
④ 钱穆:《钱穆作品系列:秦汉史》,生活·读书·新知三联书店,2012 年版,第 3 页。

类似地，民国时期的张荫麟先生指出了孔子思想诞生后，儒的行为方式发生了变化，同时儒也获得了学派的意义。① 这种观点揭示了孔子思想对儒生行为方式的影响。然而，张先生也只表达了观点并没有展开论证。

另外，周予同先生认为："孔子的政治哲学，彻底地说起来，与其说是'政治的'，毋宁说是'教育的'或'伦理的'。"② 周予同先生的看法揭示了孔子思想具有教育或伦理的特质。可惜，周先生既没有结合春秋时期社会转型的内容挖掘孔子思想的内涵，又没有结合春秋时期的社会背景去探析孔子的鬼神观。因此，其分析也不透彻。

研究春秋战国时期诸子思想特别精深的，当推萧公权先生和李泽厚先生。萧公权先生的《中国政治思想史》分别从历史背景、地理分布、交互影响和时代先后四个方面对春秋战国时期诸子政治思想进行了比较分析。其研究侧重于诸子思想的文化来源和内容对比，而且有些观点流于直觉。譬如他说："墨家衰亡之最大原因，似在乎环境之改变，而墨徒不能修改师说以适应之。嬴氏统一封建易为郡县。诸侯尽灭，皇帝独尊。销天下兵器以为钟镶金人。如是则尚同非攻之说无所用矣。始皇'每破诸侯，写放其宫室，作之咸阳北阪上，南临渭，自雍门以东至泾渭，殿屋复道周阁相属，所得诸侯美人钟鼓以充入之'，'穿治骊山'，'下铜而致椁，宫观百官奇器徙满藏之'，则节用、节葬、非乐不能行矣。宗法久亡，世卿绝迹。……神仙方士五行阴阳符命灾异之迷信盛行，其说周密动听，则天志明鬼之神道设教，必以简单朴拙而见摒矣。"③ 然而，萧公权先生的观点只揭示了墨家思想衰微与大一统专制国家建立的背景有关，但却不能解释它的暴亡。因为秦国统一时间短暂，在项羽和刘邦楚汉相争过程中，墨家思想完全可以复兴，所以萧公权先生的说法看似有理，却未揭示问题的根本。

李泽厚先生对先秦诸子思想的研究颇为深入。他在《孔子再评价》一文中就指出："孔子把'孝''悌'作为'仁'的基础，把'亲亲尊尊'作为'仁'的标准，维护氏族父家长传统的等级制度，反对'政''刑'从'礼''德'中分化出来……把这种

---

① 张荫麟：《中国史纲》，吉林人民出版社 2012 年版，第 102 页。
② 蔡尚思：《十家论丛：十家论孔》，上海人民出版社 2006 年版，第 238 页。
③ 萧公权：《中国政治思想史》，新星出版社 2005 年版，第 175 页。

血缘关系和历史传统提取、转化为意识形态上的自觉主张,对这种超出生物种属性质、起着社会结构作用的血缘亲属关系和等级制度作明朗的政治学的解释,使之摆脱特定氏族社会的历史限制,强调它具有普遍和长久的社会性的含义和作用,这具有重要意义。"①李泽厚先生的观点从社会角度挖潜了孔子思想具有超越血缘亲属关系而获得普世价值的特质。孔子揭示了社会作用于思想、思想超越于社会的逻辑。但这种逻辑不是思想作为主体与社会互动的结果,而是作者主观归纳的。它明显具有人为拔高的痕迹。而且,他在《孙老韩合说》一文中讲:"《老子》对人生真理的思索寻觅,后来与《庄子》结合后,成为对儒家思想的补充;而《老子》对矛盾的多面揭示则直接被吸收在《易传》中而成为儒家的世界观。韩非的三纲专制主义在汉代董仲舒等儒家体系中得到了肯定。他们那'冷静的理智态度'更是与儒家实用理性一道,构成了中国智慧的本质特征。总之,它们是被溶化吸收在儒家中了。"②李先生的这一观点当然揭示了儒家、道家与法家思想合流的现象,但并未指出合流的根源。

此外,刘泽华、秦彦士、孟天运、张分田等教授都探讨过春秋战国时期诸子百家争鸣的原因。刘泽华先生指出,各国政治变革与竞争产生了理论需要,又为知识分子自由驰骋提供了政治空间。③ 然而,这种分析没有揭示春秋战国社会与诸子思想具体的契合点,因而显得颇为空泛。秦彦士教授研究了孔墨"尚贤"的主张与春秋战国时期列国尚贤政策之间的内在关联,指出孔墨"尚贤"的主张与世官制的打破有着内在的联系。④ 他的分析侧重于分析孔墨思想在社会变迁中的共性,忽略了孔子"尚贤"是维护等级制,墨子"尚贤"是打破等级制的区别。孟天运教授分别研究了儒家和墨家的社会控制思想,指出:"墨子的天志、明鬼的学说,尊重神灵,敬奉天鬼,表现出强烈的宗教色彩。"⑤孟教授的这种研究涉及思想转化为意识形态的规范方面的内容,然而这种理解过于直白,不太深入。张分田

---

① 李泽厚:《寻求中国现代性之路》,东方出版社 2019 年版,第 13 页。
② 李泽厚:《中国古代思想史论》,天津社会科学院出版社 2003 年版,第 96 页。
③ 刘泽华:《中国政治思想史集》第 1 卷,人民出版社 2008 年版,第 118 页。
④ 秦彦士:《中国传统学术与社会丛书:诸子学与先秦社会》,河北人民出版社 2003 年版,第 135 - 136 页。
⑤ 孟天运:《先秦社会思想研究》(下),人民出版社 2012 年版,第 510 页。

教授主要研究儒家思想对秦朝最高统治者、统治集团和占统治地位的思想的广泛影响。① 他的这种分析从历史的角度指出了儒家对社会和政治的塑造,然而并未真正揭示儒家思想如何成为国家意识形态。

值得一提的是,社会学家费孝通先生曾对孔子思想做过一些社会分析。他说:"从己向外推以构成的社会范围是一根根私人联系,每根绳子被一种道德要素维持着。社会范围是从'己'推出去的,而推的过程里有着各种路线,最基本的是亲属:亲子和同胞,相配的道德要素是孝和悌。'孝悌也者其为仁之本欤。'向另一路线推是朋友,相配的是忠信。'为人谋而不忠乎? 与朋友交而不信乎?''主忠信,无友不如己者。'孔子曾总结说:'弟子入则孝,出则悌,谨而信,泛爱众,而亲仁。'"②费孝通先生的观点揭示了儒家思想与传统中国乡土社会差序格局的契合性,是相当深刻而富有启发性的观点。然而费孝通先生的分析忽略了孔子思想中还含有西周"礼治"等级社会的独特内容。

中华人民共和国成立后,不断有历史学家对先秦诸子思想发表看法。对于西汉儒家思想成为国家意识形态的原因,吕思勉先生认为:"夫欲法制度,定教化,固非儒家莫能为。故儒术之兴,实时势使然,不特非武帝若魏其、武安之属所能为,并非董仲舒、公孙弘辈所能扶翼也。"③吕先生的观点指明了儒家思想获得国家意识形态地位是时势使然,但这个时势的具体内涵是什么,吕先生并没有说明。

历史学家童书业先生对孔子思想有过批评。他说:"严格说起来,孔子只是个周礼的保存者和发挥者,他的思想并不见怎样的了不得。但他把古代的制度理论化了,使得这种将要僵死的制度得到新生命而继续维持下去。他的大贡献在此,他所以为今人诟病也在乎此。但这究竟是中国的特殊社会背景所造成的事实,并不由于孔子一人的自由意志所决定。"④显然,童氏看到了孔子思想复古与文化传承的一面,也意识到孔子思想与春秋时期特殊的社会转型背景有关,但社会转型的具体内容是什么以及在哪些方面与孔子思想相契合,他并没有揭示。

① 张分田:《中国古代统治思想研究》,人民出版社 2013 年版,第 81 页。
② 费孝通:《乡土中国生育制度》,北京大学出版社 1998 年版,第 33 页。
③ 吕思勉:《中国大历史秦汉史》,北京理工大学出版社 2016 年版,第 97 页。
④ 童书业:《春秋史》,商务印书馆 2017 年版,第 246 页。

因此,他并未解释清楚儒家思想成为传统中国国家意识形态的原因。

顾德融教授专门谈及春秋时期思想变革的社会历史原因,他指出:"孔子在政治思想上主张复古,推崇(西)周礼为万世不易之大经大法。当然,他的复古,并非纯粹照搬周礼。他认为三代之礼皆有所损益,处于春秋时期的'复礼',显然也经过了一定的损益,只不过其损益的力度无法与春秋时期礼崩乐坏的社会趋势相适应,因此其思想体系无法在当时推行。"①然而,顾德融教授只是发表了一个观点,没有进行论证,更没有将《论语》文本与春秋时期社会所反映的具体内容对应起来。而且这个观点留下了一个疑问:孔子复古思想在当时不合时宜,为什么后来能成为中国的国家意识形态?

杨宽教授研究战国时期"百家争鸣"的局面时,根据《汉书·艺文志》所讲"墨家者流,盖出于清庙之守"得出墨家渊源于巫祝的结论。② 对于这个论断,杨宽教授结合《墨子》文本的个别论断进行了一定的论证,但这个论断与春秋战国时期社会常识相背。因为在先秦时代,巫往往兼行医术,如《逸周书·大聚解》说:"乡立巫医,具百药以备疾灾,畜五味以备百草。"同样,《论语·卷七·子路第十三》中也讲,"南人有言曰:'人而无恒,不可以作巫医。'"。《墨子》全篇有守城方面的知识却没有医术方面的知识,因而其观点有失偏颇。类似地,杨宽教授还根据《汉书·艺文志》讲的"道家者流,盖出于史官"得出道家渊源于史官的结论。③ 然而,他忽略了《老子》一书与其他春秋战国诸子著作与众不同的一个特点:它从未提到春秋战国时期任何历史人物或历史事件。如果道家源出史官,接触大量史料的史官怎么不引用史料来论证自己的学说? 这不符合著作者为史官的常理。

何兹全教授在研究中国古代社会时也提到"黄老"思想在汉初成为统治者的政治指导思想,并指出:"一旦无为不足以因应形势变化时,无为就让位于有为的儒家思想。"④何兹全教授这个观点指出西汉指导思想的变化源于形势的变化,但他并未展开说明社会形势的哪些变化与道家无为思想不适应,或与哪些儒家思

---

① 顾德融、朱顺龙:《春秋史》,上海人民出版社 2003 年版,第 392 页。

② 杨宽:《战国史》(增订本),上海人民出版社 1998 年版,第 468 页。

③ 同上书,第 473 页。

④ 何兹全:《中国古代社会》,北京师范大学出版社 2001 年版,第 481 页。

想内容相适应。

杨向奎教授在《宗周社会与礼乐文明》一书中指出："在西周以及春秋时代，最明显的莫过于周公和孔子对礼乐的改造，适应了西周一统局面的形成及领主封建社会的建立。而孔子对礼乐的再改造，为后来的地主封建社会的建立及秦始皇统一帝国的形成打下了精神及某些方面的物质基础。"①杨向奎教授的主张揭示了周公"以德赋礼"，孔子"归礼于仁"的思想使礼由"天人之际"走向了"人人之际"，但他没有揭示孔子思想与春秋时期乡土社会的契合性。

此外，赵鼎新教授试图解释西汉初期儒法国家的形成。他认为："作为试图以宗法礼教为基础来重塑政治秩序的哲学，儒家学说自形成以后很长的时间里在中国社会里一直没有占据主流。这种情况直到近四百年后汉武帝接受'罢黜百家，独尊儒术'的政治主张后才大为改观。这种结果是不难理解的，法家为不受制约的强势国家提供了合法性，而由法家改革所带来的国家在人员和资源动员能力和战争能力上的提高又使法家意识形态进一步赢得了统治阶级的青睐。战争与意识形态之间这种相互激发性的互动使国家的权力不断增强，为迎接全民战争时代的到来做了充分的准备。但另一方面，这也使当时正在走向进一步繁荣的中国哲学和商业力量失去了产生任何突破性发展的机会。"②赵鼎新教授的观点把法家思想成为意识形态看作统治阶级的选择，混淆了统治阶级的政治指导思想与意识形态的本质区别。

另外，金观涛先生将意识形态看作内含社会观、价值观和哲学观的思想系统。他根据这个系统是否具有内和谐来分析儒家、墨家和道家学说的结构及其走向。据此，他认为孔子学说、老子学说都是具有内和谐且具有互补结构的完整思想体系，因而造就了中国以儒家为主导的意识形态结构的高度稳定性。而墨家早期学说内和谐特质不足，后期墨家学说修改了早期有神论主张后基本实现了和谐。墨家与儒家在意识形态结构上的彼此对立意味着儒家排斥墨家，从而

---

① 杨向奎：《宗周社会与礼乐文明》（修订本），人民出版社 1997 年版，第 235 页。

② 赵鼎新：《东周战争与儒法国家的诞生》（修订本），夏江旗译，华东师范大学出版社 2011 年版，第 110 页。

导致墨家的消亡。① 金观涛先生对中国意识形态的分析指出了儒家和道家存在互补结构,但其分析存在以下两个问题:一是他提出的意识形态概念是内含社会观、价值观和哲学观的思想体系,这是一个颇为主观的现代意识形态理论假说。他运用这个理论假说在解释古代中国儒家、道家和墨家思想的走向时,缺乏诸子思想演化的社会基础,因而这个理论假说是一个没有实质内容的假说。二是其分析论证没有结合春秋战国的诸子文本来展开,因此行文无逻辑推理,导致其理论只提出了观点而没有论证,分析与论证都呈现出空泛的特点。

此外,国内有些学者从意识形态角度探讨过儒家思想,如柳新元探讨过儒家意识形态对中国渐进式改革方式选择的影响。② 赵波探讨过传统中国儒家意识形态的特点及其与法律的协调和冲突问题。③ 他们的研究侧重于揭示儒家意识形态的特点而非其形成原因。

香港、台湾地区研究春秋战国时期诸子思想比较深入的有余英时、金耀基和牟宗三等学者。余英时先生揭示了道家和法家政治思想中存在的反智论主张。他指出:“法家的反智论从来不是玄想,也不是情绪,它是从战国(特别是中晚期)的政治经验中逐步发展成熟的;韩非则运用他的冷酷的理智(cool reason)总结了以往的一切经验,并加以系统化,使它变成了专制政治的最高指导原则之一。秦始皇和李斯则又根据韩非所总结的原则而在全中国的范围内开创了一个反智的新政治传统。‘焚书’和‘坑儒’这两件大事便是法家反智论在政治实践上的最后归宿。”④ 余先生的观点看到了法家反智论的道家根源,却没有看到“焚书”和“坑儒”背后所折射出的儒家社会意识形态与专制国家之间的冲突。金耀基先生指出:“儒家之学所以能一脉相传,千秋不斩者,说者大部归之于汉董生之尊孔崇儒,实则最根本的还是因儒家之学说乃最合乎人性需要之故,儒家从‘人’从

① 金观涛、刘青峰:《兴盛与危机:论中国社会超稳定结构》,法律出版社 2011 年版,第 8 章。

② 柳新元:《意识形态与中国渐进式改革方式的选择》,《理论探讨》2010 年第 4 期。

③ 赵波:《论传统中国儒家意识形态与法律的协调与冲突》,《兰州学刊》2007 年第 1 期。

④ 余英时:《海外中国研究丛书:中国思想传统的现代诠释》,江苏人民出版社 2003 年版,第 65 页。

'需',言其为人性的,而又合乎需要的。"①金耀基先生这个观点从儒家思想的特质来理解意识形态在社会中成长,还没有真正切入意识形态与社会互动的层面。台湾地区的牟宗三先生指出诸子思想的出现就是为了解决"周文疲弊"的问题。②牟宗三先生的分析有历史逻辑,却没有呈现诸子文本与社会互动的逻辑。

二、国外对春秋战国时期诸子思想的研究现状

国外一些汉学家也研究过先秦诸子的思想。美国史学家本杰明·史华兹指出孔子特别关注家庭,"正是在家庭里,人们才学会如何行使权威以及如何服从权威,而且只有'仁'德之士才能二者得兼。家庭很理想地成为德性的第一所学校,而且还是使好社会得以可能的那些价值的来源"③。史华兹先生的理解,其最大的意义在于揭示了孔子思想形塑社会权力关系的家庭切入点,然而他专注于中西对比却没有展开来讲。而且,他在讲墨家命运时提出了"为什么在汉代初期以后墨家的学说体系在中国逐渐式微"④的问题,他解释为墨家传教运动未能使人们获得当下的利益,因此未能成功地使它的预期听众对其确信无疑。这一解释显得相当主观,因为他的陈述既没有结合《墨子》文本,也没有结合西汉社会的史料。

美国学者顾立雅先生结合先秦社会史料来分析孔子思想,他站在中西对比的视角来研究孔子,许多观点启人思考。然而,他的观点多是揣测式的,总体上是模糊的、碎片化的。他将协作精神看作孔子思想的主要精神,是从西方视角理解孔子思想的结果。因此,他称"孔子是民主的先驱"⑤是根据西方视角所做的引申和发挥。

日本学者高木智见先生在研究先秦社会与先秦思想时,特别研究了春秋时期晋国范氏一族的处世哲学与老子思想的契合性。他指出:"范氏一族从士蒍以

---

① 金耀基:《中国民本思想史》,法律出版社2008年版,第2-3页。

② 牟宗三:《世纪文库:中国哲学十九讲》,上海古籍出版社2005年版,第48页。

③ [美]本杰明·史华兹:《海外中国研究丛书:古代中国的思想世界》,程钢译,江苏人民出版社2008年版,第134页。

④ 同上书,第228页。

⑤ [美]顾立雅:《当代海外汉学名著译丛:孔子与中国之道》,高专诚译,大象出版社2000年版,第344页。

来，历代族主根据《老子》的处世哲学，提升并保持自己一族的地位，为一族的永远存续而不懈努力。"①高木智见先生的研究是研究老子思想与社会互动的珍贵范例。其研究从预设的假定出发：《老子》一书先于范氏一族问世。然而，这个假定是经不起春秋社会史料检验的。

以色列学者尤锐注重结合文本和文本的社会政治语境来展开研究。他指出，弃官作为隐士的理想反映了士人的两种趋向：一是以辞官作为抗议，这往往是儒家的做法；二是对政治的拒绝，这是庄子的做法。② 然而，尤锐的研究没有指出儒家和道家归隐选择不同的社会根源：儒家归隐是对现实政治的否定，道家归隐是对整个礼仪文明的否定。美国汉学家费正清谈到了秦始皇统一后，儒家与法家思想在统治上合流的现象。他说："说到儒家，它的政治思想（例如恢复周初的分封制）对法家来说当然应予强烈谴责。可是它的社会和道德价值观念在秦始皇统治期间似乎非常成功地与法家思想并存。这个事实已被出土的法律材料和秦始皇碑文中夸大的言辞所证实。"③然而，费正清先生并未深究儒法合流的政治根源。

总之，我国及国外汉学家对先秦诸子思想的研究都有独到之处，可归纳为三种路径：一是史学路径。这种路径以历史学家顾颉刚先生为代表。他们的研究重在考证诸子著作成书的年代，因而能提出一些发人深省的观点。如顾颉刚先生认为《老子》成书于战国时代。因为在儒家倡导仁义前，《老子》讲"绝仁弃义"是没有意义的。同样，在墨家倡导"尚贤"前，《老子》讲"不尚贤"也没有意义。④这种路径最大的缺点是对先秦诸子所处时代背景的理解碎片化，因此他们对春秋战国社会的理解与先秦诸子的文本无法对应起来。二是哲学路径。这种研究的优点在于对先秦诸子有比较深刻的解读。然而，现实关怀使这种研究呈现出人为拔高的过度引申问题。如伍非百先生所说"墨子理想中之社会，无国之别、家之别、身之别。只有人类，只有天下"就是过度引申。三是马克思主义阶级分

① ［日］高木智见：《先秦社会与思想——试论中国文化的核心》，何晓毅译，上海古籍出版社 2011 年版，第 177 页。

② ［以］尤锐：《展望永恒帝国——战国时代的中国政治思想》，孙英刚译，王宇校，上海古籍出版社 2013 年版，第 191 页。

③ ［美］费正清、崔瑞德：《剑桥中国秦汉史》，中国社会科学出版社 1992 年版，第 91 页。

④ 罗根泽：《古史辨》第 4 册，上海古籍出版社 1982 年版，第 464 页。

析路径。这种分析最大的优点在于对马克思主义理论的运用,为人们理解先秦诸子思想提供了一个分析框架。其最大的缺点是理论框架压倒诸子文本的分析。譬如,冯友兰先生认为庄子的思想是妄图恢复失去天堂的没落奴隶主阶级意识的理论化和系统化的表达。① 吕振羽先生认为庄子的出世主义是没落封建主的政治学说。② 两人都运用了马克思主义阶级分析方法,然而观点迥异。他们都用马克思主义理论所揭示的真理取代了对诸子思想的历史研究。他们都犯了马克思本人所告诫的错误:把具体在思维中的再现误认为具体本身的生产过程。对此,马克思讲得最清楚:"一切生产阶段所共有的、被思维当作一般规定而确定下来的规定,是存在的,但是所谓一切生产的一般条件,不过是这些抽象要素。用这些抽象要素不可能理解任何一个现实的历史的生产阶段。"③因此,马克思主义的抽象理论并不能取代春秋战国诸子思想本身的产生及变迁的历史过程。

三种研究路径都存在两个问题:第一,研究都处于直觉阶段,往往表达了观点而未论证。譬如,胡适先生认为:"老子反对有为的政治,主张无为无事的政治,也是当时政治的反动。凡是主张无为的政治哲学,都是干涉政策的反动。因为政府用干涉政策,却又没干涉的本领,越干涉越弄糟了,故挑起一种反动,主张放任无为。"④胡适先生的观点揭示了老子思想是对政治的反动,却没有说明当时政治的具体内容。民国时期的党晴梵先生认为:"中国社会的意识形态,当其最初形成系统理论时,即为两个系统。此两系统中,阴阳、名、法、儒及道德各家,皆代表统治阶级的意识形态,而仅墨子一家代表被统治阶级的意识形态。再进而道、法合流,形成先秦统治者之意识形态,墨家徒众也因别墨的坚强组织形态,表现为战国期间的仕侠、刺客之风,以反抗统治者,蔓延于社会的基层。"⑤然而,党先生的这种研究对意识形态的理解还处在直觉阶段,根本没有揭示出一般的思想与意识形态有何区别。第二,研究都涉及春秋战国诸子思想与社会的互动,然而他们对先秦社会的认识存在着根本性缺陷。众所周知,春秋战国社会是"礼崩

---

① 胡道静:《十家论庄》,上海人民出版社 2004 年版,第 56 页。
② 同上书,第 84 页。
③《马克思恩格斯文集》第 8 卷,人民出版社 2009 年版,第 12 页。
④ 胡适:《中国哲学史大纲》,中国和平出版社 2013 年版,第 46 页。
⑤ 党晴梵:《先秦思想史论略》,陕西人民出版社 1959 年版,导言第 1 页。

乐坏"的转型社会。可能受秦始皇"焚书坑儒"导致文献散佚的影响,诸多研究对春秋战国社会转型的具体内容不甚了了,因此无法揭示礼崩乐坏前的春秋社会与西汉以后的传统社会有何区别。他们在提出观点后,都无法对照春秋战国时期诸子文本中的具体主张来论证各自的观点。因此,严格来讲,从诸子与社会互动的视角来研究诸子思想基本处于浅尝辄止的直觉阶段。所以,他们的研究都难以解答春秋战国时期诸子思想在社会转型中为何会有不同命运的问题,即为何儒家思想早期不得志而到汉武帝时期成为独尊的国家意识形态?为何墨家思想速兴而暴亡?为何道家思想西汉初年成为官方指导思想却最终无法挑战儒家的独尊地位?法家思想为何要以法代礼?

第三节 本研究的意义、创新点与行文框架

一、本研究的意义和创新点

本研究的意义在于:第一,从历史社会学视角,理解中国古代轴心时代的社会转型,为理解传统中国社会和传统中国人的行为模式奠定了基础。关于中西方社会的差异,民国时期的梁漱溟先生概括为:"西洋近代社会为个人本位的社会、阶级对立的社会,那末,中国旧社会可说为伦理本位,职业分立。"[1]社会学家费孝通先生认为西方现代社会是团体格局,中国乡土社会是差序格局。[2] 诚然,梁漱溟先生的中国传统社会伦理本位主张和费孝通先生的乡土中国差序格局之说都具有较强的说服力。然而,这种结构是怎么形成的似乎没有人探寻。因此,研究春秋战国时期社会模式及其传承与变迁,就可以理解春秋战国至西汉朝以后中国社会发展的连续性。第二,理解诸子思想产生的中国古代社会转型的具体内容,进而了解春秋战国时期中国人独特的政治智慧和思维方式。中华文明延续几千年不绝,如果抛开近代中西社会交汇所造成的思想激荡,就可以发现中国两千多年的思想都可以追溯到诸子"百家争鸣"的春秋战国时期。相应地,只有把握春秋战国时期诸子的思想,才能抓住中国两千多年思想的根。第三,通过

---

① 梁漱溟:《乡村建设理论》,上海人民出版社2006年版,第24页。

② 费孝通:《乡土中国 生育制度》,北京大学出版社1998年版,第25-26页。

了解诸子思想与社会的互动,了解传统中国意识形态的生成,进而理解中国之所以被称为儒家文明的社会根源。

本研究的创新点侧重于以下几个方面:

第一,揭示出先秦社会转型的具体内容。众所周知,史学界一直认定春秋战国社会是一个"礼崩乐坏"的转型社会。然而,社会转型的具体内容是什么? 一直以来,学者们要么语焉不详,要么误认为转型是宗法制、分封制向郡县制转型。前者可能归因于先秦文献的散佚,后者可能归因于人们倾向于认为国家治理社会的结构就是社会本身的结构。遵循"理论分析、命题假设、验证假设"的行文逻辑,本书揭示出春秋战国时期中国社会从礼崩乐坏前的绝对伦理社会向相对伦理社会转型。

第二,从诸子与社会互动的历史社会学视角揭示意识形态兴衰的社会转型逻辑。具体而言,就是要回答先秦社会儒、道、墨、法四家思想,为什么只有儒家思想最终成为传统中国自汉武帝以来占主导地位的国家意识形态。对于这个问题,历史上不少学者做了诸多揣测,但都缺乏论证而陷于主观。本文主要结合春秋战国时期社会转型的背景,从意识形态的生成及其与社会契合与否将导致思想兴衰的角度,指出春秋战国时期真正具有意识形态特征的思想就是儒家思想和墨家思想。法家思想主要强化和驾驭专制性国家权力,道家思想只是社会针对国家建设运动而贡献的一门逃避统治的艺术。而且,随着春秋战国时期社会的转型,墨家思想经历了速兴而暴亡的命运,儒家思想则缓慢传播,最终传遍天下,并获得独尊的国家意识形态地位。此外,在解答这个问题的过程中,本文还揭示出先秦法家"法治"取代"礼治"和"法治"取代"刑治"的社会转型逻辑。

第三,澄清人们对意识形态概念的模糊看法。对意识形态有一定认识的人一般会认为,并不是所有的思想都是意识形态。然而,意识形态与一般思想、国家指导思想有什么区别,国内没有多少人能够分辨清楚。现代学者一般知道意识形态与权力有着紧密的联系。从这种联系出发,国内一些学者将意识形态理解为其意义为维持权力关系服务的话语(discourse)。① 然而,这种理解过于直观

---

① 王晓升:《意识形态就是其意义为维持权力关系服务的话语》,载[英]约翰·B. 汤普森:《国外马克思主义与当代资本主义文库:意识形态理论研究》,郭世平等译,王晓升审校,社会科学文献出版社 2013 年版,中译序第 1 页。

和简单。它在一定程度上揭示了意识形态具有服务统治者的功能,同时又遮蔽了意识形态具有相对于国家权力的独立性。本书在理论部分通过总结前人有关意识形态的理解,分析出意识形态的本质就在于在理论与实践统一中建构国家建制性权力。

二、本研究的逻辑结构与框架

本书有很多新的看法,但并不以立异为高,关键在于理论命题的检验是否与春秋战国时期诸子的文本对应且逻辑自洽。因此,本书行文坚持以下几点:第一,坚持春秋战国时期社会转型与诸子文本对照,揭示出诸子与社会转型互动的四种类型。第二,坚持"理论分析、命题假设、验证假设"的行文逻辑,从而在春秋战国社会礼崩乐坏的背景下,验证本书所提出的意识形态生成理论。换言之,本研究主要是意识形态视角的历史社会学路径。所谓历史社会学路径,就是运用社会学的理论和方法去研究春秋战国时期社会意识形态的兴衰。第三,本书第二章在论述春秋战国时期社会转型时,同样坚持"理论分析、命题假设、验证假设"的行文逻辑。为了避免研究在逻辑上陷入循环论证,本文在检验命题假设时主要引用春秋战国时期其他非诸子的文献。第四,只要是前面的章节已证明了的诸子思想,就可以作为后文的论据。譬如,第五章第一节检验了儒家思想,那么第五章第二节检验老庄道家思想的命题时,就可以引用孔子、孟子和荀子的观点。类似地,第五章第三节检验墨家思想的命题时,也可以引用第五章第一节儒家的观点和第五章第二节道家的观点。

就框架而言,本书大抵分为五部分:第一部分是第一章,主要提出问题并分析关于此问题的研究现状。这里突出问题导向的学术路径。第二部分是第二章,主要揭示春秋战国时期社会转型的具体内容。第三部分是第三章,主要是理论分析并提出命题假设。第三章第一节是理论分析,遵循层层深入的分析模式,揭示出统治与权力的内在关系,进而探讨思想与统治的内在关系;再从意识形态与统治的角度揭示出意识形态的本质是在社会中生成建制性权力;最后通过探讨意识形态的理论建构与社会生成,指出意识形态与一般思想的不同点。第三章第二节依据第一节的理论提出命题假设。第四部分是第四章和第五章。这是本书的主体部分,主要验证第三章提出的命题假设。第四章主要对孔子、老子、墨子、商鞅和韩非的原创性思想进行分析,揭示其产生的社会理路、遵循的思想与社会互动的逻辑。第五章主要是验证第三章第二节提出的命题假设。值得注意的是,第五章第一节第四目并不验证假设,主要指出儒家思想作为社会意识形态能满足国家统治需要因而才上升为国家意识形态。当然,对第三章第二节第一目提出的有关诸子对春秋战国时期社会"身"与"礼"所蕴含的绝对伦理之间张力所做的四个假设,并未单独列出一节来检验,而是作为一条暗线分散在第四章和第五章各节中。第四部分是第六章,主要是得出结论和启示。

三、研究方法及几点说明

本书主要采用比较分析方法和历史文献研究方法。比较分析方法,既求同,又求异,即通过比较,既揭示先秦诸子内部思想传承与发展的逻辑,又揭示诸子思想之间的异同。历史文献研究方法,就是认真阅读西汉以前诸如《尚书》《诗经》《左传》《国语》《易经》《论语》《孟子》《荀子》《老子》《庄子》《墨子》《商君书》《韩非子》《晏子春秋》《管子》《吕氏春秋》《鹖冠子》《礼记》《逸周书》《孙子兵法》《韩诗外传》《史记》《汉书》《战国策》《列女传》《新书》《孔子家语》等古代文献,并结合考古发掘的资料,尝试从中梳理出春秋战国时期社会转型的历史脉络,找出春秋战国时期社会意识形态兴衰的社会根源。与此同时,采用文献研究法研究社会转型,还要适当考查西汉以后的《后汉书》《三国志》《晋书》《宋书》《南齐书》《陈书》《魏书》《周书》《北齐书》《隋书》《旧唐史》《旧五代史》《宋史》《元史》《明史》《清史稿》等历史文献,力求进一步把握社会转型在传统中国社会中遗留的痕迹,从而找到春秋社会转型在特定时期完成的证据。

关于本研究的几点说明:

第一,本研究的主要时间节点为春秋至西汉时期。之所以选择这个时间段是因为这是古代中国社会转型完成的大概时间段。当然,本书所谓先秦,主要是指春秋战国时期至秦朝灭亡之前这个历史时间段。至于春秋之前的时期则归入先秦,春秋之前的文献缺失严重,因此本书不做深究。

第二,本书在研究春秋战国时期诸子思想时,只选择儒家、道家、墨家、法家思想,对其他如兵家、农家、阴阳家、名家、纵横家等思想则不做讨论。之所以如此,主要是因为春秋战国时期的文献大多已散佚,留传至今且较为完整的文献大抵为儒、道、墨、法四家。而且,真正对社会有较大影响的思想也是这四家。当然,就儒家而言,本研究会适当考查《大学》《中庸》《礼记》等儒家典籍。由于这些著作的作者难考,且存在融合其他思想的情况,因此本研究只是将这些著作作为引证时的参考,并不作为诸子思想的主要研究对象。就道家而言,后世的学者一般把杨朱归入道家,而且杨朱的思想在战国时期曾产生深远的影响。由于其著作已散佚,目前只能从其他文献中找到类似"杨子为我""拔一毛利天下不为"的个别观点,因此杨朱的思想不作为本书的主要研究对象。就法家而言,法家代表人物除了商鞅、韩非,还有慎到、李悝、吴起、申不害等代表人物。由于慎到等人的著作散佚不传,只留下只言片语,因此也不作为本书的主要研究对象。

第三,考虑到春秋时期至西汉初年,儒、道、墨、法四家既互相攻讦,又彼此交融,因此本研究主要从社会转型角度论证儒法合流,各派思想的融合现象不作为研究对象。譬如,儒家"大同"思想就吸纳了墨子思想。民国时期的伍非百先生说:"今考《礼运》大同说,与其他儒家言不甚合,而与《墨子》书不但意义多符,即文句亦无甚远。'天下为公',则尚同也。'选贤与能',则尚贤也。'讲信修睦',则非攻也。'不独亲其亲,不独子其子',则兼爱也。'货恶其弃于地,力恶其不出于身',则节用、非命也。'使老有所终,壮有所用,幼有所长,鳏寡孤独废疾者皆有所养',则'老而无妻子者,有所侍养以终其寿,幼弱孤童之无父母者,有所放依以长其身'之文也。'货不必藏于己,力不必为己',则'余力相劳,余财相分,良道相教'之意也。'诈谋闭而不用,盗贼窃乱不作',亦'盗贼无有''谁窃''谁乱'之语也。综观全文,百余字,大抵撷拾《墨子》之文而成。其为墨家思想,甚为显著。"[1]对此,民国时期的梁漱溟、方授楚等先生都认为《礼运·大同篇》是墨子的学说。同样,如果对照《庄子·让王》中所讲的"天子不得臣""诸侯不得友"和《韩诗外传》卷一讲的"天子不得而臣""诸侯不得而友"就会发现,儒家不畏权势、以道德挺立个体的思想与道家庄子体道自然、蔑视权贵的思想具有相通性。类似地,《庄子·天道》中所说"天地固有常矣,日月固有明矣,星辰固有列矣,禽兽固有群矣,树木固有立矣"与《荀子·天论》中所说"天行有常,不为尧存,不为桀亡"相类似。因此,儒家思想与道家思想,越发展到后来越有融合趋势。这种融合突出表现在当天下大乱时,儒家和道家都会做出退隐的选择。道家无为而治的思想也影响了法家思想。《庄子·在宥》中说:"无为而尊者天道也,有为而

---

[1]　蔡尚思:《十家论丛:十家论墨》,上海人民出版社 2008 年版,第 84 页。

累者人道也,主者天道也,臣者人道也。"同时,《庄子·天道》中说:"上必无为而用天下,下必有为为天下用。"如果对照《韩非子·扬权》中所说"权不欲见,素无为也。事在四方,要在中央。圣人执要,四方来效。虚而待之,彼自以之"就会发现,法家将道家"天道无为""人道有为"转变为"君无为而臣有为"的主张。这里法家思想明显受道家思想的影响。类似地,《墨子·亲士》中所说"入国而不存其士,则亡国矣。见贤而不急,则缓其君矣。非贤无急,非士无以虑国。缓贤忘士,而能以其国存者,未曾有也"和《墨子·修身》中所说"名不可简而成也,誉不可巧而立也,君子以身戴行者也",在一定意义上讲,是儒家"尚贤"和"修身"思想窜入的结果。因此,除了从社会转型角度论证儒法合流,儒、道、墨、法家思想的融合现象不作为本书的研究对象。

第四,本书研究春秋战国时期的诸子思想,力求从文本出发,不人为拔高。《庄子·缮性》中说:"文灭质,博溺心。"庄子这句话的大意是:文饰过多会毁坏本质,知识广博易迷失本心。相应地,过分拔高会曲解先秦诸子思想的原意,损害学术还原、保存轴心时代中国古代文明的本义。

第五,本书并未假定春秋战国时期都是等级礼制整齐划一的社会,因为礼作为夷夏的分界在春秋时期一直都存在,而且,华夏等级礼制也存在着一个由中原地区向周边蛮夷传播扩散的过程。原来自认为蛮夷的秦、楚两国到后来也自认为礼仪之国。为了行文方便,本书进行理论假设时对列国等级礼制的差异采取了存而不论的态度。同时,在验证春秋战国时期转型社会的理论假设时,本书适当考虑了历史研究孤证难立的问题,因此检验假设尽可能地采用两个以上的例证。

第六,本书除第六章第二节启示部分外,对西汉后诸子思想的内在发展理路不做研究。譬如,儒家孔子、孟子都讲"道",除荀子明言外,都没有说明"道"的内涵。后世儒家可能做形而上的理解,并上升到天地万物本原的地位。宋明理学实际上就是这种发展理路。同样,先秦道家发展到东汉时期演变为道教,也不是本书探讨的内容。

第七,本书假定春秋时期有一段礼未崩、乐未坏的社会。因为除了少量考古资料和《尚书》,并没有多少文献记载能反映春秋之前的西周社会的内容和特点,因此只能依据春秋战国时期的历史文献来推测春秋社会的基本特点。

　　第八，本书研究春秋战国时期诸子的思想，涉及古代汉语的翻译问题。一方面，对一些较难的句子，笔者借鉴了前辈的翻译，一般较少自己翻译。这样做，主要是为了防止本人理解有失偏颇而陷于主观。另一方面，学术著作应适当引用春秋战国时期的历史文献原文。考虑到引用古文过多将影响读者阅读，且古文翻译过多影响文章篇幅，因此，本书力求在三者之间寻求一定的平衡。最后，考虑到在先秦历史文献的传承过程中，不断有后人窜改甚至伪造原文的现象。本书对先秦史料都抱有一定的警惕之心。

第二章　春秋战国时期的社会转型

第一节　学界对春秋战国时期社会及转型的研究

　　研究春秋战国时期诸子思想如何生成意识形态,必须在春秋战国时期的社会背景下进行。对于诸子所处的春秋战国时期,史家历来认为这是一个社会转型的时代。明末清初大儒王夫之认为:"战国者,古今一大变革之会也。"①民国时期的历史学家童书业先生也认为:"春秋战国之间,是中国社会组织变迁得最厉害的时代。此后除了现代以外,没有一个时代能与它相提并论。"②因此,揭示春秋战国时期社会转型的内容是准确理解和把握先秦诸子思想生成意识形态的基础和前提。

一、西方学者对现代社会转型的研究

　　所谓社会转型就是指社会中人们的行为模式、社会关系、社会制度和社会结构发生了重大的变化。对于社会转型,一些思想家和社会学家思考得最多的是传统社会向现代社会的转型。英国法学家梅因认为:"所有进步社会的运动,到此处为止,是一个'从身份到契约'的运动。"③在他看来,在传统社会中,身份构成了社会建构的原则,人与人的关系都被各种先天身份所制约和形塑。而在现代社会,人与人的关系都是根据自愿而平等的契约建构起来的,因此,权利平等的个人组成了一个人人追求不同目的的现代社会。在梅因看来,社会的文明进步就是讲究身份的传统社会向讲究权利平等的现代社会转型。

　　"所有社会关系都可以归结为一种契约,这是不对的。"④这是法国社会学家

---

　　① 王夫之:《读通鉴论》(下册),中华书局1975年版,第1112页。
　　② 童书业:《蓬莱阁丛书:春秋史》,上海古籍出版社2003年版,第243页。
　　③ [英]亨利·梅因:《古代法》,沈景一译,商务印书馆1984年版,第97页。
　　④ [法]埃米尔·涂尔干:《现代西方学术文库:社会分工论》,渠东译,生活·读书·新知三联书店2000年版,第339页。

涂尔干的观点。在他看来,契约只是建构现代社会的方式之一,而且这种方式只是传统环节社会向现代组织社会转型的结果。社会从传统环节社会向现代组织社会演化,纯粹是社会分工的结果。为理解社会分工在社会发展中所承担的功能,涂尔干根据社会性质将法律分为惩罚性法律和恢复性法律。惩罚性法律维护社会的机械团结,恢复性法律维护社会的有机团结。恢复性法律起着类似于人的神经系统调节身体各种机能的作用。机械团结建立在个人相似性的基础上,有机团结建立在个人差异性的基础上。两种团结在每一种社会中都存在。在古代社会,法律主要以惩罚性法律为主,社会结构是建立在机械团结的基础上的。随着社会的发展,法律发展的趋势是:惩罚性法律的比重越来越小,恢复性法律的比重越来越大。社会结构是建立在以劳动分工为基础的有机团结的基础上的。机械团结对应的是同质的、原始的群居社会或环节社会;有机团结对应的是功能多样且结合有机的、异质的职业组织构成的现代社会或组织社会。涂尔干的社会理论深化了人们对社会分工所承担的社会功能的理解。然而,它存在两个方面的问题:一是过分依赖动物有机体的理念来理解社会分工,导致结论不证自明。他提出现代社会有机团结的概念反映了现代经济发展使社会组织间的联系建立在劳动分工的基础上,但劳动分工只反映了职业组织间经济联系的有机性。然而,现代社会组织经济联系的有机性往往与各种社会联系割裂开来,使一些阶级或阶层(如传统的贵族或地主)在社会结构中脱嵌,甚至使劳动者在社会职业组织的有机联系中走向异化。对于这些异化,涂尔干并未予以过多的关注,只是认为它们只是社会分工的异常形式。所以,他的社会理论存在着溢美有机团结的倾向,犯了以偏概全的毛病。二是混淆甚至模糊了国家与社会的概念。古代社会的边界都是共同体,而古代国家往往包括大大小小诸多不同的共同体。共同体内人与人的联系绝非是机械的,只有不同共同体之间的联系才是机械的。因此,古代社会惩罚性法律比重大反映出国家处于原始状态,但并不能证明古代社会处于原始状态。同样,在现代社会,不同职业组织在经济上存在着有机团结,但从全社会来看,社会各部分之间并不是有机的。国家在维持社会特别是阶级社会的稳定时,所承担的功能折射出社会经济组织构成社会团结的机械性。

在某种意义上讲,德国社会学家滕尼斯对人类文明发展的理解更契合人类社会发展的进程。滕尼斯认为,人类社会是从原始的共同体生活形式发展为社会的。① 共同体与社会的不同在于:共同体建立在人与人相互肯定的本质意志的自然基础上,社会建立在人与人总体上相互分离的选择意志的基础上。共同体是有机的产物,社会是机械的人为的产物。而且,在滕尼斯看来,共同体在古代有血缘共同体、地缘共同体和宗教共同体三种类型。社会最典型的表现是资本家和商人追求个人利益。

在卡尔·波兰尼看来,在传统社会,"人类的经济是附属于其社会关系之下的。他不会因要取得物质财富以保障个人利益而行动;他的行动是要保障他的社会地位、社会权力及社会资产"②。在现代社会,"以市场对经济体制的控制会对社会整体产生决定性的影响,即视社会为市场的附属品,而将社会关系嵌含于经济体制中,而非将经济行为嵌含在社会关系里"③。波兰尼的看法是:古代社会与现代社会的不同在于,古代社会是社会关系组织社会,现代社会是市场经济组织社会。在波兰尼看来,现代西方社会 19 世纪经历的传统社会向现代社会的大转型,正是以市场重塑社会为特征的社会大转型。

上述西方思想家都侧重于从传统社会与现代社会的区别来理解社会转型。然而,这些研究对理解中国古代春秋战国时期的社会转型,似乎意义并不大。

二、国内学者对春秋战国时期的社会及其转型的研究

史学界对春秋战国时期及以前的西周社会及其转型的研究还存在较大的局限:

1. 将国家治理社会的结构等同于社会结构

一些研究春秋战国时期及以前的西周社会的学术专著都谈到了春秋战国时期的社会转型。台湾地区的杜正胜教授认为,周代的社会结构是带有原始社会氏族共同体遗制和遗风的"城邦政治"。周初分封实质上是姬姓部族带领姻亲联盟的部族武装殖民扩张的过程。在这个殖民扩张、建立城邦国家的过程中,他们

---

① [德]费迪南德·滕尼斯:《共同体与社会》,林荣远译,商务印书馆 1999 年版,第 331 页。

② [英]卡尔·波兰尼:《巨变:当代政治与经济的起源》,黄树民译,社会科学文献出版社 2013 年版,第 113 页。

③ 同上书,第 129－130 页。

以血缘宗法制度为基础逐渐建立一个等级森严,"国、野"壁垒分立的社会治理格局。① 居住在城郭(三里之城,七里之郭)内外的征服民族(既包括姬姓部族、联姻及联盟部族,也包括被西周打败而选择归顺的殷商遗民)叫国人,他们延续传统氏族共同体的组织结构,以"里"的方式组织起来。② 国人纳税、服力役并以庶民身份干政,他们服兵役并构成国家军队的主体。国人虽然有参与政治的权利,但他们并非统治阶级,他们要接受公侯和异姓贵族的统治。国人与公侯和贵族以血缘宗法方式联系在一起。公侯与异姓贵族之间在社会关系上存在着人为建构的假血缘关系(pseudo-clanship),并在政治上构成君臣关系。被征服并居住在郊外野地的土著叫作野人。野人不参与政治,主要为居住在城邑的公侯和贵族耕作并提供力役。国人对野人的人身控制是通过"垒土封疆"的举措实现的。国、野之外还有国家以武力征服土著的过程中赏赐给贵族的承担服侍功能的奴隶。春秋时期列国争霸后,城邦共同体受到战争破坏,小国开始失去独立性并成为附庸。在此过程中,国人逐渐失去干预国家政治的权利,野人同国人一样开始服兵役(如管仲采取"参其国而伍其鄙"的政策治理齐国)和缴纳赋税。同时,土地出现租赁和买卖,"死井不出乡"的社会下层百姓开始流动起来,带有家族宗法特征的"国、野"分立的社会组织结构逐渐被带有地域特征且组织更严密的郡县制度取代。

　　台湾地区的许倬云教授认为,西周早期的分封制度并不仅仅是周人殖民队伍分别占领东方故地的过程,它是一个不同人群再分组的重组过程。而且,周初分封制"封人"强于"封土"。③ 并且,随着西周城邑逐渐层级化,西周分封由"授民"向"授土"转化。④ 内地的杨宽教授认为,像古代盛行用河水灌溉农田的国家一样,在便于灌溉的平原地区,西周社会长期保存着村社制度和井田制度。⑤ 井田分为公田和私田。在称作田畯的官吏的监督下,人们先在公田上集体劳作,后

---

① 杜正胜:《周代城邦》,台湾联经出版事业公司1985年版,第27页。
② 同上书,第40页。
③ 许倬云:《西周史》(增订本),生活·读书·新知三联书店1994年版,第150页。
④ 同上书,第300页。
⑤ 杨宽:《中国断代史系列:西周史》,上海人民出版社2003年版,第192页。

在分配给家庭的私田上劳作。① 杨宽教授不仅考察了西周的井田制度,还考察了西周政府治理社会的乡遂制度。他认为乡遂制度就是西周社会的主要结构。② 有的日本历史学家认为:"从商代到春秋时期,大体上是都市国家对立的时代,统一了战国七雄的秦、汉,则相当于古代帝国。"③因此,春秋战国时期大抵就是从都市国家到秦汉帝国的转型。杜正胜、许倬云、杨宽和日本历史学家的观点都有将国家治理社会的结构等同于社会结构的问题。其实,分封制与郡县制都是国家治理社会的结构而非社会本身的结构。同样,"都市国家"和"帝国"这两个称谓反映的都是国家治理社会的结构而非社会自身的结构。人们只要认真思考一下便知,研究民国时期乡村社会结构的学者,断不会将国家在乡村建立的保甲和里甲组织等同于乡村社会自身的结构。

2. 将春秋及之前的西周社会定性为宗法公社制社会,无法将它与汉朝以后的传统社会区别开来

历史学家顾德融等人认为,铁器时代的来临使春秋时期的社会结构由原来西周的宗法公社制社会向封建社会过渡。④ 将西周社会定性为宗法公社制社会并将之后的社会定性为封建社会,前者可以找到一定的史料依据,因为宗法家族形态确实反映了西周社会结构的某种特质。后者运用马克思主义唯物史观解释中国的历史分期。然而,机械地运用马克思主义唯物史观对中国社会进行历史分期,现在正受到一些历史学者的质疑。⑤ 同样,朱凤瀚先生利用考古资料揭示商周社会的家族形态。他认为殷商时代的社会微观组织并不是类似于西方古代社会的农村公社,而是父权制家族组织。这个组织本质上是以血缘为纽带并有较为严格的等级制的宗族组织,其等级制度以宗族内部的亲属关系和亲属制度为基础。⑥ 西周取代殷商后,社会宗族组织发生了两大变化:一是家族内部的等

---

① 杨宽:《中国断代史系列:西周史》,上海人民出版社2003年版,第276页。

② 同上书,第420页。

③ 〔日〕宫崎市定:《东洋的古代:从都市国家到秦汉帝国》,马云超、张学锋、石洋译,上海古籍出版社2017年版,第137页。

④ 顾德融、朱顺龙:《春秋史》,上海人民出版社2001年版,第22页。

⑤ 冯天瑜:《"封建"考论》,武汉大学出版社2006年版,第8—16章。

⑥ 朱凤瀚:《商周家族形态研究》(增订本),天津古籍出版社2004年版,第133页。

级关系向政治方向发展,家族长与其他家族成员形成了君臣关系,并且这种关系通过仿造王朝的廷礼册命等礼仪形式而得到强化;二是家臣制度已经出现,且贵族家主与异族家臣之间形成了所谓的假血缘关系。① 从西周发展到春秋时期,家族组织尽管在形式上延续,但实质上走向了瓦解。家臣制度在家臣的来源、地位、政治录用、报酬待遇和功能等方面都呈现出向官僚制过渡的趋势。② 朱凤翰先生对商周家族制度的研究,其最大的优点在于揭示商周古代社会区别于西方古代的村社,它呈现出宗法特质。然而,宗法不仅是商周时期、春秋战国时期的社会组织的特质,而且是秦、汉以后中国传统社会的特质。民国时期的历史学家童书业先生认为西周的宗法和封建制度是中国数千年封建制度的基础。③ 同样,近代学者严复把中国传统社会理解为宗法家族社会。严复在《社会通诠》中说:"西国之王者,其事专于作君而已。而中国帝王作君而外,兼以作师。且其社会,固宗法社会也。"④总之,顾德融、朱凤翰、童书业、严复等先生的说法显示了中国社会自古就存在着家、国不分,家天下的宗法特质,但是宗法只揭示了春秋战国社会与中国传统社会的历史延续性。如果承认春秋战国时期经历了社会转型,那么用宗法来定性春秋战国社会显然存在着混淆西周社会与秦、汉以后中国传统社会的区别问题。

3.历史学者所关注的春秋社会与先秦诸子所关注的先秦社会不一致

上述历史学者在揭示中国春秋社会的特质方面各有创见,但他们所揭示的先秦社会与先秦诸子所关注的社会不一致。现代学者研究先秦古代社会既结合了先秦文献,又结合了考古资料,他们不断揭示了先秦社会的宗法制度、分封制度、井田制度、乡遂制度、族外婚制度、家臣制度,等等。然而,无论是儒家孔子的"德治"主张、孟子的"仁政王道"思想、荀子的"以礼治国"理念,还是道家老子的

---

① 朱凤翰:《商周家族形态研究》(增订本),天津古籍出版社2004年版,第426页。

② 同上书,第486－487页。

③ 童书业:《蓬莱阁丛书:春秋史》,上海古籍出版社2003年版,第14页。历史学家陈旭麓先生也有类似的观点。他认为,宗法组织是封建社会最基本的组织,是中央集权君主专制主义官僚政治的基石。详见陈旭麓:《近代中国社会的新陈代谢》,生活·读书·新知三联书店2017年版,第10页。

④ 严复:《译〈社会通诠〉自序》,载《严复集》第1册,中华书局1986年版,第136页。

"无为而治"的政治主张、庄子"因顺自然"的理念,抑或是墨子的"兼爱""尚同""尚贤"等主张,法家商鞅与韩非子的"法治"主张,都难找到上述制度的影子。虽然《孟子》一书中谈到了先秦井田制度,但它并不是孟子主张的重心,而且孟子对此也只知大概。换言之,现代学者结合先秦文献和考古资料勾画出的先秦社会只是学者们所关注的先秦社会,它与先秦诸子所关注的社会并不一致。这类似于中西方在关注老年人议题上的不一致:中国人关注老年人而西方人很少谈老年人。因此在老年人议题上,西方人眼中的中国与中国人眼中的中国有时并不一致。相应地,通过现代学者们的学术专著所构建的先秦社会并不能很好地理解春秋战国时期诸子的思想。春秋战国时期是古代中国思想发展的轴心时代,如果对中国轴心时代的思想无法很好地理解,那么至少意味着现代人无法很好地理解、传承与发展中国古代思想。

4.日本学者揭示了战国到秦汉时期民间社会的独特结构,但并未揭示战国到秦汉时期社会转型的内涵

日本汉学家增渊龙夫先生从社会的任侠习俗来分析战国到秦汉时期的社会结构,指出《史记·游侠传》中所描述的游侠伦理是民间社会人与人之间相结合的规范,它奠定了民间社会的秩序。① 并且,他把这种以信义和献身为基础的结构当作秦汉以后新出现的社会结构。他的这种理解与战国社会发展趋势有不少相背之处。战国时期就出现了不讲信用和保全身体的言行,而且西汉以后历代史书不断出现"少游侠"的记载。这意味着它作为一种社会结构在西汉以后的社会化过程中不断被既有主流社会结构排斥,因此它并不是西汉以后新出现的社会结构,而是春秋战国时期的社会结构在新社会的残留(详见本章第四节第四目)。因此,增渊龙夫先生的研究只揭示了战国到秦汉时期社会结构连续传承的横断面,他并未抓住战国到秦汉时期社会转型的具体内容。

---

① [日]增渊龙夫:《中国古代的社会与国家》,吕静译,上海古籍出版社2017年版,第91页。

第二节　从中国传统社会推测礼崩乐坏前的春秋社会

春秋战国社会是古代中国礼崩乐坏的转型社会。由于春秋战国时期及之前的西周时期,中国并无与西方接触的史料记载或考古发现,因此春秋战国时期的社会转型,大抵可以断定是由内部因素引起的。而且,春秋战国时期的社会和秦、汉以后的中国传统社会是连续的,因此我们可以根据社会发展的历史延续性,从秦、汉以后的中国传统社会来推测礼崩乐坏前春秋社会的特点。当然,推测完全是理论假定,可以利用春秋战国社会非诸子文献和考古资料检验之。

一、中国传统社会是有等差的相对伦理社会

中国传统社会是一个什么样的社会?20 世纪 40 年代,社会学家费孝通先生认为中国传统社会是乡土社会,其社会结构是由大大小小的以己为中心由近及远的差序圈子所组成的差序格局。① 差序格局是中国传统社会的核心结构,其显著的特点是:

第一,以己为中心。每个人都有自己由近及远的差序圈子。圈子的大小,一般可以从每个人举办婚宴前发请帖的对象范围来界定。相应地,圈子中人们的处事模式也内外有别。台湾地区的学者黄光国认为,中国社会中个人可能拥有三大类人际关系,即情感性关系、混合性关系和工具性关系。② 情感性关系适用需求法则;工具性关系适用公平法则;混合性关系适用人情法则。这种理解虽然是对当代中国社会的理解,但在一定程度上折射出中国传统社会人际互动一直内外有别。内外有别预示着传统社会圈子内伦理都有一定的适用边界。

第二,每个人的差序圈子一方面具有先天继承性,另一方面又具有扩展伸缩性。每个人天生继承了父母的血缘关系和亲戚关系所建构的人际网络,又可以根据个人的姻缘(结亲)、学缘(同学关系)、业缘(同事关系)、地缘(同乡关系)而人为地扩大人际网络。宴请与送礼是传统社会中人们扩大人际圈子的基本方

---

① 费孝通:《乡土中国　生育制度》,北京大学出版社 1998 年版,第 26 页。
② 黄光国、胡先缙等:《人情与面子:中国人的权力游戏》,中国人民大学出版社 2010 年版,第 7 页。

式。如果说圈子的存在折射出传统乡土社会的封闭性特征，那么差序圈子后天人为地建构扩大则折射出传统乡土社会的开放性特征。人际关系随着人际互动而扩展伸缩，反映出个人圈子的大小和范围的变化。每个人置身其中，感受到人情冷暖，世态炎凉。

第三，不同个人的差序圈子相交处，即是人与人之间发生联系的关节点。这些关节点在中国传统社会简称为五伦，即君臣、父子、长幼、夫妻、朋友关系。由于乡土社会把调节人际互动的五伦伦理规范称之为礼，所以费孝通先生又把中国乡土社会称为"礼治"的社会。① 当然，调节五伦的道德规范，是一种熟人间的私人伦理规范。它之所以是私人性的，是因为在差序格局中，自我是乡土社会中个体为人处事的出发点和落脚点。相应地，不同的人与自我关系的亲疏远近都由个人根据主观感受来认定。一般而言，人们根据父系血缘来理解人际关系的亲疏远近。相应地，其他非血缘关系可以比附为父子关系。譬如，乡土社会把君臣关系、师生关系比附为父子关系，通过传统的结拜仪式把朋友关系比附为兄弟关系或姐妹关系。

第四，这种伦理具有本位性。之所以讲伦理本位，是因为传统中国乡土社会人际互动总是伦理（义务）在先，或者说人的权益是否具有正当性，主要是看个体履行所承担的伦理义务状况。伦理义务履行得好，则人们可以理直气壮地要求得到自己的权益。这就是中国传统社会所谓的报恩。如果以前伦理义务履行得好，那么未来他可以将功补过，甚至免于一死。因此，社会个体置身乡土社会，社会伦理具有本位性，即个人履行伦理义务的状况，既是社会对人是否具备"人"的资格的认定条件，又是社会评价人的名誉的基础，所谓"人活一张脸，树活一张皮"。由此可见，社会伦理规范对乡土社会中的每一个个体都具有基础性的支配作用。所以，民国时期的梁漱溟先生认为："中国旧社会可说为伦理本位、职业分立。"②"中国就家庭关系推广发挥，而以伦理组织社会。"③梁漱溟先生还指出，伦理本位社会中的个体尽管在欲望中都以自己为主，其行为却是"伦理关系彼此互

---

① 费孝通：《乡土中国　生育制度》，北京大学出版社 1998 年版，第 49 页。
② 梁漱溟：《乡村建设理论》，上海人民出版社 2006 年版，第 24 页。
③ 同上书，第 70 页。

以对方为重；一个人似不为自己而存在，乃仿佛互为他人而存在者"①。自然，中国传统社会伦理本位使中国人对"自我"的认知与西方人有显著不同。西方人的自我是一种独立的自我(independent self)，中国人的自我是一种相互依赖的自我(interdependent self)。换言之，传统中国人倾向于在一定的社会关系中来界定自我的概念。人们总是根据个体在其所属关系网中所处的位置来表现出得体的行为。②

第五，这种伦理规范是一种相对伦理规范。所谓相对是指伦理规范作用的确立及其作用程度是以"己"来衡量的。因此，如果彼此的人际关系不断良性互动，那么人的行为就受伦理规范调节。并且，其他社会成员越处于个体差序圈子的核心，那么该个体对自己圈子核心内的他人承担的伦理义务越趋于绝对。所谓绝对，是指这个伦理义务具有极强的刚性，人必须为之舍身赴死，正所谓"士为知己者死"，"父母之仇，不共戴天"。如果关系越远，那么该个体承担的伦理义务就越轻，直至人际互动伦理义务建立在利益互惠的基础上。所以，一旦人际关系生疏，即便人与人之间存在着血缘关系，伦理规范的作用也趋于消失。所以，中国人形容姻亲关系时常说："一代亲，二代表，三代就算了。"这说明当人际关系缺乏良性互动时，姻亲关系就趋于消失，相应地伦理义务也随之消失。因此，从伦理义务的角度来看，中国传统社会的差序格局呈现出以己为中心，由绝对向相对过渡的特征。而在差序圈子外，人与人往往是一种陌生人的关系，人际互动往往遵循利己主义的原则。总之，中国传统社会的"礼治"，实际上是人对处于自己圈子内外的人奉行亲疏有别的差别待人原则。这种"礼治"作为传统中国治理的原则，就是刘建军老师所讲的差别性治理。③ 当然，这种差别性治理自西汉后主要通过中国法律的儒家化来实现。④

---

① 梁漱溟：《乡村建设理论》，上海人民出版社 2006 年版，第 25 页。

② H. R. Markus and S. Kitayama: "Culture and the self: implication for cognition, emotion and motivation" Psychological Review, 1991, Vol. 98, No. 2, pp. 224 – 253.

③ 刘建军：《古代中国政治制度十六讲》，上海人民出版社 2009 年版，第 55 页。

④ "中国法律之儒家化"。详见瞿同祖：《中华现代学术名著丛书：中国法律与中国社会》，商务印书馆 2010 年版，第 377 – 399 页。

二、从中国乡土社会推测礼崩乐坏前的春秋社会

既然中国乡土社会是由礼崩乐坏的春秋战国社会演变而来的，那么我们可以尝试从中国乡土社会来推测礼崩乐坏前的春秋社会。同样，由于春秋社会离人类早期的氏族部落社会不远，因此我们也可以从人类氏族部落社会来推测春秋社会的特征。当然，年代越久远，推理可靠性就越低。这里主要从中国乡土社会推测礼崩乐坏前的春秋社会。

第一，从历史延续性来理解，既然中国乡土社会是伦理社会，那么礼崩乐坏前的春秋社会也可能是一个伦理社会。伦理社会意味着两点：一是社会伦理在国家和社会具有根本的地位。没有它，社会将灭亡，国家将倾覆。由于春秋社会伦理规范主要蕴含在礼中，因此要证明这一点，就必须证明礼对国家、社会和社会个体具有根本的作用。二是社会个体在人际互动中会产生伦理义务。这些伦理义务对人具有本位性，要求社会个体在后来的人际互动中回报对方，即所谓"报恩"或"报仇"。

第二，根据中国乡土社会结构呈现出人际关系亲疏远近的差序性来推测，春秋社会存在着鲜明的等级制度。乡土社会个体待人差序的出现本质上反映乡土社会中的社会个体时间、精力和资源有限，不可能在人际互动中平等地对待所有个体。考虑到历史发展连续性，这种差序估计源于中国古代春秋社会的等级性制度规定。考虑到不同阶层在文化程度上的差异，估计社会上层对春秋社会的伦理规范（礼）有着较高的理解和把握，而下层对礼缺乏理解。春秋社会等级制度对社会上层有明确而规范的伦理要求，对下层则只是简单地要求下层服从上层并向上层看齐。当然，上层遵守礼源于礼仪是确立上层身份地位的标志，而下层违背社会伦理肯定会受到上层严厉的惩罚。如果再结合本目第四点春秋社会的鬼神宗教来推测，社会下层遵守社会伦理规范是出于对鬼神的迷信或敬畏。简言之，在等级社会中，上层与下层行为模式的差异是：上层遵守礼仪，下层敬畏鬼神。

第三，既然中国传统社会的结构是由大大小小的差序圈子组成的差序格局，根据圈子内伦理有适用边界推测礼崩乐坏前春秋社会的伦理有明确的适用边界。在边界内人际互动根据礼所蕴涵的伦理规范来调节，在边界外则适用新的伦理。所以，伦理适用边界的存在意味着春秋社会是由一个个有着明确的伦理

适用边界的共同体组成的社会。

第四,考虑到春秋社会离人类氏族部落时代不远,因而这个伦理共同体社会还残留着氏族部落共同体的某些特点。人类社会氏族部落共同体的特点突出表现在社会结构的运作以氏族及部落为基本单位的集体性运作和氏族部落的维系和传承以血缘和宗教为特色。[①] 从社会结构的运作来看,人类氏族部落社会至少有三个方面的特征值得注意:1. 氏族成员作为一个整体对部族政治有参与权和决策权;2. 在经济上存在集体劳作制度;3. 社会集体伦理高于个体德性要求。如果将春秋社会的宗法家族对应人类社会的氏族,那么礼崩乐坏前的春秋社会可以在这三个方面找得到痕迹。再从社会维系和传承的宗教性来看,鬼神宗教崇拜对维系氏族部落的存在具有重要意义。社会学家涂尔干对澳大利亚土著的宗教崇拜的研究表明,每个氏族都有自己独有的图腾神灵崇拜,同一个部落的两个不同氏族不能共享同一个图腾。[②] 换言之,早期的氏族部落时代,宗教崇拜都是以母系或父系血缘建构起来的部族为界的。据此推断:鬼神宗教崇拜对维系春秋社会的宗法家族具有重要意义,而且春秋社会人们的鬼神宗教崇拜也是以宗族为界。

第五,既然中国传统社会的伦理在差序格局中呈现出以己为中心由绝对向相对变化的趋势,那么可以推测,礼崩乐坏前的春秋社会是一个绝对伦理社会。所谓绝对伦理,是指当事人必须舍身赴死(即献身)来达到春秋社会等级间的伦理规范的要求。这里根据公元前542年卫国大夫北宫文子解答何谓"威仪"的说法来确立这一假设。他说:"有威而可畏谓之威,有仪而可象谓之仪。君有君之威仪,其臣畏而爱之,则而象之,故能有其国家,令闻长世。臣有臣威仪,其下畏而爱之,故能守其官职,保族宜家。顺是以下皆如是,是以上下能相固也。《卫诗》曰:'威仪棣棣,不可选也。'言君臣、上下、父子、兄弟、内外、大小皆有威仪也。《周诗》曰:'朋友攸摄,摄以威仪。'言朋友之道,必相教训以威仪也。"[③]这段话的

---

① [美]路易斯·亨利·摩尔根:《古代社会》(上),杨东莼、马雍、马巨译,商务印书馆1977年版,第69页。

② [法]爱弥尔·涂尔干:《涂尔干文集:第一卷:宗教生活的基本形式》,渠东、汲喆译,上海人民出版社1999年版,第133页。

③ 《左传·襄公三十一年》。

大意是:有威严而让人敬畏叫作威,有仪容而让他人效法叫作仪。如果国君有国君的威仪,他的臣子敬畏并爱戴他,并以向国君看齐为处事法则,那么国君就能保有国家,美名将流芳百世。如果臣子有臣子的威仪,让他的下属敬畏且爱戴他,并以向臣子看齐为处事法则,那么臣子就能保有官职,保全并和睦家族。依照这个道理类推,上下才能彼此敬畏、爱戴,关系牢固。《卫诗》上说:"保持威仪端庄,决不动摇。"便是说处理君臣、上下、父子、兄弟、内外、大小之间的关系都要有威仪。《周诗》上说:"朋友间相互帮助,依据的是威仪。"这是说朋友相处之道,同样必须依据威仪来互相规劝。

从北宫文子有关威仪的解释来看,在等级礼制的规范下,春秋时期社会人际关系的等级服从具有普遍性。据此可以推测,礼崩乐坏前春秋社会的等级制度作用于社会伦理规范,这意味着在社会对偶性人际关系(如君臣、父子、兄弟、夫妻、主仆、朋友等)中,地位高者主导了对偶性伦理规范,地位低者向地位高者承担不对等的绝对伦理义务。即臣单向绝对服从君,子单向绝对服从父,弟单向绝对服从兄,妻单向绝对服从夫,仆单向绝对服从主。这样理解只揭示了绝对伦理建构的等级因素。对此,可能有人争辩说,据此推理则绝对伦理规范只存在于等级关系中,较为平等的个体如朋友或仇敌之间将不存在所谓的绝对伦理义务。这里假定较为平等的个体之间也可以通过承诺的方式确立绝对伦理义务。当然,这样假定必须考虑社会个体内化春秋社会绝对伦理规范的程度。从内化程度高者来看,违背绝对伦理则意味着社会个体要主动舍身赴死。从内化程度低者来看,违背绝对伦理则难以在社会上生存,甚至社会将迫使他死亡或逃亡。换言之,绝对伦理社会至少存在着使社会个体履行绝对伦理义务的两种社会强化机制:1.个体一旦违背社会具体的伦理规范(违礼),则个体的自我反省机制将迫使个体以身体自残或自杀的方式来履行伦理规范。并且,社会个体面临不同的社会绝对伦理规范彼此冲突而无法两全的情况时,要么自杀,要么不作为。不作为的情况一般出现在地位高者给予当事人适当的意见指导的情况下。2.一旦个体违背社会的绝对伦理规范(违礼)而不自我反省并改正时,社会的强迫机制将使违背社会伦理规范的个人无法生存。这种无法生存大概有两种情形:被杀和逃亡(离开原来生活的共同体)。值得注意的是,讲春秋社会伦理是绝对伦理并不是说它绝对不可解除,而是说在等级礼制成立的情况下,等级礼制所规定的伦理义务对相对应的下层具有必须舍身履行的刚性。如果等级礼制受到上层的破坏，那么等级礼制下层受害人就在一定意义上解除了对上层的绝对伦理义务（详情参看本章第四节第三目）。

第六，从上面对礼崩乐坏前春秋社会的五个假设来看，礼崩乐坏前的春秋社会与汉代以后的中国传统社会都是伦理本位，都具有各种礼仪，都有鬼神等宗教迷信，都有等级制度规定，如祭祀天地鬼神的礼仪。《明史》记载："明初以圜丘、方泽、宗庙、社稷、朝日、夕月、先农为大祀，太岁、星辰、风云雷雨、岳镇、海渎、山川、历代帝王、先师、旗纛、司中、司命、司民、司禄、寿星为中祀，诸神为小祀。"①在使用酒器方面，明朝对官民制定了严格的等级规定。《明史》载："洪武二十六年定，公侯、一品、二品，酒注、酒盏金，余用银。三品至五品，酒注银，酒盏金。六品至九品，酒注、酒盏银，余皆磁、漆。木器不许用朱红及抹金、描金、雕琢龙凤文。庶民，酒注锡，酒盏银，余用磁、漆。"②因此，礼崩乐坏前的春秋社会与中国传统社会的区别主要集中在两个方面：一是礼崩乐坏前的春秋社会呈现出人类早期氏族部落共同体的特质。但随着中国社会的变化发展，这一特质在中国传统社会难以找到痕迹。二是礼崩乐坏前的春秋社会是单向的绝对伦理社会，而中国乡土社会是相对伦理社会。如果上述五个假设成立，那么春秋战国时期的社会转型就应是绝对伦理社会向乡土社会的相对伦理社会转型。据此推测，在社会转型中可能发生两种情形：第一，当两种绝对伦理产生冲突时，人们将对不同的绝对伦理规范进行价值排序；第二，由于社会个体对不同的绝对伦理规范进行价值排序并不能取消个体必须舍身履行的刚性，因此，为减轻个体履行绝对伦理必须舍身赴死的刚性，个体在人际互动中将根据个人的主观认定设置条件，将绝对伦理相对化。这样，社会结构将呈现出差序化的趋向。这两种情形实际上揭示了春秋战国时期社会转型的路径。

这里将上述假设命题简要归纳如下：

一、礼崩乐坏前的春秋社会是伦理社会。此命题可以转化为两个小命题：
1. 礼对春秋时期的国家、社会和个体具有根本的地位和作用；2. 人际互动产生的

---

① 《明史·卷四十七·志第二十三》。
② 《明史·卷六十八·志第四十四》。

伦理义务将迫使春秋时期的人或国家必须报恩或报仇。

二、春秋社会存在着明确的等级制度。结合文化程度的差异和宗教背景,对此命题的验证可以转化为对以下两个命题的验证:1.春秋社会有明确的等级制度规定;2.在春秋社会的等级制度中,上层与下层的行为模式差异是上层遵守礼仪,下层敬畏鬼神。

三、礼崩乐坏前的春秋社会是由有着明确的伦理适用边界的共同体组成的社会。

四、礼崩乐坏前的春秋社会残留着人类早期氏族部落共同体的痕迹。对此命题的验证可以转化为对以下五个小命题的验证:1.春秋时期社会成员作为集体参与共同体的政治决策;2.春秋社会在经济上存在集体劳作的制度;3.春秋社会共同体伦理高于私人的德性要求;4.鬼神宗教崇拜对春秋社会宗族的维系具有重要的意义;5.春秋社会中人们的鬼神宗教崇拜都是以血缘关系建构起来的宗法家族为界限的。

五、礼崩乐坏前的春秋社会是单向的绝对伦理社会。对此命题的验证可以转化为对以下四个小命题的验证:1.春秋社会的个体(上层和下层)为完成社会伦理义务必须舍身赴死;2.春秋社会的个体违背社会伦理义务时,社会伦理内化在个体身上形成一种自我反省机制,它迫使违背社会伦理的个体采取自残或自杀的方式来履行未完成的绝对伦理义务;3.当个体违背社会伦理而不自我反省时,春秋社会存在的一种机制将强迫违背社会伦理的社会个体死亡或逃亡;4.春秋社会的个体面临不同的绝对伦理规范彼此冲突而无法两全时,要么自杀,要么不作为。后者出现在地位高者给予当事人意见指导的情况下。

六、春秋战国时期社会转型是绝对伦理社会向相对伦理社会转型。对此命题的验证可以转化对以下两个命题的验证:1.当春秋战国社会两种绝对伦理产生冲突时,当事人将对不同的绝对伦理进行价值排序;2.为减轻社会个体履行绝对伦理必须舍身赴死的刚性,春秋战国社会的个体在人际互动中将根据个体主观认定的条件将绝对伦理相对化。

第三节　对春秋社会理论假设的检验

一、春秋社会是伦理社会

1. 礼对春秋时期的国家、社会和个体具有根本性的地位

春秋时期的社会伦理规范主要蕴含在"礼"中。礼仪是礼的浅层和直观的表现形式。它是不同的社会伦理道德规范对人的起居、言谈、举止、容貌、服饰、进退等极为繁杂和琐碎的种种规范性和限制性要求。行礼如仪，是礼的基本要求，但懂得礼仪，未必就知礼。礼仪只有蕴含相对应的伦理道德精神，才可以称为有礼。社会个体通过践行礼，彰显了人际关系的亲疏远近、身份的尊卑和人内在的道德素养和精神状态。所以，社会中的人处于不同的等级，拥有不同的位分、权益和伦理要求。如公元前 670 年，鲁庄公迎娶齐国哀姜夫人，庄公让同姓大夫的夫人携带见面礼觐见哀姜。由于见面礼不合礼制，大夫御孙说："男贽，大者用玉帛，小者禽鸟，以章物也。女贽，不过榛栗枣修，以告虔也。今男女同贽，是无别也。男女之别，国之大节也，而由夫人乱之，无乃不可乎？"① 御孙说的"贽"是人际互动时的贽见礼，它折射出先秦社会男女有别。除贽见礼外，春秋社会还有籍礼、冠礼、大搜礼、乡饮酒礼、乡射礼、朝礼、聘礼、祭礼、婚礼、丧礼，等等。② 春秋社会的礼最突出的特征是维护等级秩序。如楚国大夫申叔时论教导太子的方法时说"教之礼，使知上下之则"，"明等级以导之礼"③。对于礼在先秦社会的重要性，春秋时期的人们有着明确的认识。鲁国大夫孟僖子临终时说："礼，人之干也。无礼，无以立。"④ 郑国大夫子产认为："夫礼，天之经也。地之义也，民之行也。"⑤ 晏婴甚至对齐景公说："礼之可以为国也久矣。与天地并。"⑥ 总之，从上述文献所反映的内容来看，礼在规范春秋社会人际互动、塑造社会秩序和维护国家

① 《左传·庄公二十四年》。
② 杨宽：《战国史》（增订本），上海人民出版社 1998 年版，第 270 页。
③ 《国语·楚语上》。
④ 《左传·昭公七年》。
⑤ 《左传·昭公二十五年》。
⑥ 《左传·昭公二十六年》。

政治稳定方面都发挥着根本的作用。

2. 人际互动产生的伦理义务使春秋时期的人（或国家）必须报恩或报仇

春秋社会是伦理本位的社会,这意味着春秋时期的人们在人际互动时会不断产生对他人的伦理义务,这些伦理义务限定了人们的行为选择:有恩要报恩,有仇要报仇。从报恩的角度来看,公元前 637 年,晋国公子重耳流亡到曹国,曹国国君共公听说重耳的肋骨排列得很紧密,于是趁重耳洗澡时偷看(该行为对重耳很是无礼)。与曹共公无礼对待重耳不同,曹国大夫僖负羁不仅送给重耳一盘食物,而且送给他一块贵重的玉璧。重耳当上晋国国君后,于公元前 632 年率军攻入曹国,责备曹国不任用僖负羁,并下令晋军不许进入僖负羁家里,同时赦免他的族人以报答他当年的恩情。① 春秋时期晋国还发生过很多报恩的事例。晋灵公的卫士中有个叫灵辄的人,曾经在山中三天未吃饭而濒临死亡,大夫赵盾给他吃食,救了他的性命。公元前 607 年,晋灵公宴请赵盾,埋伏甲兵围杀赵盾,当时灵辄挺身而出保护赵盾,让赵盾逃走。② 同样,晋国大夫魏颗的父亲有一个爱妾,其父生病时说让爱妾改嫁,病重时又说让爱妾殉葬。其父死后,魏颗让父亲的爱妾改嫁了。公元前 594 年,魏颗在辅氏与秦军交战时,看到一个老人用草绳将秦国大力士杜回绊倒,最终抓住了杜回。晚上,魏颗梦见老人托梦对他说,他是那个改嫁的爱妾的父亲。老人在战场上绊倒杜回是为了报答魏颗让他女儿改嫁之恩。③ 从报仇的角度来看,国家之间互相攻伐也会产生仇怨,受害国必须在不久的将来予以报复。公元前 712 年 10 月,郑伯带领虢国军队攻打宋国,大败宋国军队。④ 此役是报复公元前 713 年 7 月宋国和卫国入侵郑国的行为。⑤ 公元前 555 年,晋国率领鲁、宋、卫、郑等国与齐国在平阴大战,大败齐国军队。公元前 550 年,齐国军队进攻晋国,占领晋国朝歌以报六年前平阴战役大败之仇。⑥

---

① 《左传·僖公二十八年》。
② 《左传·宣公二年》。
③ 《左传·宣公十五年》。
④ 《左传·隐公十一年》。
⑤ 《左传·隐公十年》。
⑥ 《左传·襄公二十三年》。

二、春秋社会存在着明确的等级制度

1. 春秋社会存在明确的等级制度规定

第一，春秋社会在礼乐和祭祀制度用度上存在数量上的等级性。公元前718年，鲁隐公打算在庙里献演《万》舞，鲁隐公向大夫众仲询问执羽舞的人数。众仲回答："天子用八，诸侯用六，大夫四，士二。"①同样，楚国大夫屈建祭祀过世的父亲时，他说祭法上规定："国君有牛享，大夫有羊馈，士有豚犬之奠，庶人有鱼炙之荐，笾豆、脯醢则上下共之。"②

第二，在社会服从关系上，春秋社会呈现出上下等级特质。公元前710年，晋国发生动乱，师服评论说："故天子建国，诸侯立家，卿置侧室，大夫有贰宗，士有隶子弟，庶人、工、商各有分亲，皆有等衰。是以民服事其上而下无觊觎。"③公元前597年，晋国大夫士会讲孙叔敖治理楚国做到"君子小人，物有服章。贵有常尊，贱有等威，礼不逆矣"④。类似地，公元前559年，师旷对晋侯说："是故天子有公，诸侯有卿，卿置侧室，大夫有贰宗，士有朋友，庶人、工、商、皂、隶、牧、圉皆有亲昵，以相辅佐也。"⑤

第三，春秋社会的权力结构呈现等级支配的特征。公元前535年，楚国大夫芋伊无宇对楚灵王说："天有十日，人有十等，下所以事上，上所以共神也。故王臣公，公臣大夫，大夫臣士，士臣皂，皂臣舆，舆臣隶，隶臣僚，僚臣仆，仆臣台。马有圉，牛有牧，以待百事。"⑥

第四，对于最低等级的奴隶，春秋社会存在着特别的户籍制度。公元前550年，逃亡齐国的晋大夫栾盈潜入晋国发动叛乱。栾盈手下有一个叫督戎的大力士，晋国人都很怕他。当时，奴隶身份的斐豹对晋国执政上卿范宣子说，如果能免除他的奴隶身份，他将负责杀掉督戎。范宣子指着天上的太阳发誓说，如果斐豹能杀掉督戎，他将烧掉登记他奴隶身份的丹书。于是在平定栾盈内乱中，斐豹

---

① 《左传·隐公五年》。
② 《国语·楚语上》。
③ 《左传·桓公二年》。
④ 《左传·宣公十二年》。
⑤ 《左传·襄公十四年》。
⑥ 《左传·昭公七年》。

躲在矮墙后面偷袭并杀死了督戎。①

春秋社会等级制度总是跟当时的宗法分封制度联系在一起,由此构成世禄世卿的等级世袭制度。所谓宗法制度,主要是指宗族的成员彼此都有从系谱上可以追溯下来的血亲关系,而在同一宗族之内,其成员根据他们与主支(由每一代嫡长子组成)在系谱上的距离又分成若干宗支。一个宗族成员所拥有的政治权力和在仪式上的地位,是由他在大小宗支中的身份决定的。因此,大的宗族本身便是一个分为许多阶层的社会。② 所谓世禄世卿,就是最高统治者按血缘关系的远近,分封自己的亲属,形成一个由大大小小的贵族掌握的,从中央到地方的金字塔式权力结构体系。权力的代际传承实行嫡长子继承爵位的制度,世代相传且不能随意任免。因此,世禄世卿制度是分封制和宗法制衍生的一种政治制度,以实现政治体系的传承与更新。当时春秋列国的权力都长期把持在传承世禄世卿制度的各国大宗族手中,如"周有周、召、单、刘、尹等氏;鲁有孟、叔、季三氏和臧、东门等氏;晋有栾、郤、狐、赵、韩、魏、知、中行、范、羊舌、祁、先、胥、伯等氏;齐有高、国、崔、庆、栾、高、陈、鲍等氏;宋有华、乐、皇、鱼、荡、向等氏;卫有孙、宁、孔等氏;郑有梁、游、国、罕、驷、印、丰等氏;楚有斗、成、蒍、屈等氏"③。社会下层则根据人们所从事的行业,实行父死子替的制度。这一制度往往是统治阶级通过强化城乡差别,强化人际上下等级、居住地域和职业分界,刻意地限制人员迁徙流动而形成的。这样,整个社会的代际传承与更新便呈现出所谓"士之子恒为士,工之子恒为工,商之子恒为商,农之子恒为农"④的特征。可以说,礼崩乐坏前的春秋社会呈现出政治体系等级森严且封闭,社会成员职业高度稳定的静态特质。

2. 等级制度中上层与下层的行为模式的差异是上层遵守礼仪,下层敬畏鬼神

礼崩乐坏前的春秋社会是一个等级社会。根据所谓"君子劳心,小人劳力,

① 《左传·襄公二十三年》。
② 张光直:《中国青铜时代》,生活·读书·新知三联书店1983年版,第19-20页。
③ 顾德融、朱顺龙:《春秋史》,上海人民出版社2001年版,第289页。
④ 《国语·齐语》。

古之制也"①,可将春秋社会分为君子和小人两层。② 由于文化程度的差异,社会上层为了便于统治就要承担起教化下层的任务。如周公死后,成王对大夫君陈说:"凡人未见圣,若不克见,既见圣,亦不克由圣……尔惟风,下民惟草。"③这句话的大意是,普通人没有见过圣人,好像不能见到一样,已经见到了圣人,又不能按照圣人的教导去做……你(作为贵族上层)就是风,下层的庶民就是草,草是随风而倒的。《说苑·君道》中,陈国大夫泄治说:"夫上之化下,犹风靡草,东风则草靡而西;西风则草靡而东,在风所由而草为之靡。"这句话的大意是,说到上层教化下层,犹如风吹草,东风吹则草倒向西,西风吹则草倒向东。风从那边来,则草就向那边倒。周成王的话和陈国大夫泄治的话大意是相似的,都要求下层向上层看齐。所以《诗经》说:"君子所履,小人所视。"④

值得注意的是,要求下层小人向上层君子看齐,并不意味着下层的行为模式与上层基本相同。由于文化程度的差异,上层君子和下层小人在社会行为模式上有显著不同。因为礼对维护社会上层贵族的等级地位起着很大的作用,所以社会上层贵族努力践行礼仪来维护自己的地位,而社会下层缺乏识文断字的受教育机会,缺乏时间和精力去学习和掌握烦琐而复杂的礼仪,他们往往专注个体的生存。因此,春秋社会才有"君子勤礼,小人尽力"⑤的说法。当然,维护社会等级秩序的除了礼还有刑。君子积极履行社会等级礼仪,意味着刑罚一般不用在君子等贵族身上。即使上层贵族犯了严重的罪行必须使用刑罚,为维护受刑贵族的名声,施行刑法的统治集团也会在言辞上遮掩贵族的罪行,或者允许他自杀而免除实际的刑罚。与上层相反,社会下层的小人一旦违背了社会的等级制度,统治阶级就会使用残酷的刑法来维护等级秩序。如 1993 年湖北省郭店出土的楚简《尊德义》篇中就载有"刑不逮于君子,礼不逮于小人"的说法。汉代贾谊

---

① 《左传·襄公九年》。

② 值得注意的是,先秦社会的贵族面对地位比自己高的人时,有时会自称小人。如《左传·隐公元年》载:颍考叔为颍谷封人,闻之,有献于公,公赐之食,食舍肉。公问之,对曰:"小人有母,皆尝小人之食矣,未尝君之羹,请以遗之。"

③ 《尚书·君陈》。

④ 《诗经·小雅·谷风之什·大东》。

⑤ 《左传·成公十三年》。

也说:"故古者,礼不及庶人,刑不至君子。"①值得一提的是,社会下层对上层的服从并非简单地建立在上层对下层实行残酷的刑罚上。如《左传》中所说:"《诗》曰:'畏天之威,于时保之。'敬主之谓也。"②这句话揭示出仆人对主人的忠诚建立在对天的恐惧上。同样,1957 年在河南信阳出土的竹简上写着:贱人刚恃,天逸于刑。意思是说,地位卑贱的人们如果刚愎自用不听话,"天"就会用刑罚来惩处他们。③ 因此,对下层施行残酷刑罚的背后是一套要求下层服从上层的鬼神宗教等观念意识形态。

总之,上层遵守礼仪,下层敬畏鬼神是春秋社会等级间最显著的社会行为模式差异。对此,齐国大夫晏婴说:"君子不犯非礼,小人不犯不祥,古之制也。"④

三、春秋社会是由有着明确的伦理适用边界的共同体组成的社会

春秋社会的伦理规范是否具有明确的适用边界,从"赵盾弑君"一事即可看出。公元前 607 年,晋灵公暴虐无度,晋国执政大夫赵盾多次劝谏,晋灵公不仅不听劝谏反而派人数次刺杀赵盾。赵盾被迫逃亡,他还未走出边境,赵盾弟弟赵穿就杀死了晋灵公。赵盾返回后继续执掌晋国政权,但当时的史官董狐在史书上写下"赵盾弑君",并在朝堂上公之于众。对此,赵盾表示自己并未弑君。董狐却说:"子为正卿,亡不越竟,反不讨贼,非子而谁?"⑤这里"竟"通"境",这里解读为边境还是国境,有待进一步分析。从董狐的话可知,如果赵盾当时走出边境,那么赵盾就不承担弑君的罪名。

再来看公元前 515 年吴国公子季札对公子光弑君的反映。吴国公子季札贤能,为了让季札能当上国君,三个嫡出的有资格继承君位的哥哥(谒、余祭、夷昧)约好兄终弟及的方式传君位给季札。但三哥夷昧去世时,季札出使在外,结果季札另一个庶出的哥哥公子僚当上了国君。季札出使回来后还是将公子僚当作国君看待。但季札大哥谒的儿子公子光认为叔叔公子僚没有资格当国君,于是派专诸刺杀了吴王僚,并将国家交给季札,要求他当国君。对此,季札认为:如果接

---

① 《新书·阶级》。
② 《左传·文公四年》。
③ 陈炜湛:《古文字趣谈》,文化艺术出版社 2010 年版,第 182 页。
④ 《左传·昭公三年》。
⑤ 《左传·宣公二年》。

受公子光的请求当国君,那么自己就参与了公子光弑君的叛乱,犯弑君的罪行;如果不接受,让公子光当国君,那么自己就要承担为庶兄吴王僚报仇的伦理义务。在两难中,季札选择了回到封地延陵且终生不进入吴国的做法。[1] 季札选择终身不入吴国,说明只有离开吴国,他才能摆脱他所面临的伦理两难困境,因为季札的延陵在一定意义上是独立于吴国的。这里所谓的独立只能从分封的伦理意义而非政治意义来理解。因为从分封的政治意义来理解,延陵是吴国先王分封给季札的封地,它和西周分封一样,只是国君(或先君)将一定的土地和人口授予他,由他统治和管理,他承担对国君朝觐纳贡的义务。从政治上讲,延陵并不是独立的,仍属于吴国。从分封的伦理意义来理解,分封表明原来有直系血缘关系的某个人率领一部分人在一片地域上脱离国君的宗法家族共同体而建立新的宗法家族共同体,即所谓"别子为祖,继别为宗"[2]。因此,在原来以国君为宗主的宗法家族共同体内适用的君臣等伦理规范,到了新的宗法家族共同体内就不再适用了。如果再考虑到西周分封的国家建立在部落武装殖民的基础上,分封建立的诸侯国可能国土疆域较为辽阔,但是掌握统治权力的宗法家族共同体成员基本都居住在国都之内(被征服部落住在郊外)。所以,季札终生不进入吴国,实际上是不进入以国君为宗主的宗法家族共同体所支配的边界内。[3]

与之类似,在"赵盾弑君"事例中,赵盾逃亡不出境,自然也不是说他没有走出晋国控制的领土边界(即国境),而是没有走出当时晋国国君统辖的宗法家族共同体所居住的边境。

从"赵盾弑君"事件和延陵季子终生不入吴国的事例可以推断出,晋国和吴国国内各自有不同的共同体,在一个共同体内适用的伦理在另一个共同体就不适用了。再进一步可以推出:礼崩乐坏前的春秋社会分封制下所建立的国家,实际上是由一个个具有明确的伦理适用边界的宗法家族共同体组成的。日本学者

---

[1]《公羊传·襄公二十九年》。

[2]《礼记·大传》。

[3] 这是由宗族人群所确定的边界,而不是特定地域所确定的边界。如果国家迁都,以国君为宗主的共同体边界就会因人群而移动。

认为"国"字起源于邑,因而把这个共同体称为一起举行祭祀与戎事的邑共同体。① 相应地,礼崩乐坏前的春秋社会就是由一个个具有明确的伦理适用边界的宗法共同体组成的社会。

既然春秋社会分封制下所建立的国家是由一个个具有明确的伦理适用边界的宗法家族共同体组成的,那么对于宗法家族共同体边界内外的同类事件,社会伦理的称呼和适用上就会内外有别。譬如,同样是战争,鲁国大夫叔仲惠伯劝谏鲁文公曾说:"臣闻之,兵作于内为乱,于外为寇,寇犹及人,乱自及也。"②同样是国君被杀,内外称呼也不同。所谓"凡自内虐其君曰弑,自外曰戕"③。同样是政治动乱,不仅称呼不同,而且采取的应对措施也不同。晋国大夫长鱼矫对晋厉公说:"臣闻乱在外为奸,在内为轨,御奸以德,御轨以刑。"④据此可知,内外有别正是春秋社会华夏国家区别于周边夷狄国家的本质特征。

四、春秋社会残留着人类早期氏族共同体的痕迹

礼崩乐坏前的春秋社会是由一个个有着明确的伦理适用边界的宗法家族共同体组成的,考虑到春秋社会离人类早期氏族部落社会不远,因此,春秋社会残留着人类早期氏族共同体的痕迹。

1. 春秋社会的成员作为集体参与共同体的政治决策

本节上一目已证明,礼崩乐坏前的春秋社会由一个个有着明确的伦理适用边界的宗法家族共同体组成。这个共同体从政治上讲就是所谓"邦"或"国",在社会上就是所谓的宗族。当然,春秋社会是等级分明的阶级社会,社会上层自然拥有参与国家政治决策的权利。问题在于作为宗法家族共同体的平民百姓即"国人"是否拥有参与国家政治的权利? 不妨来看先秦的一些历史文献记载。周灭商时,商朝王子箕子对周武王说:"汝则有大疑,谋及乃心,谋及卿士,谋及庶

---

① [日]增渊龙夫:《中国古代的社会与国家》,吕静译,上海古籍出版社 2017 年版,第257页。当然,这种解释比台湾地区的学者杜正胜教授所称城邦更具中国味,"城邦"一词具有古希腊味。

② 《左传·文公七年》。

③ 《左传·宣公十八年》。

④ 《左传·成公十七年》。

人,谋及卜筮。"①这句话意味着,当统治者制定国家重大决策遇到疑问时,应该征求平民百姓的意见。当然,当时的平民百姓从政是被动的,他们是否有参与政治的权利,还待进一步确认。再看下一个例子。公元前632年,晋国攻击卫国,并且晋国与齐国结盟。当时卫成公选择屈服,"卫侯请盟,晋人弗许。卫侯欲与楚,国人不欲,故出其君以说于晋。卫侯出居于襄牛"②。这个例子说明卫国人否决了卫成公带领卫国倒向楚国的选择。因此,国人具有参政的权利。同样,春秋末期吴国与楚国争霸,夹在其间的陈国就面临着生死考验。公元前506年,吴国军队攻入楚国都城郢。"使召陈怀公。怀公朝国人而问焉,曰:'欲与楚者右,欲与吴者左。'"③从卫国和陈国的事例来看,在国家遭遇重大危机时,国人的意见决定国家的未来。不仅如此,国人作为一个整体,还决定了国家政权掌握在贵族的哪个集团手中。如在春秋早期晋国的权力斗争中,庶出的曲沃庄伯及其子武公与嫡出的国君争夺晋国控制权。尽管曲沃势力强大,但晋国国人不支持曲沃庄伯及武公,④导致政权争夺出现多次反复。

2. 春秋社会在经济上存在着土地公有的集体劳作制度

春秋社会是否存在后人所说的"井田"公有制度,史学界还有争议。但春秋社会在经济上确实存在着集体劳作制度。如《诗经·小雅·大田》中"雨我公田,遂及我私"就说明了春秋时期土地分为公田和私田。同样,《国语·齐语》中"令夫农,群萃而州处……以旦暮从事于田野"和《逸周书·大聚》中"合族同亲,以敬为长,饮食相约,兴弹相庸,耦耕俱耘",更是表明这种集体劳作是以宗法家族为单位的集体劳作。

3. 春秋社会的共同体伦理高于个人的德性要求

春秋社会是由一个个宗法家族共同体组成的社会。由此可以推断:集体的共同体伦理应高于个人的德性要求。来看一则鲁国的故事。某年,齐国军队进攻鲁国,鲁国有位妇女带着两个小孩碰到了齐军。当时,鲁国妇女看到齐国军队就丢掉儿子抱着侄子往山上跑。齐国士兵发现后问她为什么要弃子救侄。妇人

---

① 《尚书·洪范》。
② 《左传·僖公二十八年》。
③ 《左传·哀公元年》。
④ 《史记·晋世家》。

曰:"己之子,私爱也;兄之子,公义也。夫背公义而向私爱,亡兄子而存妾子,幸而得幸,则鲁君不吾畜,大夫不吾养,庶民国人不吾与也。夫如是,则胁肩无所容,而累足无所履也。子虽痛乎,独谓义何? 故忍弃子而行义,不能无义而视鲁国。"①

鲁国妇女之所以弃子救侄,是因为公义,顾子是私爱。弃子救侄表明社会家族共同体的公义高于私爱。社会个体一旦做出背公义而向私爱的行为,则难以在共同体中生存。公元前 506 年,吴王阖闾提出兴兵伐楚,为伍子胥报杀父之仇。对此,伍子胥说:"诸侯不为匹夫兴师,且臣闻之,事君犹事父也。亏君之义,复父之仇,臣不为也。"②从公元前 621 年晋国大夫臾骈所说"以私害公,非忠也"③来看,伍子胥报父兄之仇是私怨,而吴王的行为代表的是国家的公权力行为。自然,伍子胥报父兄之仇,不能违背公义高于私人德性的伦理要求。所以,伍子胥一直等到蔡国受到楚国不义对待向吴国求援时,才建议吴国出兵伐楚。换言之,吴国出兵伐楚必须建立在公义的基础上。

既然在春秋社会共同体伦理高于个人德性,那么作为春秋社会共同体的成员就不能以私害公。来看楚国一位臣子死君难的事例。公元前 479 年,楚国王室贵族白公胜发动叛乱,挟持楚惠王并杀死令尹子西。一位拿楚王俸禄的臣子认为,作为臣子有死君难的伦理义务。尽管他内心害怕,但他认为臣子死君难是公义,而内心害怕是私德。私德不能害公义,所以他最终选择赴君难而死。④ 正是因为共同体伦理高于个人的德性要求,所以置身于春秋社会共同体中的个体,其行为受宗族共同体的伦理限制。如在婚姻方面,春秋社会就有禁止同姓结婚的规定。所谓"男女同姓,其生不蕃"⑤,而"娶妻避其同姓,畏乱灾也"⑥。即使是买来不知姓名的妾,为了避免同姓结婚,也要先行占卜,只有显示吉利才行。⑦

---

① 《列女传·鲁义姑姊》。
② 《春秋公羊传·定公四年》。
③ 《左传·文公六年》。
④ 《韩诗外传·卷一》。
⑤ 《左传·僖公二十三年》。
⑥ 《国语·晋语四》。
⑦ 《左传·昭公元年》。公孙侨说:"故志曰:'买妾不知其姓则卜之。'"

同样,共同体伦理高于个人德性也要求共同体成员举荐人才做官时,应坚持"外举不避仇,内举不避子"①的至公原则。

4. 鬼神宗教崇拜对春秋社会宗法家族的维系具有重要的意义

正如本节第三目所说,春秋社会的宗法家族共同体是有着明确的伦理适用边界的共同体。在维护这个共同体的过程中,鬼神宗教崇拜特别重要。首先,祭祀是春秋社会宗法家族共同体开展鬼神宗教崇拜的基本方式。春秋时期人们说:"国之大事,在祀与戎。"②所以,春秋社会的人们对祖先、山川河神甚至天地都要定期祭祀。"古者先王日祭、月享、时类、岁祀。诸侯舍日,卿、大夫舍月,士、庶人舍时。天子遍祀群神品物,诸侯祀天地、三辰及其土之山川。卿、大夫祀其礼,士、庶人不过其祖。"③特别是在战争时期,祭祀更是必不可少。《逸周书·克殷》讲武王"乃命宗祝崇宾飨祷之于军,乃班";《国语·周语》也讲"敌国宾至……门尹除门,宗祝执祀,司里授馆"。其次,春秋时期人们还通过占卜和卜筮来沟通鬼神,推动社会运转。占卜用龟甲,卜筮则用艾草。春秋时期人们每遇到重大事项如战争、结婚、为儿子取名、生病,都要进行占卜和卜筮来预测事情的吉凶。如公元前645年晋军与秦军在韩原交战前,晋惠公对选择谁做自己的车右进行占卜,结果显示大夫庆郑当车右吉利。但晋惠公认为庆郑不顺从自己所以没有选择他,最终他被秦国俘虏。④ 有时统治者通过占卜来推测得病原因,如公元前541年晋平公得病,占卜的人说是实沈、台骀在作怪。⑤ 再次,除了祭祀、卜筮,春秋时期的人们还通过举行杀牲盟誓来巩固人际关系,并且通过巫祝诅咒背叛誓言者。如公元前505年,鲁国大夫阳虎叛乱。同年十月,阳虎先是与季桓子在稷门里边盟誓,次日又举行诅咒仪式,驱逐公父文伯和秦遄。⑥ 不仅个人之间,国家之间也会举行盟誓和诅咒仪式。如公元前562年,各诸侯和郑国在亳地结盟,盟书上写道:"凡我同盟,毋蕴年,毋壅利,毋保奸,毋留慝,救灾患,恤祸乱,同

---

① 《吕氏春秋·去私》。
② 《左传·成公十三年》。
③ 《国语·楚语下》。
④ 《国语·晋语三》。
⑤ 《左传·昭公元年》。
⑥ 《左传·定公五年》。

好恶,奖王室。或间兹命,司慎司盟,名山名川,群神群祀,先王先公,七姓十二国之祖,明神殛之,俾失其民,队命亡氏,踣其国家。"①最后,梦也是先秦社会的鬼神向人传达神意的独特方式。这种梦既可显示天命的转移,也可预示国君的结局,还可预示国家将面临的灾祸。最早记载殷商天命向西周转移的历史文献是《周书·程寤》(又称《逸周书·程寤》)。尽管《周书·程寤》篇已经散佚,但我们可以从唐高祖李渊下令编纂的《艺文类聚》卷八十九所引的《周书·程寤》得知一二:"文王在翟,(太姒)梦南(《逸周书》作商)庭生棘,小子发取周庭之梓树,树之于阙间,化松柏棫柞,惊以告文王。文王召发于明堂。拜吉梦,受商大命,秋朝士。"因此,天命从殷商转移到西周是通过文王妻子太姒做一个吉梦来显示的。换言之,天命转移是通过统治集团成员做梦来显示的。公元前581年,晋景公梦到一个厉鬼,桑田的巫人据此报告说,晋景公活不到吃新收的麦子。于是在同年六月,晋景公将新收的麦子给桑田的巫人看并将他杀了。然而,当晋景公准备进食新麦时,突然肚子胀便去上厕所。结果他掉入厕所没吃新麦就死了。② 公元前511年,晋国赵简子夜里梦见童子光着身子按节拍跳舞。早晨赵简子让史墨占卜。史墨说,六年后的这个月,吴国军队将会进入楚国郢都。③ 结果,公元前506年吴国军队攻入楚国郢都。

5. 春秋社会人们的鬼神宗教崇拜都是以父系的宗法家族为界限

上一目已证明,礼崩乐坏前春秋社会是由一个个有着明确的伦理适用边界的共同体组成的。这个伦理共同体具体包括哪些人?日本学者高木智见认为,这个伦理共同体不仅包括活着的人,而且包括与活着的人有父系血缘联系的祖先等鬼神。所以,春秋社会的伦理共同体是一个个以祭祀祖先为纽带,祖先神与现世人相互依存的人神共同体。④ 自然,祭祀鬼神是以父系血缘关系建构起来的宗族为界。对此,先秦文献强调"神不歆非类,民不祀非族"⑤,"鬼神非其族类,

① 《左传·襄公十一年》。
② 《左传·成公十年》。
③ 《左传·昭公三十一年》。
④ [日]高木智见:《先秦社会与思想:试论中国文化的核心》,何晓毅译,上海古籍出版社2011年版,第53页。
⑤ 《左传·僖公十年》。

不歆其祀"①,"非是族也,不在祀典"②。由于祭祀都限定在父系血缘关系连接而成的宗族内,因此承担祭祀活动的巫祝活动也限定在特定的宗族所控制的共同体边境内。如公元506年卫灵公派祝佗跟随他出国,到召陵参加诸侯会盟,但祝佗推辞说:"且夫祝,社稷之常隶也。社稷不动,祝不出竟,官之制也。"③

五、春秋社会是单向的绝对伦理社会

1.春秋社会的个体为完成社会的绝对伦理义务必须舍身赴死

春秋社会规范人际互动的伦理有哪些,其性质如何?这是首先要回答的问题。公元前517年齐国大夫晏婴在路寝里对齐景公讲"礼可治国"时说:"君令臣共,父慈子孝,兄爱弟敬,夫和妻柔,姑慈妇听,礼也。"④从这句话来看,春秋社会规范人际互动的礼至少包括君臣、父子、兄弟、夫妻、婆媳等伦理规范。这些伦理是什么性质,只能根据春秋战国时期的事例来分析。在具体的事例中,有些伦理关系可能是重合的,如在某个事例中某种关系既是父子关系又是君臣关系。当然,分析父子伦理的性质也有助于理解君臣伦理,反之,亦然。

先来分析规范君臣关系的伦理。礼要求"君令而不违,臣共而不贰"⑤。这里"贰"是违背的意思。这句话的大意是:君主的命令是不能违抗的,臣子只能忠贞不贰地执行。臣子不能违抗君主,根据本节第二目所证明的春秋社会的等级性推测,君主的等级地位高于臣,因此在伦理上要求臣子单向地绝对服从君主。如公元前605年,楚国令伊子越企图叛乱,楚庄王屠灭子越若敖氏一族。子越的孙子箴尹克黄出使齐国回来时听说祖父叛乱。他的随从认为不能再回楚国。箴尹却说:"弃君之命,独谁受之?君,天也,天可逃乎?"⑥于是返回楚国复命,并且主动到法官那里请求囚禁。

在君臣关系上,君命不可违抗,如果君命是错误的,臣子是否可以控诉君主呢?来看春秋时期一个臣诉君的事例。卫国大夫元咺起诉卫成公,卫成公败诉。

---

① 《左传·僖公三十一年》。
② 《国语·鲁语》。
③ 《左传·定公四年》。
④ 《左传·昭公二十六年》。
⑤ 《左传·昭公二十六年》。
⑥ 《左传·宣公四年》。

于是诸侯盟主晋文公逮捕卫成公并将他押送到东周京城,要求杀死卫成公。但周襄王说:"不可。夫政自上下者也,上作政,而下行之不逆,故上下无怨。今叔父作政而不行,无乃不可乎? 夫君臣无狱,今元咺虽直,不可听也。君臣皆狱,父子将狱,是无上下也。而叔父听之,一逆矣。又为臣杀其君,其安庸刑?"①从周襄王传达的意思来看,上下等级关系是不能违逆的,即使错在国君,臣子也不能起诉国君。最终,晋文公释放卫成公回国。公元前506年,吴国军队攻入楚国都城郢都。楚昭王逃到楚国郧地。楚昭王的父亲楚平王杀死了他们的父亲子期,所以郧公斗辛的弟弟怀想杀死昭王以报父仇。但郧公斗辛说:"君讨臣,谁敢仇之?君命,天也,若死天命,将谁仇? ……必犯是,余将杀女。"②在这句话中,"女"通"汝"。从郧公斗辛的话可以看出,君命可以看作天命,他们的父亲被楚平王杀死也看作死于天命,他们不应该为父亲报仇。因此,春秋社会的君臣伦理要求臣子绝对服从君主。既然如此,臣子在执行君主命令时就必须全力以赴。公元前636年,重耳当上晋国国君。原来曾两次接受晋献公命令追杀重耳的寺人披请求拜见晋文公。晋文公派人指责他,寺人披回答:"君命无二,古之制也。除君之恶,唯力是视。"③这里再进一步追问:臣子对君主的伦理义务要全力以赴到何种程度呢? 根据《穀梁传·桓公十一年》所说"死君难,臣道也"可知,死君难是臣子的伦理要求。而且,《吕氏春秋·忠廉》中也说:"忠臣亦然。苟便于主利于国,无敢辞违,杀身出生以徇之。"上述都是臣子的言论,我们还要看臣子的行动。公元前609年,鲁文公去世,大夫襄仲主张立宣公为君,大夫叔仲不同意。襄仲以国君的命令召请叔仲进宫,叔仲的家臣公冉务人劝阻他,认为他进宫必死。但叔仲说:"死君命可也。"④最终叔仲为襄仲所杀。

既然君臣伦理是单向的绝对伦理,那么同理,在父子、兄弟、夫妻、主仆伦理中,由于父的地位高于子,兄的地位高于弟,夫的地位高于妻,主的地位高于仆,所以父子、兄弟、夫妻、主仆伦理都应是子对父、弟对兄、妻对夫、仆对主单向的绝对伦理。接下来将一一证明之。

---

① 《国语·周语中》。
② 《左传·定公四年》。
③ 《左传·僖公二十四年》。
④ 《左传·文公十八年》。

　　来看兄弟伦理,在上一例中,楚国郧公斗辛的弟弟怀想杀楚昭王,有人会说,楚昭王未被杀并不是因为臣要绝对服从君,而是郧公斗辛以杀死怀相威胁。就这个例子来看,确实存在这种可能。如果兄弟伦理是绝对伦理,那么怀之所以未杀楚昭王,是因为弟弟必须绝对服从哥哥。这样,一种情形就出现了威胁说和服从说两种解释。这里并不否认威胁说成立的可能性,但是如果运用兄弟伦理是单向的绝对伦理的理论假设,既可以解释楚国郧公斗辛和怀的事例,又可以解释其他兄弟的事例,那么兄弟伦理是单向的绝对伦理就更有说服力。

　　来看卫国公子寿代兄赴死的事例。卫宣公的儿子急子被立为太子,后来卫宣公从齐国娶宣姜为妻,宣姜生公子寿和朔。宣姜想让公子寿做太子,于是宣姜和公子朔就在卫宣公面前不断诬陷急子。公元前696年,卫宣公派急子出使齐国,并派刺客在齐国边境刺杀急子。公子寿知道后将此消息告诉哥哥急子,并劝急子逃走。但急子以"父命不可弃"为由而不逃走。于是在哥哥出发前,公子寿用酒将哥哥灌醉,自己打着哥哥出使的旗子坐车先走,结果公子寿被刺客杀死。急子酒醒后赶到事发现场对刺客说,公子寿无罪,他们要杀的是自己,请他们将自己杀死。于是刺客又将急子杀死。[1]

　　从卫国急子和寿两兄弟的事例来看,急子明知父亲要杀自己却不逃走,说明父子伦理是子对父单向的绝对伦理。以此类推,如果兄弟伦理是单向的绝对伦理,那么它就要求弟弟为哥哥舍身赴死。在该事例中,公子寿主动代兄赴死验证了这一推论。反过来说,如果兄弟伦理是绝对伦理,那么据此推测,违背兄弟绝对伦理者,将犯下死罪。这一推论是否成立呢?来看郑国执政大夫子产迫使大夫公孙黑自杀事件。郑国大夫徐吾犯的妹妹很漂亮并与大夫公孙楚订有婚约。公元前541年,公孙黑依仗权势派人到徐家下聘礼。在图谋不成后,公孙黑又用武力试图从公孙楚家中强抢徐女为妻并与公孙楚发生打斗。[2] 公元前540年公孙黑作乱,郑国执政大夫子产就历数公孙黑的三大死罪并迫使他上吊自杀。其中,死罪二就是"昆弟争室"[3]。可能有人会说兄弟伦理不是绝对伦理,因为公元

---

①《左传·桓公十六年》。
②《左传·昭公元年》。
③《左传·昭公二年》。

前 662 年鲁国公子季友将三哥叔牙毒死就违背了兄弟绝对伦理。这里强调两点:一是季友是以鲁庄公君命的形式毒死叔牙的,二是具体执行君命者是针季。①因此,季友并未违背兄弟绝对伦理。

当然,在卫国急子被杀事件中,君臣伦理与父子伦理重合在一起。类似事件还有公元前 656 年晋太子申生自杀事件。当时晋献公的夫人骊姬陷害晋太子申生,说他用祭肉谋害晋献公。于是有人劝申生自我辩护并逃亡国外,申生却回答:"不行。如果逃亡国外摆脱杀君父的罪名,那么君父将承担无辜杀子的罪名。这是做儿子的怨恨君父,做儿子的逃亡在外宣扬君父的恶行,将为诸侯所取笑。我又能逃到哪个地方去呢? 我在国内面临着违逆君父的困境,在国外面临着被诸侯取笑的困境,这是双重困境啊。抛弃君父摆脱罪责,这是逃避死亡的行为。我听说:'仁德者不怨恨君父,聪明者不陷自己于多重困境,勇敢者不害怕死亡。'如果不能摆脱罪责,选择逃亡国外必将加重自己的罪责。选择逃亡国外反而加重自己的罪责,就是不聪明。逃避死亡而造成怨恨君父的事实,就是不仁德。自己有罪而不敢去死就是不勇敢。逃亡他国只会增加儿子对君父的怨恨,且自己不孝的罪行不能再加重,既然死不可避免,那么我将等待君父命令我自杀的命运安排。"②申生之所以内困于父母,外困于诸侯,是因为父子伦理与君臣伦理重合,它们都是绝对伦理,不可违背。结果,太子申生以自杀来维护君父的声誉。受骊姬陷害晋太子申生事件的牵连,晋献公还派寺人披率军追杀驻守在蒲城的晋公子重耳。当蒲城人准备反抗时,重耳说:"君父之命不校。"③这里"校"指较量、对抗之意。这句话的意思是:君父的命令是不能违抗的。最终,重耳逃亡到翟国。

对此,也许有人会争辩说,君臣伦理是绝对伦理,单纯的父子伦理却未必是绝对伦理。这里不妨假定父子伦理是绝对伦理,根据绝对伦理的定义,子女对父母负有绝对的伦理义务,必须舍身赴死来履行义务。反过来说,如果子女不履行对父母尽孝道的义务,那么父母对子女就有生杀予夺的权利。这种权利也受到国家的支持和保障。《吕氏春秋·孝行览》中说:"《商书》曰:刑三百,罪莫重于

---

① 《左传·庄公三十二年》。
② 《国语·晋语二》。
③ 《左传·僖公五年》。

不孝。'"从这句话可以看出,子女不孝顺父母,在商代是要受到严厉处罚的重罪。而且,子女绝对不能违逆父母的绝对伦理似乎持续到了秦代。譬如,当秦二世胡亥伪造秦始皇的诏书赐死公子扶苏时,扶苏说:"父而赐子死,尚安复请?"①总之,自商朝至秦朝,父子伦理一直是绝对伦理。

再来看夫妻伦理的例子。女子出嫁时,父母告诫她"必敬必戒,无违夫子"②,可见,战国时期妻子要绝对服从丈夫,不能违逆丈夫。《周易·恒·象》中说:"妇人贞吉,从一而终也。"可见,妇女在战国时期必须对丈夫保持贞节,估计不能随便改嫁。再来看春秋时期息妫闭口不说话的故事。大约在公元前683年,楚文王攻灭息国,并将貌美的息妫带回楚国。息妫为楚文王生下了堵敖和成王两个儿子。但息妫嫁给楚文王后一直不肯与楚文王说话。公元前680年,楚文王问她不说话的原因。息妫回答:"吾一妇人而事二夫,纵弗能死,其又奚言。"③从息妫的回答来看,一女侍二夫违背了妻子对丈夫忠贞的绝对伦理要求。她本来应该自杀,只不过做不到因此只能不开口说话。而且,李斯在《会稽刻石》中写的"有子而嫁,倍死不贞"④也反映出寡妇有子而改嫁就是对已逝丈夫不贞的死罪。总之,在春秋战国时期,妻子要绝对服从丈夫,并对丈夫保持贞节。

最后来看春秋社会的主仆伦理。公元前548年,齐国大夫崔杼杀死齐庄公。当时齐国大夫申鲜是掌管渔业的官吏,他退朝后对自己的家臣(即宰)说:"你带着我的妻儿逃命去吧,我将死齐庄公之难。"他的家臣说:"如果我逃走,就将违背你我之间的主仆之义。"结果,家臣与申鲜都自杀。⑤ 在这个事件中,申鲜死齐庄公之难,依据的是臣死君难的绝对伦理要求,而他的仆人自杀则是仆为主死的绝对伦理要求。

在上述君臣、父子、兄弟、夫妻、主仆关系中,二者地位高低不同导致地位低者对地位高者的伦理义务趋于绝对。这里考察地位较为平等的关系:一是熟人

---

①《史记·李斯列传》。

②《孟子·滕文公下》。

③《左传·庄公十四年》。

④《史记·秦始皇本纪》。

⑤《左传·襄公二十五年》。这个故事在《韩诗外传·卷八》中,申鲜的人名是荆蒯芮,他刚从晋国出使回来,而家宰的身份是仆。

之间的关系,二是朋友之间的关系。这里先假设熟人和朋友之间也可以通过承诺并守信的方式构建绝对伦理义务。根据"定身以行事谓之信"①来看,这种承诺与守信的方式在春秋社会就是要求人们"以身守信"。这是春秋社会的承诺守信与现代社会的承诺守信最显著的差别所在,如晋襄公的孙子孙周"言信必及身"②。所谓"以身守信",就是承诺了就一定要做到"信由己壹"③,不然就舍身赴死来履行承诺。因此,承诺的背后就是以身许人。在春秋社会,人们对承诺往往很慎重,所谓"慎尔言也,谓尔不信"④。春秋社会守信最典型的例子是"尾生抱柱"。司马迁说:"信如尾生,与女子期于梁下,女子不来,水至不去,抱柱而死。"⑤在这个故事中,尾生选择抱柱而死,原因在于他与女子有约定。这个约定就构成了尾生对该女子绝对的伦理义务,它要求尾生以身守信。也许有人会说,信只是社会中极少数人坚持的。不妨来看晋文公伐原的故事。公元前 635 年冬,晋文公率军围攻原城。当时晋军下令只带三日的军粮,但三日后原城并未投降,于是晋文公下令撤军。但在原城的晋国间谍传信报告说,原城马上就会投降,于是军中将吏请求等待一些时日。然而晋文公说:"信,国之宝也,民之所庇也。得原失信,何以庇之?所亡滋多。"⑥晋文公担心失信于军民因此选择撤军。因晋文公讲诚信,原城于是在晋军撤军三十里后投降。从晋文公把"信"当"国之宝"来看,信是统治者建立统治、取信于民的根本,也是官吏上下之间政治服从的根本。相应地,以信建构起来的绝对伦理义务在春秋社会的人际互动中占有基础性的地位,是国家政治统治的基础。

春秋时期尾生为守信抱柱被水淹死的事例反映了春秋社会熟人间的人际互动也存在绝对伦理义务。再来分析朋友之间的互动。这里看齐国北郭骚为晏婴自杀的事例。齐景公继位后,齐国大夫晏婴一度遭到齐景公猜忌,准备流亡国外。临行前晏婴向朋友北郭骚辞行,北郭骚却对晏婴说先生好自为之。在晏婴

①《国语·晋语二》。
②《国语·周语下》。
③《左传·襄公二十一年》。
④《诗经·小雅·巷伯》。
⑤《史记·苏秦列传》。
⑥《左传·僖公二十五年》。

踏上流亡之路的同时,北郭骚将其好友叫来并告诉他:"我很感激晏子的恩义,我曾经到晏子家里借钱粮以奉养我的母亲。我听说,如果有人帮我奉养父母,那么做儿女的就应挺身而出,为他分忧解难。现在晏子遭到国君猜疑,我准备用自杀的行动告诉国君(晏子是忠臣)。"于是北郭骚穿戴整齐,要求其好友带着剑捧着竹盒跟随在他后面,一起赶到国君议事的朝廷。北郭骚请求朝廷通传官员告诉国君:"晏子是天下贤良的大臣,如今被国君猜忌而准备离开齐国,齐国必将削弱。我眼看着齐国削弱(而不阻止),还不如自刎。请将我的人头送给国君以洗清晏子不忠的嫌疑。"随后又告诉他的好友:"请将我的人头盛在竹盒中,完成我托付的任务。"接着北郭骚就自刎而死。北郭骚的好友用竹盒将人头装好并将它交给朝廷通传官员,说:"北郭骚为国而死,我将为北郭骚而死。"接着他也自刎而死。[1] 在北郭骚为晏婴自杀的事例中,北郭骚为晏婴自杀,是因为晏婴曾资助他供养母亲,他觉得必须"身伉其难"。而北郭骚的朋友自杀是为了完成北郭骚生前托付的任务,做到舍身守信(诺)。北郭骚和友人在朝堂先后公开自杀估计震动了齐国朝野上下。而齐景公是一位颇为迷信的国君,听闻北郭骚和其朋友自杀后非常害怕,于是亲自追回晏婴。这样,晏婴在官场上的政治信任危机就化解了。类似春秋时期北郭骚以身守信的事例,战国也有。战国末期,秦国吞并燕国的危险日益迫近,燕国太子丹图谋刺杀秦王嬴政。几经周折后,太子丹找到田光先生并将刺杀计划告诉他。田光以年老体弱为由予以推辞但推荐了荆轲。太子丹临别时交代田光,不要泄露这件国家大事。后来,田光将太子丹的事情托付给荆轲后交代他,希望他去报告太子丹,说田光会以死来表明自己不会泄密,随后田光自刎而死。[2]

看来,朋友之间也有着绝对的伦理要求。现在的问题是:仇敌之间是否可以建构起以身赴死的绝对伦理义务?来看晋国张柳朔为王生而死的事例。王生和张柳朔都是晋国大夫范昭子的家臣,但彼此互为仇敌。王生根据私仇不及公的共同体伦理,向范昭子举荐张柳朔,让他到范昭子的封地柏人做长官。公元前490年,范氏准备逃亡齐国,张柳朔交代儿子:"尔从主,勉之。我将止死,王生授

---

① 《晏子春秋·内篇杂上第五》。
② 《史记·刺客列传》。

我矣,吾不可以僭之。"①最终张柳朔战死在柏人。张柳朔选择战死,估计是他认为王生出于公义举荐自己的行为,使他负有为之殉死的伦理要求。因此,春秋时期仇敌之间也可以建立起绝对伦理义务。分析至此,大抵可以说,春秋社会的绝对伦理既可以根据个体所处的地位先天地确立,也可以根据承诺后天地建构。

上述理解似乎撇开了春秋社会等级礼制的规定。根据本节第二目的证明,春秋社会绝对伦理主要蕴含在等级礼制中,特定的等级要求社会个体具有特定的绝对伦理义务或美德。来看齐国史官的表现。公元前548年,齐国大夫崔杼弑君,当值太史在史书上写下了"崔杼弑君",于是崔杼杀了当值太史。太史之弟接着写下"崔杼弑君",又被杀。太史的另一个弟弟又在史书上写下了"崔杼弑君"。面对太史三兄弟前赴后继、悍不畏死地写下"崔杼弑君",崔杼不得不作罢。当时另一个史官南史氏听说太史家兄弟都被杀,于是拿着书简准备去记载"崔杼弑君"一事,后来听说史书最终记载了"崔杼弑君"事件才返回。② 在这个事例中,如实记录臣子违背君臣绝对伦理的行为是春秋社会史官的职位要求。这一要求使得当事人前仆后继、悍不畏死。据此可以推测,在先秦社会,一个人被免除特定的职位时,社会将形成一种氛围:认为当事人缺乏该职位所要求的美德。当事人就面临以死捍卫该职位所要求的美德的压力。是否如此呢? 来看狼瞫战场赴死的事例。在晋秦殽之战中,狼瞫因勇敢而获得晋襄公车右的职位,但后来他却被主帅先轸免了职。对此,狼瞫内心十分愤怒。在公元前625年的箕地战役中,狼瞫用战场赴死的行动证明自己具有晋襄公车右之职所具备的勇敢美德。最终,狼瞫战场赴死的行动导致晋军大败秦军。③

至此可以做一个小结:春秋社会的伦理规范大抵是绝对伦理规范。再根据本节第一目所证礼崩乐坏前的春秋社会是伦理社会,那么春秋社会应是一个绝对伦理社会。绝对伦理规范是不能违背的,它要求春秋社会的个体要不折不扣地履行它,必要时舍身赴死。考虑到春秋社会的绝对伦理规范主要蕴含在"礼"中,估计礼与身会有特别紧密的关系。是否如此呢?《左传》中说"礼,身之干

---

① 《左传·哀公五年》。
② 《左传·襄公二十五年》。
③ 《左传·文公二年》。

也"①,"信以守礼,礼以庇身"②,"君子贵其身而后能及人,是以有礼"③。子贡也曾说"夫礼,死生存亡之体也"④,估计春秋社会的绝对伦理要求社会个体在践行礼时能"杀身全礼"。

2.当春秋社会的个体违背社会伦理义务时,社会伦理内化在个体身上形成一种自我反省机制,它使违背社会伦理的个体采取自残或自杀的方式来履行绝对伦理义务

既然春秋社会伦理规范是绝对伦理,那么长期生活在春秋社会的人们,绝对伦理规范内化程度高者,就会形成一种自我反省机制:一旦自己违背绝对伦理规范就会以自残或自杀的方式来维护自己的声誉,兹举两个事例证明之。例一,从前楚国大夫鬻拳曾经劝谏楚文王出兵,但楚文王不听,于是鬻拳拿着兵器对着楚文王,楚文王感到害怕才出兵。对此,鬻拳说:"吾惧君以兵,罪莫大焉。"⑤于是他砍掉了自己的脚以示惩罚。公元前675年,楚文王病死,鬻拳安葬楚文王后自杀。例二,公元前627年4月,晋国大夫先轸上朝时问起晋国在崤之战中俘获的三个秦国俘虏的情况,晋襄公说自己听从晋文公夫人文嬴的请求将秦国俘虏放走了。对此,先轸气得不顾礼仪,口吐唾沫,并头也不回地走了。同年八月晋襄公率军征伐狄人时,主帅先轸说:"匹夫逞志于君而无讨,敢不自讨乎?"⑥于是他脱掉头盔冲入狄军战死了。

如果违背绝对伦理的个体能够得到当事人的谅解或赦免,那就不用承担违背绝对伦理的后果。如晋公子重耳流亡齐国,安于逸乐。于是妻子姜氏与狐偃合谋将重耳灌醉,用车带着重耳离开了齐国。因为狐偃的行为违背了君臣(主仆)伦理,所以重耳醒后气得用戈追杀狐偃。后来重耳在秦国的支持下准备返回晋国当国君。临渡黄河时,狐偃说自己多次得罪重耳,请求离开。重耳不得不以

---

① 《左传·成公十三年》。
② 《左传·成公十五年》。
③ 《左传·昭公二十五年》。
④ 《左传·定公十五年》。
⑤ 《左传·庄公十九年》。
⑥ 《左传·僖公三十三年》。

玉璧投河发誓说,他将与狐偃一条心。① 在这个事例中,重耳以玉璧发誓的行为实质上就赦免了此前流亡途中狐偃违背君臣伦理的行为。同理,公元前632年,晋文公带兵攻入曹国。晋文公下令晋军不要进入曹国大夫僖负羁家中,但晋军将领魏犨、颠颉却违背命令放火烧了僖负羁的家。最终晋文公爱惜魏犨的才华而赦免了他,只杀了颠颉。② 类似的事件还有晋悼公赦免魏绛的例子。公元前570年,诸侯在鸡泽会盟,晋悼公的弟弟杨干的车驾扰乱了参加会盟的诸侯军队的队列,于是魏绛杀了杨干的车夫。晋悼公认为杨干受罚导致自己受辱,因此坚决要求杀掉魏绛。同时,魏绛主动向晋悼公请罪并试图自杀。最终晋悼公赦免了魏绛并任命他为新军副将。③

3. 当春秋社会个体违背社会伦理而不自我反省时,社会存在一种机制强迫违背社会伦理的个体死亡或逃亡

春秋社会是绝对伦理社会,但并不是所有的社会个体都会自觉地身体力行。如果人人都违背社会的绝对伦理规范而不受制裁,那么春秋社会的绝对伦理将趋于解体。根据公元前578年东周刘康公所说:"吾闻之,民受天地之中以生,所谓命也。是以有动作礼义威仪之则,以定命也。能者养以之福,不能者败以取祸。"④春秋社会如果要保持绝对伦理,那就要有一种机制,这种机制将强迫违背绝对伦理的个体死亡或逃亡。当然,西方社会也可能出现个体违背社会伦理而死亡或逃亡的情况(如个体无钱还债而逃亡或自杀)。如果不能有效地区分二者,那么春秋社会与西方社会将毫无区别,这样的理论假设就无意义。因此,我们必须做适当的推理:假定春秋社会存在着强制违背绝对伦理规范的个体死亡或逃亡的机制,而且这种机制是春秋社会中人们所共知的。据此,旁观社会个体违背绝对伦理规范(即礼)的人,就可以根据这种机制对违背绝对伦理者做出他将死亡或逃亡的预测,并且这个预测与违背绝对伦理者的结局是一致的。兹列表2-1证明如下:

---

① 《左传·僖公二十三年》和《左传·僖公二十四年》。
② 《左传·僖公二十八年》。
③ 《左传·襄公三年》。
④ 《左传·成公十三年》。

表2-1 春秋社会旁观者对当事人未来的预测与事件的结局

时间	当事人违背绝对伦理的表现	旁观者对当事人结局的预测	当事人的结局
公元前719年	卫国公子州吁弑君，自立为国君	鲁隐公问大夫众仲，卫国州吁能否成功？众仲回答："夫州吁弑其君而虐用其民，于是乎不务令德，而欲以乱成，必不免矣。"（《左传·隐公四年》）	同年，州吁被卫国老臣石碏设计杀掉
公元前695年	郑昭公厌恶大夫高渠弥，高渠弥担心郑昭公杀自己，于是弑昭公而立公子亹为国君	公子达曰："高伯其为戮乎，复恶已甚矣。"（《左传·桓公十七年》）	同年，齐襄公杀死郑国国君子亹并将高渠弥五马分尸
公元前578年	晋厉公派郤锜到鲁国请求援兵，郤锜处事很不恭敬	孟献子曰："郤氏其亡乎！礼，身之干也。敬，身之基也。郤子无基。且先君之嗣卿也，受命以求师，将社稷是卫。而惰，弃君命也。不亡何为？"（《左传·成公十三年》）	公元前574年，郤锜被胥童、夷阳五等人所杀
公元前576年6月	楚国将领子反主张违背与晋国刚订立不久的盟约，向北方出兵	楚国大夫申叔时听闻后评论说："子反必不免。信以守礼，礼以庇身，信礼之亡，欲免，得乎？"（《左传·成公十五年》）	公元前575年5月，晋楚两国在鄢陵会战。楚国战败后，子反自杀
公元前566年	卫国大夫孙林父到鲁国重修两国所订的盟约。鲁襄公登上台阶，孙林父也登上台阶，没有遵守君臣尊卑礼节。鲁国大夫叔孙豹提醒他，他既不说话，也没有改过	鲁国大夫穆叔说："孙子必亡。为臣而君，过而不悛，亡之本也。"（《左传·襄公七年》）	公元前547年，孙林父叛逃到晋国
公元前552年	晋、齐、鲁、卫等国君主在商任会见，齐庄公、卫殇公表现得不恭敬	晋国大夫叔向说："二君者必不免。会朝，礼之经也。礼，政之舆也。政，身之守也。怠礼失政，失政不立，是以乱也。"（《左传·襄公二十一年》）	公元前548年，大夫崔杼弑杀齐庄公。公元前547年，卫殇公被流亡晋国归来复位的卫献公所杀

续表

时间	当事人违背绝对伦理的表现	旁观者对当事人结局的预测	当事人的结局
公元前546年	郑简公设宴款待晋国大夫赵文子，赵文子请求郑国大夫赋诗言志，伯有当场赋了《诗经·鹑之贲贲》篇	宴会结束后，赵文子告诉叔向："伯有将为戮矣！诗以言志，志诬其上，而公怨之，以为宾荣，其能久乎？幸而后亡。"（《左传·襄公二十七年》）	公元前543年，郑国大夫皙杀伯有
公元前545年	蔡景侯到郑国，郑简公设宴款待他。席间，蔡景侯表现很无礼	郑大夫子产说："蔡侯其不免乎？日其过此也，君使子展廷劳于东门之外，而傲。吾曰：犹将更之。今还，受享而惰，乃其心也。君小国事大国，而惰傲以为己心，将得死乎？若不免，必由其子。"（《左传·襄公二十八年》）	公元前543年，蔡景侯因为与儿媳通奸，被太子般杀死
公元前543年	楚国公子围（即后来的楚灵王）杀了大司马薳掩并占据了他的家财	楚大夫申无宇说："王子必不免。善人，国之主也。王子相楚国，将善是封殖，而虐之，是祸国也。且司马、令尹之偏，而王之四体也。绝民之主，去身之偏，艾王之体，以祸其国，无不祥大焉！何以得免？"（《左传·襄公三十年》）	公元前529年，楚灵王众叛亲离，最后在郊外上吊自杀
公元前522年	在安葬蔡平侯的葬礼上，太子朱没有站在葬礼上应站的位置，而是站在卑下的位置上	昭子询问得知后说："蔡其亡乎！若不亡，是君也必不终。"（《左传·昭公二十一年》）	公元前521年11月，蔡侯朱逃亡到楚国
公元前517年	鲁国大夫叔孙婼到宋国去聘问，宋国桐门右师乐大心接待他。言谈中，乐大心表现出轻视宋国诸大夫，尤其瞧不起司城氏	叔孙婼对随从说："右师其亡乎！君子贵其身而后能及人，是以有礼。今夫子卑其大夫而贱其宗，是贱其身也。能有礼乎？无礼必亡。"（《左传·昭公二十五年》）	公元前500年，乐大心逃亡到曹国
公元前495年1月	邾隐公到鲁国朝觐鲁定公，彼此举止都不合礼仪	子贡作为观礼者，曾说："以礼观之，二君者，皆有死亡焉。夫礼，死生存亡之体也。将左右周旋，进退俯仰，于是乎取之；朝祀丧戎，于是乎观之。今正月相朝，而皆不度，心已亡矣。嘉事不体，何以能久？高仰，骄也，卑俯，替也。骄近乱，替近疾。君为主，其先亡乎！"（《左传·定公十五年》）	鲁定公于公元前495年2月病死。公元前485年，邾隐公逃亡到鲁国

表2-1列举的预言事例都出自《左传》。对此,历史学家顾德融教授曾说,好做预言是《左传》的缺陷所在。① 顾德融教授对《左传》缺陷的评论,也许源于他并未真正把握春秋社会的本质特征。正如本节第四目所讲,礼崩乐坏前的春秋社会残留着人类早期氏族部落共同体的痕迹,因而鬼神宗教迷信在春秋社会有着重大的影响。巫祝对个人和国家也不断做出预言,如公元前510年,吴国开始进攻越国,精于占卜的晋国大夫史墨预言说:"不及四十年,越其有吴乎!越得岁而吴伐之,必受其凶。"②结果公元前475年,越国灭吴国。但上表所举事例都不是各国巫祝所做的预言,而是旁观者听闻或观察违背绝对伦理规范的当事人事迹后,对当事人未来命运所做的预言。这些预言都与春秋社会的鬼神宗教迷信无关。至此就有必要问一下:先秦社会出现如此多的非占卜预言,它究竟反映了春秋社会的什么特质?

本文假设春秋社会存在着迫使违背绝对伦理的个体死亡或逃亡的社会机制。如果说《左传》中的事例缺乏说服力,那我们再来看先秦其他文献中的事例。对于违背春秋社会绝对伦理的个体,《国语》中也有人做过类似的预言。例一,周襄王派邵公过和内史过向晋惠公颁赐任命,晋国大夫吕饴甥和郤芮随晋惠公行礼时表现得很不恭敬,晋惠公低手拿着信圭,只下拜不磕头。对此,内史过回来后对周襄王说:"晋不亡,其君必无后。"③结果晋惠公于公元前637年去世,且晋惠公的儿子晋怀公继位不到两年就在公元前636年被杀。例二,楚国大夫斗且在朝堂上见到令伊子常,子常询问斗且聚敛财富的办法。斗且回来后对弟弟说:"楚其亡乎!不然,令尹其不免乎。吾见令尹,令尹问蓄聚积实,如饿豺狼焉,殆必亡者也。"④公元506年,令尹子常向蔡国索贿导致蔡国向吴国求援,吴国军队进攻楚国。吴军在柏举打败楚军后,子常逃亡到郑国。后来子常卷入郑国内部权力斗争,被杀。

也许有人说《国语》和《左传》的作者都是左丘明,因而上述事例都缺乏说服力。那我们再来看《史记》中所讲的赵盾后人被灭族的事例。本节第二目讲过赵

---

① 顾德融、朱顺龙:《春秋史》,上海人民出版社2001年版,第4页。
② 《左传·昭公三十二年》。
③ 《国语·周语上》。
④ 《国语·楚语下》。

盾弑君的事例。赵盾死后,公元前597年,大夫屠岸贾要求追究赵盾弑君的罪行。屠岸贾说:"赵盾虽然不知情,但还是以臣弑君的贼首。现在以臣弑君者的子孙还在朝堂做官,难道不应该惩罚他们弑臣的罪行吗?请诛杀他们。"尽管大夫韩厥为他开脱,但赵盾弑君还是导致赵氏几乎灭族。① 也许有人争辩说,《史记》是汉代著作而非春秋时期的著作,因而该事例公信力不足。那我们再来看《吕氏春秋》中记载的续经卖友求荣的事例。李欬、李言、续经是要好的朋友。赵国追捕李欬,于是三人逃亡到卫国,并住在公孙与家里。续经却向卫国官吏告发了这件事,让他们逮捕了李欬。续经因此获得了赵国五大夫的爵位。然而,续经在赵国做官时,大家都不愿与他同朝为官,他的子孙都交不到朋友。②《吕氏春秋》是战国晚期的作品,因而续经卖友求荣的故事大约发生在战国晚期。从大家都不愿跟续经同朝为官,其子孙交不到朋友来看,战国晚期还残留着迫使违背社会绝对伦理规范者逃亡或死亡的机制。

4. 当不同的社会伦理规范产生冲突时,社会绝对伦理规范将迫使个体要么自杀,要么不作为,后者只发生在地位高者能给当事人意见指导的情况下

春秋社会是由大大小小的宗法家族共同体组成的社会,各共同体的绝对伦理都有其适用边界。当列国争霸和争雄时,社会人员流动加快,社会事务日益复杂,此时不同的伦理规范之间发生冲突的可能性大增。任何一条绝对伦理规范都不可违背,在困境中,不同的个体对绝对伦理规范的内化程度是不同的,据此推测,绝对伦理内化程度高者,面对伦理困境时,将会选择自杀;而绝对伦理规范内化程度一般者,面对伦理困境时将选择不作为。而且,当出现后一种情况时,如果地位高者给予当事人意见,那么他将听从地位高者的意见行事。来看晋国锄麑不杀赵盾却自杀的事例。晋灵公残暴无道,执政大夫赵盾多次劝谏。晋灵公内心十分忌惮赵盾。公元前607年,晋灵公派锄麑清晨去刺杀赵盾。锄麑到赵盾家时发现赵盾清晨就已起床并郑重地穿好官服,等待上朝处理国家公务。于是锄麑返回并感叹道:"不忘恭敬,民之主也。贼民之主,不忠。弃君之命,不

---

① 《史记·赵世家》。
② 《吕氏春秋·慎行论第二·无义》。

信。有一于此,不如死也。"①最终,锄麑撞槐树自杀。在锄麑不杀赵盾而自杀的事例中,这里的忠与后人理解的忠可能有些不同。《左传》云:"上思利民,忠也。"②"公家之利,知无不为,忠也。"③"无私,忠也。"④"将死不忘卫社稷,可不谓忠乎?"⑤"临患不忘国,忠也。"⑥从中可以看出,"忠"的内涵在春秋时期大抵指为臣者要内心无私,尽心尽责地利民、利国。从锄麑所说和齐国晏婴所说的"能用善人,民之主也"⑦来看,"民之主"是指勤勉为公,能任用良善人才办理公务的执政大臣。锄麑接受君命在准备刺杀赵盾的过程中发现赵盾是勤勉为公的好大臣,他具有为民谋利的"民之主"特质。可能在春秋社会,民众对于"民之主"都负有忠诚的绝对伦理义务,锄麑也不例外。这样,锄麑就陷入"贼民之主,不忠"而"弃君之命,不信"的两难困境。为摆脱忠信难两全的困境,锄麑选择自杀。类似的事例还有,公元前551年,楚康王打算诛杀令伊子南。子南的儿子弃疾是楚康王的卫士。楚康王告诉弃疾自己的打算,要求弃疾逃走。弃疾担心泄露消息,所以没有逃走。最终,子南被杀。弃疾在为父收尸后,不愿侍奉(杀父)仇人而自杀。⑧ 弃疾自杀是因为君臣伦理与父子伦理难两全。再来看战国早期青荓陷入君臣伦理与朋友伦理难两全而自杀的事例。赵国国君赵襄子曾乘马车到园中游玩。走到桥边,马却不肯前进。于是赵襄子对参乘青荓说,到桥下看看,好像有人。青荓到桥下一看,发现他的朋友豫让睡在桥下装死(准备刺杀赵襄子为智伯报仇)。豫让呵斥青荓:"走开,别妨碍我做事。"青荓说:"少而与子友,子且为大事,而我言之,是失相与友之道;子将贼吾君,而我不言之,是失为人臣之道。如我者惟死为可。"⑨青荓返回后自杀。青荓自杀表明他对君臣伦理和朋友伦理的内化程度都较高。

①《左传·宣公二年》。
②《左传·桓公六年》。
③《左传·僖公九年》。
④《左传·成公九年》。
⑤《左传·襄公十四年》。
⑥《左传·昭公元年》。
⑦《左传·昭公五年》。
⑧《左传·襄公二十二年》。
⑨《吕氏春秋·季冬纪·序意》。

面对上述这种令人左右为难的伦理困境,如果当事人对绝对伦理的内化程度较低,那么他将选择不作为。来看公元前 638 年晋太子圉逃回晋国的事例。晋国太子圉作为人质待在秦国。晋惠公病危,太子圉准备偷偷地跑回晋国。临行前,太子圉问妻子即秦国公主怀嬴愿不愿意一起回去。怀嬴回答:"子,晋大子,而辱于秦,子之欲归,不亦宜乎?寡君之使婢子侍执巾栉,以固子也。从子而归,弃君命也。不敢从,亦不敢言。"①在这个事例中,根据夫妻伦理,晋太子圉要逃回晋国,太子妃怀嬴理应跟从。同时怀嬴对其父秦穆公负有君臣伦理义务,它要求她监视自己的丈夫。晋太子准备逃回晋国,她负有报告的义务。当二者产生冲突时,怀嬴选择既不跟随太子圉回国又不告发丈夫。从后来怀嬴再嫁给重耳来看,显示出其对夫妻伦理的内化程度较低。当然,这里不能根据西汉以后的女子"未嫁从父,既嫁从夫,夫死从子"的标准来理解,因为"三从"标准之间是不存在伦理冲突的。对于怀嬴的行为,西汉末年刘向也说:"君子谓怀嬴善处夫妇之间。"②这说明春秋社会的夫妻伦理与西汉以后的夫妻伦理存在很大的不同。

当社会个体对绝对伦理内化程度较低且面临两难困境时,如果地位较高者向当事人提供克服两难困境的建议,当事人将听从地位较高者的意见。来看雍姬告发丈夫的事例。公元前 697 年,郑国大夫祭仲专权,郑厉公派祭仲女婿雍纠去刺杀祭仲。雍姬知道丈夫图谋刺杀父亲,于是问母亲,父亲与丈夫谁更亲?母亲告诉她,是男人都可以做你丈夫,父亲只有一个,丈夫怎么能比得上父亲。于是雍姬向祭仲告发丈夫,结果祭仲杀死了女婿雍纠。③ 在这个事例中,雍姬问父亲与丈夫谁更亲的问题,说明当时雍姬面临从夫还是从父的两难伦理困境。最终,雍姬选择向父亲告发丈夫,说明她母亲的话对她影响很大。雍姬之所以接受母亲的意见,是因为母亲地位比她高,地位高者的意见解除了她的伦理困境。类似地,在本节第三目吴国季札终生不入吴国的事例中,季札不为吴王僚报仇也是不作为的表现。季札不作为说明他对君臣绝对伦理的内化程度低,因为之前季札曾多次拒绝几个哥哥要他做吴国国君的命令。

---

①《左传·僖公二十二年》。
②《列女传·卷之五·晋圉怀嬴》。
③《左传·桓公十五年》。

值得注意的是,在父子、君臣、夫妻、兄弟、朋友(朋友关系可以比附为兄弟关系)等绝对伦理关系中,如果某种伦理关系是勉强形成的,那么违背该伦理关系的个体就可能无须承担舍身赴死的后果。譬如,公元前722年,卫国人攻打郑国,郑国向邾国求援,邾国国君向鲁国公子豫求援,公子豫请求率军救援,鲁隐公不允许,公子豫竟擅自率军救援并与邾人在翼地结盟。① 同样,公元前719年,诸侯围攻郑国,宋殇公请求鲁国救援,但鲁隐公推辞。羽父请求出兵,鲁隐公不同意,但羽父还是率军前往。② 在这两个例子中,公子豫和羽父都是在鲁隐公不同意的情况下擅自率军出征,都违背了君臣伦理。但史书上都没有两人受惩罚的记载。估计是因为隐公只是鲁国摄政,君的名分不足,所以君臣伦理规范力下降。

六、春秋战国社会转型是绝对伦理社会向相对伦理社会转型

1. 当两种绝对伦理产生冲突时,人们将对不同的绝对伦理进行价值排序

根据本节第二目所述,礼崩乐坏前的春秋社会呈现出政治等级森严而封闭、社会成员职业高度稳定的静态特质。然而,随着春秋列国争霸和战国土地兼并战争规模的扩大,社会人员流动的加快和社会事务的日趋复杂,原来维护春秋等级静态社会的"礼"就开始呈现出落后于时代的特质。譬如,在公元前638年的泓水之战中,宋、楚两军交战前隔着一条河——泓水。楚军才渡至河中,宋军已经摆好阵势。这时,宋国司马要求下令进攻楚军,但宋襄公不答应,他要求等到楚军渡过河并摆好阵势后再进攻,结果宋军大败。事后宋国人责备宋襄公,宋襄公却说:"君子在战场上不能再伤害已经受了伤的人,不俘虏头发、胡子花白的人。古代人领兵作战,不凭借险隘的地形阻击敌人。我虽然是已经亡国的商朝的后代,但也不能去进攻没有摆好阵势的敌人。"③在这个事例中,宋襄公在战争中具有礼制下贵族君子的作风,但战争结果却是对宋襄公拘礼的嘲讽。如果人们对春秋社会的"礼"仅仅理解为它不适应时代,那么春秋战国时期的社会转型无非就是换种"礼"。然而,这样理解过于肤浅,因为在形式上礼在西汉至清朝的

① 《左传·隐公元年》。
② 《左传·隐公四年》。
③ 《左传·僖公二十二年》。

中国乡土社会还广泛存在。对于春秋社会的礼与中国乡土社会的礼有何区别，人们并未进行深刻的剖析。换言之，思维停留于表面，我们就无法揭示春秋战国社会向中国乡土社会转型的内在逻辑。因此，从春秋社会的"礼"所蕴含的社会伦理规范出发，深刻阐释其转型的路径才是本目的重点。

从春秋列国争霸和战国土地兼并战争造成社会事务复杂化和人员流动加快说起。社会事务复杂和人员流动加快将会不断打破春秋战国社会一个个绝对伦理共同体的边界，不同的绝对伦理可能处于矛盾中。既然春秋社会的绝对伦理要求人们"杀身全礼"，那么处于不同的绝对伦理冲突困境中的社会个体将不断面临生死抉择。这样，"礼"与"身"就具有巨大的张力。来看战国初期代国赵夫人的故事。《史记·赵世家》只简略地记载赵襄子杀代王灭代国，导致赵襄子姐姐（代王夫人）自杀的事件。然而，东汉末年刘向编著的《列女传》记载，代王夫人自杀前说："吾受先君之命，事代之王，今十有余年矣。代无大故，而主君残之。今代已亡，吾将奚归？且吾闻之，妇人之义无二夫。吾岂有二夫哉！欲迎我何之？以弟慢夫，非义也。以夫怨弟，非仁也。吾不敢怨，然亦不归。"①在这个事例中，代王夫人处于"怨弟则不仁"和"再嫁则对夫不贞"的两难伦理困境因而选择自杀。

为减轻践行绝对伦理必须舍身赴死的张力，人们可能对不同的绝对伦理所蕴含的价值进行排序，以在身死过程中最大限度地保护个体所珍视的价值。公元前481年，齐国大夫田常杀死齐简公，并要求国人跟他盟誓，并胁迫说，不与他盟誓者，将杀其全家。对此，大夫石他说："古之事君者，死其君之事。舍君以全亲，非忠也；舍亲以死君之事，非孝也；他则不能。然不盟，是杀吾亲也，从人而盟，是背吾君也。呜呼！生乱世，不得正行；劫乎暴人，不得全义，悲夫！"②最终石他选择与田常盟誓以救父母。盟誓回来后，石他就用剑自杀为齐简公殉难。这里对石他盟誓后自杀的做法进行分析。石他最终自杀完成了死君难的伦理义务，但石他先盟誓的做法本质上是名誉自污的行为，说明石他将保全父母放在第一位。因此，在这个例子中，尽管石他没有否定君臣和父子的绝对伦理义务，但在实践中他自觉地将父子伦理——保全父母，排在了君臣伦理之前。类似的还

---

① 《列女传·代赵夫人》。
② 《韩诗外传·卷六》。

有鲁国卞庄子杀敌维护自己的名声的事例。鲁国卞庄子以勇敢著称。但他母亲健在时,卞庄子三次参战都打了败仗。因此,要好的朋友都指责他,鲁国国君也以此羞辱他。面对指责和羞辱,卞庄子面不改色,坦然以对。卞庄子母亲死后三年,鲁国军队出征,卞庄子请求参战,并拜见军队统帅,说:"以前母亲健在,所以每战都败,身受羞辱。现在母亲走了,我将用自己的行动证明自己勇敢。"卞庄子冲入敌军三次,三次将敌首级献于鲁军统帅。鲁军统帅说:"够了,我愿与你结为兄弟。"但卞庄子说:"夫北,以养母也,今母殁矣,吾责塞矣。吾闻之,节士不以辱生。"①于是卞庄子又冲入敌军,杀敌七十后战死。如果比较一下卞庄子三败和石他参与盟誓这两件事的相同点就会发现,卞庄子和石他都是为了父母而被迫自污。他们都是有意识地将子女对父母的孝道放在忠或勇的伦理规范的前头,这说明春秋战国时期的社会个体开始根据人际关系的亲疏远近对不同的绝对伦理进行价值排序,并决定履行伦理义务的先后顺序。这标志着春秋战国时期社会开始转型。

2. 为减轻个体履行绝对伦理义务必须舍身赴死的刚性,春秋战国时期的社会个体在人际互动中将设置主观条件,将绝对伦理相对化

面对不同的绝对伦理产生冲突的困境,春秋战国时期的人们开始根据人际关系的亲疏远近对不同的绝对伦理进行价值排序,但这种做法并未真正缓解春秋社会绝对伦理与身之间的张力。为了缓和这种张力,人们在根据人际关系的亲疏远近对社会伦理价值进行排序的基础上,再根据人际互动中对方如何对待自己来决定个体履行社会伦理义务的程度。换言之,只有待自己最好的个体才配得上自己根据绝对伦理来履行舍身赴死的义务。这实际上是将绝对伦理主观地相对化。来看门客陈饶等人不随宋燕流亡国外的例子。宋燕在齐国做宰相被免职。宋燕回到家中召集门客陈饶等二十六人,说:"你们愿意跟我到他国谋生吗?"陈饶等人皆跪地不语。于是宋燕说:"可悲啊,现在的士大夫真是容易得到,却难真正为我所用。"对此,陈饶说:"不是士大夫易得难用而是你不能用。不能用,你才心有不平。这是你以自己的过错苛责他人。"宋燕接着问:"我怎样以自己的过错苛责他人?"陈饶说:"你给士三斗稷不足以养活他们,而你饲养鸭鹅的

①《韩诗外传·卷十》。

粟米却有余。这是你的第一个过错。你的果园长满梨子和板栗，你的妻妾吃不完，用它们相互掷着玩，士却一口都未尝过，这是你的第二个过错。你家里绫罗绸缎堆得都腐烂了，风一吹就散。士摸一下都不行。这是你的第三个过错。你看轻钱财，士则重视生死。但你不能用你所看轻的钱财去让士为你舍身赴死，这就好比待之如钝刀，却企求获得宝刀干将般的用处，不是很难吗？"宋燕惭愧地说："这是我宋燕的过错。"①从宋燕这个事例可以看出，宋燕与陈饶等门客之间构成所谓的主（君）仆（臣）关系。根据春秋社会的主仆绝对伦理，陈饶等门客有跟随他逃亡到诸侯国的绝对伦理义务。陈饶等门客没人愿意跟随宋燕，源于陈饶等人认为宋燕对待门客太不好，因此陈饶等门客无法履行跟宋燕逃亡到诸侯国的绝对伦理义务。这样，春秋时期的主仆或君臣绝对伦理就依据当事人（仆或臣）看待主（君）如何待仆（臣）而相对化了。

当然，这里的社会个体将绝对伦理相对化还比较隐晦，在豫让为智伯报仇的例子中则表现得十分直白。豫让早先侍奉过晋国的范氏、中行氏，后来侍奉晋国权臣智伯。因而豫让先与范氏、中行氏确立了君臣（主仆）关系，后与智伯确立了君臣（主仆）关系。根据春秋社会的君臣（主仆）绝对伦理，即谁杀了君（主），臣（仆）就有死君（主）难的绝对伦理义务。先是智伯灭范氏、中行氏，后是赵襄子杀死智伯。豫让一直想刺杀赵襄子为智伯报仇，而不杀智伯为范氏、中行氏报仇，赵襄子觉得不可理解，因而责备豫让。豫让回答："臣事范、中行氏，范、中行氏皆众人遇我，我故众人报之。至于智伯，国士遇我，我故国士报之。"②在豫让为智伯报仇的事例中，豫让的回答显示出人际间伦理义务的建立过程及其轻重，抑或绝对伦理都是建立在个体根据人际互动中，对方如何待我的主观认定上。这正是春秋战国时期绝对伦理向相对伦理转型的表现。也许有人会说，这种理解只是春秋晚期的极个别现象，它未必会得到春秋战国社会人们的普遍认同。然而，《史记·刺客列传》中说豫让"死之日，赵国志士闻之，皆为涕泣"。这说明豫让的言行在当时引起了普遍的共鸣。类似的还有西汉初年韩信的例子。公元前199 年，韩信接受汉王刘邦命令率军攻占齐国，自称齐王。楚霸王项羽派武涉游

①《韩诗外传·卷七》。
②《史记·刺客列传》。

说齐王韩信,建议韩信背叛刘邦自立,形成楚、汉、齐三分天下的格局。但韩信谢绝说:"臣事项王,官不过郎中,位不过执戟,言不听,画不用,故倍楚而归汉。汉王授我上将军印,予我数万众,解衣衣我,推食食我,言听计用,故吾得以至于此。夫人深亲信我,我倍之不祥,虽死不易。幸为信谢项王。"①从韩信的言辞来看,韩信也是根据君对待臣的好坏来决定自己是否背叛君。这实际上是社会转型发展到汉初,君臣伦理相对化获得普遍认同的一个典型事例。

第四节　绝对伦理社会的建立与社会转型的完成

一、绝对伦理社会的建立

春秋社会是一个绝对伦理等级社会,那么这种绝对伦理是怎样形成的呢?由于春秋之前的文献散佚严重,人们根据少量的文献和考古发掘的材料可以略知西周及之前社会的大概,但这远不足以解答春秋社会的绝对伦理是如何形成的。考虑到绝对伦理强调一方对另一方单向的绝对服从,推测这种伦理的形成,源于氏族部落间的武装征服。部落间武装征服往往导致奴隶大量出现。《国语·周语下》中说:"黎、苗之王,下及夏、商之季,上不象天,而下不仪地,中不和民,而方不顺时,不共神祇,而蔑弃五则。是以人夷其宗庙,而火焚其彝器,子孙为隶,下夷于民。"这句话的意思是,(尧、舜、禹时期)黎族和苗族的王以及夏朝、商朝末期君主桀、纣,上不效法青天,下不效法大地,中不协和万民,祭祀时对神祇不恭敬。结果他们国家的宗庙被人铲平,祭祀的礼器被烧,子孙都成了奴隶,下贱得跟贱民一样。据此推测,绝对伦理的形成可能源于奴隶对主人的绝对服从。兹从古代中国臣、妻、女、姜等汉字的甲骨文起源来理解。

首先,甲骨文"臣"字,不少学者解读为奴隶。根据郭沫若先生的理解,殷商朝甲骨文"臣"字的字形,像一只竖立的眼睛。人在低头侧目时,眼睛即处于竖立的位置。字形表示了俯首屈从之意(见图2-1),正是奴隶形象。② 所以,臣字的本义是指男性奴隶。春秋时期,臣也是指奴隶。公元前536年,鲁国权臣季孙宿

---

① 《史记·淮阴侯列传》。
② 郭沫若:《郭沫若全集:考古篇》第1卷,科学出版社1982年版,第70页。

图2-1　甲骨文"臣"字

对晋国执政韩起说："何况小臣只是国君的奴仆呢。"①而且,春秋战国时期,臣、官、宦三字是互通的。② 也就是说,中国古代官僚产生于家中的奴隶。因此,春秋社会臣绝对服从君的绝对伦理,可能源于奴隶对主人的绝对服从。

其次,甲骨文"女"字,一些学者解读为被捆绑的女奴形象(见图2-2)。③ 陆宗达先生认为"女即古奴字,女古音念奴"④,而且,甲骨文"妻"字(见图2-3)表示强抢女子为妻。⑤ 甲骨文"妻"字侧边是一个手的象形,主体部分是一个或直立或跪踞的人;上边表示头发,组成一个会意字,即用手去抓住一个女子的头发。这表明,作为家族妇女的妻很多是武装征服过程中抢来的女奴隶。

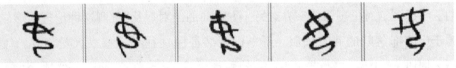

图2-2　甲骨文"女"字

图2-3　甲骨文"妻"字

---

① 《左传·昭公六年》。

② [日]宫崎市定:《东洋的古代:从都市国家到秦汉帝国》,马云超、张学锋、石洋译,中信出版社2018年版,第83页。

③ 尹黎云:《汉字字源学》,开明出版社2003年版,第162页。

④ 陆宗达:《说文解字通论》,北京出版社1981年版,第71页。

⑤ 陈炜湛:《古文字趣谈》,上海古籍出版社2005年版,第235页。

再来看甲骨文"妾"字(见图2-4),甲骨文"妾"字也是个会意字。上辛下女,上面的字形即古代的刑刀,表示有罪受刑,与下面的"女"字合起来就表示有罪的女子。因此,"妾"字的本义是女奴。

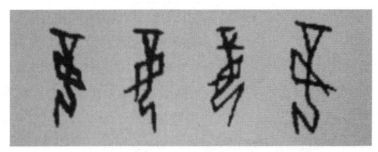

图2-4　甲骨文"妾"字

甲骨文中的"女"和"妾"字都表示女奴隶,而"妻"字表示的是强抢女子为妻。据此推测,春秋社会妇女对丈夫绝对服从的绝对伦理源于殷商社会部落男子对女性奴隶的占有。对此,恩格斯在《家庭、私有制和国家的起源》中认为,奴隶制度奠定了男子完全支配年轻貌美的女奴隶的社会格局,催生了男子对妇女拥有绝对统治的专偶婚制,由此导致家庭形式由对偶婚制向专偶婚制过渡并终结了母系社会的母权制。"母权制的被推翻,乃是女性的具有世界历史意义的失败。丈夫在家中也掌握了权柄,而妻子则被贬低、被奴役,变成丈夫淫欲的奴隶,变成生孩子的简单工具。"①而女性奴隶的后代,地位可能也不高,也要绝对服从父亲。当然,恩格斯的理解揭示了奴隶制终结了母权制,建立了男子对妇女的专偶婚制。沿着这种思路,我们可以合理推测,奴隶制度的建立导致整个社会伦理的重构,即社会其他伦理关系如弟弟对兄长、媳妇对婆婆的绝对服从估计都是在奴隶绝对服从主人的基础上发展起来的,都强调地位低者绝对服从地位高者。依照古代中国文献比附的论证方式,地位低者对地位高者的绝对服从估计也是这样建构起来的。《尚书·洪范》中说:"天子作民父母,以为天下王。"《诗经·小雅·南山有台》中说:"乐只君子,民之父母。"这两句话都将统治者与民众的关系比附为父母与子女的关系。估计民众对统治者(官吏)的服从也遵循子女对父

---

① 恩格斯:《家庭、私有制和国家的起源》导读,天津人民出版社2009年版,第47页。

母的绝对服从的绝对伦理逻辑。① 并且,西周曾经臣服于殷商王朝,因而西周的文化与殷商是一脉相承的。此外,西周分封社会是通过武装征服的国野制度建立起来的。《周礼·地官司徒第二》说:"惟王建国,辨方正位,体国经野,设官分职,以为民极。"具体而言,就是征服部落作为统治阶级居住在建有祭祀宗庙的王都及附近的郊地,统称为国。而被征服部落作为被统治阶级居住在国人居住之外的偏僻地区统称为野(详看本章第一节第二目)。当然,《周礼》属战国时期"儒家依据旧数据加以系统理想化之伟作,盖托古改制而未尝实行者"②。国野体制是否存在,学界还有争议。但《国语》中说晋公子重耳流亡卫国时途经五鹿乞食于野人③,由此可知,国野制度在春秋时期是存在的。

既然春秋社会的绝对伦理起源于部落间武装征服产生的奴隶对主人的绝对服从,估计仅靠杀戮等暴力手段是难以使它成为社会间人际互动的持久伦理规范的。考虑到人类早期对未知世界有着极大的恐惧,因此,伦理规范的有效形成就必须建立在敬畏鬼神的宗教崇拜的基础上。是否如此呢? 众所周知,春秋社会绝对伦理主要蕴含在等级礼制中。因此,礼的本义就反映了人与人之间的等级绝对服从关系必须与鬼神宗教崇拜联系在一起。甲骨文"礼"字是"豊",现代"礼"字的繁体字是"禮",它还保留了甲骨文的痕迹。可以讲"礼"的繁体字"禮"与甲骨文"礼"字是一脉相承的。"礼"字从豊从示,豊是一种祭器,示是指一种仪式。礼的本义是履行仪式,祭神求福。因此,礼的本义反映出它最早规范的是天、地、神、人的关系。而西周的礼是在夏、商两朝礼仪的基础上发展而来的。礼治的本质是将天地万物、鬼神和具有宗法等级身份的人纳入以祖先崇拜为载体的统治与被统治的宗教组织网络。《礼记·祭统》中说:"凡治人之道,莫急于礼;礼有五经,莫重于祭。"据此,我们可以说,西周及之后春秋社会的绝对伦理是通过崇拜鬼神等宗教礼仪建立起来的。

---

① 值得注意的是,有些学者在考察周代青铜器何尊、大盂鼎、王孙遗者钟上的金文时,发现三处"民"字金文都像有一锥刺物刺中眼睛之形,据此推出"民"字的本义是被刺瞎眼睛的奴隶。详见刘兴均:《汉字的构造及其文化意蕴》,人民出版社 2014 年版,第 292 - 294 页。

② 陈寅恪:《陈寅恪合集:史集:隋唐制度渊源略论稿:唐代政治史述论稿》,译林出版社 2020 年版,第 108 页。

③《国语·晋语四》。

二、对春秋绝对伦理社会的综合理解

春秋社会是绝对伦理社会,如何全面地理解它呢？我们应结合本章第三节前五目所证明的内容来综合理解。

第一,从第三节第三目来理解,礼崩乐坏前的春秋社会由一个个有着明确的伦理适用边界的共同体组成,因而绝对伦理规范只有在各自的伦理共同体内才会起作用。来看南蒯背叛鲁国权臣季孙氏的事例。公元前 530 年,鲁国权臣季孙氏的家臣南蒯占据费地背叛季孙氏,因没有成功而逃到齐国。尽管齐国接纳了南蒯,但在一次酒宴上,齐景公说南蒯是叛徒,而南蒯解释说自己想使国君为首的公室强大。大夫子韩晳批评他:作为季孙氏的家臣却想从以国君为首的公室图利,真是罪大恶极。① 这里做一番分析。费地是鲁国先君分封给鲁国大夫季孙氏的封地,南蒯是季孙氏派到费地负责管理家务的家臣。因为南蒯背叛季孙氏违背了君臣绝对伦理,所以齐景公说他是叛徒。对此,南蒯解释说自己想使以国君为首的公室强大。尽管从事实来看,南蒯挟持费地叛乱客观上削弱了鲁国的季孙氏,并有利于强化以国君为代表的公室权威,但这种行为在春秋社会绝对伦理上是得不到支持的。尽管鲁君与执掌国政的季孙氏是君臣关系,但这个君臣关系只能在以国君为宗主的宗法家族共同体内才成立。南蒯并不是以国君为宗主的宗法家族共同体的一员,南蒯并不能因为季孙氏与鲁君是君臣关系而与鲁君构成君臣关系。所以齐国大夫子韩晳说南蒯罪大恶极。

值得一提的是,君臣伦理有明确的适用边界不仅是华夏中原国家的特有现象,它还传播到狄人建立的国家。来看夙沙厘跟随狄人的事例。晋国大夫荀吴率领晋军讨伐鼓国,最终俘获鼓子苑支。当时荀吴下令鼓国人各回其家,不是苑支仆从的不得跟随。但鼓国臣子夙沙厘却携带妻女跟随。于是晋军逮捕了夙沙厘。对此,夙沙厘解释说:"我侍奉的是鼓君,不是侍奉鼓国土地。所以说我是鼓国国君的臣,不是鼓国土地的臣。现在鼓国国君被抓走了,作为臣子怎么能赖在鼓国呢？"荀吴召见夙沙厘并说:"鼓国已立新君,你安心侍奉新君,我来确定爵位和俸禄。"夙沙厘却说:"我委质为臣是在狄族的鼓国,不是在晋国的鼓国。而且我听说,所谓委质为臣就不能有二心,签订委质为臣的策书后,就不能更改了,这

---

① 《左传·昭公十四年》。

是老祖宗留传下来的做法。它强调做国君要有美好的名声，做臣子的不能违背策书。为了这些私利来麻烦执法人员，并破坏传统做法，这样做有意思吗？"荀吴听后感慨地对左右将士说："不知我要具备何种美德才能获得像夙沙厘这样的臣子啊！"之后，荀吴下令让夙沙厘跟随鼓子苑支。①

如果我们理解了春秋社会是由一个个有着明确的伦理适用边界的宗法家族共同体组成的，那就可以更好理解公元前506年楚昭王奖赏郧公斗辛和怀的事例。这则事例，《左传》和《国语》都有记载。《国语》中的记载讲了怀想杀楚昭王而不违背君臣伦理的理由。当时怀说："平王杀吾父，在国则君，在外则雠也。见雠弗杀，非人也。"②怀的说辞说明：如果在以楚王为宗主的伦理共同体（这个共同体当时以楚都城郢为中心）边界内，则君臣伦理有效；一旦楚昭王走出以楚王为宗主的伦理共同体，逃亡到郧地，则原有的君臣伦理就失效，所以他要为父报仇。最终怀的报仇行为被其兄郧公斗辛制止。有意思的是，后来楚昭王复国，对两兄弟都进行了奖赏。尽管令尹子西曾劝谏楚昭王不要一同奖赏。然而楚昭王说："是大夫子期的两个儿子吗？我知道了。一个守礼以国君为重，一个守礼以父亲为重，彼此各有道理，不是说得通吗？"③从楚昭王的奖赏行为来看，他既要表彰郧公斗辛根据君臣伦理维护君主的行为，又要表彰怀为父报仇的行为。他的做法从侧面说明怀的话在当时是正确的。理解了这一点，我们就可以进一步理解楚国伍子胥兄弟的事例。楚平王派大夫伍奢、费无极辅佐太子建。公元前522年，费无极向楚平王进谗言，离间楚平王与太子建的关系，并导致楚平王囚禁了伍奢。为免除后患，费无极对楚平王说："伍奢的两儿子伍尚、伍子胥很有才华，如果他们逃亡到吴国，必将成为楚国的心腹大患。不妨以免除伍奢死罪为名召回他们。他们都很仁孝，听到诏命，一定会来。"于是楚平王派人到棠地召见伍尚兄弟："你们到楚都来，就免除你们父亲的死罪。"棠君伍尚告诉弟弟伍子胥："尔适吴，我将归死。吾知不逮，我能死，尔能报。闻免父之命，不可以莫之奔也。亲戚为戮，不可以莫之报也。奔死免父，孝也。度功而行，仁也。择任而往，知也；

①《国语·晋语九》。
②《国语·楚语下》。
③《国语·楚语下》。

知死不辟,勇也。父不可弃,名不可废,尔其勉之,相从为愈。"①于是伍尚去了郢
都,伍子胥逃亡到吴国。最终楚平王杀了伍奢、伍尚父子。显然,在这个故事中,
楚平王和伍奢是君臣关系,但楚平王和伍子胥兄弟却没有君臣关系。因此,楚平
王召伍氏兄弟回郢都的命令并不能得到君臣绝对伦理的支持,因而是乱命。面
对乱命,伍尚做出了自己负责救父而要求弟弟外出逃亡的抉择。伍尚返回郢都
救父是孝,但伍子胥逃亡也未违背儿子对父亲的孝。因为这个命令不是来自父
亲伍奢。伍子胥逃亡到吴国是兄长伍尚的要求,因而伍子胥逃亡获得了弟服从
兄的绝对伦理支持。为什么楚平王不下令,而要伍奢写信命令两个儿子返回楚
国郢都呢?这是因为先秦社会君臣伦理和父子伦理各自有着不同的伦理边界,
君臣伦理并不能压倒父子伦理。这一点早在公元前637年晋国大夫狐突不召两
个儿子回国的事例就得到了证明。这则事例讲晋怀公当上国君,命令所有国人
不得跟随逃亡在外的人。大夫狐突的儿子狐毛和狐偃跟随晋公子重耳逃亡至秦
国。于是晋怀公拘捕了狐突并说,如果他召两个儿子回国就赦免他。狐突却说:
"子之能仕,父教之忠,古之制也。策名委质,贰乃辟也。今臣之子,名在重耳,有
年数矣。若又召之,教之贰也。父教子贰,何以事君?刑之不滥,君之明也,臣之
愿也。淫刑以逞,谁则无罪?臣闻命矣。"②最终,狐突自杀。这里可以看出,春秋
社会的君臣伦理各有其适用边界,晋怀公命令狐突召回两个儿子突破了宗法伦
理共同体的边界,因而是"逞淫刑"的乱命。对此,狐突只能以死抗命。

　　春秋社会的绝对伦理有着明确的适用边界,这一点在战国时期还找得到痕
迹。公元前247年,魏国信陵君率魏军进攻管地,驻守管地的秦军将领是安陵人
缩高的儿子,而安陵是魏襄王分封给安陵君的封地。信陵君要求安陵君命令缩
高,要求缩高命令儿子率城投降。令人意想不到的是,安陵君竟举出"大府之宪"
相逼,缩高则以"父子大义"断然拒绝。对此,信陵君扬言将率军围攻安陵。缩高
为使安陵免遭灾祸,不得不到魏国使者住地自杀。缩高自杀最终令信陵君向安
陵君谢罪。③ 在这个事例中,君臣伦理、父子伦理都是绝对伦理,都有其适用边

---

①《左传·昭公二十年》。
②《左传·僖公二十三年》。
③《战国策·魏策四》。

界。信陵君企图通过安陵君命令缩高，要求缩高令其子献城投降是缺乏社会绝对伦理支持的乱命。最终结局表明，战国时期的社会绝对伦理还有很大的市场，信陵君向安陵君谢罪表明信陵君在向社会低头。

第二，从礼崩乐坏前的春秋社会残留着人类早期氏族部落共同体的痕迹来看，国君是宗法家族共同体的宗主，国君施政的价值取向估计应以利民为导向。公元前614年，邾文公为迁都之事问卜于史官，占卜结果"利民不利君"，但邾文公说："天生民而树之君，以利之也。民既利矣，孤必与焉。"①与之相适应，尽管君臣伦理是绝对伦理，要求臣子绝对服从君主，但如果君主施政不利于民或社稷，则臣子就应劝谏；如果劝谏无效，那么臣子就只能从官场隐退，回到自己的封地。因此，在各国的政治实践中，宗族共同体利民的伦理要求与臣绝对服从君的伦理要求就可能存在冲突。

譬如，晋献公试图废黜太子申生，大夫里克、丕郑、荀息对晋国将出现的动荡政局展开了讨论。里克说："史苏预言晋国将要动荡的事情马上就要发生了，怎么办？"荀息说："我听说侍奉君主，要竭尽全力去做，没听说可以违抗君命的。国君想立谁为太子，臣子听从便是，怎么能违背君主的命令呢？"丕郑说："我听说侍奉君主，要合乎道义，不能盲从君主昏聩的主张。如果听从君主的昏聩之言，将害了百姓。害了百姓，君主就失德，这是君主抛弃百姓。百姓之所以需要君主，是源于治理的道义需要。只有符合道义，利益才能不断产生，由此百姓才能富足。治理百姓怎么能将百姓抛弃呢？我坚定维护太子，不能撤换。"里克说："我虽然不聪明，不明白什么道义，但也不想听从什么昏聩的命令。我选择静观其变。"②

在三人的对话中，荀息的话是根据君臣绝对伦理来理解的，他主张根据国君的命令来决定太子的废立；丕郑是站在国家的决策必须利民的角度来理解君臣伦理的，所以以坚决反对废黜太子；里克则有些滑头，企图置身事外。

同样，公元前548年，崔杼杀了齐庄公，齐国大夫晏婴却选择不死君难。当时晏婴站在崔杼家门外，晏婴的仆人说："要为国君而死吗？"晏子说："是我一个

---

① 《左传·文公十三年》。
② 《国语·晋语一》。

人的国君吗,我为什么要去死?"仆人说:"我们逃亡国外吗?"晏子说:"我有什么罪,需要逃亡国外?"仆人说:"回家吗?"晏子说:"君主死了,我回哪里去? 君主治理百姓,难道是为了欺凌百姓吗? 国家社稷才是根本。臣子服从君主,难道就是为了养活自己吗? 是为了国家社稷的发展。如果君主为国家社稷而死,那么臣子就应为国君报仇而死。如果君主为国家社稷而逃亡,那么臣子就应跟随君主逃亡国外。如果君主为己而死,为己而逃亡,如果不是君主的私属,谁愿意这样做呢? 况且崔杼有君却杀君,我怎么能为君主去死,怎么能为君主逃亡国外呢? 我回家去做什么?"崔杼家门打开后,晏婴走了进去,将齐庄公的尸首放在自己腿上,失声痛哭,然后站起来一再顿足而去。① 从晏婴所说的话来看,确立君主是为了国家和百姓,所以臣子跟随君主逃亡和为君而死都必须建立在国君的行为是利民和利社稷的基础上。齐庄公死于个人荒淫无度,作为臣子就没有必要为他死君难,所以晏婴为庄公哭而不为他死。

既然君臣绝对伦理受人类社会早期氏族共同体的影响,那么臣就会出现所谓"人臣"和"社稷之臣"的区分。所谓人臣就是君主私人的臣子,他的行为举止以君主的私人意志为转移。所谓社稷之臣,就是指臣子的言行举止以利于国家的生存和发展为最高准则。譬如,公元前 506 年,吴国军队攻陷楚国郢都,楚昭王出逃,百姓流离失所。楚将蒙谷进入楚王宫将那些散乱的典籍收拾起来,背在身上,躲进了云梦泽。后来楚昭王返回郢都,国家治理无典籍可依导致社会秩序大乱。此时蒙谷献出了自己保存的典籍,使国家治理走向大治。对此,楚昭王要以"执圭"的爵位封他,并赐给他六百畛封地,但蒙谷生气地说:"谷非人臣也,社稷之臣。苟社稷血食,余岂患无君乎?"②于是他放弃封赏,隐居在历山。显然,"人臣"和"社稷"之臣的区别预示着春秋社会君臣伦理发展的两条路径。

第三,根据本章第三节第四目的理解,如果将春秋社会有着明显的鬼神宗教崇拜推理到极致,那么春秋社会乃至之前的西周社会应是一个以巫祝为代表的宗教神权笼罩下的等级社会。其中,天处于整个等级体系的最顶端。这意味着特定的天命可以压倒人们对特定伦理规范的遵守。下面来看"商汤代夏"的辩

---

① 《左传·襄公二十五年》。
② 《战国策·楚策一》。

护词。

王曰:"格尔众庶,悉听朕言。非台小子敢行称乱,有夏多罪,天命殛之。"①

殷王商汤说:"大家都来听我说。我不敢发动叛乱,因为夏桀有罪,天命令我讨伐他。"这句话背后蕴含着许多内容。公元前 620 年,鲁国大夫叔仲惠伯说:"臣闻之,兵作于内为乱,于外为寇,寇犹及人,乱自及也。"②这说明夏桀与商汤在同一个伦理共同体内。他们是君臣关系。因为君臣伦理在先秦社会是不可违背的绝对伦理,所以商汤说"非台小子敢行称乱"。而商汤发动讨伐战争的理由是夏桀犯了许多罪行,上天命令他讨伐夏桀。这句话蕴含的意思是天命最高,可以压倒人们对君臣绝对伦理的遵守。同样,西周取代殷商也是个天命转移的过程。来看周公以成王的口吻讲西周取代殷商的正当性。

"尔殷遗多士!弗吊旻天,大降丧于殷。我有周佑命,将天明威,致王罚,敕殷命终于帝。肆尔多士!非我小国敢弋殷命。惟天不畀允罔固乱,弼我,我其敢求位?惟帝不畀,惟我下民秉为,惟天明畏。"③

这段话的大意是:你们这些殷商遗民,不礼敬上天,上天就降下灾祸给殷商。我周国拥有天命保佑,奉行上天威严的命令,执行天王的诛罚,宣告殷商的天命被天帝终止了。现在,你们这些殷商遗民,并不是我西周小国敢于剥夺殷商的天命,而是上天不会把天命赐给言语狂妄、行为暴虐的人,(如果不是上天)帮助了我西周,我怎么敢擅自谋求王位呢?所以,上天是圣明而威严的,我们天下百姓的所作所为,只有敬畏上天。在这段话中,之所以说"非我小国敢弋殷命"和"我其敢求位",估计是因为西周原是殷商属国,商纣王与西伯侯姬昌是君臣关系。因此,西周征伐殷商违背了君臣绝对伦理。但天命不可违,天下百姓只能唯天命是从。所以说天命可以压倒西周对君臣绝对伦理的遵从。

既然天命不可违,那么违背社会绝对伦理规范的行为都可以以"天命不可违"为由而得到谅解。来看晋国公子重耳的两个事例。公元前 637 年,晋公子重耳流亡到齐国,齐桓公将宗族女儿嫁给重耳并送给他二十辆马车。结果,重耳打

---

① 《尚书·汤誓》。
② 《左传·文公七年》。
③ 《尚书·多士》。

算从此在齐国苟且偷安地过日子。齐女劝谏重耳回国时说:"自子之行,晋无宁岁,民无成君。天未丧晋,无异公子,有晋国者,非子而谁? 子其勉之! 上帝临子矣,贰必有咎。"①但重耳不听。最后,齐女不得不与子犯(重耳舅舅狐偃)合谋灌醉重耳,将他带离齐国。显然,齐女的行为违背了"夫和妻柔"(丈夫要协调家庭内的妻妾关系,妻子要柔和地听从丈夫)的要求,子犯违背了"君令臣恭"(君主发布命令,臣子就恭顺地执行)的要求。但这些行为都因"天命不可违"而得到谅解。随后重耳流亡到楚国,楚成王设宴款待重耳,并问重耳:"如果你返回晋国当上国君,拿什么来回报我?"重耳回答:"楚王什么都有,并不缺乏晋国的东西,如果将来晋国和楚国交战,双方军队碰上,自己将让晋军退避九十里地。如果楚国还不肯退兵,那么重耳准备与楚王您较量一番。"重耳这番话是比较无礼的说辞,因为根据礼仪,楚王善待重耳,那么重耳日后就有回报楚王的伦理义务。楚国令尹子玉想杀掉重耳,但楚成王却说:"晋公子广而俭,文而有礼。其从者肃而宽,忠而能力。晋侯无亲,外内恶之。吾闻姬姓,唐叔之后,其后衰者也,其将由晋公子乎。天将兴之,谁能废之。违天必有大咎。"②所以楚成王制止了令尹子玉杀重耳的企图。类似地,公元前594年,楚庄王向宋国进攻,宋国向晋国求救,晋景公想出兵救援宋国。大夫宗伯劝谏说:"天方授楚,未可与争,虽晋之强,能违天乎?"③于是晋景公停止发兵救宋。显然,在"天命不可违"的情况下,作为盟主的晋国放弃了救助宋国的伦理义务。

由天命不可违可以推出天命高于一切社会伦理规范,但天命并未真正高居先秦等级社会的顶端。之所以如此,是因为从西周到秦始皇统一中国是一个很长的时段,人们的天命观受社会世俗化的影响。这种影响一直可以上溯到殷商盘庚迁都。在上文《尚书·汤誓》中,殷商取代夏朝是天命转移的过程。但殷商统治者似乎认为天命会因地而转移。据司马迁的记载:"帝中丁迁于隞,河亶甲居相。祖乙迁于邢。"④到盘庚继位时,殷都在黄河以北。后来盘庚向南渡过黄河,在成汤故居迁了五次。对于迁都行为,盘庚有这样的看法:"尔谓朕曷震动万

①《国语·晋语四》。
②《左传·僖公二十三年》。
③《左传·宣公十五年》。
④《史记·殷本纪》。

民以迁,肆上帝将复我高祖之德,乱越我家。朕及笃敬,恭承民命,用永地于新邑。"①

上句中的"乱"是治的意思。这句话的大意是:你们老是责问我为什么要兴师动众地迁到远方去,这是因为上帝将恢复我高祖成汤的伟业,把我们国家治理好。我极其虔诚而恭敬地根据上天的意志来拯救广大臣民。永久地居住在新建的都城里。从盘庚这番话来看,它隐含着天命因地而转移的观念。西周取代殷商后,周人继承了天命转移的观念,但其内涵却发生了变化。来看周公对夏以来天命变化的认识。

"我不可不监于有夏,亦不可不监于有殷。我不敢知曰,有夏服天命,惟有历年;我不敢知曰,不其延。惟不敬厥德,乃早坠厥命。我不敢知曰,有殷受天命,惟有历年;我不敢知曰,不其延。惟不敬厥德,乃早坠厥命……今天其命哲,命吉凶,命历年。知今我初服,宅新邑,肆惟王其疾敬德。王其德之用,祈天永命。"②

这段话的大意是:我们不能不以夏朝的灭亡为借鉴,也不能不以殷商的灭亡为借鉴。我不敢聪明地说,夏朝接受天命,能够长久;我也不敢聪明地说,夏朝接受天命不能长久。我只知道,他们不注重修养自己的德行,因而早早地失了天命。我也不敢聪明地说,殷商接受天命,能够长久;我也不敢聪明地说,殷商接受天命不会长久。我只知道,他们不注重修养自己的德行,因而早早地失了天命……现在上天把天命赐予圣明贤德的人,至于他未来是吉是凶,享有天命多久?(我不清楚),我只知道我们西周刚接受天命,刚居住在新都洛邑,现在王唯一能做的,就是赶快勤修德行。王行事只有合乎美好的道德,才能向上天祈求天命长久。从这段话来看,周代开国者对天命转移的认识已从殷商时代向上"看天行事"转变为"君王勤修德行,祈求天命长久"。这个变化说明天命转移是以统治者的德行好坏为转移的。这样,天命就失去神秘性而世俗化了。受其影响,春秋社会上层贵族普遍有一种"先人事后鬼神",从人事角度来解释鬼神的世俗趋向。公元前706年,随侯问大夫季梁,自己认真祭祀,为什么不能取信于神灵呢?季

---

① 《尚书·盘庚下》。
② 《尚书·召诰》。

梁回答说:"夫民,神之主也。是以圣王先成民而后致力于神。"①同样,郑国南门曾有城内蛇与城外蛇相斗,结果城内蛇死。后来(公元前 680 年),逃亡在外的郑厉公(击败国内对手)回国恢复君位。对此,鲁庄公听说后询问大夫申繻,是不是反常的事情预示着人事吉凶? 申繻回答:"人之所忌,其气焰以取之,妖由人兴也。人无衅焉,妖不自作。人弃常则妖兴,故有妖。"②从申繻的话来看,他也是从人事角度来解答自然界的反常现象的。甚至有人说:"国将兴,听于民;将亡,听于神。神,聪明正直而一者也,依人而行。"③一旦春秋社会的人们将人事摆在鬼神之前,这就意味着鬼神在社会上层的政治影响趋于式微。所以,在世俗化的影响下,鬼神宗教迷信尽管广泛存在,但春秋社会并不是一个以巫祝为代表的宗教迷信支配的神权社会。

三、春秋战国绝对伦理社会崩溃的路径

如果春秋战国是礼崩乐坏的社会,那么春秋社会崩溃的路径是怎样的?④ 由于春秋社会绝对伦理主要蕴含在等级礼制之中,因此在等级绝对伦理中,等级结构上层(君、父、夫、兄、主)处于有利的地位,等级结构下层(臣、子、妻、弟、仆)则处于绝对服从的地位。这种伦理义务结构的不平衡给上层违背礼制提供了更多的动力。我们可以推测,上层违礼将导致整个等级礼制瓦解或崩溃。

第一,等级礼制瓦解和崩溃是从上层违礼开始的,从先秦古书《志》所讲的"多行无礼,必自及也"⑤来理解,上层违礼将导致对应的下层受害人不再履行对上层的绝对伦理义务。公元前 717 年,郑庄公朝见周桓王,但周桓王对郑庄公不予礼遇。由于周桓王违背君臣伦理,结果郑国不再朝见周桓王。⑥ 同样,公元前 687 年夏天瓜熟时节,齐襄公派遣大夫连称、管至父率军驻守葵丘。当时齐襄公跟他们约定,明年瓜熟时派人替换。连称、管至父驻守了一年,齐襄公却未派人

---

① 《左传·桓公六年》。
② 《左传·庄公十四年》。
③ 《左传·庄公三十二年》。
④ 这里探讨的是社会崩溃的路径而不是社会转型的路径。前者是社会解体的过程,后者是社会建构的过程。
⑤ 《左传·襄公四年》。
⑥ 《左传·隐公六年》。

去替换,并且不同意他们的替换请求。由于齐襄公对臣子失信,因此连称、管至父阴谋作乱并在公元前 686 年 12 月杀死齐襄公。① 当然春秋时期,臣弑君肯定是违背君臣伦理的。但如果君主失礼在先,那么时人可能不会归罪于弑君者,而是归罪于失礼的君主。如公元前 573 年,晋厉公为晋大夫中行偃、栾书所杀。鲁国接到边疆官吏的报告,鲁成公问:"臣杀其君,谁之过也?"大夫里革从君主履行职责的角度回答:"君之过也。"②类似违礼导致下层反抗的事例还有不少,见表 2-2。

表 2-2 春秋社会对上层违背绝对伦理事件受害当事人的行为反应

上层违背绝对伦理事件	上层违背伦理的类型	受害当事人的行为反应(出处)
公元前 686 年,公孙无知当上齐国国君后虐待齐国大夫雍廪	齐君公孙无知违背君臣伦理	公元前 685 年,齐大夫雍廪杀了国君无知(《左传·庄公九年》)
公元前 661 年,鲁闵公的师傅侵占了大夫卜齮的田地,闵公却不加禁止	鲁闵公违背君臣伦理	公元前 660 年,大夫共仲指使卜齮在武闱杀害了鲁闵公(《左传·闵公二年》)
公元前 620 年,宋昭公不听大夫乐豫的劝阻想杀死诸公子	宋昭公违背君臣伦理	宋国穆公、襄公的族人率领国人攻打昭公,在宫里杀死了大夫公孙固和公孙郑(《左传·文公七年》)
齐懿公在做公子的时候,曾与邴歜的父亲争田失败。后来当上国君,齐懿公挖出邴歜父亲的尸体砍去脚,并让邴歜为他驾车。齐懿公还夺取阎职的妻子并让阎职当骖乘	齐懿公违背君臣伦理	公元前 609 年,邴歜和阎职将齐懿公杀死(《左传·文公十八年》)
晋灵公残暴无道,不仅向国人征收重税,而且滥杀无辜。士季和赵盾多次劝谏,他都不听,并派人刺杀赵盾	晋灵公违背君臣伦理	公元前 607 年,赵盾弟弟赵穿杀死晋灵公(《左传·宣公二年》)

① 《左传·庄公八年》。

② 《国语·鲁语上》

续表

上层违背绝对伦理事件	上层违背伦理的类型	受害当事人的行为反应（出处）
公元前 580 年,晋国大夫郤犫向鲁国大夫声伯求娶妻子。声伯将已嫁给施孝叔的同母异父的妹妹夺过来给郤犫。声伯妹妹对施孝叔说:"鸟兽还不肯离开配偶,您准备怎么办?"施孝叔回答:"我不能选择死或逃亡。"于是声伯妹妹就跟郤犫走了,并为郤犫生了两个孩子。公元前 573 年,郤氏被灭,晋国将她还给施孝叔。施氏到黄河边迎接她,却把她的两个孩子丢进黄河杀死了	施孝叔违背夫妻伦理	声伯妹妹怒道:"你不能保护自己配偶而让她离开,又不能爱护别人的孤儿而杀死他们,(我们夫妻)怎么可能有好的结果。"于是发誓不再做施氏的妻子(《左传·成公十一年》)
卫献公暴虐无道,故意怠慢大夫孙文子和宁惠子	卫献公违背君臣伦理	公元前 559 年,孙文子带兵将卫献公赶走。卫献公逃往齐国(《左传·襄公十四年》)
蔡景侯为太子般在楚国娶妻却又和儿媳通奸	蔡景侯违背父子伦理	公元前 543 年,太子般杀死了蔡景侯(《左传·襄公三十年》)
莒国国君犁比公生了去疾和展舆,曾立展舆为太子,后来又废黜他。国君犁比公暴虐无道,国人为此很忧心	莒国国君违背君臣伦理	公元前 542 年,展舆依靠国人攻打并杀了犁比公,自立为君(《左传·襄公三十一年》)
莒国国君庚舆暴虐,喜好剑。一旦铸造了新剑,就用人来试剑。莒国人十分担忧	莒国国君违背君臣伦理	公元前 519 年,莒国勇士乌存率领国人驱逐庚舆,庚舆逃亡到鲁国(《左传·昭公二十三年》)

同样,国家间的无礼行为也会导致国家间的关系发生巨变。公元前 651 年,晋献公去世,晋公子夷吾以割让河西八城为条件请求秦国帮助他当上国君。夷吾当上国君后却未将河西八城割让给秦国。于是秦晋两国开始交恶。① 类似的事件还有,公元前 608 年,陈共公去世,楚国不派人到陈国履行吊丧的礼仪,于是陈国背叛楚国,与晋国结盟。② 到了战国时期,公元前 312 年,秦国为瓦解楚、齐

---

① 《史记·秦本纪》。

② 《左传·宣公元年》。

两国联盟,派张仪向楚怀王许诺说,只要楚国废除与齐国的盟约,他将请秦王拿出商于六百里土地给楚国。后来,当楚国断然与齐国废除盟约后,张仪却说只答应给楚国六里的土地。于是楚怀王兴兵伐秦,结果被秦、齐两国联军击败,丧失丹阳、汉中两地。后来,楚国又发兵偷袭秦国,在蓝田大战,楚国又大败,不得不割让两城给秦国求和。①

第二,上层违礼可能导致整个等级体系存在长期的冲突与分裂。具体地说,如果上层违礼导致对应的下层成为受害人,对受害人承担绝对伦理义务的下属将为受害人报仇,同理,由于社会其他成员对等级上层同样承担着绝对伦理义务,因此社会其他成员为完成对上层的绝对伦理义务将对受害人及其下属的反抗行为予以报复。结果,整个等级礼制体系将存在长期的冲突与分裂。譬如,卫宣公与夷姜私通生下儿子急子,卫宣公将急子托付给右公子职辅佐,后来卫宣公娶宣姜,生了儿子寿和朔,并将寿托付给左公子泄辅佐。但公子朔经常在卫宣公面前说哥哥急子的坏话,于是公元前 701 年,卫宣公派刺客在齐国边境误杀了寿并杀死了急子。公元前 700 年卫宣公死后,公子朔当上国君(卫惠公),左、右公子因此事而怨恨卫惠公,结果左、右公子拥立公子黔牟为国君,由此导致公元前 696 年卫惠公逃亡到齐国。② 到公元前 688 年,卫惠公在齐国的帮助下回国恢复君位,杀了左公子泄、右公子职。③ 类似的事件还有很多,见表 2 - 3:

表 2 - 3　春秋社会上层违背绝对伦理导致社会分裂的事件汇总

上层违背绝对伦理事件	后果及出处
晋献公无道	公元前 655 年,晋献公听信骊姬的谗言迫使太子申生自杀,另外两个儿子重耳、夷吾逃亡他国。公元前 651 年,晋献公去世,大夫荀息接受晋献公托孤遗命扶辅佐奚齐为国君,大夫里克、丕郑鼓动申生、重耳和夷吾的追随者发动叛乱,并先后杀死国君奚齐和悼子。最终荀息因未完成对晋献公的托孤遗命而自杀(《左传·僖公九年》)

① 《史记·张仪列传》。
② 《左传·桓公十六年》。
③ 《左传·庄公六年》。

续表

上层违背绝对伦理事件	后果及出处
宋昭公无道	公元前611年，宋襄公夫人派遣帅甸杀死了宋昭公。行动前，宋襄公夫人告诉宋国司城大夫荡意诸不要跟随宋昭公，但荡意诸不听，最后被杀（《左传·文公十六年》）公元前609年，宋国武氏的族人领着昭公的儿子，计划由司城须领导发动叛乱（《左传·文公十八年》）
莒纪公想废黜太子仆而立儿子季佗，并无礼地对待国人	公元前609年，莒国太子仆依靠国人的力量杀了莒纪公，并携带宝玉逃亡到鲁国（莒国太子仆逃亡，估计是受到莒国其他贵族的反对和追杀的结果）。同时莒国太子仆的到来使鲁国君臣产生严重的分歧。刚继位的鲁宣公下令当天就给他封邑，而执政大夫季文子要求司寇当天就赶他走（《左传·文公十八年》）
公元前575年，郑僖公还是太子，他和大夫子罕一起到晋国去，但他对大夫子罕、子丰都不以礼相待。郑僖公继位后，在鄇地与晋国会盟，对大夫子驷又不以礼相待	公元前566年，大夫子驷派人害死了郑僖公（《左传·襄公七年》）结果565年郑国公子子狐、子熙、子侯、子丁谋划杀死大夫子驷反被杀（《左传·襄公八年》）公元前563年，与子驷有利益冲突的郑国大夫尉止、司臣、侯晋、堵女父、子师仆等人牵郑国公子子熙的党徒围攻郑国王宫，胁持郑简公，杀死子驷、子国、子耳。子驷的儿子子西和子国的儿子子产率众反击，杀死尉止、子师仆。司臣、侯晋、堵女父被迫逃亡国外（《左传·襄公十年》）
卫献公暴虐，故意怠慢大夫孙林父和宁殖。公元前559年，孙林父带兵将卫献公赶走，卫献公逃往齐国	公元前553年，卫国大夫宁殖生病将死，对儿子宁喜说，自己后悔得罪了国君卫献公，因为各国简策上都记载着孙林父、宁殖赶走了国君。他希望儿子有机会接卫献公回国恢复他的君位。如果儿子不照办，那他死后做鬼都不吃儿子上供的祭品。宁喜答应后宁殖才断气（《左传·襄公二十年》）公元前547年，宁喜、右宰縠率军进攻孙氏一族，杀死了卫殇公和太子角，孙林父以戚地归附晋国，卫献公回国恢复君位（《左传·襄公二十六年》）公元前546年，宁喜专权，公孙免余率军围攻宁氏一族，杀死了宁喜和右宰縠（《左传·二十七年》）公元前545年，卫国人讨伐宁氏的亲族，大夫石恶被迫逃亡鲁国（《左传·二十八年》）
陈国哀公的夫人郑姬生悼太子偃师，二夫人生公子留，三夫人生公子胜。二夫人受哀公宠爱，于是哀公就将公子留托付给司徒招与公子过。哀公身有残疾。公元前534年3月，司徒招和公子过杀悼太子偃师，并准备立公子留为太子；4月，陈哀公上吊自杀	公子胜到楚国控告司徒招和公子过的行为。于是楚国就杀了来楚国报告陈国立君的大夫干征师。陈国公子招害怕楚国报复自己，将此事归罪于公子过并杀了他。公元前534年9月，楚公子弃疾率军围攻陈国；11月，灭陈国（《左传·昭公八年》）

第三,国君权力旁落大臣导致君臣伦理无法规范君臣关系。公元前517年,鲁国权臣季平子驱逐鲁昭公。鲁昭公先是跑到齐国,想借助齐国的力量恢复君位;后来跑到晋国,企图借助晋国的力量恢复君位。公元前510年,鲁昭公病死在晋国干侯,一直没有恢复君位。季平子驱逐鲁昭公却无人讨伐他的罪行,晋国大夫史墨认为根源在于鲁国国家权力旁落季氏已有四代,百姓不知道鲁国有君。①

一旦春秋战国时期的人们经常违背绝对伦理而社会无法制止时,那么社会原来存在的迫使当事人死亡或逃亡的机制就会失灵。如鲁桓公夫人文姜与齐襄公通奸并害死了鲁桓公。后来,文姜还多次违礼,跑出国境与齐襄公私会。鲁庄公碍于齐国势大而对母亲文姜乱伦的奸情放任不管。公元前481年,齐国执政大臣陈成子(又称田常)的远房族人陈豹,在大夫公孙的推荐下做了齐简公的宠臣阚止的家臣。阚止很喜欢陈豹,就跟他说:"我想将陈氏驱逐出齐国,立你做陈氏家族的宗长,怎么样?"陈豹不同意并将阚止的打算告诉了陈成子。最终陈成子先后杀了阚止和齐简公。② 在陈豹这个例子中,陈豹犯有背主之罪,陈成子犯有弑君之罪,但他们都没有得到惩罚,这说明齐国原有维护君臣和主仆绝对伦理的机制已经失灵了。当然,社会上层违背等级礼制将导致对应的下层不得不做出选择。为减轻绝对伦理对社会个体带来的压力,社会下层开始将绝对伦理相对化,由此促使春秋战国社会的绝对伦理向相对伦理转化。所以,在本章第三节第六目中齐国大夫石他为保全父母生命,不得不在臣节自污后自杀。

四、西汉时期社会转型的完成

春秋战国时期的社会转型是绝对伦理社会向相对伦理社会转型,那么这个社会转型具体是何时完成的? 从相对伦理与绝对伦理的连续性来看,相对伦理并不是对绝对伦理的简单否定。在相对伦理社会,张三对李四越好,张三越可能处于李四差序圈子的核心,则李四处理与张三的关系在李四心中越可能契合绝对伦理。譬如,吴起领兵打仗时,一贯卧不设席,行不骑乘,亲自背负干粮与士卒同甘共苦。并且,当士兵发病生疮时,吴起亲自用嘴为士兵吸出疮口肿块中的脓

---

① 《左传·昭公三十二年》。
② 《左传·哀公十四年》。

血。因此,士兵们在战争中都愿意为吴起赴死。① 同样,汉武帝时期的名将李广带兵打仗,每当军队遇到绝境时,只有当士兵们都饮完了水,他才会去喝水;只有当士兵们都吃了饭,他才会吃饭。因此,士兵们都愿意跟李广上战场打仗。② 类似地,东晋名臣周访任梁州刺史时"善于抚纳,士众皆为致死"③。在这三个事例中,士兵们愿意为自己的将领赴死,表明他们对待自己的将领都是绝对伦理。因此,我们不能简单地用相对伦理社会中是否还存在绝对伦理的事例,来证明绝对伦理社会向相对伦理社会转型的完成。

所以分析绝对伦理社会向相对伦理社会转型的完成,还必须从绝对伦理与相对伦理的区别来分析。春秋社会分为懂诗书礼仪的上层和无文化且迷信的下层。从上层来看,春秋战国时期绝对伦理崩溃是从上层违礼开始的,因而社会上层转型要早于下层。在相对伦理社会中,相对伦理的形成本质上是社会个体将绝对伦理主观相对化的一种生存策略。只要上层诚心地善待下层,那么下层就可能将乡土社会中的相对伦理规范转为绝对伦理规范。因此,理论上社会个体承认每一条伦理规范都应是绝对伦理规范,但在实践中往往根据对方对自己的态度而将相应的伦理规范主观相对化。社会上层总是跟国家权力联系在一起,因此,他们践行君臣伦理规范时在绝对伦理社会与在相对伦理社会中表现出很大的不同。在春秋时期的绝对伦理社会中,君臣伦理都有其明确的适用边界。社会成员践行君臣绝对伦理都具有私人性。当君主死难时,臣子必须死君难。譬如公元前 685 年,公子纠与公子小白(即齐桓公)争夺齐国君位失败。在齐国的压迫下,鲁国杀死了齐国公子纠。辅佐公子纠的臣子召忽随之自杀。④ 而在中央集权的乡土社会中,社会成员践行君臣伦理都带有忠于王朝的性质,譬如,公元 1644 年,明思宗朱由检上吊自杀,"文臣死国者,东阁大学生范景文而下,凡二十有一人"⑤。当然,范景文等人并不是为明思宗个人而死,而是为明王朝而死,他们的行为明显超越了私人性质。据此断定,如果某个朝代社会上层发生了大

① 《史记·孙子吴起列传》。
② 《史记·李将军列传》。
③ 《晋书·列传第二十八》。
④ 《左传·庄公九年》。
⑤ 《明史·范景文传》。

规模私人间的死君难群体事件,就说明该社会当时还是绝对伦理社会。如果此后社会上再也没出现大规模私人间的死君难事件,就说明社会上层已完成转型。

我们来分析秦末汉初的上层知识精英死君难的行为。譬如,秦末陈胜聚众为王,反叛秦朝,孔甲等山东儒生带着孔子礼器到陈胜那里委质为臣。后来陈胜战死,孔甲等儒生也随之战死。① 所谓委质为臣,就是先秦社会地位显著不同的人之间,低等级者通过向高等级者敬献礼物表示臣服(贽见礼的一种),并签订策书以确立私人性君臣关系的一种行为。从孔甲等山东儒生追随陈胜最终战死来看,孔甲等人践行的都是春秋社会君臣间的绝对伦理。西汉初年,赵王张敖涉嫌刺杀汉高祖刘邦。当时朝廷下令,跟随赵王的属臣将罪及三族。但是张敖的属臣孟舒、田叔(孟舒、田叔为赵王张敖的郎中)等十几人身穿囚衣,谎称赵王的家奴跟随张敖到长安待罪。② 孟舒、田叔等人遵循的还是春秋战国社会臣忠于君的绝对伦理。

这些事例都显示出西汉初期至少还残存有春秋社会绝对伦理的痕迹。那么这些事例表明该时期社会转型到底完成了,还是没完成呢?考虑到死君难一般发生在国君死亡或国家灭亡的时候,所以我们还要考察一下大规模的死君难事件,来看西汉初年田横五百壮士自杀事件。秦末天下大乱,群雄蜂起,各建国号。齐国贵族后裔田儋、田荣与田横兄弟参与反秦,并先后自立为齐王。后来刘邦统一天下,田横不肯臣服刘邦,率领五百部下逃亡到海岛上。于是刘邦派人招安。田横接受招安,带领两个门客走到洛阳附近。田横为做汉臣感到耻辱而自杀。两个门客根据田横的遗嘱将田横的头颅送到朝廷,安葬田横后在田横的墓边自杀。田横的死讯传到海岛,岛上五百部属皆自杀。③ 对于田横两个门客和五百部属自杀事件,司马迁认为这是田横兄弟得士的表现。而从《吕氏春秋·士节》中所讲的"士之为人,当理不避其难,临患忘利,遗生行义,视死如归"来看,田横五百部属都是根据春秋战国时期君臣间的绝对伦理而自杀的,他们都具有春秋战国社会"士"的特质,因此这也是西汉初年残留着春秋社会的绝对伦理,未完成向

---

① 《史记·儒林列传》。
② 《史记·田叔列传》。
③ 《史记·田儋列传》。

相对伦理社会转型的表现。自此之后,在每个王朝走向灭亡的后期如西汉末年、东汉末年、隋朝末年、唐朝末年、元朝末年和明朝末年,群雄逐鹿问鼎中原时,那些争霸天下、各建国号的失败人物历代都有(如唐末黄巢建国号"大齐",北宋李顺建国号"大蜀",元末徐寿辉建国号"天完",明末李自成建国号"大顺",张献忠建国号"大西"),但助黄巢、李顺、徐寿辉、李自成等人为帝的臣子们都没有发生大规模的个人死君难事件。至此,大抵可以断定:绝对伦理社会向相对伦理社会转型,社会上层完成转型的时间大概是在西汉时期。值得注意的是,君主专制中央集权大一统国家制度的建立也有一个过程。如果特定层级的官员(如两汉时期郡太守的属吏)由官员自己任命而不是由中央政府任命,被任命的官员就可能将任命他的上官(郡太守)看作个人的"君主"。由此在中央集权大一统国家中就形成了二元君主观念。如东汉时期的戴就曾任会稽郡主管仓库的佐史。当时太守成公浮被刺史弹劾贪赃,州府派薛安追查赃款并严刑拷打戴就。戴就始终不屈服,并对薛安说:"卿虽衔命,固宜申断冤毒,奈何诬枉忠良,强相掠理,令臣谤其君,子证其父!"①最终薛安感叹其对郡守的忠贞,将戴就释放。当然,类似戴就这种属吏与地方官的君臣关系无法对抗他与天子的君臣关系。如东汉末年荆州刺史刘表派遣从事中郎韩嵩赴洛阳观察形势,韩嵩对刘表说:"嵩,守节者也。夫事君为君,君臣名定,以死守之;今策名委质,唯将军所命,虽赴汤蹈火,死无辞也……嵩使京师,天子假嵩一官,则天子之臣,而将军之故吏耳。在君为君,则嵩守天子之命,义不得复为将军死也。唯将军重思,无负嵩。"②从韩嵩对刘表所说的话可知,东汉时期地方官与属吏的君臣关系,并不能抵御天子的命令,它与春秋时期宗法家族共同体有明确适用边界的君臣伦理明显不同。

再来看社会下层。春秋时期社会下层由于文化教育的原因,无法掌握烦琐的社会礼仪,但他们一般强调以身守信来践行绝对伦理。战国时期出现的游侠具有"其言必信,其行必果,已诺必诚,不爱其躯,赴士之陨困"③的风骨,这确实反映了战国时期还遗留有春秋绝对伦理社会的痕迹。而且,在秦、汉以后的历朝

---

① 《后汉书·独行列传第十一》。
② 《三国志·魏书·董二袁刘传》。
③ 《史记·游侠列传》。

历代都出现了具有游侠特质的历史人物。如西汉朱家"以侠闻"①,东汉隗崔"素豪侠,能得众"②,三国时期李通"以侠闻于江、汝之间"③,晋朝牵秀"性豪侠"④,南北朝时期陈朝周敷"性豪侠,轻财重士"⑤,南北朝时期北魏李业兴"性豪侠,重意气"⑥,隋朝元谐"性豪侠,有气调"⑦,唐朝哥舒翰"任侠重然诺,纵蒲酒"⑧,北宋燕峻"慷慨任侠"⑨,元朝张提领"尚任侠,武断乡曲"⑩,明朝许都"任侠好施"⑪,清朝顾八代"任侠重义,好读书,善射"⑫。因此,游侠在历朝历代出现表明传统乡土社会还遗留有春秋绝对伦理社会的痕迹。从社会文化传承的角度来分析,历史上游侠的不断出现是社会下层通过口耳相传,父辈、祖辈对任侠伦理言传身教的社会化产物。所谓社会化,是指个体由生物人成长为社会人的过程。它是个体在社会中学习和传承社会的知识、技能和规范的过程,因而西汉以后历朝历代都出现了具有游侠特质的历史人物。考虑到春秋战国时期是中国古代的社会转型时期,因此,游侠伦理所奠定的民间秩序可能如日本汉学家增渊龙夫先生所说既是战国以后社会的新结构⑬,也可能是春秋战国社会转型遗留到西汉以后的社会旧结构。如我国历史学家吕思勉先生认为秦汉之世的豪右和游侠都是古代贵族君卿大夫的遗留,所谓"豪右者,古贵族之遗骸,游侠则其精魂也"⑭。吕思勉先生的观点指出游侠是春秋战国时期社会上层结构的遗留,它与日本汉学家增渊龙夫认为游侠伦理所奠定的民间秩序是战国以后新出现的民间社会结

---

① 《史记·游侠列传》。
② 《后汉书·隗嚣公孙述列传第三》。
③ 《三国志·魏书·二李臧文吕许典二庞阎传》。
④ 《晋书·列传第三十》。
⑤ 《陈书·卷十三·列传第七》。
⑥ 《魏书·列传儒林第七十二》。
⑦ 《隋书·卷四十·列传第五》。
⑧ 《新唐书·卷一百三十五·列传第六十》。
⑨ 《宋史·列传第五十七》。
⑩ 《元史·列传第七十三》。
⑪ 《明史·列传第一百六十五》。
⑫ 《清史稿·列传五十五》。
⑬ [日]增渊龙夫:《中国古代的社会与国家》,吕静译,上海古籍出版社 2017 年版,第 91 页。
⑭ 吕思勉:《中国社会史》(上),吉林人民出版社 2018 年版,第 337 页。

构的观点形成了鲜明的对比。可惜的是,吕思勉先生只表明了观点并未展开证明。至此,不禁要问:游侠伦理所建立的秩序是西汉及之后的新社会结构,还是春秋战国时期遗留的社会结构?

从《史记·游侠列传》所说游侠具有"其言必信,其行必果,已诺必诚,不爱其躯,赴士之阨困"来看,游侠伦理具有守信重诺和讲究献身两个特质。如果游侠伦理所奠定的民间秩序是战国以后的新社会结构,那么战国以前就不可能出现讲究守信重诺、讲究献身的言行。然而,如果留心观察春秋时期的文献记载就会发现,守信重诺和讲究献身的行为最早可以追溯到春秋时期。春秋时期的人们认为,信和其他德性都是人们的立身之本,如《左传·成公十七年》中讲"人所以立,信、知、勇也"。春秋时期的人们跟现代人一样讲守信,都强调言行一致。如《论语·学而》中子夏说:"与朋友交,言而有信。"《诗经·小雅·巷伯》中说:"慎与言也,谓尔不信。"这里,似乎春秋战国时期的社会个体守信与现代人守信并没有本质的不同。对此,我们还要联系春秋战国时期的献身行为来理解当时社会个体的守信行为。《国语·晋语二》中说:"定身以行事谓之信。"可见,春秋战国时期的社会个体特别强调以身守信,譬如《国语·周语下》中讲晋襄公的曾孙孙周"言信必及身"。以身守信就是社会个体践行诺言(或命令)时要勇于献身,如《左传·宣公二年》记载了锄麑不杀赵盾却自杀的故事。故事讲晋灵公残暴无道,执政大夫赵盾多次劝谏。晋灵公内心十分忌惮赵盾,公元前607年,晋灵公派锄麑清晨去刺杀赵盾。锄麑前往时发现赵盾早就起床并郑重地穿好官服,等待上朝处理国家公务。于是锄麑返回并感叹道:"不忘恭敬,民之主也。贼民之主,不忠。弃君之命,不信。有一于此,不如死也。"最终,锄麑撞槐树自杀。考虑到《诗经》《论语》《左传》和《国语》都是春秋时期的文献,因此我们可以有把握地讲,守信重诺和讲究献身早在春秋时期就存在。所以,游侠伦理奠定的民间秩序可能不是战国以后的新社会结构,而是春秋时期遗留的旧社会结构。

如果西汉以后历代出现的游侠伦理所奠定的民间秩序是春秋战国时期社会转型遗留到西汉以后的旧社会结构,那么游侠伦理就会与战国以后新出现的乡土社会结构产生冲突。是否如此呢?从战国时期的文献记载来看,战国时期就有不一定要守信,并不要献身的言辞。如孟子说:"大人者,言不必信,行不必果,唯义所在。"①并且,孟子讲杨朱的"为我"主张达到"拔一毛而利天下,不为也"②的地步。当然,在古代中国,毛发、胡须、爪子都被视为人身上最神秘而富有生命力和精力的东西。③ 自然,毛发就是身体的表征。从韩非称杨朱是"轻物重生之士"④来看,杨朱主张"拔一毛而利天下,不为也",他站在"身"的角度,否定了春秋社会绝对伦理所规定的献身义务。而且,从孟子所说"杨朱、墨翟之言盈天下。天下之言,不归杨,则归墨"⑤来看,杨朱"轻物重生"并非战国时期极其独特的个别现象,而是一种较为普遍的社会发展趋势。据此进一步推断,游侠伦理所奠定的民间秩序可能不是战国以后新出现的民间社会结构,而是春秋战国时期社会转型遗留下来的旧结构。

春秋战国时期的社会转型是绝对伦理社会向相对伦理社会转型,游侠伦理作为春秋战国时期社会转型遗留下来的旧结构,自然会受到中国乡土社会有等差的相对伦理的阻碍和排斥。因为在中国乡土社会中,只有经个体认定为待自己最亲的人,个体才愿意为之守信并献身。所以,坚守中国乡土社会有等差的相对伦理更有利于社会个体的生存,而如果坚守游侠伦理则社会个体要随时准备为兑现诺言而献出自己的生命。相应地,由于社会个体不断受到相对伦理的排斥与抵制,游侠就可能在社会化过程中出现少年阶段迥异于成年时期的现象,即出现"少游侠"。所谓少游侠,就是该人在少年时期具有游侠的特质,但成年后改变原来的志趣,其行为模式迥异于游侠,如西汉朝眭弘"少时好侠,斗鸡走马,长乃变节"⑥,东汉朝段颎"少便习弓马,尚游侠,轻财贿,长乃折节好古学"⑦,晋朝索泮"少时游侠,及长,变节好学,有佐世才器"⑧,南梁何远"本倜傥,尚轻侠,全是乃折节为吏,杜绝交游,馈遗秋毫无所受"⑨,隋朝刘权"少有侠气,重然诺,藏

---

① 《孟子·离娄下》。
② 《孟子·尽心上》。
③ 江绍原:《发须爪:关于它们的迷信》,中华书局 2007 年版,第 38 页。
④ 《韩非子·显学》。
⑤ 《孟子·滕文公下》。
⑥ 《汉书·卷七十五·眭两夏侯京翼李传第四十五》。
⑦ 《后汉书·皇甫张段列传第五十五》。
⑧ 《晋书·载记第十五苻丕苻登》。
⑨ 《梁书·卷第五十三·列传第四十七》。

亡匿死,吏不敢过门。后更折节好学,动循法度"①,唐朝丘和"少便弓马,重气任侠。及长,始折节,与物无忤,无贵贱皆爱之"②,清朝许季觉"少尚侠,既折节读书"③。睢弘、段颎、索泮、何远、刘权、丘和、许季觉等人所谓的"折节"就是改变少年时期游侠的志趣取向。这些"少游侠"人物的出现说明:中国历朝历代的游侠伦理在社会个体传承的社会化过程中受到当时主流社会结构的强大阻碍,导致社会个体成年后的行为模式迥异于少年时期。关于"少游侠"的史料记载最早出现于西汉,这说明相对伦理社会在西汉时期就已经占据主导地位。由此可知,社会下层的社会转型大约在西汉时期完成。

综合社会上层和社会下层完成社会转型的时间分析,大抵可以断定,由绝对伦理向相对伦理转型的完成时期大约是西汉时期。

---

①《隋书·卷六十三·列传第二十八》。
②《旧唐书·列传第九》。
③《清史稿·列传二百八十四》。

第三章 社会转型中思想与意识形态：理论与假设

第一节 思想与意识形态：理论部分

一、权力与统治

春秋战国社会是礼崩乐坏的社会。礼崩乐坏的背后是整个社会秩序的失范。因此，重建社会秩序也是春秋战国时期的诸子必须思考的时代问题。重建社会秩序总是跟国家权力联系在一起，因此，春秋战国时期转型社会中的诸子，必须思考国家统治（或治理）的问题。

人类进入阶级社会以后，有社会就有统治。统治现象的出现意味着社会至少分为两个部分：一部分是人数极少的统治阶级。他们对内界定社会成员的边界，为社会成员的生存和发展提供基本的制度框架，同时不断从社会中获取资源，维持统治集团的凝聚力。另一部分是人数众多的被统治阶级。他们在统治阶级制定的制度框架内学习、生产和生活，创造着财富，繁衍着文明。因此，人类社会的文明史，在一定意义上讲就是一部少数人支配多数人的统治史。

西方思想家们对人类统治现象的关注由来已久。他们不断为统治类型所吸引。古希腊思想家柏拉图曾提出过王制、僭主制、贵族制、寡头制和民主制五种政体类型。① 柏拉图的学生亚里士多德进一步提出君主政体、僭主政体、贵族政体、寡头政体、共和政体、平民政体六种类型。② 古希腊之后西方的政治思想家，无论是古罗马时期的波利比乌斯、文艺复兴时期的马基雅维利，还是 17 至 18 世

---

① ［古希腊］柏拉图：《理想国》，郭斌和、张竹明译，北京：商务印书馆 2003 年版，第 313 - 366 页。

② ［古希腊］亚里士多德：《汉译世界学术名著丛书：政治学》，吴寿彭译，商务印书馆 1997 年版，第 134 页。

纪资产阶级革命时期的霍布斯、洛克、孟德斯鸠、卢梭，他们对统治的论述几乎都在柏拉图和亚里士多德所述的统治类型框架中展开。到了 20 世纪，德国社会学家马克斯·韦伯创造性地将统治类型分为传统型、法理型和克里斯玛型。[1] 然而，他依然是在统治类型上做文章。甚至到 1974 年，英国政治学家芬纳还将人类有史以来的统治类型归纳为以宫廷政体、教会政体、贵族政体和论坛政体为排列组合的十种统治类型。[2]

人们在研究统治类型时，似乎应该问另一个问题：统治阶级是如何实现统治的？对此，人们不假思索地回答：依靠权力。关于权力，社会学家和政治学家的理解略有不同。马克斯·韦伯认为："权力意味着一种社会关系里哪怕是遇到反对也能贯彻自己意志的任何机会，不管这种机会是建立在什么基础之上。"[3]美国政治学家拉斯韦尔和卡普兰认为："权力（power）指参与决策过程：G 如果参与到影响 H 在价值 K 相关政策中的决策过程时，G 就对 H 拥有关于价值 K 的权力。"[4]此外，还有政治学者把权力定义为："通过任何手段达到所期望结果的能力。"[5]这些定义都突出了权力的强制与支配的特征，并无助于理解被统治阶级服从统治阶级的逻辑。换言之，被统治阶级的服从不应该简单地指向权力，而应该揭示权力的不同特质使被统治阶级服从统治阶级。

英国社会学家迈克尔·曼将国家权力分为专制性权力（despotic power）和建制性权力（infrastructural power）。[6] 专制性权力是指国家运用凌驾于社会之上的军队、警察等暴力机关来达到目的的能力。专制性权力的实现以政府运用有组织的暴力使人屈服为前提。暴力之所以使人屈服，根据美国学者柯林斯的解释，

---

① ［德］马克斯·韦伯：《经济与社会》（上卷），林荣远译，商务印书馆 1997 年版，第 241 页。

② ［英］芬纳：《统治史：古代的王权和帝国：从苏美尔到罗马》第 1 卷，马百亮、王震译，华东师范大学出版社 2010 年版，第 30 页。

③ ［德］马克斯·韦伯：《经济与社会》（上卷），林荣远译，商务印书馆 1997 年版，第 1 页。

④ ［美］哈罗德·D. 拉斯韦尔，［美］亚伯拉罕·卡普兰：《东方编译所译丛：权力与社会：一项政治研究的框架》，王菲易译，上海世纪出版集团 2012 年版，第 83 页。

⑤ ［英］安德鲁·海伍德：《公共行政与公共管理经典译丛：政治学》（第 2 版），张立鹏译，中国人民大学出版社 2006 年版，第 13 页。

⑥ Michael Mann："The Autonomous Power of the State：Its Origins，Mechanisms and Results" Archives Européennes De Sociologie，vol. 25，1984，pp. 185 – 213.

是因为在暴力冲突的情境中,暴力受害方会产生恐惧。恐惧使受害者体验到一种不对称的冲突性情绪,变得高度紧张,紧张到无法控制自己的身体。① 当掌权者运用有组织的暴力(包括殴打、刑讯逼供、隔离审查、监禁等)对付民众时,民众面对压倒性力量就会感到恐惧。在恐惧中,政府就获得了对普通民众的身体的支配权。民众失去对自己身体的支配就意味着支配与服从的统治关系的确立。因此,专制性权力使人服从是通过垄断有组织的暴力压倒性地制造恐惧,使民众处于无法支配自己身体的紧张情绪中来实现的。专制性权力集中地反映了统治阶级与被统治阶级的对立性,它通过在民众中制造恐惧来实现对被统治阶级的人身控制。当然,权力不能被简化为暴力,因为权力的获得既可以借助暴力,也可以不借助暴力。② 建制性权力就是一种不借助暴力的权力。建制性权力是指国家运用广泛渗透于社会的沟通管道(稳定的财政制度、金融系统和通信制度、宗教礼仪、道德教育体系等)来达到目的的能力。建制性权力意味着国家权力渗透在社会的组织及其文化网络中,普通民众的学习、生产和生活与政府处于无形的网络联系中。政治对社会成员的影响无处不在,因为政治是社会价值的权威性分配过程。③ 由于代表统治阶级的政府主导了包括财富、资源、地位、荣誉、权力、权利等社会价值的分配,个体服从政府就能获得政府分配的财富、资源、地位、荣誉、权力和权利,因此,建制性权力使社会成员对统治阶级产生依赖性。这种依赖性并不仅是权力单向地渗透和支配社会的结果,也是社会对权力渗透做出调适性反应的结果。有时它是社会两害甚至多害相权取其轻的结果。譬如,公元 10 至 11 世纪西欧封建统治关系的形成,就是罗马帝国解体后,当时阿拉伯人、匈牙利人、斯堪的纳维亚人入侵西欧导致社会混乱不堪,传统家族关系网络无法有效地保护人们的人身和财产关系而逐渐形成的。④ 它是两害(或多害)相

---

① [美]兰德尔·柯林斯:《暴力:一种微观社会学理论》,刘冉译,北京大学出版社 2016年版,中文版序第 3 页。

② [德]扬·菲利普·雷姆茨玛:《信任与暴力:试论现代一种特殊的局面》,赵蕾莲译,商务印书馆 2016 年版,第 165 页。

③ [美]戴维·伊斯顿:《政治体系:政治学状况研究》,马清槐译,商务印书馆 1993 年版,第 128 页。

④ [法]马克·布洛赫:《汉译世界学术名著丛书:封建社会》(上卷),张绪山译,商务印书馆 2004 年版,第 97 页。

权取其轻的结果。有时它是社会两利甚至是多利相权取其重的结果。譬如，近代以来资本主义统治关系的确立，为社会成员提供了史无前例的巨大的物质财富，同时也为人们创造和开拓了自由的社会空间。相较于封建统治下社会财富发展停滞和农民对地主的人身依附，它是两利（或多利）相权取其重的结果。总之，建制性权力形成的统治，既是权力渗透于社会，又是社会对权力做出调适性反应的结果。建制性权力集中地体现了统治阶级与被统治阶级在特定的社会文化组织网络中的相互依赖性。

任何国家都具备专制性权力和建制性权力。比较而言，专制性权力具有恐怖性和强制性，建制性权力具有隐蔽性和诱导性。当一个国家主要依靠专制性权力来实现统治时，人们可以将这个国家定性为专制国家。当一个国家主要依靠建制性权力来实现统治时，统治就隐藏在复杂的社会文化组织的关系网络中，对统治的服从呈现为普通民众的自愿选择，人们可以将这个国家称为共和国家、民主国家、法治国家、神权国家、德治国家等。

二、思想与统治

如何有效地进行统治，历来是统治阶级必须思考的核心问题。历史上不断有人为强化统治而贡献智慧。《君主论》就是意大利思想家马基雅维利为当时在佛罗伦萨执政的美第奇家族而写的著作。那些强化统治的思想主张都与强化国家的专制性权力或建制性权力紧密相关。

从专制性权力来看，要强化专制性权力的统治，首先，要运用暴力在民众中制造普遍的恐惧，这是关键所在。这种恐惧既不是社会个体对死亡的生理恐惧，也不是社会恐惧。因为个体对自己死亡的恐惧是动物性的，它与个体行为的对错无关。社会恐惧源于个体违背社会道德导致个人难以在社会上立身处世的自我焦虑。社会恐惧促使个体的行为举止更具有社会性（人的社会性要求个体必须坚守社会的道德义务）。专制性权力所制造的恐惧是政治恐惧。政治恐惧的本质在于，当个体与国家发生冲突时，恐惧使个体丧失他（或她）的社会性。所以，政治恐惧往往迫使人做出反社会的道德选择。面对专制政府的统治要求，普通人不得不说谎、背叛、告密，因为个人所拥有的社会网络在专制国家面前将迅速瓦解。政治恐惧造就被孤立而顺从的臣民。国家专制性权力实现统治可朝两个方向努力：一是通过公开暴力展示活动显示专制权力在场，如专制君主通过公开展示残酷的刑罚来镇压叛乱；二是通过强化匿名而普遍的监视网络并有针对性地运用和展示暴力，在民众中制造政治恐惧。如20世纪50年代麦卡锡主义的横行就在当时美国左派知识分子中造成了相当大的政治恐惧。

"麦卡锡主义是一个多维的政治迫害运动，其关键活动之一可以追溯到二十世纪四十年代后期大企业、共和党和联邦调查局联手对有组织的劳工和进步左派活动进行镇压……数以千计的雇主和雇员，企业团体和劳动工会，基督教堂和犹太会堂，地方组织和民间社团——从那种托克维尔到罗伯特·普南的知识分子都为之欢呼的公民社会中稠密的、拥挤的行政机构——通常在联邦调查局的暗中支持下，帮助产生和维持着政治恐惧。邻居相互窥探并相互检举，牧师告发教区居民，老师告发学生。雇主开除或拒绝招聘工人，劳工领袖清洗工会的地方分会，民间团体驱逐个人会员。"①

政治恐惧使民众处于惊悚的屈从状态。在政治恐惧中，社会成员的行为举止谨小慎微。为更好地生存，社会中的个人或组织往往自觉地进行言行审查。政治恐惧使个人的身体受胁迫而言行呈现出不自由的特征。其次，要强化专制性权力的统治，思想家们就要为掌权者贡献出组织和驾驭专制性权力的方法或艺术。专制性权力以国家在暴力上占有压倒社会的优势为前提。国家有组织暴力的形成，并未彻底解除社会暴力。因此，要增强专制性权力就要增强国家暴力的组织性、装备的先进性，要弱化社会的组织性。它不仅要求强化国家监控社会的组织网络，而且要求国家根据统治的需要将社会组织起来。这种组织是以国家需要为价值导向的，在一定意义上讲，它是国家重构社会的国家建设运动。国家建设的结果，不仅增强了国家对社会资源的汲取能力，而且强化了国家对社会的监控能力。而从社会来看，它在某种意义上弱化了社会，使社会组织呈现出碎片化的趋势，社会逐渐失去自治的能力。它的极致就是社会极端依赖国家来实现社会秩序。值得注意的是，对掌权者而言，增强专制性权力是一把"双刃剑"。因为统治阶级并非铁板一块，掌握国家权力的程度，往往决定了执政集团中不同的个人在社会价值权威性分配中的地位。因此，政治野心家们往往觊觎国家最

---

① [美]柯瑞·罗宾：《我们心底的"怕"：一种政治观念史》，叶安宁译，复旦大学出版社2007年版，第19页。

高权力。结果,在专制性权力的行使中,最高掌权者也存在着被专制权力所伤的可能性。所以,国家最高掌权者始终对属下官员抱有警惕之心,防止大权旁落。同时,国家权力运作也高度依赖规模不一的官僚组织。最高掌权者既要保证官僚对他的忠诚,又要防止官僚过分追求自我利益而损害统治。所以,如何驾驭行使国家专制权力的官员,保证官员忠诚于最高掌权者就成为有效统治的前提。相应地,如何驾驭专制性权力就成为国家强化专制性权力的基本要求。

从建制性权力来看,要强化建制性权力的统治,首先,国家权力必须渗透社会,构建起渗透社会的组织网络。这要求国家建立直达社会的官僚体系。这个官僚体系不仅要汲取社会资源,而且要实现社会正义,维护社会秩序。因此,国家必须建立囊括家庭个人信息的户籍管理制度、进行资源汲取的财政税收制度、实现社会治安的组织制度、实现社会有序与正义的军事和司法制度、实现文化与社会传承的教育制度等,还要建立与这些制度配套的直达边远地区的道路系统、通信系统、规范文字和统一的度量衡制度,等等。这个过程实际上就是国家建设的过程。所谓国家建设,就是国家通过制定政策和创设制度,强化政权对自身官僚体系的控制能力和政权对社会资源的汲取能力和渗透能力的一系列过程。国家建设实质上就是国家通过组织、制度和政策重塑社会的过程。这个过程,如果从社会来看,就是社会不同群体(官员、商人、军阀、地方首领、宗教领袖等)同化或腐蚀国家权力,从国家建设中寻租的过程。[①] 因此,社会对国家建设存在着一个反向的运动。一方面,国家要整合社会组织,尽可能地将社会不断出现的竞争力量整合进国家的治理体系中;另一方面,社会又要同化国家权力,使国家权力在服务国家的同时兼顾社会个体的需要。因此,在国家渗透与社会同化的互动中,如果统治阶级与被统治阶级逐渐形成某种程度上相互依存的关系网络,且统治与被统治的关系内化在社会的、政治的、经济的、伦理的、宗教文化的组织网络中,那么国家建制性权力就实现了对社会的统治。

从历史发展的过程来看,国家强化统治是一个迂回曲折的反复过程。只有当历史发展到转型社会矛盾日益激烈,国家普遍面临生存危机时,国家强化统治

---

① [美]托马斯·埃特曼:《东方编译所译丛:利维坦的诞生:中世纪及现代早期欧洲的国家与政权建设》,郭台辉译,上海人民出版社 2010 年版,第 376 页。

的要求才会严格起来。相应地,国家就会出现强化统治的国家建设运动。值得一提的是,特定的社会产生的所有思想并非都与统治有关。即使与统治有关的思想,也不一定都强化统治。因为面对国家建设运动,社会有着一种相反的运动,即逃避国家强化统治的运动。美国人类学家詹姆斯·斯科特认为,1500 年来,包括现代中国南部的广东、广西、贵州、云南等省和东南亚高地在内的赞米亚地区广泛存在着逃避国家统治的反向运动。他说东南亚高地的"大部分,如果不是全部,山民被污名化的特征——处于边缘地带的位置,地理流动性,游耕农业,灵活的社会结构,宗教上的异质性,平等主义,甚至没有文字,以及口头文化——完全不是文明的遗留的原始印记,我们最好用长远观点把它们看作是精心设计的,可以同时逃避被国家统治和自我生成国家。换句话说,这些特征表现了无国家的人民对有国家世界的适应,有国家的世界既是诱人的,也是有威胁的"①。与这个逃避国家统治的运动相呼应,一些思想向社会贡献的不是强化统治的艺术而是逃避统治的艺术。这些思想往往强烈谴责强化统治的举措,将社会动乱之源归因于这些举措。在统治问题上,它否认统治,主张社会治理方式应回归人类最初的自然状态,它要求治理应模仿人类简单社会的因陋就简和返璞归真。因此,这些思想的产生确实与统治有关,但它并非强化统治,而是社会对强化统治运动的反动。而且这些思想并不一定产生在落后社会与落后国家,它在现代社会也有市场。如 20 世纪末美国无政府主义者西奥多·卡辛斯基在《工业社会及其未来》中说:"工业体系解体后,不管存在什么样的社会,可以肯定的是,大多数人会生活得接近自然,因缺乏先进的技术,人们除了自然以外,没有别的方式可赖以存活。要养活自己,他们可以是农民、牧民、渔夫和猎人等等,大体上说,地方自治会增加,因为缺乏先进技术和快捷通信,政府或其他大型组织控制小区的能力会受到限制。"②

三、意识形态与统治

当人们理解思想、权力与统治的关系时,善于思考的人们往往会联想到意识

---

① [美]詹姆士·斯科特:《逃避统治的艺术:东南亚高地的无政府主义历史》,王晓毅译,生活·读书·新知三联书店 2016 年版,第 11 页。

② [美]利昂·P·巴拉达特:《意识形态:起源和影响》(第 10 版),张慧芝、张露璐译,世界图书出版公司 2010 年版,第 157 页。

形态。意识形态的概念最早是 1797 年由法国学者特拉西提出的。他企图以身体的感觉为基础来解释人们的观念，从而对思想的起源进行理性的探索。① 到了19 世纪马克思批判种种资本主义唯心主义思想观念之后，意识形态的概念才广泛地流行起来。马克思认为："统治阶级的思想在每一个时代都是占统治地位的思想。这就是说，一个阶级是社会上占统治地位的物质力量，同时也是社会上占统治地位的精神力量。支配着物质生产资料的阶级，同时也支配着精神生产资料，因此那些没有精神生产资料的人的思想，一般的是隶属于这个阶级的。占统治地位的思想不过是占统治地位的物质关系在观念上的表现，不过是以思想的形式表现出来的占统治地位的物质关系；因而，这就是那些使某一个阶级成为统治阶级的关系在观念的表现，因而这也就是这个阶级的统治的思想。"②马克思对资产阶级意识形态的批判突出了意识形态作为一种唯心主义，所具有的为政治统治和经济剥削辩护的功能。因而国内学者俞吾金将意识形态定义为："在阶级社会中适合一定的经济基础以及竖立在这一基础之上的法律的和政治的上层建筑而形成起来的，代表统治阶级根本利益的情感、表象和观念的总和，其根本的特征是自觉不自觉地用幻想的联系来取代并掩蔽现实的联系。"③这种理解的好处在于：它既突出意识形态具有虚假性和欺骗性，同时又揭示它具有不求助于暴力而服务统治的功能。因此，从功能性上讲，意识形态强化的主要是国家建制性权力。

但是，上述对意识形态的理解存在着一些局限。

第一，意识形态主要强化国家建制性权力，但是它并非只对应建制性权力，事实上，意识形态与专制性权力也存在紧密的关联。当代西方国家本质上是资产阶级进行阶级统治的工具，它一样具有专制性权力和建制性权力。自由民主学说是当今西方资本主义国家主流的意识形态。④ 但它对罪犯接受的刑罚的理

---

① ［英］大卫·麦克里兰：《西方社会科学基本知识读本：意识形态》（第 2 版），孔兆政、蒋龙翔译，吉林人民出版社 2005 年版，第 7 页。

② 《马克思恩格斯文集》（第 1 卷），人民出版社 2009 年版，第 550 页。

③ 俞吾金：《意识形态论》，上海人民出版社 2014 年版，第 97 页。

④ ［美］罗伯特·A·达尔，布鲁斯·斯泰恩布里克纳：《现代政治分析》（第 6 版），华世平编，吴勇译，中国人民大学出版社 2012 年版，第 82 页。

解迥异于中世纪的封建国家。在中世纪的封建国家,犯罪并不仅是对受害者的侵害,更重要的是,犯罪践踏了掌权者的尊严。因此,摧残罪犯肉体所施加的残酷刑罚并不仅是对受害者伤害的补偿,更是权力对社会取得统治地位并在场的仪式展示。法国思想家福柯说:"在公开处决的仪式中,主要角色是民众。他们实际而直接的存在是举行这种仪式的必需品。如果处决秘密进行,即使广为人知,那也几乎毫无意义。公开处决的目的是以儆效尤,不仅要使民众意识到最轻微的犯罪都可能受到惩罚,而且要用权力向罪人发泄怒火的场面唤起恐怖感。"①

近代以来,西方社会发生了很大的变化,社会逐渐取得了制约国家的权利。与之相适应,在西方思想有关惩罚的话语中,惩罚不再是政治的,而是社会的。因此,犯罪的本质是反社会而非反政府。对犯罪惩罚的解释嵌入社会伦理道德所建构的文化关系网络中。民主自治的社会与专制社会不同,社会的维系主要依靠道德而非依靠专制权力。因此,惩罚犯罪不再通过残酷的刑罚摧毁身体来制造恐怖感,而是重塑犯罪者个体原本丧失的社会人格。换言之,惩罚罪犯要改造罪犯的灵魂。改造罪犯的结果,对统治阶级的服从采取了"服从社会"的形式。与此同时,资产阶级启蒙思想家所宣扬的自由民主话语通过不断强化对个人自由和物质财富的追求,以无孔不入的纪律规训了整个社会。这样,社会成员在接受资本主义现代生产方式所需技能的教育培训中,逐渐在政治上成为被驯服的个体。结果,资产阶级统治社会的权力机制就嵌入追求生产效率和社会财富的资本主义生产方式中。因此,意识形态强化了国家的建制性权力,但它并不反对专制性权力,只不过主张将专制性权力的运用建立在更符合社会基本伦理道德的基础上,它反对专制性权力在百姓中制造恐惧。这意味着暴力的使用要受到国家法制严格的限定,以摆脱私人的野蛮和任性。

第二,它揭示了意识形态的功能,但无法将意识形态与社会上强化国家建制性权力的思想区别开来。强化国家建制性权力的思想,可能是一些专家提出的强化统治的主张。如果专家们对社会人际网络的内在特点、构建原则以及普通人的心理结构有着十足的把握,那么完全可以利用现代信息技术手段对特定的

---

① [法]米歇尔·福柯:《规训与惩罚:监狱的诞生》,刘北成、杨远婴译,生活·读书·新知三联书店1999年版,第63页。

群体进行意识操纵。这种意识操纵既可能以商业广告的方式服务于公司的市场盈利行为，又可能服务于国家治理。因为从统治的角度讲，"意识操纵是通过为人的行为编制程序来对人施加精神影响的一种统治方法。这种影响用于人的心理结构，是暗中实现的，其任务是按照权力当局所需要的方向改变人们的意见、愿望和目的"①。可见，意识操纵强化了国家建制性权力，但并未改变人们的行为模式，只不过是利用普通人的心理结构，诱导人们进行思考和做出有利于统治者的选择。意识形态既蕴含在人们的理想中，又体现在人们实践着的生活方式中，它具有行动导向性。马克思说："哲学家们只是用不同的方式解释世界，问题在于改变世界。"②据此可知，俞吾金先生有关意识形态的定义，并没有很好地突出意识形态所具有的行动导向的实践性特征。意识形态与社会中的哲学也有区别，"对哲学而言，达成人类福祉的方式，唯有通过更完善的理解。而意识形态则解释世界（尽管很简单），并要求人们采取明确的行动来改善他们的生活"③。譬如，自由民主思想是当代西方国家的主流意识形态，但它并不是简单地为西方国家资产阶级的统治辩护。在很多社会成员看来，它是一种个人至上的自由生活方式。自由主义者认为，社会是由分立、自足、平等的理性个人组成的。在时序和价值上，理性的个人是先于和高于社会和国家的。只有理性的个人才是衡量个人自我利益的最终裁判者。自由主义者这种理性的个人观念往往与西方传统的基督教文化融合在一起。它要求人们在生活中如虔诚的基督徒一样听从个人的理性和良知。因此，自由主义者立足于个人的理性与良知去追求个人的自由和权利，力求建立一个自由、平等且民主的现代社会。当自由主义者认定既有的民主制度的救济管道无法实现普遍正义时，公民可以选择不服从。公民不服从是指公民在总体尊重法律的前提下，选择轻微的违法（如违反交通法规）来表达自己对正义的企望。它上诉的既不是国家立法机关，也不是行政机关和法院，而是全体选民的道德正义感。因此，自由主义者对统治的服从是有原则的。这种

---

① ［俄］谢·卡拉－穆尔扎：《当代世界社会主义研究丛书：论意识操纵》（上），徐昌翰等译，社会科学文献出版社 2004 年版，第 39 页。

② 《马克思恩格斯文集》第 1 卷，人民出版社 2009 年版，第 502 页。

③ ［美］利昂·P·巴拉达特：《意识形态：起源和影响》（第 10 版），张慧芝、张露璐译，世界图书出版公司 2010 年版，第 11 页。

原则就是合乎个体普遍认定的自由正义。这意味着规范自由主义者的意识形态与国家权力所要求的服从之间并非天然地严丝合缝,二者之间存在一定的张力。在极端的情况下,意识形态可能与国家权力发生激烈的摩擦与冲突,而这种冲突正是意识形态相对于国家权力具有独立性的表现。因此,从社会来看,意识形态是立足社会的,具有相对于国家的独立性。

第三,上述理解使人们误以为,意识形态派生于统治。当然,上述理解揭示了意识形态的生成源于社会中统治者与被统治者、剥削者与被剥削者的矛盾。它指出,为了防止社会中统治者与被统治者的矛盾过于激烈导致社会或国家崩溃,意识形态必须为社会的、经济的和政治不平等的权力支配做辩护,以掩盖这种矛盾,使国家不借助暴力也可以有效地开展统治。因此,意识形态是歪曲的、虚假的,而且它派生于统治。换言之,这种理解意味着先有统治关系的形成,后有意识形态,意识形态的生成就在于为统治辩护。然而,这种理解严重地忽略了意识形态相对于国家的自主性,即意识形态可以不依赖国家,它可以在社会中不断生成权力。意识形态生成权力是通过不断生产,或者说召唤统治阶级所需要的社会成员来实现的。这是一种思想观念通过人的实践生活方式来不断生产符合统治阶级需要的社会成员的过程。如果不理解意识形态生成权力的自主性,那么我们就难以理解社会中种种意识形态与国家对立冲突的过程。譬如,在 12 世纪的主教授职权之争中,一些罗马教会的改革派人士认为,教会相当于人的大脑,王国相当于人的躯体,既然人的躯体由大脑控制,相应地,世俗王国只有接受教会的引导,统治才具有合法性。① 因此,他们主张教权高于世俗王权,教权至上。从西方中世纪基督教教权和王权的冲突以及世俗王权在特定的时期选择向教皇屈服(譬如公元 1077 年德皇亨利四世前往意大利卡诺莎城堡向教皇格列高利七世请罪)的情况来看,它充分反映了基督教可以在特定的阶段撇开世俗国家另外建构统治关系。理解了这一点,我们自然就会明白社会中并非只有一种意识形态,而是存在着种种相互竞争的意识形态。相应地,社会意识形态并不等同于国家意识形态。只有当某种社会意识形态能为统治者巩固权力,并有助于稳

① 王亚平:《权力之争——中世纪西欧的君权与教权》,东方出版社 1995 年版,第 208 - 209 页。

定统治秩序、增强统治合法性时，它才有可能上升为国家意识形态。

四、意识形态的建构理论

意识形态有维护国家统治的作用。所以，一些西方启蒙思想家主张建构公民宗教等意识形态，实现民族国家的维系和运转。18世纪法国政治思想家卢梭曾说："一旦人们进入政治社会而生活时，他们就必须有一个宗教，把自己维系在其中。没有一个民族曾经是，或者将会是没有宗教而持续下去的。假如它不曾被赋予一个宗教，它也会为自己制造出一个宗教来，否则它很快就会灭亡。"①卢梭反对造成教权与王权二元对立的传统基督教，主张建立公民宗教，通过公民宗教，"把对神明的崇拜和对法律的热爱结合在一起"②。对如何建构公民宗教，卢梭并未说明。但大体可知，人民主权国家承担建立公民宗教的任务。在19世纪意识形态的概念因马克思广泛使用而普遍流行起来后，它开始具有贬义。人们通常把它看作维护统治并带有欺骗性的虚假的社会意识。但列宁在传承马克思对意识形态概念的理解时，改变了对意识形态的贬义看法。列宁在《怎么办》一文中认为，马克思主义政党不能崇拜工人运动的自发性，因为"自发的工人运动本身只能造成（而且必然造成）工联主义，而工人阶级的工联主义政治也就是工人阶级的资产阶级政治。工人阶级参加政治斗争，甚至参加政治革命，还丝毫不能使它的政治成为社会民主主义政治"③。列宁这样理解，是因为工人阶级的自发运动受资产阶级意识形态的控制。要摆脱这种状况，马克思主义政党就不能做工人运动的尾巴，而应具有自觉性和首创精神，领导工人运动。为此，马克思主义政党就必须打破资产阶级意识形态对工人的思想控制，从外面向工人灌输阶级政治意识，建立与无产阶级相适应的意识形态。这样，新建立的意识形态就不再是虚假的，而是与新生的社会主义相适应的正确的思想体系。与卢梭突出国家建构公民宗教的观点相比较，列宁的观点突出了马克思主义政党特别是职业革命家在建构工人阶级的意识形态上的巨大作用。

二战期间，意大利共产党领导人葛兰西进一步发展了列宁的看法。葛兰西

---

① ［法］卢梭：《社会契约论》（3版修订本），何兆武译，商务印书馆2003年版，第167页。
② ［法］卢梭：《社会契约论》（3版修订本），何兆武译，商务印书馆2003年版，第174页。
③ 《列宁选集》第1卷，人民出版社1995年版，第378页。

说:"历史上(确实的)进步阶级的知识分子在特定的环境下具有一种吸引力,致使他们归根到底要以制服其他社会集团的知识分子而告终;从而,他们以心态(虚弱等等),往往是等级性质(技术－法律、社团等等)的契约在所有知识分子中间建立了一个团结一致的体系。这种现象'自然地'表现在诸多历史时期,而特定的历史集团在此期间确实是进步的——即不仅仅是满足它自身存在的需要,而且不断扩大它的干部队伍以征服经济和生产活动的新领域,从而推动整个社会向前发展。"①显然,葛兰西的话说明,如果要取代原有的社会统治集团,新兴的社会阶级就要建立一个能独立于占统治地位的社会集团的有机知识分子体系。这些有机知识分子的功能是代表新兴阶层同化和征服传统知识分子,打破原有统治集团意识形态的霸权,建构起新的意识形态。而有机知识分子制服其他社会集团的过程,在葛兰西看来,实际上既是有机知识分子与传统知识分子之间、统治者与被统治者之间、精英与追随者之间、领导者与被领导者、先锋部队和主力部队之间的教育过程,也是一个通过阵地战打破原有统治集团霸权,确立新兴阶级文化领导权的过程。意识形态一旦被有机知识分子建构起来,就可以分为三层:作为哲学家的哲学、作为领导集团的世界观和作为下层广大群众的宗教信仰。② 怎样的知识分子才能成为有机知识分子? 在葛兰西看来,有机知识分子的产生是知识分子对其生存环境进行互动并能动地改造主观世界和客观世界的产物。只有知识分子在理论和实践的统一方面,与普通群众统一时,其思想才能获得文化上的稳定性和思想上的有机性,他们才能成为有机知识分子。作为有机知识分子,他们能在研究和解决群众问题的过程中,并在融会贯通的过程中,和群众组成一个文化和社会的集团。③ 至于现代社会的知识分子如何成长为有机知识分子,葛兰西特别强调工人阶级政党在培育有机知识分子,实现理论与实践统一方面的重要性。他认为工人阶级政党是促使知识分子的理论和实践相统一的坩埚。④ 撇开葛兰西对现代政党对意识形态生成的理解,实际上葛兰西至少

---

① [意]安东尼奥·葛兰西:《狱中札记》,曹雷雨、姜丽、张跣译,中国社会科学出版社2000年版,第40页。

② 同上书,第256－257页。

③ 同上书,第240页。

④ 同上书,第246页。

揭示了意识形态生成的两个内容：一是意识形态是那些主张理论与实践相统一的实践哲学生成的。它在教化群众的过程中可以转化成普通群众实践着的生活方式。换言之，意识形态与一般的思想观念不同。一般的思想观念进入人的大脑，往往只停留在人的认知层面，并不会规范和形塑人的行动。而意识形态进入人的大脑，它停留在高于认知的规范层面，规范和形塑人的行动。所以，现代西方学者普遍认定"意识形态是一种行动导向（action - orientated）的信念体系，一套以某种方式指导或激励政治行动的相互联系的思想观念"①。二是创立意识形态的是一些有机知识分子。对既有的统治集团而言，他们具有相对独立性。对于由他们教化的普通群众而言，他们的言行具有理论与实践相统一的内在一致性。换言之，有机知识分子的理论与实践统一的实践生活方式将构成群众的示范。有机知识分子在教育群众和群众模仿过程中将构成一个共同体。因此，在有机知识分子思想与行动的统一中，其行为的示范和追随者的模仿改变和建构了社会。这样看来，葛兰西有关意识形态的观点对理解意识形态的建构具有开创性。

五、意识形态的社会生成

意识形态是人们实践的一套思想体系，但并非所有思想观念都是意识形态。从世界范围来看，成为社会意识形态的思想观念在古代社会多为宗教，如基督教、伊斯兰教、印度种姓制度。在现代社会成为意识形态的思想观念有种族主义、民族主义、国家主义、马克思主义、纳粹主义和自由主义等。如果不局限于葛兰西对现代意识形态生成的理解，从意识形态的共性来看其生成，那么意识形态一般通过意义（meaning）、规范（norms）和审美或仪式惯例（aesthetic/ritual practices）三个层面来重构具体社会的组织关系网络而生成建制性权力。②

首先，意义对个体而言应是终极目的性而非工具性的价值。意义在内容上是对过去的思想观念的某种断裂或革命，同时在行动上使个体感受到一种不同

---

① ［英］安德鲁·海伍德：《公共行政与公共管理经典译丛：政治学》（第2版），张立鹏译，中国人民大学出版社2006年版，第53页。

② ［英］迈克尔·曼：《世纪人文系列丛书：社会权力的来源》（第1卷），刘北成、李少军译，上海人民出版社2007年版，第28－29页。

于过去的生活方式的体验,它呈现出理论与实践相统一的特质,因此它是一种实践哲学。现实中人们接受大量的思想观念,但绝大多数思想观念都停留在人们的认知层面,无法转化为社会意识形态,其根本原因在于这种思想观念无法使社会个体在理论与实践的统一中体验到这种终极目的性价值。而一些宗教如基督教、伊斯兰教之所以能成长为社会意识形态,是因为它能使社会成员通过信仰的方式在理论和实践的统一中(在旁观者看来就是信徒虔诚地膜拜神的现实生活方式)体验到灵魂拯救的终极关怀价值。英国政治学家迈克尔·曼说:"基督教是一种意识形态权力。它不是通过武力来传播的;它历经几百年的制度化和强化,但不是凭借国家的权力;它很少使用经济诱惑或经济制裁;它自称是垄断了有关生活终极'意义'和'目的'的知识的神圣权威。民众对此信以为真,使它得以传播。民众相信,只有成为一个基督徒,才能度过真正有意义的一生。因此,它的权力首先基于基督的启示与皈依者动机和需求之间的契合。如果我们想理解基督教的权力,我们就必须重构这种契合关系。"①相应地,那些垄断了阐释意义之权利的人(实际上就是葛兰西所说的有机知识分子),就能获得信奉这些意义的群体所赋予的权力。

其次,规范是人们对彼此在相互关系中应怎样合乎心中理想的价值而行事所达到的共识。这些共识既可以是诫命、纪律、禁忌,又可以是传统神话、民族魂,还可以是未来(或来世)的天国、伊甸园等。从社会组织网络的角度来理解,规范是通过沟通、组织和控制机制来调节社会成员间的互动,增进彼此之间的合作而形成社会共同体,如印度种姓制度就是以区隔化(segmentary)的规范形成不同的等级种姓共同体。古代印度社会正是通过这些等级种姓共同体的正常运作,以社会种姓等级分工合作的方式实现社会的整体和谐。从意识形态权力的生成来看,印度种姓制度中权力的支配与服从关系消融在种姓的等级区隔与种姓间的分工合作过程中。

再次,所谓审美仪式或惯例,就是指一些体现社会规范,可以不断重复的象征性行为。譬如澳洲土著的图腾崇拜以可见的歌舞等形式呈现和强化了社会人

---

① [英]迈克尔·曼:《世纪人文系列丛书:社会权力的来源》(第 1 卷),刘北成、李少军译,上海人民出版社 2007 年版,第 375 页。

际的权力支配与服从关系。对此，涂尔干说："无论什么样的膜拜仪轨，都不是无意义的活动或无效果的姿态。作为一事实，它们表面上的功能是强化信徒与神之间的归附关系，但既然神不过是对社会的形象表达，那么与此同时，实际上强化的就是作为社会成员的个体对其社会的归附关系。"①因此，仪式是把分立的社会成员联系成紧密的共同体的媒介。分立的社会成员一旦凝聚成共同体，人与人之间支配与服从的关系就消融于共同体的心理联系中，权力就通过无形的社会网络来实现成员对共同体权威的自愿服从。就仪式与权力的关系而言，仪式作为象征系统，赋予人们的生活各种意义。在仪式赋予人们生活意义的过程中，仪式也建构起人们对自己所处的政治世界和身处其中的政治主体的理解。在不断重复的仪式中，人们对共同体依附的心理联系会客观化，人们对政治权威的支持情感也会不断激发。由此，政治忠诚和政治服从在不断重复的仪式中得到强化和认同。因此，仪式既是人们认识世界的方式，又是人们获取和维持权力的有效手段。② 总之，意识形态蕴含一定的仪式，既强化社会共同体成员的心理联系，又建构和强化了共同体内支配与服从的权力关系。

归纳起来，思想观念生成意识形态的过程是：意义的功能是通过个体的价值内化机制使思想转变成个体致力于追求终极性价值的生活方式，这是思想改造社会成员个体生活方式的过程；规范的功能是通过社会成员的沟通、组织和控制机制建构共同体的过程，这是思想在不同的社会成员间连线构成共同体的过程；仪式的功能是权力关系网络通过仪式载体获得周期性强化的过程。因此，思想转化为意识形态，就是从个体改变生活方式发展到形成共同体，再通过周期性的仪式强化共同体的心理联系。这一过程实际上就是思想的组织、沟通和控制形成了一个支撑共同体网络的过程。网络中的所有个体都受其形塑和约束，此时思想观念就演变为意识形态权力了。

---

① ［法］爱弥尔·涂尔干：《涂尔干文集：第一卷：宗教生活的基本形式》，渠东、汲喆译，上海人民出版社1999年版，第308页。

② ［美］大卫·科泽：《凤凰文库：仪式、政治与权力》，王海洲译，江苏人民出版社2015年版，第5页。

第二节 社会转型时期思想与意识形态生成的理论假设

春秋战国时期的社会转型是绝对伦理社会向相对伦理社会转型。在社会转型中,社会个体面对的是一个看似熟悉而又陌生的世界:原来看似合理且行得通的人际互动模式过时了,原来个体珍视的价值一文不值了,原来祖祖辈辈传承的仪式变得不伦不类或者面目全非了。社会开始流行一些新的生活方式,并建构起新的群体生活结构。因此,社会转型对个体是生死考验,对国家治理方式是挑战。置身于社会转型中的知识精英需要重构个体生活的意义,导致人们在头脑中进行新的探索,不同的思想因此应运而生。他们运用新思想来指导个体为人处世时,构成了不同的生活模式;他们运用新思想来指导国家治理时,构成了国家转型和新制度的建立。

一、诸子对社会转型反应的理论假设

首先,考察春秋战国诸子对社会转型的反应,要考虑诸子在主观上是否承认等级礼制的效用,因为礼在规范春秋社会的人际互动、塑造社会秩序和维护国家政治稳定方面都发挥着根本的作用。如果诸子认为等级礼制继续有效,那么诸子的思想就受既定春秋社会君子和小人的社会阶层模式的制约。如果诸子认为等级礼制没有效用,那么他们就必须寻找旧的或新的方式实现社会的有序运行。其次,考察春秋战国诸子对社会转型的反应,要考虑诸子个人的能动性。如果诸子作为行为主体具有能动性,那么诸子就依据社会变迁的动量原理做出反应。所谓动量原理,是指"当运作的某一阶段或时期达到后,它就可能推进到下一阶段,而不是停滞或返回"[1]。这意味着诸子的反应可能将春秋社会既有的社会和国家发展趋势推进到新的阶段。如果诸子个人缺乏能动性,那么诸子就依据社会变迁的惰性原理做出反应。所谓惰性原理,是指"通常社会功能的发挥更可能以同样的方式持续下去,而不会发生急剧转向"[2]。这意味着诸子的反应还将沿

---

[1] [波]彼得·什托姆普卡:《社会变迁的社会学》,林聚任等译,北京:北京大学出版社2011年版,第206页。

[2] 同上书,第206页。

着旧的或现存的社会生活模式做出反应，由此形成了四种反应类型。

第一，如果承认等级礼制继续有效，具有能动性的诸子出身社会的贵族阶层，考虑到遵守礼仪是春秋战国贵族的生活模式，为了恢复或保持他们的贵族地位，他们将坚守等级礼制的形式。同时，为了缓和等级礼制所蕴含的绝对伦理强调社会个体必须献身的压力，他们将积极主动地在内心设置条件，根据社会互动中对方的行为是否符合个体主观认定的伦理标准来决定个体履行具体绝对伦理规范的程度，即将绝对伦理主观相对化。这种相对化实际上更换了等级礼仪的内容。由此得出理论假设一：出身贵族上层的诸子将主张坚守等级礼制的形式，并赋予等级礼制新的内容。

第二，如果承认等级礼制继续有效，缺乏能动性的诸子出身春秋战国社会的下层（小人），考虑到迷信鬼神是春秋战国时期小人的生活模式，迷信鬼神将使他们继续坚持春秋战国等级礼制所蕴含的绝对伦理，即坚持以身守信、以身全礼。同时，由于他们作为下层受等级礼制压迫最深，因此他们将主张简化等级礼制的形式以打破等级。由此得出理论假设二：出身下层的诸子将坚守春秋战国等级礼制的绝对伦理内容，并主张简化礼制的形式以打破等级。当然，面对等级礼制蕴含的绝对伦理要求社会个体舍身的压力，社会上层与社会下层的反应不同，根源在于社会上层受春秋战国社会世俗化思潮的影响，他们不再迷信维护等级礼制的鬼神宗教而只坚守等级礼制所蕴含的道德内涵。

第三，如果承认等级礼制无效，缺乏能动性、出身乡村的诸子将主张沿用城市礼仪文明产生之前的乡村文明，同时他们将站在个人的立场上彻底否定等级礼制以保全个体的生命。由此得出理论假设三：站在个人的立场考虑问题的诸子将以乡村文明彻底否定等级礼制，并将保全个体的生命（身体）放在至高的地位。

第四，如果承认等级礼制无效，具有能动性、生活在城市的诸子将站在国家的立场上主张采取全新的治理方式以提高国家治理效能。同时，他们看到春秋战国社会绝对伦理所蕴含的绝对服从要求有助于强化国家治理，因此他们将继承绝对伦理中绝对服从的内涵。由此得出理论假设四：站在国家的立场考虑问题的诸子将用新的治理方式取代等级礼制，并继续坚持等级绝对服从的要求。兹将四种反应类型列于表3－1：

表 3 – 1　等级礼制在诸子心中的效能

		等级礼制在诸子心中的效能	
		继续有效	彻底无效
诸子在社会转型中的能动性	主动	坚持等级礼制,将礼制蕴含的绝对伦理相对化	否定等级礼制,采用新的治理形式并传承等级礼制蕴含的绝对伦理
	被动	坚守等级礼制的绝对伦理,主张变革礼制打破等级	采用乡村文明,彻底否定等级礼制,坚持保全个人生命(身体)至上

二、春秋战国时期社会转型中思想与统治的理论假设

春秋战国时期是一个诸子百家思想争鸣的时代。然而,春秋战国时期产生的所有思想并非都与统治有关。撇开与统治无关的思想,就春秋战国时期与统治有关的思想,我们简单地做一些理论假设。

首先,假设在诸子强化统治的思想中,有一类思想主张强化国家专制性权力。根据本章第一节第一、二目分别阐述的统治与权力、思想与统治的关系,此理论假设可转化为两个推论:1. 这类主张强化国家专制性权力的诸子思想主张利用严酷的刑罚在百姓中制造恐惧;2. 这类主张强化国家专制性权力的诸子思想有一套强化和驾驭国家专制性权力的统治术。

其次,假设在诸子强化统治的思想中,有一类思想主张强化国家建制性权力。根据本章第一节第一、二目分别阐述的统治与权力、思想与统治的关系,并且春秋社会是伦理本位的社会,此假设可细化为两个推论:1. 这类思想主张国家少用或慎用专制性权力,主张专制性权力的行使应合乎社会伦理道德;2. 这类思想主张国家有效的统治建立在合乎社会伦理道德的基础上。

再次,假设在诸子与统治有关的思想中,有一类思想是对国家强化统治运动的反动,它提出的是逃避统治的艺术。根据本章第一节第二目所阐述的思想与统治的关系,此假设可细化为以下几个推论:1. 春秋战国社会存在着强化统治的国家建设运动;2. 春秋战国社会对强化统治的国家建设运动存在反动。3. 这类思想是春秋战国社会逃避强化统治运动的艺术。当然,第三个推论又可细化为两点:其一,这类思想认为国家强化统治的运动是导致社会动荡的根源;其二,这类思想主张取消统治,希望国家回到朴素、自然的状态。

三、春秋战国社会转型中意识形态生成的理论假设

意识形态主要强化的是国家建制性权力。但主张强化国家建制性权力的思想并不一定就是意识形态。为了将意识形态与主张强化国家建制性权力的思想区别开来，根据本章第一节第三、四、五目有关意识形态生成的理论，我们做如下假设。

由于意识形态是思想支配行动的观念体系，而思想要成为行动就意味着思想与行动相一致或相统一。只有这样，思想观念才能在理论与行动的统一中成为普通人的生活方式。据此推出的理论假设是：春秋战国时期的意识形态强调知行一致或者言行一致。

如果强化国家建制性权力的思想是意识形态，那么有机知识分子倡导的理论就能在社会成员中建立起蕴含支配与服从关系的共同体。据此提出的理论假设是：作为意识形态的诸子思想能在社会中建构起具有统治与服从关系的社会共同体。

如果强化国家建制性权力的诸子思想是意识形态，那么这种思想所倡导的一些仪式就会周期性地强化共同体。据此提出的理论假设是：作为意识形态的诸子思想所倡导的仪式能周期性地强化它所建构的共同体。

如果强化国家建制性权力的诸子思想是意识形态，当它还没有上升为国家意识形态时，它所形成的建制性权力就存在着与国家权力产生冲突的可能性。据此提出的理论假设是：作为意识形态的诸子思想建构的共同体与国家权力存在相互对立的可能性。

四、社会转型影响春秋战国时期意识形态走向的理论假设

春秋战国时期的社会转型是由绝对伦理社会向相对伦理社会转型，我们据此对春秋战国时期诸子的意识形态走向可以做出如下假设。

与绝对伦理社会相适应的诸子意识形态，其思想内涵有绝对伦理的内容。就其传播而言，由于它与绝对伦理社会相适应，因此其早期传播广泛而迅速，但随着相对伦理社会转型的完成，这种思想将迅速消亡。由此这种思想的理论假设是：与绝对伦理社会相适应的意识形态，在春秋至西汉这个社会转型期将经历速兴而暴亡的命运。这一假设可以细化为三个推论：1. 作为意识形态的诸子思

想具有坚守社会绝对伦理的主张;2.与绝对伦理社会相适应的诸子意识形态,在春秋战国社会的传播是十分迅速的;3.随着社会转型的结束,坚守绝对伦理的诸子意识形态将迅速消亡。

与相对伦理社会相适应的诸子意识形态,其思想内涵有相对伦理的内容。就其传播而言,由于它与绝对伦理社会相冲突,因此它在早期传播得比较艰难。同时,随着绝对伦理社会向相对伦理社会转型,它将逐渐兴盛起来,并将获得国家意识形态的地位。因此这种诸子意识形态的理论假设是:与相对伦理社会相适应的诸子意识形态将经历先慢后快的传播过程。这一理论假设可以细化为两个推论:1.作为意识形态的诸子思想含有坚守相对伦理的主张。2.与相对伦理社会相适应的诸子意识形态,在春秋战国社会的传播将经历先慢后快的传播过程。

五、社会转型影响春秋战国时期国家治理思想的理论假设

春秋战国时期的社会转型是绝对伦理社会向相对伦理社会转型,这意味着国家治理要做出相应的调整。第一,主张强化国家专制性权力的诸子思想无法成长为意识形态,但它适应春秋战国时期国家治理超大型社会的需要。第二,国家治理是专制性权力和建制性权力相结合的结果,因此,社会转型使主张强化专制性权力的诸子思想和主张强化建制性权力的诸子思想在指导国家治理上走向融合,由此导致新型治理国家的诞生。据此提出两个理论假设:1.适应了超大型社会治理需要的诸子思想由于过分强调依赖专制性权力进行治理而无法成长为意识形态;2.社会转型使强化专制性权力的诸子思想和强化建制性权力的诸子思想在指导国家治理上走向融合,由此导致新型治理国家的诞生。

第四章　春秋战国儒、道、墨、法家思想
及其社会分析

第一节　儒家思想及其社会分析

孔子(公元前551年至公元前479年)是先秦儒家的第一位大师,中国后世儒家往往尊孔子为师。孔子思想集中于他弟子在他死后所编纂的《论语》中。《论语》主要讲述的是孔子和弟子们的对话。综观其内容,《论语》集中在问政、求学、道德修身、有关礼的理解和弟子们对孔子思想的身体力行五个方面。在孔子的政治思想中,人们印象最深的可能是孔子的"以礼治国"(简称"礼治")和"以德治国"(简称"德治")思想。

一、孔子思想的社会逻辑

(一)孔子坚持"以礼治国"的主张源自恢复其贵族身份的愿望

理论上讲,一个人的思想观点是其生活经历和社会环境的产物。孔子的观点也不能脱离其成长经历和生存的社会环境。孔子生于鲁国,鲁国是周公的封地,时人讲:"周礼尽在鲁矣。"①孔子说:"周监于二代,郁郁乎文哉,吾从周。"②孔子主张"从周"意味着他偏爱西周的礼仪制度。他说:"三分天下有其二,以服事殷。周之德,其可谓至德也已矣。"③至此不禁要问:孔子为什么会偏爱西周的礼仪制度? 我们也许要从孔子的成长经历来分析。司马迁讲孔子出身贵族世家,然而到孔子出生时家道可能已中落,因为孔子说:"吾少也贱,故多能鄙事。"④孔子十五岁才开始求学。孔子十七岁为母亲守丧期间,鲁国执政大夫季孙

---

① 《左传·昭公二年》。
② 《论语·卷二·八佾第三》。
③ 《论语·卷四·泰伯第八》。
④ 《论语·卷五·子罕第九》。

氏举行宴会款待贵族(士),孔子前往参加。但季孙氏的家臣阳虎阻拦他,说,季氏招待贵族,没有请他。于是孔子退了回来。① 从这一史料记载大抵可以推测:孔子参加贵族宴会被拒,源于家道没落,其贵族身份不被上层贵族承认。根据第二章第三节对春秋社会的假设检验可知,遵守礼仪是春秋社会贵族的基本生活模式,也是他们区别于小人(庶民)的标志。因此,孔子要恢复其贵族身份,就要在日常生活中践行贵族以礼立身的生活方式。下面的几句话是弟子对孔子的日常生活和做官情况的描写。

食不语,寝不言……席不正,不坐……寝不尸,居不容。②

朝,与下大夫言,侃侃如也;与上大夫言,訚訚如也。君在,踧踖如也,与与如也。③

入公门,鞠躬如也,如不容。立不中门,行不履阈。过位,色勃如也,足躩如也,其言似不足者。摄齐升堂,鞠躬如也,屏气似不息者。出,降一等,逞颜色,怡怡如也。没阶,趋进,翼如也。复其位,踧踖如也。④

从上述句子可以看出,孔子的行为举止确实很合乎礼仪。这些礼仪从何而来?估计孔子只能靠学。孔子求知的方式,确实与众不同:孔子"入太庙,每事问"⑤。每到一国,孔子便询问该国的政治知识,子贡讲是"夫子温、良、恭、俭、让以得之"⑥,并且孔子践行"三人行,必有我师焉"⑦。孔子自称"其为人也,发愤

---

① 《史记·孔子世家》。

② 《论语·卷五·乡党第十》。

③ 《论语·卷五·乡党第十》。这句话的大意是:上朝的时候(君主还未到来),同下大夫说话,一副温和而快乐的样子;同上大夫说话,一副正直而恭敬的样子。君主已经来了,一副恭敬而心中不安的样子,举止得体。参见杨伯峻:《论语译注》,中华书局1980年版,第102页。

④ 《论语·卷五·乡党第十》。这句话的大意是:孔子走进朝廷的门,一副害怕而谨慎的样子,好像没有容身之地。站,不站在门的中间;走,不踩门槛。经过国君的座位,面色便矜持庄重,脚步也快,言语也好像中气不足。提起下摆向堂上走,一副恭敬谨慎的样子,憋住气好像不呼吸一般。走下来,降下台阶一级,面色便放松,怡然自得。走完了台阶,快快地向前走几步,好像鸟儿舒展翅膀。回到自己的位置,一副恭敬而内心不安的样子。参见杨伯峻:《论语译注》,中华书局1980年版,第103页。

⑤ 《论语·卷五·乡党第十》。

⑥ 《论语·卷一·学而第一》。

⑦ 《论语·卷四·述而第七》。

忘食,乐以忘忧,不知老之将至云尔"①。因此,孔子是自学成才。当然,在春秋等级社会,要摆脱自己卑贱的身份,孔子肯定历经诸多磨难。一旦其才华得以施展,孔子就以好学博闻和知礼闻名于世。② 现代人可能根据孔子举止合礼仪的表现说孔子表现虚伪。然而,根据社会学的一般理解,社会的下层对上层贵族礼仪的模仿,在人身上的表现都是从内心走向外表的。③ 因此,孔子"以礼立身"既向社会表达了自己"从周"的主张,又用行动向社会表明了贵族身份。

一旦其贵族身份获得社会的普遍承认而不至于随时被上层解除,孔子就应坚持维护春秋社会的等级礼制。孔子特别强调春秋社会"君子"与"小人"的社会等级分界。所谓君子,在春秋社会一般指具有身份地位的贵族。它包括天子、诸侯、大夫和士。所谓小人,在春秋社会一般指士以下的庶民。来看孔子有关君子与小人的论述。

子曰:"君子周而不比,小人比而不周。"④

子曰:"君子怀德,小人怀土;君子怀刑,小人怀惠。"⑤

子曰:"君子坦荡荡,小人长戚戚。"⑥

子曰:"君子成人之美,不成人之恶。小人反是。"⑦

子曰:"君子和而不同,小人同而不和。"⑧

子曰:"君子易事而难说也。说之不以道,不说也;及其使人也,器之。小人难事而易说也。说之虽不以道,说也;及其使人也,求备焉。"⑨

子曰:"君子泰而不骄,小人骄而不泰。"⑩

---

① 《论语·卷四·述而第七》。
② 《左传·昭公七年》。
③ [法]加布里埃尔·塔尔德:[美]埃尔希·克鲁斯·帕森斯:《新闻与传播学译丛:大师经典系列:模仿律》,何道宽译,中国人民大学出版社2008年版,第143页。
④ 《论语·卷一·为政第三》。
⑤ 《论语·卷一·里仁第四》。
⑥ 《论语·卷四·述而第七》。
⑦ 《论语·卷六·颜渊第十二》。
⑧ 《论语·卷七·子路第十三》。
⑨ 《论语·卷七·子路第十三》。
⑩ 《论语·卷七·子路第十三》。

子曰:"君子而不仁者有矣夫,未有小人而仁者也。"①

子曰:"君子上达,小人下达。"②

子曰:"君子求诸己,小人求诸人。"③

子曰:"君子不可小知而可大受也,小人不可大受而可小知也。"④

孔子曰:"君子有三畏:畏天命,畏大人,畏圣人之言。小人不知天命而不畏也,狎大人,侮圣人之言。"⑤

为维护自己的贵族身份,孔子坚定地维护春秋社会的等级礼制。孔子教导弟子时特别强调礼对君子的重要性。他说:"不知命,无以为君子也;不知礼,无以立也。"⑥当子贡提出去掉祖庙每月初一告祭的活羊时,孔子不满地说:"赐也!尔爱其羊,我爱其礼。"⑦同时,孔子批评鲁国整个贵族阶层不合等级礼制的行为。他批评当政者为礼不敬时说:"居上不宽,为礼不敬,临丧不哀,吾何以观之哉?"⑧鲁文公禘祭违礼,对此,孔子说:"禘自既灌而往者,吾不欲观之矣。"⑨孔子认为鲁国权臣季孙氏祭祀采用天子的八佾舞是违礼僭越之举。孔子愤怒地说:"八佾舞于庭,是可忍也,孰不可忍也?"⑩另外,为维护春秋社会的等级礼制,孔子还将批评范围延伸到鲁国之外。他批评齐国大夫管仲行为逾越等级身份时说:"邦君树塞门,管氏亦树塞门。邦君为两君之好,有反坫,管氏亦有反坫。管氏而知礼,孰不知礼?"⑪当齐国大夫陈成子杀了齐简公后,孔子还主张鲁国讨伐陈成子。⑫

孔子通过"以礼立身"成功地恢复了自己的贵族地位。在政治上,他就坚持

---

① 《论语·卷七·宪问第十四》。
② 《论语·卷七·宪问第十四》。
③ 《论语·卷八·卫灵公第十五》。
④ 《论语·卷八·卫灵公第十五》。
⑤ 《论语·卷八·季氏第十六》。
⑥ 《论语·卷十·尧曰第二十》。
⑦ 《论语·卷二·八佾第三》。
⑧ 《论语·卷二·八佾第三》。
⑨ 《论语·卷二·八佾第三》。
⑩ 《论语·卷二·八佾第三》。
⑪ 《论语·卷二·八佾第三》。
⑫ 《论语·卷七·宪问第十四》。

"以礼治国"。孔子说："能以礼让为国乎,何有? 不能以礼让为国,如礼何?"①
"上好礼,则民易使也。"②孔子"以礼治国"的思想就是孔子所谓的"正名"③。
"正名"就是主张国家的政治运作必须符合春秋社会等级礼制的具体规定。与正
名思想相呼应,孔子特别强调为政要强化礼制下的君臣尊卑、父子长幼、男女内
外之别。当齐景公问政于孔子时,孔子回答："君君、臣臣、父父、子子。"④在孔子
看来,摆正君臣等级和父子名分是为政的切入点。而"以礼治国"的最高境界,就
是孔子主张的"天下有道,则礼乐征伐自天子出;天下无道,则礼乐征伐自诸侯
出……天下有道,则政不在大夫。天下有道,则庶人不议"⑤。不仅如此,孔子还
主张贵族"不在其位,不谋其政……君子思不出其位"⑥。

在处理对外民族关系上,孔子坚持夏优于夷的夷夏观。孔子说："夷狄之有
君,不如诸夏之亡也。"⑦这句话的大意是:(文化落后的)夷狄有君主,还不如中
原诸国没有君主呢。孔子如此主张的根本原因在于春秋社会是等级礼制社会。
礼既是人的立身之本,也是华夏民族区别于蛮夷的根本。

(二)孔子的"德治"主张为趋于衰败的"礼治"思想注入新的灵魂

孔子"以礼治国"的政治思想,并非独创。略早于孔子的晋国大夫叔向就提
出："礼,政之舆也。政,身之守也。怠礼失政,失政不立,是以乱也。"⑧齐国大夫
晏婴也提出："礼之可以为国也久矣。"⑨但春秋时代很多礼或被废弃,或徒具形
式。如公元前706年随侯与大夫季梁的对话,随侯说："吾牲牷肥腯,粢盛丰备,
何则不信?"⑩这句话的大意是:我祭祀用的牲畜膘肥体壮,各种谷物丰盛齐备,怎
么能说自己不诚信呢? 显然,随侯以祭祀物的丰盛和齐备来理解祭祀礼仪,没有

---

① 《论语·卷二·里仁第四》。
② 《论语·卷七·宪问第十四》。
③ 《论语·卷七·子路第十三》。
④ 《论语·卷六·颜渊第十二》。
⑤ 《论语·卷八·季氏第十六》。
⑥ 《论语·卷七·宪问第十四》。
⑦ 《论语·卷二·八佾第三》。
⑧ 《左传·襄公二十一年》。
⑨ 《左传·昭公二十六年》。
⑩ 《左传·桓公六年》。

掌握西周时期祭祀礼仪的精髓。到春秋晚期，很多国家的上层贵族都没有真正掌握礼仪的精髓。公元前537年，鲁昭公到晋国朝拜晋平公，从郊劳直至馈赠等外交礼仪，鲁昭公都做得非常到位。晋平公认为鲁昭公很知礼，但晋国大夫女叔齐认为鲁昭公只知仪而不知礼，因为昭公时期，鲁国政在季氏，民知季氏却不知有君，礼已经失去了守国护民、防止国君大权旁落的基本功能，沦为烦琐的仪式。① 因此，孔子强调"以礼治国"，极力批评当时礼缺乏内在精神而沦为外在仪式的现象。孔子说："礼云礼云，玉帛云乎哉？乐云乐云，钟鼓云乎哉?"②同样，当言偃向孔子请教"孝"时，孔子乘机批评时人对孝的理解，说："今之孝者，是谓能养。至于犬马，皆能有养。不敬，何以别乎?"③

　　既然在春秋社会礼崩乐坏导致"礼"徒具形式，那么孔子的"礼治"政治思想就显得过时、复古而保守了。孔子要维护春秋社会的等级礼制，坚持"以礼治国"的主张，光讲"礼"肯定不行，还必须赋予礼相应的道德内涵。为此，孔子提出了以德治国(简称"德治")的政治主张。首先，孔子讲"德治"时，强调从政者要加强自身的道德修养，率先垂范。孔子说"为政以德，譬如北辰，居其所而众星共之"④，"政者正也。子帅以正，孰敢不正"⑤。其次，孔子讲"德治"，主张统治者要取信于民，为政要轻徭薄赋。当子贡问粮食充裕、兵力充足和对百姓讲诚信三个治国条件中，如果要依次去掉一个时，孔子主张依次"去兵""去食"，最后强调"民无信不立"⑥。当冉求协助鲁国权臣季氏向百姓征收重税时，孔子说："非吾徒也。小子鸣鼓而攻之可也。"⑦再次，孔子讲"德治"，主张为官要节用、爱民、举贤。孔子说："道千乘之国，敬事而信，节用而爱人，使民以时。"⑧当冉雍(字仲弓)做季氏的"宰"向孔子请教为政之道时，孔子说："先有司，赦小过，举贤才。"⑨

----

① 《左传·昭公五年》。
② 《论语·卷九·阳货第十七》。
③ 《论语·卷一·为政第二》。
④ 《论语·卷一·为政第二》。
⑤ 《论语·卷六·颜渊第十二》。
⑥ 《论语·卷六·颜渊第十二》。
⑦ 《论语·卷六·先进第十一》。
⑧ 《论语·卷一·学而第一》。
⑨ 《论语·卷七·子路第十三》。

最后,孔子主张"德治"的最高境界,对统治者而言,是无为而治;对社会而言,是通过道德教化达到无讼的境界。孔子说"听讼,吾犹人也。必也使无讼乎"①,"无为而治者其舜也与? 夫何为哉? 恭己正南面而已矣"②。总之,孔子讲"德治"的本质是为趋于衰败的春秋社会的"礼治"思想注入灵魂。所以,"以德赋礼"是把握孔子"礼治"的基本思路。

我们来看孔子貌似矛盾的神人观。祭祀礼仪处理的是神人关系。一方面,孔子"不语怪、力、乱、神"③,采取"敬鬼神而远之"④的无神论态度。另一方面,孔子对祭祀相当认真和虔诚。孔子秉持"祭神如神在"⑤的慎重态度。如何理解孔子这种颇为矛盾的神人观? 孔子"敬鬼神而远之",却对祭祀礼仪相当认真,估计是因为孔子认识到祭祀是国家一项重大的礼仪活动("国之大事,在祀与戎"⑥),它的本质是人神(鬼)之间的道德实践活动而非宗教活动,它主要传承社会的孝道伦理("夫祀,昭孝也"⑦)。所以,虔诚地对待祭祀祖先的活动具有提高参与者的道德素质、改善社会风气的作用。慎重地对待祭祀活动因此成为孔子"德治"思想的重要内容。但是,如果祭祀礼仪活动脱离既定的人神之间的伦理内涵,蜕变为宗教迷信活动,孔子就持批评态度。孔子说:"非其鬼而祭之,谄也。"⑧

同样,孔子强调君子与小人之分也主要是从道德品性上来讲,因为春秋时代的等级礼制最初是建立在鬼神宗教崇拜的基础上的。然而,受社会世俗化的影响,鬼神宗教崇拜正在掌握知识的上层贵族中丧失影响力,由此导致等级礼制的崩坏。因此重建等级礼制就必须重建等级服从的依据。孔子给出的理由是德性高低是等级服从的依据。只有不同的等级具有相应的德性,等级制度才具有合理性。相应地,在孔子的等级观念中,"学"是为了提高个人的道德修养,"学"就

①《论语·卷六·颜渊第十二》。
②《论语·卷八·卫灵公第十五》。
③《论语·卷四·述而第七》。
④《论语·卷三·雍也第六》。
⑤《论语·卷二·八佾第三》。
⑥《左传·成公十三年》。
⑦《国语·鲁语上》。
⑧《论语·卷一·为政第二》。

是为了出仕做官。"学"的主要内容是礼、乐、诗、书中有关君子的德性修养、治国理政之道。所以,当樊迟向孔子请教学稼、学圃时,孔子一方面说自己不如老农、老圃,另一方面又表现出不屑于稼穑的态度。① 正是因为孔子持有一心想当官、不屑于稼穑的贵族态度,所以"荷蓧丈人"说他"四体不勤,五谷不分"②。

受等级观念的影响,孔子表现出重义轻利的态度。孔子说:"君子喻于义,小人喻于利。"③这种义利观影响了孔子的一些治国理念。当冉有看到卫国人口众多,请教孔子如何治理时,孔子主张"先富而后教"④。为什么是先富而后教,而不是先教而后富?因为国家人口众多,小人占绝大多数。小人执着于糊口生存,所以治理民众必须先满足多数人的物质利益要求。

(三)孔子思想中"仁"字含义的社会分析

如果对照西周至春秋时期人物的思想就会发现,"德治"思想并非孔子独创。西周制度的开创者周公就明确提出过"敬德保民"的"德治"思想。周公说,"惟乃丕显考文王,克明德慎罚,不敢侮鳏寡。庸庸,祗祗,威威,显民。用肇造我区夏……别求闻由古先哲王用康保民,宏于天,若德,裕乃身不废在王命"⑤,"肆王惟德用,和怿先后为迷民"⑥,"肆惟王其疾敬德,王其德之用,祈天永命"⑦。在春

① 《论语·卷七·子路第十三》。
② 《论语·卷九·微子第十八》。
③ 《论语·卷二·里仁第四》。
④ 《论语·卷七·子路第十三》。
⑤ 《尚书·周书·康诰》。这两句话中,前一句的大意是:只有你那英明的父亲——文王能够崇尚德教而谨慎地使用刑罚,不敢欺侮那些无依无靠的人,任用那些应当受到任用的人,尊敬那些应当受到尊敬的人,镇压那些应当受到镇压的人,并让庶民了解他的这种治国之道。这样,才缔造了我们小小的周国。后一句的大意是:此外,你还应当访求并遵照虞夏时代圣明国王的治国之道,把殷商遗民治理好,才能得到安康。只要你的德政能像天那样宏大,我们的政权就不会被上帝废弃了。详见王世舜:《尚书译注》,四川人民出版社1982年版,第150-152页。
⑥ 《尚书·周书·梓材》。这句话的大意是:现在国王只有推行德政,殷商遗民的顽固派才会先心悦诚服地服从我们的统治。详见王世舜:《尚书译注》,四川人民出版社1982年版,第180页。
⑦ 《尚书·周书·召诰》。这句话的大意是:现在的希望是成王能够赶快敬重德行。王啊,只有根据道德行事,才能祈求天命的长久。详见王世舜:《尚书译注》,四川人民出版社1982年版,第190页。

秋时期也有一些人主张"德治"。公元前 719 年,鲁隐公问大夫众仲,卫州吁弑君篡位能不能成功? 众仲回答:"臣闻以德和民,不闻以乱。"①可见,西周及春秋社会早就有"德治"主张。从这一点来看,孔子"德治"思想并无新意。因此,为理解孔子的"德治"思想,我们还要进一步把握孔子"德治"思想的核心——仁。

很多研究者认为"仁"是孔子思想的核心。郭沫若先生认为:"一个'仁'字最被强调,这可以说是他的思想体系的核心。"②同样,周予同先生也认为:"'仁'是孔子道德哲学的核心,就是所谓'一贯之道'。"③当然,也有学者对此持反对态度。蔡尚思先生研究孔子所处的时代、家世、经历和行动之后提出:"礼是孔子的中心思想。"④对于蔡尚思先生的观点,我们可以这样反驳推理:如果"礼"是孔子的中心思想,那么孔子就会至死不渝地追求"礼";如果"仁"是孔子的中心思想,那么孔子就会至死不渝地追求"仁"。这里简单地检验这两个假设。孔子说"恭而无礼则劳,慎而无礼则葸,勇而无礼则乱,直而无礼则绞"⑤,"不学礼,无以立"⑥,"上好礼,则民易使也"⑦。从中可以看出,孔子很重视礼,但并没有达到为之赴死的地步。从孔子所说"志士仁人,无求生以害仁,有杀身以成仁"⑧来看,孔子为了"仁"会选择"杀身"。因此,"仁"在孔子心中价值最高,"仁"才是孔子思想的核心。正因为"仁"是孔子思想的核心,所以民国的一些学者认为"仁"对"礼"所蕴含的诸德起统摄作用。蔡元培先生认为孔子思想的"仁"是"统摄诸德完成人格之名"⑨。冯友兰先生也认为"仁亦为全德之名,故孔子常以之统摄诸德"⑩。因此,要理解孔子思想就必须对"仁"字做一番深入的分析。

根据"仁"的内涵和外延指向,《论语》中的"仁"字大体可以分为五种类型。

---

① 《左传·隐公四年》。

② 许亚非:《中国传统道德规范及其现代价值研究》,四川大学出版社 2002 年版,第 13 页。

③ 周予同:《中国经学史论著选编》,复旦大学出版社 2015 年版,第 286 页。

④ 蔡尚思:《中国古代学术思想史论》,上海古籍出版社 2013 年版,第 91 页。

⑤ 《论语·卷四·泰伯第八》。

⑥ 《论语·卷八·季氏第十六》。

⑦ 《论语·卷七·宪问第十四》。

⑧ 《论语·卷八·卫灵公第十五》。

⑨ 蔡元培:《中国伦理学史》,北京联合出版公司 2014 年版,第 10 页。

⑩ 冯友兰:《中国哲学小史》,天地出版社 2019 年版,第 11 页。

一是"仁"与礼、乐及诸德的关系,如孔子说:"人而不仁,如礼何?人而不仁,如乐何?"①二是"仁"的实践路径或方式,如孔子说:"出门如见大宾,使民如承大祭。己所不欲,勿施于人。在邦无怨,在家无怨。"②三是"仁"的内涵,如樊迟问什么是"仁",孔子说:"爱人。"③四是判断具体的个人言行是否符合"仁",如孔子评价子路时说:"由也,千乘之国,可使治其赋也,不知其仁也。"④五是指代"仁"本身,如孔子说:"苟志于仁矣,无恶也。"⑤

对于《论语》中"仁"字的含义,目前学界大抵有以下两种取向:一是根据个人的理解直接给出。如冯友兰先生认为:"仁者,即人之性情之真的及合礼的流露,而即本同情心以推己及人者也。"⑥而郭沫若先生则认为:"仁的含义是克己为人的一种利他的行为。"⑦他们的理解都比较抽象。他们没有准确地理解《论语》中有关"仁"的具体句子,无法解释孔子所说"仁者不忧"⑧的具体意思。而且,这种理解与先秦其他历史文献没有关联,因而陷入"自说自话"的困境。

二是根据春秋战国时期的历史文献中有关"仁"字的只言片语或东汉《说文解字》中有关"仁"的解读来理解《论语》中"仁"字的含义。因为在春秋以前,"仁"字并不见于殷商甲骨文和金文。郭沫若先生说:"'仁'字是春秋时代的新名词,我们在春秋以前的真正古书里找不出这个字,在金文和甲骨文里也找不出这个字。"⑨同样,萧公权先生也认为:"夏商以前,记载尤缺,固亦鲜见仁义之说。"⑩因此,理解《论语》中的"仁"字时最好结合春秋战国时期历史文献有关"仁"的理解。然而,这种研究取向也存在一些问题,如根据庄子所说"爱人利物

---

① 《论语·卷二·八佾第三》。
② 《论语·卷六·颜渊第十二》。
③ 《论语·卷六·颜渊第十二》。
④ 《论语·卷三·公冶长第五》。
⑤ 《论语·卷二·里仁第四》。
⑥ 冯友兰:《中国哲学小史》,天地出版社 2019 年版,第 8 页。
⑦ 苗延波:《郭沫若的学术人生》,九州出版社 2009 年版,第 204 页。
⑧ 《论语·卷五·子罕第九》。
⑨ 武树臣:《寻找独角兽:古文字与中国古代法文化》,山东大学出版社 2015 年版,第 277 页。
⑩ 萧公权:《中国政治思想史》,新星出版社 2005 年版,第 42 页。

之谓仁"①可以理解孔子所说的仁者"爱人"②,但无法解释孔子所说"仁者先难而后获,可谓仁矣"③。类似地,根据孟子所说"仁也者,人也"④无法理解孔子所说"君子而不仁者有矣夫,未有小人而仁者也"⑤。此外,根据东汉许慎对"仁"字的解读("亲也,从人从二"⑥)也难以理解孔子所说"克己复礼为仁"⑦中"礼"有"亲"的含义。因此,第二种研究取向可以解读《论语》中有关"仁"的个别句子,但无法贯穿始终。而且,它在解读《论语》中"仁"字的含义时,有陷入碎片化的趋向。《论语》109 次提到"仁",且孔子说"吾道一以贯之"⑧,如果理解孔子的"仁"不能坚持"一以贯之"的整体方法,就不可能真正掌握"仁"是孔子思想的核心这一精髓。至此不禁要问:如何从整体上理解《论语》中"仁"字的含义?

这里尝试结合春秋战国时期历史文献中有关"仁"的表述,适当地运用逻辑推理从整体上来理解《论语》中"仁"字的含义。从《管子·禁藏篇》所讲"春仁、夏忠、秋急、冬闭,顺天之时,约地之宜"和《礼记·乐记》所讲"春作夏长,仁也"来看,它揭示了春和夏具有"仁"的属性。从《管子·四时篇》所讲"春嬴育,夏养长,秋聚收,冬闭藏"和"东方曰星,其时曰春,其气曰风,风生木与骨。其德喜嬴,而发出节时"来看,春具有"嬴育"的德性,夏具有生长的德性。这里"嬴育"实际上是孕育的意思。据此进一步推测,春所具有的"仁"的特性导致春具有孕育和生长的功能,是否如此呢? 战国时期的《鹖冠子·道端篇》中讲:"仁人居左,忠臣居前,义臣居右,圣人居后。左法仁则春生殖,前法忠,则夏立功;右法义,则秋成熟;后法圣,则冬闭藏。"同样,《礼记·乡饮酒义》中也讲:"东方者春,春之为言蠢也,产万物者圣也。南方者夏,夏之为言假也,养之、长之、假之,仁也。"至此,可以肯定地说,"仁"字在春秋战国时期具有孕育、抚育和生长的内涵,如《易传·文言传》中讲:"君子体仁足以长人。"以此类推,大人抚育小孩(或动物抚育幼

---

① 《庄子·内篇》。
② 《论语·卷六·颜渊第十二》。
③ 《论语·卷三·雍也第六》。
④ 《孟子·尽心下》。
⑤ 《论语·卷七·宪问第十四》。
⑥ 《说文解字·人部》。
⑦ 《论语·卷六·颜渊第十二》。
⑧ 《论语·卷二·里仁第四》。

崽)也是"仁"的行为,如《左传》中说:"大所以保小,仁也。"①这句话中的"保",实际上就是抚育、养育的意思。至此可以推理出,有利于鸟兽及万物孕育和生长的行为,都可以称为"仁"。是否如此呢?《管子》说:"狄人攻卫,卫人出旅于曹,桓公城楚丘封之。其畜以散亡,故桓公予之系马三百匹。天下诸侯称仁焉。"②

既然春秋战国时期的"仁"字具有孕育、抚育和生长的内涵,那么从鲁国大夫里革劝谏鲁宣公时所说的话——"鸟兽成,水虫孕,水虞于是乎禁罝、罜,设阱鄂,以实庙庖,畜功用也"③来看,禁止用绳网和设陷阱捕捉鸟兽有助于鸟兽等物种的孕育、抚育和生长,可以为家族和国家储备功用,可能也可以称之为"仁"。是否如此呢?春秋文献讲"畜义丰功谓之仁"④,"度功而行,仁也"⑤,"夫仁者讲功,而智者处物"⑥。显然,春秋战国时期人们说的"畜义丰功谓之仁"是从当时"仁"字具有的孕育、抚育和生长之意引申出来的含义。当然,"仁"具有孕育、抚育和生长的含义,其外延是包括天地、四季在内的万物,并不仅局限于人与人之间的关系。据此来理解孔子所讲的话:"知者乐水,仁者乐山。知者动,仁者静。知者乐,仁者寿。"⑦这句话颇难解读。"仁者乐山",从"仁"字所具有的孕育、抚育和生长的内涵来看,估计是山能养育诸多生物之意。根据"水流动,山静止"才会有"知者动,仁者静"的说法,估计凡是能促进万物孕育及生长的事物,其寿命比它孕育出的万物都要长。再根据韩非子所说"寿,命也"⑧来看,孔子所说"知者不惑,仁者不忧,勇者不惧"⑨应是指智者不怕疑,仁者不忧命,勇者不惧死。

从"言敬必及天,言忠必及意,言信必及身,言仁必及人"⑩这句话来看,"仁"字的外延春秋时期在缩小,即由天地、鸟兽等万物缩小到主要在人与人之间。这

① 《左传·哀公七年》。
② 《管子·小匡第二十》。
③ 《国语·鲁语上》。
④ 《国语·周语中》。
⑤ 《左传·昭公二十年》。
⑥ 《国语·鲁语上》。
⑦ 《论语·卷三·雍也第六》。
⑧ 《韩非子·显学》。
⑨ 《论语·卷五·子罕第九》。
⑩ 《国语·周语下》。

实际上说明春秋战国时期思想世俗化的趋势影响到了"仁"的外延。所谓思想世俗化的趋势,是指春秋战国时期人们思考并处理各种社会关系时呈现出从天地鬼神的角度考虑转变到从人事角度考虑的发展趋势。例如,公元前706年随国大夫季梁说:"夫民,神之主也。是以圣王先成民而后致力于神。"①同样,公元前662年虢国太史嚚说:"国将兴,听于民;将亡,听于神。神,聪明正直而一者也,依人而行。"②春秋时期这种思想世俗化的趋势在孔子思想中也能看到,如季路问孔子怎样侍奉鬼神时,孔子回答:"未能事人,焉能事鬼?"③同样,马厩失火,孔子退朝回来后只问有没有伤到人却不问马。④ 既然孔子思想具有世俗化的趋势,那我们据此推测孔子主要从人际关系的角度来把握"仁"的含义。是否如此呢? 当樊迟问"仁"的含义时,孔子回答:"爱人。"⑤

既然春秋战国时期的"仁"字具有孕育、抚育和生长的内涵,且"仁"字的外延呈现出主要从人际关系的角度来把握的趋势,那么"仁"字的含义就应在父母孕育和养育子女的过程中产生。《诗经·谷风·蓼莪》中说:"父兮生我,母兮鞠我。拊我畜我,长我育我。顾我复我,出入腹我。欲报之德,昊天罔极!"从这句话来看,在正常情况下,父母的孕育、抚育行为也会催生出子女对父母的感恩行为。据此推测,子女在情感上始终没忘记并力求报答父母的养育之恩,这也可以称之为"仁"。是否如此呢? 如公元前582年,晋景公释放楚国囚徒钟仪,并询问他的职业,钟仪回答:"自己是乐官,继承的是先父乐官的职位。"之后,晋景公把自己与钟仪的谈话告诉大夫范文子。范文子评价钟仪说:"言称先职,不背本也……不背本,仁也。"⑥钟仪正是因为提到自己继承了父亲乐官的职位,才获得范文子"不背本,仁也"的称赞。根据子女不忘父母的养育之恩再进一步推测鸟兽等动物死前不忘记生养自己的地方的行为估计也可以称为"仁"。是否如此

---

① 《左传·桓公六年》。
② 《左传·庄公三十二年》。
③ 《论语·卷六·先进第十一》。
④ 《论语·卷五·乡党第十》。
⑤ 《论语·卷六·颜渊第十二》。
⑥ 《左传·成公九年》。

呢？战国时期的文献说："狐死正丘首，仁也。"①这句话的大意是：狐狸死的时候，头朝着自己出生的地方，是符合仁道的。既然子女感恩于父母的养育之恩可称之为"仁"，那么从《尔雅·释训》中"善父母为孝"这句话来看，子女对父母践行孝道的行为，也应是"仁"。是否如此呢？孔子的弟子有子说："君子务本，本立而道生。孝弟也者，其为仁之本与！"②

既然行"孝"也是"仁"，那么凡是可以彰显"孝"的行为，都可以称之为实践"仁"的法则或途径。根据春秋文献所讲"孝，礼之始也"③，那么礼就是实践"仁"的途径。是否如此呢？当颜回问孔子怎样践行"仁"时，孔子回答："克己复礼为仁。"当颜回再问孔子实践"仁"的纲领时，孔子说："非礼勿视，非礼勿听，非礼勿言，非礼勿动。"④反之，既然礼是实践"仁"的途径，根据汉代贾谊所说"古者，礼不及庶人，刑不至君子"⑤和"君子勤礼，小人尽力"⑥来推断，那么只有君子才可能具备"仁"，小人不可能具备"仁"。是否如此呢？孔子说："君子而不仁者有矣夫，未有小人而仁者也。"⑦类似地，根据"夫祀，昭孝也"⑧可知，祭祀也是人们实践"仁"的方式。是否如此呢？晋国大夫臼季向晋文公推荐郤缺时说："臣闻之，出门如宾，承事如祭，仁之则也。"⑨同样，当冉雍问怎样实践"仁"时，孔子说："出门如见大宾，使民如承大祭。己所不欲，勿施于人。在邦无怨，在家无怨。"⑩

值得注意的是，上述推理都建立在父母与子女之间存在抚育和报恩关系的基础上。如果把其他的人际关系比附为父母与子女间的抚育和报恩关系，相对应的行为是否也可以引申出"仁"的含义呢？这里做一番推论。根据春秋战国时

---

① 《礼记·檀弓上第三》。
② 《论语·卷一·学而第一》。
③ 《左传·文公二年》。
④ 《论语·卷六·颜渊第十二》。
⑤ 《新书·卷第二》。
⑥ 《左传·成公十三年》。
⑦ 《论语·卷七·宪问第十四》。
⑧ 《国语·鲁语上》。
⑨ 《左传·僖公三十三年》。
⑩ 《论语·卷六·颜渊第十二》。

期"父兄"①并称的情况和后人常说的"长兄如父"来理解,估计春秋战国时期兄长像父母一样对幼弟们负有抚育的职责。汉代贾谊说:"弟敬爱兄谓之悌。"②意思是弟弟感激兄长的抚育之恩即为"悌"。因此,悌与孝一样可归结为感恩父母的抚育之恩,都应称之为"仁"。是否如此呢? 有子说:"孝弟也者,其为仁之本与。"③从"天子作民父母,以为天下王"④中把天子和百姓的关系比附为父母与子女的关系来看,统治者(上层贵族)的惠民、利民或保民举措也可以引申出"仁"的含义。是否如此呢? 春秋文献讲"恤民为德,正直为正,正曲为直,参和为仁"⑤,"夫义所以生利也,祥所以事神也,仁所以保民也"⑥,"仁人之言,其利博哉! 晏子一言,而齐侯省刑"⑦。当子路、子贡质疑齐国宰相管仲不"仁"时,孔子说:"桓公九合诸侯,不以兵车,管仲之力也。如其仁,如其仁……管仲相桓公,霸诸侯,一匡天下,民到于今受其赐。微管仲,吾其被发左衽矣。"⑧再根据"民惟邦本,本固邦宁"⑨(这里邦即是国),可知统治者利民、保民的本质就是利国。因此,统治者利国的行为也可以引申出"仁"的含义。是否如此呢? 春秋文献中讲:"为仁与为国不同。为仁者,爱亲之谓仁;为国者,利国之谓仁。"⑩所谓爱亲,即爱父母双亲。如果统治者(君)具有仁德,治国举措利民、保民,一旦承认天子与百姓的关系是类似于父母与子女的关系,那么百姓(民)就会像爱自己父母一样爱戴具有仁德的统治者。是否如此呢? 孔子说:"民之于仁也,甚于水火。水火,吾见蹈而死者矣,未见蹈仁而死者也。"⑪"君子笃于亲,则民兴于仁;故旧不遗,

---

①《左传·隐公十一年》中讲:"寡人唯是一二父兄不能共亿,其敢以许自为功乎?"同样,《左传·定公五年》载:"子西曰,父兄亲暴骨焉,不能收,又焚之,不可。"《孟子·梁惠王上》云:"入以事其父兄。"

②《新书·卷第八》。

③《论语·卷一·学而第一》。

④《尚书·周书·洪范》。

⑤《左传·襄公七年》。

⑥《国语·周语中》。

⑦《左传·昭公三年》。

⑧《论语·卷七·宪问第十四》。

⑨《尚书·夏书·五子之歌》。

⑩《国语·晋语二》。

⑪《论语·卷八·卫灵公第十五》。

则民不偷。"①这表明统治者(君子)具有仁德就易获得百姓的爱戴。

通过上述分析可以看到,根据孔子的理解,礼是实践"仁"的基本途径。但《礼记·礼器》中说"经礼三百,曲礼三千",如何掌握这些具体的礼仪对"以礼立身"的君子来说是个巨大的挑战。而且,从孔子所讲"人而不仁,如礼何"②来看,行礼如仪未必就体现孔子所说的"仁"。这说明"礼"和"仁"是有区别的。孔子说"巧言令色,鲜矣仁"③,"刚毅,木讷,近仁"④。从这两句话来看,孔子的"仁"无须外在过分地修饰。同时,从韩非所说的"仁者,谓其中心欣然爱人也。其喜人之有福,而恶人之有祸也。生心之所不能已也。非求其报也"⑤这句话来看,"仁"是在人际关系互动中,当事人给予他人的真诚付出的无私之爱。它显示出人际互动的单向性。所以,当樊迟问怎样实践"仁"时,孔子回答:"仁者先难而后获,可谓仁矣。"⑥这句话中的"难",就是指无私而真诚的付出。意思是有仁德者只有先向他人无私地付出,才可称为"仁"。因此,孔子回答樊迟提问时说仁是"爱人"⑦,意思是指对他人的无私付出。而礼是人外在的道德规范和约束。"礼尚往来。往而不来,非礼也;来而不往,亦非礼也。"⑧这句话说明礼强调人际互动的对等性。《礼记·乐记》中说:"仁近于乐,义近于礼。""乐也者,施也;礼也者,报也。"总之,就区别而言,在人际互动中,"仁"是施予,"礼"是回报,礼是践行"仁"的途径。

因此,找到把握礼的切入口才能真正把握礼所蕴含的"仁"。司马迁说:"余至大行礼官,观三代损益,乃知缘人情而制礼,依人性而作仪。"⑨缘情入礼(仪)是把握西周特别是春秋战国时期礼仪的基本方式。所谓缘情入礼,是指人们通过适当的心理情感来把握具体礼仪所蕴含的德性要求。譬如,对于"三年之丧"

---

① 《论语·卷四·泰伯第八》。
② 《论语·卷二·八佾第三》。
③ 《论语·卷一·学而第一》。
④ 《论语·卷七·子路第十三》。
⑤ 《韩非子·解老第二十》。
⑥ 《论语·卷三·雍也第六》。
⑦ 《论语·颜渊》。
⑧ 《礼记·曲礼上第一》。
⑨ 《史记·礼书》。

的礼仪,宰我主张改为一年,孔子主张三年并批评宰我:"予之不仁也!子生三年,然后免于父母之怀。夫三年之丧,天下之通丧也。予也,有三年之爱于其父母乎?"①孔子之所以批评宰我,是因为宰我从功利的角度看待三年之丧,因此礼的存在与否将会影响子女爱父母的情感内涵。在孔子看来,只有子女具备爱父母的心理情感,孝道礼仪才不再受社会外在的限制和约束,而是个体发自内心真诚地付出。这样,社会的伦理道德就在人际关系建立的心理情感中内化为个体的道德素质。当林放问礼之本时,孔子回答:"大哉问!礼,与其奢也,宁俭;丧,与其易也,宁戚。"②孔子特别讨厌贵族阶层行礼却缺乏对应情感的现象。他说:"居上不宽,为礼不敬,临丧不哀,吾何以观之哉?"③因此,孔子认为践行礼仪重在情感。一旦社会个体通过相应的心理情感内化了各种礼仪所蕴含的德性,并以此来处理政治和社会领域中的人际关系,那么当事人的行为就能不带任何功利目的地给对方带来恩惠。这便是孔子主张的"仁"。估计受孔子"缘情入礼"思想的影响,西汉景帝时有人干脆认为"爱由情出,谓之仁"④。所以,当樊迟问怎样践行"仁"时,孔子说:"居处恭,执事敬,与人忠。虽之夷狄,不可弃也。"⑤同样,当子张问孔子怎样具体践行"仁"时,孔子回答:"恭、宽、信、敏、惠。恭则不侮,宽则得众,信则人任焉,敏则有功,惠则足以使人。"⑥既然"缘情入礼"是把握"礼"所蕴含的"仁"的基本切入口,那我们可以据此推测:如果当事人对具体的礼仪应具备的伦理情感把握得不到位而逾越礼仪规定,其行为就会走向对应德性的反面,正如孔子所说:"恭而无礼则劳,慎而无礼则葸,勇而无礼则乱,直而无礼则绞。君子笃于亲,则民兴于仁;故旧不遗,则民不偷。"⑦

　　至此要问:春秋战国时期"仁"字的核心含义是什么?首先,从有子的"孝弟也者,其为仁之本与"⑧这句话来看,似乎子女对父母的爱应是"仁"字的核心含

---

①《论语·卷九·阳货第十七》。
②《论语·卷二·八佾第三》。
③《论语·卷二·八佾第三》。
④《韩诗外传·卷四》。
⑤《论语·卷七·子路第十三》。
⑥《论语·卷九·阳货第十七》。
⑦《论语·卷四·泰伯第八》。
⑧《论语·卷一·学而第一》。

义。然而,这句话只是孔子弟子有若的理解。从孔子所说"回也,其心三月不违仁,其余则日月至焉而已矣"①这句话来看,对于孔子所倡导的"仁",除颜回理解和践行得很好外,包括有若在内的其他弟子都一般。有若是长得像孔子的弟子。孔子死后,聚在一起的孔门弟子曾待有若如孔子,让他坐上孔子原来的座位。但后来有若回答不出大家的问题而被师兄弟们赶下了座位。② 因此,有若并没有很好地传承和践行孔子所倡导的"仁"。据此推测,有若将孝悌作为"仁之本"可能并未把握春秋时期"仁"字的核心含义。

其次,子女对父母的爱本质上是归属于孝的行为。《诗经·谷风·蓼莪》讲:"父兮生我,母兮鞠我。拊我畜我,长我育我。顾我复我,出入腹我。欲报之德,昊天罔极。"由此看来,子女对父母的爱归入报恩的范畴,它与韩非所说"仁者,谓其中心欣然爱人也。其喜人之有福,而恶人之有祸也。生心之所不能已也。非求其报也"③相冲突。因此,子女对父母的爱并非"仁"字的核心含义。

再次,"仁"字的核心含义排除了子女对父母的爱,但它又称为"仁",那么子女对父母的爱源出何处呢?前文根据父母生育和养育子女来分析"仁"的内涵,由此看来,子女对父母的爱源于父母在生育和养育子女的过程中对子女的不求回报之爱。因此,父母在生育和养育子女的过程中对子女不求回报之爱,才是"仁"字的核心含义。如果这个推论正确,那么"仁"字的核心含义就集中体现为施惠于人,据此就可以很好地理解孟子所说的"为富不仁,为仁不富"④的意思了。"为富"重在聚敛财富,而"为仁"重在利用财富施惠于人,"为富"与"为仁"的意思刚好相反。

既然父母在生育和养育子女的过程中对子女的不求回报之爱才是"仁"字的核心内涵,那么这种属于父母的"仁"德就可能使父母在与子女的关系中处于绝对主导的地位,即子女要绝对服从父母,不能有任何怨怼的言行,否则就是不仁。《庄子·内篇》中说"父母于子,东西南北,唯命之从""孝子不谀其亲",说明春秋战国时期的子女确实要绝对服从父母。而且,春秋战国时期的子女不能违背父

---

① 《论语·卷三·雍也第六》。
② 《史记·仲尼弟子列传》。
③ 《韩非子·解老第二十》。
④ 《孟子·滕文公上》。

母这一孝道还受到官府的支持。1975年12月湖北省云梦县出土的《睡虎地秦墓竹简·法律问答》写着："免老告人以为不孝,谒杀,当三环之不? 不当环,亟执勿失。"这句话的大意是:上了年纪免除国家力役义务的老人控告儿子不孝,要求官府判处其儿子死刑,是否要经过三次原谅的手续? 不应原谅,要立即拘捕,不要让他逃走。① 从这句话可以看出,父母拥有杀死不孝儿子的权利。这种权利受到国家司法的保护。反过来讲,如果子女对父母有怨怼的行为,估计也可以称之为"不仁"。春秋史料记载,当晋献公准备杀太子申生,有人劝申生逃亡时,申生回答:"仁不怨君,智不重困,勇不逃死。"②之所以讲"仁不怨君",是因为申生既是臣子,又是儿子,儿子怨恨君父,就是为人子忘记父母生养自己的行为,因此是不仁的。同理,如果他人对当事人有"仁"德,当事人却以德报怨,那么其行为也是不仁的,正如《国语·周语中》所说:"以怨报德,不仁。"

二、孟子对孔子思想的传承与超越

(一)孟子的"仁政王道"思想对孔子思想的传承与创新

相对于孔子思想,孟子(约公元前372年至公元前289年)的政治思想既有因袭,又有创造。在因袭的政治思想中,比较突出的是"仁政王道"思想。孟子所谓"仁政王道",就是施仁政而王天下的治国方略,有时孟子把它称为尧舜之道。孟子强调:"尧舜之道,不以仁政,不能平治天下。"③

第一,实行"仁政王道",从实行轻徭薄赋、藏富于民的经济政策开始。孟子说:"不违农时,谷不可胜食也;数罟不入洿池,鱼鳖不可胜食也;斧斤以时入山林,材木不可胜用也。谷与鱼鳖不可胜食,材木不可胜用,是使民养生丧死无憾也。养生丧死无憾,王道之始也。"④孟子提出的轻徭薄赋主张,本质上是主张统治者施惠于民,而非厚敛于民。首先,要制民之产,予民恒产而富民。所谓恒产就是固定的产业,主要是指土地和园宅。孟子认为民无恒产则无恒心,民无恒心则民难治。所以,制产的目的在于使民具备道德教化的物质基础。这是对孔子

① 《睡虎地秦墓竹简》整理小组编:《睡虎地秦墓竹简》,文物出版社1978年版,第195页。
② 《国语·晋语二》。
③ 《孟子·离娄上》。
④ 《孟子·梁惠王上》。

"先富而后教"治国主张的发展。其次,恢复西周的井田制度,实现"死徙无出乡,乡田同井。出入相友,守望相助,疾病相扶持,则百姓亲睦"①。从形式上看,孟子恢复井田制的主张带有复古特色。但这一主张说明孟子主张限制人员流动,维护传统村落熟人社会的稳定。再次,税法采取十抽一制,但城乡有别,城市实行"贡法"而乡村实行"助法"。所谓贡法,就是统计几年的收成,得到一个平均数,将平均数作为标准来十份取一。所谓助法,就是收成好时多征税,收成不好则少征税,取长补短。显然,这一经济思想主要考虑城乡收入来源,实现城乡差别对待。因为城市收入主要来源于较稳定的工商业,乡村收入来源于受天气因素影响较大的农业。总之,这些思想在一定意义上讲,都是孟子对孔子主张"节用而爱人,使民以时"思想的发挥。

第二,实行"仁政王道",关键在于统治者具备仁德,以身作则。孟子说:"君仁莫不仁,君义莫不义,君正莫不正。一正君而国定矣。"②孟子强调:"上有好者,下必有甚焉者矣。"③这些思想与孔子所说"君子笃于亲,则民兴于仁"④是一致的。它是对孔子以"仁"为核心的"德治"思想的继承。

第三,实行"仁政王道",要求统治者恭俭礼下,做到"尊贤使能,俊杰在位"⑤。这与孔子强调"君使臣以礼,臣事君以忠"⑥"举直错诸枉"的主张一脉相承。

第四,实行"仁政王道",强调施仁政于民,省刑罚,薄税收,将天下无敌。孟子说:"尊贤使能,俊杰在位,则天下之士皆悦而愿立于其朝矣。市廛而不征,法而不廛,则天下之商皆悦而愿藏于其市矣。关讥而不征,则天下之旅皆悦而愿出于其路矣。耕者助而不税,则天下之农皆悦而愿耕于其野矣。廛无夫里之布,则天下之民皆悦而愿为之氓矣。信能行此五者,则邻国之民仰之若父母矣。率其子弟,攻其父母,自生民以来,未有能济者也。如此,则无敌于天下。无敌于天下

①《孟子·滕文公上》。
②《孟子·离娄上》。
③《孟子·滕文公上》
④《论语·卷四·泰伯第八》。
⑤《孟子·公孙丑上》。
⑥《论语·卷二·八佾第三》。

者,天吏也。然而不王者,未之有也。"①这与孔子的观点——"德治"优于"刑治",可致君无为而民无讼的境界相呼应。

第五,实行"仁政王道",在百姓物质富足的基础上,设立庠序学校对百姓进行道德教化。教化的内容是"修其孝悌忠信,入以事其父兄,出以事其长上"②。这与孔子主张"先富而后教",强调"为人孝弟""不好犯上""不好作乱"的思想相吻合。

孟子的"仁政王道"思想因袭孔子,可能跟孟子的师承渊源有关。司马迁说孟子是"受业子思之门人"③。因此,孟子颇为推崇孔子。孟子讲"乃所愿,则学孔子也……出于其类,拔乎其萃,自生民以来,未有盛于孔子也"④,"孔子,圣之时者也"⑤。因此,孔子思想对孟子思想影响至深。然而,孟子的"仁政王道"思想与孔子的"德治"思想略有不同。

第一,从出发点和归宿来看,孔子的"德治"主张强调由德达治,其落脚点在于恢复"礼治"等级社会;而孟子的"仁政王道"主张强调由仁而王,其落脚点在于结束战国时期列国兼并战争,实现天下统一。所以,"德治"思想反映出孔子思想具有怀旧、复古的特质;王道思想反映出孟子着眼于解决现实问题,具有务实的一面。当然,孟子的"仁政王道"思想与孟子坚持天下一治一乱的循环史观有着密不可分的联系。孟子认为:"天下之生久矣,一治一乱。"⑥而结束列国兼并战争,必须通过"不嗜杀"的"王道"来实现。

第二,从措施来看,孔子的"德治"思想主要体现在恢复春秋社会的等级礼制等社会措施,而孟子的"王道"思想则主要体现在恢复井田制等经济措施。因此,孔子处处讲礼,孟子讲礼不多。相应地,《论语》折射出的孔子形象和《孟子》折射出的孟子形象也略有不同:孔子的行为举止中规中矩,俨然一个知书达礼的君子形象;孟子是雄辩而不畏权贵、讲礼而通权达变的士大夫形象。

①《孟子·公孙丑上》。
②《孟子·梁惠王上》。
③《史记·孟子荀卿列传》。
④《孟子·公孙丑上》。
⑤《孟子·万章下》。
⑥《孟子·滕文公下》。

第三,从知识分子与权力的关系来看,孔子主张"学而优则仕"①。这种主张对知识分子而言是一种以德致位的路径。一方面,孟子承认出仕做官是"士"的本职,他说:"士之仕也,犹农夫之耕也。"②另一方面,他又主张:"有为之君,必有所不召之臣。"③这种主张对知识分子而言是一种以德抗位的路径。当然,孔子和孟子的"学",都可以从狭义和广义来区分。狭义的"学"主要是指学习春秋战国社会的礼、乐、诗、书等传统文化典籍;广义的"学"主要是指学习和道德实践。孔子讲的"学而优则仕",揭示了知识和权力的内在关系,它为春秋时期封闭政治体系的开放,为两汉时期的人才征辟制度和隋唐时期的科举制度的建立做了理论铺垫。而孟子的"有为之君,必有所不召之臣"这一主张则揭示了权力对知识的依赖和知识对权力的驯服。它为君子士大夫在政治势力面前保持气节,树立独立人格提供了理论支撑。

第四,从历史影响来看,孔子的"德治"主张为统治者提供了一种治国安邦的理念。而孟子的"王道"思想开创了儒家知识分子对政治现实进行价值批判的先河。《论语》中讲"不在其位,不谋其政"④,"君子思不出其位"⑤,强调知识分子要坚持"以道事君,不可则止"⑥。所以,尽管知识分子要坚持自己的政治理想和抱负,但在孔子看来,一旦君子选择从官场退隐,就意味着国家无道,君子应"危行言孙"⑦,并对政治现实持隐而不言的态度。而孟子以"仁政王道"为标准,批判现实政治。首先,孟子批评当时的统治者荒淫无度。他说:"今也不然:师行而粮食,饥者弗食,劳者弗息。睊睊胥谗,民乃作慝。方命虐民,饮食若流。流连荒亡,为诸侯忧。"⑧其次,孟子批评梁惠王厚敛于民的暴政是率兽食人。他说:"庖有肥肉,厩有肥马,民有饥色,野有饿莩,此率兽而食人也。兽相食,且人恶之。

---

① 《论语·卷十·子张第十九》。
② 《孟子·滕文公下》。
③ 《孟子·公孙丑下》。
④ 《论语·卷四·泰伯第八》。
⑤ 《论语·卷七·宪问第十四》。
⑥ 《论语·卷六·先进第十一》。
⑦ 《论语·卷七·宪问第十四》。
⑧ 《孟子·梁惠王下》。

为民父母,行政不免于率兽而食人。"①同样,孟子批评齐宣王治理国家不力。②
再次,孟子批评列国兼并战争。他认为:"争地以战,杀人盈野;争城以战,杀人盈
城。此所谓率土地而食人肉,罪不容于死。故善战者服上刑,连诸侯者次之,辟
草莱、任土地者次之。"③因此孟子提出春秋无义战的主张。④ 此外,孟子还提出
王霸之辩,批评春秋五霸是以力假仁的罪人。⑤ 总之,孟子对其所处时代有着强
烈的不满,他以"王道"为标准批判现实政治,折射出孟子强烈的政治现实关怀。
正是这种关怀形成了传统中国儒家知识分子强烈的以"天下兴亡为己任"的国家
关怀意识,它奠定了儒家知识分子批判政治现实的传统。

　　第五,从实现"仁"的内在理路来看,孔子实现德治,采取"己所不欲,勿施于
人"这种推己及人的外推方式。而孟子的"王道"思想采用"反身而诚"这种内敛
的修养方式。"仁"都是孔子"德治"思想和孟子"仁政王道"思想的核心。个体
如何实现"仁"? 孔子与孟子的观点略有差别。孔子认为,"仁"是人内在美好德
性在人际互动中给他人的无私恩惠。实现"仁"要采取推己及人的外推方式。至
于内在的美好德性,是社会个体将礼所蕴含的德性内化而来的,还是人性本身所
固有的,孔子并未交代,因为子贡说:"夫子之文章,可得而闻也;夫子之言性与天
道,不可得而闻也。"⑥孟子则认为,人性本善。人的仁、义、礼、智四种德性源于人
有恻隐之心、羞恶之心、辞让之心、是非之心等善之四端。⑦ 所以,培养人的德性
以实现"仁"的方式不是向外推,而是向内求。孟子说:"爱人不亲反其仁,治人不
治反其智,礼人不答反其敬。行有不得者,皆反求诸己,其身正而天下归之。"⑧所
以,孟子特别注重个体自身的道德修养,把修身作为齐家、治国、平天下的根本。
孟子说:"天下之本在国,国之本在家,家之本在身。"⑨而修身的内容就是"尽其

---

① 《孟子·梁惠王上》。
② 《孟子·梁惠王下》。
③ 《孟子·离娄上》。
④ 《孟子·尽心下》。
⑤ 《孟子·公孙丑上》。
⑥ 《论语·公冶长》。
⑦ 《孟子·告子上》。
⑧ 《孟子·离娄上》。
⑨ 《孟子·离娄上》。

心者,知其性也,知其性则知天","求放心"①。正是因为对于善是否根植于人性的认识不同,所以在开发人的道德自主性上,孔子与孟子略有区别。孔子坚持等级观念,认为"唯上知与下愚不移"②,人的智力是分等差的。孔子说:"生而知之者,上也;学而知之者,次也;困而学之,又其次也;困而不学,民斯为下矣。"③因此,孔子的"德治"主张实际上是维护春秋等级礼制的。尽管孟子认同社会政治分工,强调"劳心者治人,劳力者治于人"④,但他认为"圣人与我同类者"⑤,"尧舜与人同耳"⑥,"人皆可以为尧"⑦。因此,孟子的"仁政王道"思想比较重视人的道德自主性的平等挖掘,适应了战国时期打破社会等级壁垒,实现社会下层向上流动的需要。所以,日本学者说孟子的王道"是战国的王道,而不是周的王道"⑧。

(二)孟子的"民本"思想对孔子"德治"思想的传承与超越⑨

孟子的"民本"思想是孟子最具创新意义的思想。孟子的"民本"思想主要体现在以下几个方面:

第一,民贵君轻。孟子说:"民为贵,社稷次之,君为轻。是故得乎丘民而为天子,得乎天子为诸侯,得乎诸侯为大夫。诸侯危社稷,则变置。"⑩

第二,统治者欲王天下,应与民同乐、同忧。孟子说"古之人与民偕乐,故能乐也"⑪,"今王与百姓同乐,则王矣"⑫,"乐民之乐者,民亦乐其乐;忧民之忧者,

---

① 《孟子·告子上》。
② 《论语·卷九·阳货第十七》。
③ 《论语·卷八·季氏第十六》。
④ 《孟子·滕文公上》。
⑤ 《孟子·告子上》。
⑥ 《孟子·离娄下》。
⑦ 《孟子·告子下》。
⑧ 〔日〕宫崎市定:《东洋的古代:从都市国家到秦汉帝国》,马云超、张学锋、石洋译,中信出版社 2018 年版,第 29 - 30 页。
⑨ 晏功明:《孟子"君臣""君民"关系主张的渊源再探析》,《理论界》,2015 年第 8 期。
⑩ 《孟子·尽心下》。
⑪ 《孟子·梁惠王上》。
⑫ 《孟子·梁惠王下》。

民亦忧其忧。乐以天下,忧以天下,然而不王者,未之有也"①。

第三,以国人的普遍意见为举贤的标准,以国人的普遍意见为政府推行政策的价值导向。孟子说:"国君进贤,如不得已,将使卑踰尊,疏踰戚,可不慎与? 左右皆曰贤,未可也;诸大夫皆曰贤,未可也;国人皆曰贤,然后察之;见贤焉,然后用之。左右皆曰不可,勿听;诸大夫皆曰不可,勿听;国人皆曰不可,然后察之;见不可焉,然后去之。左右皆曰可杀,勿听;诸大夫皆曰可杀,勿听;国人皆曰可杀,然后察之;见可杀焉,然后杀之。故曰,国人杀之也。如此,然后可以为民父母。"②显然,孟子是站在宗法家族共同体的立场上这样讲的,它带有传统氏族部落民主的痕迹。

第四,得民心者得天下,失民心者失天下。孟子说:"桀纣之失天下也,失其民也;失其民者,失其心也。得天下有道:得其民,斯得天下矣;得其民有道:得其心,斯得民矣;得其心有道:所欲与之聚之,所恶勿施尔也。民之归仁也,犹水之就下、兽之走圹也。"③

第五,君权天予,但天不言,天予是通过新上台的统治者主祭百神、治理民众的状况来显示的。孟子的这一思想说明,受社会世俗化影响,天逐渐摆脱神秘化、人格化的特质,开始以民意、民心显示天意的倾向。

值得注意的是,孟子的"民本"思想并不是民主思想,因为民主是人民行使国家权力的制度设计和价值诉求。民贵君轻,与民同乐、同忧,天意即民意等观点,都只是孟子规劝统治者实行"仁政王道"的一种道德诉求。这种诉求建立在"劳心者治人,劳力者治于人"④的社会政治分工的格局上。它明显带有替民做主、为民服务的包办特质。人民根本无法左右政治进程,统治者不可能以制度来规范和保证人民的权利。尽管如此,孟子的"民本"思想确实是先秦诸子政治思想中最闪光的思想,它奠定了传统中国帝制政治的价值取向。如果没有"民本"思想,那传统中国帝制政治将是一片黑暗的专制景象,将不可能出现政治清明的时期。

当然,在孟子思想中,有关君民和君臣关系的主张是孟子"民本"思想的精

①《孟子·梁惠王下》。
②《孟子·梁惠王下》。
③《孟子·离娄上》。
④《孟子·滕文公上》。

髓。对于君民关系,孟子说:"民为贵,社稷次之,君为轻。是故得乎丘民而为天子,得乎天子为诸侯,得乎诸侯为大夫。诸侯危社稷,则变置。"①对于君臣关系,孟子不仅说:"将大有为之君,必有所不召之臣。"②而且,孟子在回答齐宣王问"臣弑其君,可乎"时说:"贼仁者谓之贼,贼义者谓之残,残贼之人谓之一夫。闻诛一夫纣矣,未闻弑君也。"③

如果在春秋战国等级社会中来看,孟子的上述主张是最具革命意义的。

第一,孟子"臣可弑暴君"的主张颠覆了春秋战国社会的君臣等级关系。春秋战国社会是一个等级界限分明的社会,社会的等级关系往往奠定了社会成员的支配与服从关系。所以,春秋社会的等级制度意味着:贱必须绝对服从贵;下必须绝对服从上,仆必须绝对服从主,臣必须绝对服从君。君臣关系强调"君令而不违,臣共而不贰"④,"事君以死,事主以勤,君之明令也"⑤。但孟子认为君臣关系是相对的,臣如何待君,应根据君待臣如何而定。孟子说:"君之视臣如手足,则臣视君如腹心;君之视臣如犬马,则臣视君如国人;君之视臣如土芥,则臣视君如寇仇。"⑥而且,如果君主残暴不仁,那么君主就失去君主的名分,成独夫民贼,"贵戚之卿"可"易位"、可诛杀。显然,在君臣关系上,孟子的"臣可弑暴君"思想在当时惊世骇俗。

第二,孟子的"民贵君轻"主张颠覆了春秋战国社会"君贵民贱"的等级关系。等级制度是春秋战国社会显著的特征。现在学界一般认为:"在战国以后的文献中,民一般泛指封建时代君、臣(官僚)、民三大社会等级中处于最下层的那一部分人。"⑦自然,处于社会最下层的民,不可能左右国家命运,决定国君的去留,但孟子的"民贵君轻""得民心者得天下"主张毫无疑问颠覆了"君贵民贱"的等级关系。对此不禁要问,上述"臣可弑暴君""民贵君轻"颠覆等级制的主张从

---

① 《孟子·尽心下》。

② 《孟子·公孙丑下》。

③ 《孟子·梁惠王下》。

④ 《左传·昭公二十六年》。

⑤ 《国语·晋语八》。

⑥ 《孟子·离娄下》。

⑦ 刘泽华:《王权思想论》,天津人民出版社 2006 年版,第 103 页。

何而来？

　　对于孟子颠覆春秋社会等级制思想的来源，学界研究主要集中在对"民贵君轻"的理解上。目前有两种解释：第一，有学者认为，春秋战国时期，民的整体地位提升是孟子"民贵君轻"思想的主要来源。王保国提出孟子的民本思想是"孟子对现实社会中民的认识及其对仁政的选择"①。他认为魏惠王向孟子求教重振魏国的方案和齐宣王因害怕诸侯攻齐而向孟子请教应对之策，都应结合当时列国兼并战争的时代背景来理解。他认为孟子的战争观中有"天时不如地利，地利不如人和"②的主张，这反映出在列国兼并时代，民的整体地位得到提升，民成为统一天下的决定力量。③ 但仔细阅读《孟子》原文之后，我们发现事实有出入。孟子对魏惠王的回答是："地方百里而可以王。王如施仁政于民，省刑罚，薄税敛，深耕易耨。壮者以暇日修其孝悌忠信，入以事其父兄，出以事其长上，可使制梃以挞秦楚之坚甲利兵矣。"④孟子对齐宣王的回答是："今燕虐其民，王往而征之。民以为将拯己于水火之中也，箪食壶浆，以迎王师。若杀其父兄，系累其子弟，毁其宗庙，迁其重器，如之何其可也？天下固畏齐之强也。今又倍地而不行仁政，是动天下之兵也。王速出令，反其旄倪，止其重器，谋于燕众，置君而后去之，则犹可及止也。"⑤对两王的回答，孟子既未有针对性地谈魏国问题，也未谈齐国如何应对诸侯伐齐，他回避了当时具体的现实问题，只是自说自话。因此，结合战国时期魏国和齐国两国的具体实际来理解孟子"民贵君轻"的主张并不契合孟子"仁政王道"的立论思路。

　　另外，学者韩错认为，孟子的民本思想中的"民贵君轻"的"贵"并非尊贵之意，而是贵重之意；"轻"也不是轻贱之意，而是次要之意。他认为"民贵君轻"反映了民在君民关系中处于主导地位，矛盾主要方面由君转移到民，民是君权合法

---

　　① 王保国：《中原文化研究丛书：两周民本思想研究》，学苑出版社 2004 年版，第 212 页。
　　②《孟子·公孙丑下》。
　　③ 王保国：《孟子民本思想渊源考辨》，《郑州大学学报》（哲学社会科学版），2006 年第 4 期。
　　④《孟子·梁惠王上》。
　　⑤《孟子·梁惠王下》。

性的来源,民决定君权的更替。① 但战国时期并没有一个国家的君主是由民拥立起来的,最终统一六国的也不是待民如子的国家,而是奉行法家思想,主张以法为教、以吏为师,君主独尊独贵的秦国。

通观《孟子》全书会发现,尽管孟子立论针对的是当时的现实问题,但其论据都不是取材于当时的现实事例。孟子的"仁政王道"主张的立论依据,多是尧、舜、禹、汤、文王、武王、周公、伊尹等人物的历史事迹和孔子的言行,引证较多的是《诗经》和《尚书》。孟子提及他所处时代的人物如许行、告子、杨朱、墨子及春秋时期的齐桓公、晋文公都是他批驳的对象。因此,从春秋战国时期的环境来理解孟子颠覆等级制的"民贵君轻"思想,只是后人的现代理解,并不契合孟子思想本身的理路。

第三,香港学者认为,孟子的"民贵君轻"思想是对孔子思想的传承和超越。香港金耀基教授认为孟子"终身以继孔子之业为职志,首发'性善'之说,继言'推恩'之政,薪解民于倒悬,复返于三代之世。因自觉我之庄严,乃进而承认个人之价值,终于大唱'民贵君轻'之论,非惟阐明古义,超越先师,亦在警惕时君,为生民立命"②。确实,孟子推崇孔子。从传承孔子思想的角度来理解孟子思想,确实是基本路径。然而,金耀基先生只提出了"孟子思想传承和超越孔子思想"的观点,对孟子如何传承和超越孔子却未进一步挖掘。而且,孟子"民贵君轻""臣可弑暴君"等颠覆等级制度的主张与孔子坚持维护等级制度的主张存在比较大的张力。譬如,孔子对鲁国大夫违礼僭越的行为很反感,他说:"八佾舞于庭,是可忍也,孰不可忍也?"③甚至齐国大夫陈成子杀了齐简公,孔子还郑重地对鲁哀公说:"陈恒弑其君,请讨之。"④因此,在对待春秋战国社会君臣等级礼制上,孔子坚决维护等级礼制的主张趋于保守,而孟子"民贵君轻""臣可弑暴君"的主张则富有革命意义。显然,对于孟子"臣可弑暴君"和"民贵君轻"思想的来源,我们还应深入挖掘。

既然孟子以孔子正宗的传人自居,那么理解孟子"民贵君轻""臣可弑暴君"

---

① 韩锴:《中国民本思想》,红旗出版社 2006 年版,第 66 - 67 页。
② 金耀基:《中国民本思想史》,法律出版社 2008 年版,第 77 页。
③《论语·卷二·八佾第三》。
④《论语·卷七·宪问第十四》。

的主张就必须先深入探究孔子对君臣关系和君民关系的理解。

第一,在君臣关系和君民关系上,孔子思想蕴含着民高于君的内涵。孔子主张维护先秦社会的等级礼制,但孔子维持等级礼制思想的核心是"仁",而"仁"的内涵是不求回报地爱人、利人。因此,孔子在君臣关系和君民关系方面的主张必然体现出"仁"的爱人、利人的内涵。先来看君臣关系。在孔子之前,等级制度对君臣关系是有内在德性要求的。春秋早期的卫国大夫石碏规劝卫庄公时就讲:"君义,臣行,父慈,子孝,兄爱,弟敬,所谓六顺也。"①"臣行"就是强调臣要绝对服从君主的命令。这反映出春秋早期臣子对君主负有绝对服从的伦理义务。在处理君臣关系上,孔子主张"君使臣以礼,臣事君以忠"②。这说明孔子认为"忠"是"臣事君"应具备的德性要求。"忠"的具体内涵在春秋社会大抵指臣子要内心无私,尽职尽责地利民、利国。这一点从孔子告诫子张从政要做到"惠而不费""因民之所利而利之"③可明显看出。再对照前文所讲孔子"仁"的内涵为爱人、利民、利国,则"臣事君以忠"的主张充分体现了孔子所主张的"仁"的内涵。相应地,如果臣事君能充分做到利民、利国,那么臣的行为就体现了"仁"的德性。如果将孔子"臣事君以忠"的主张与石碏所说的"君义,臣行"的主张进行对比,就会发现孔子将利国、利民作为臣道的内涵,已经突破了春秋早期强调的臣绝对服从君的臣道的内涵。换言之,孔子对臣道的理解已偏离了春秋社会君臣礼制的等级要求。这一点可以从子路、子贡和孔子对管仲的评价差异中看出来。

"子路曰:'桓公杀公子纠,召忽死之,管仲不死。'曰:'未仁乎?'子曰:'桓公九合诸侯,不以兵车,管仲之力也。如其仁,如其仁。'子贡曰:'管仲非仁者与?桓公杀公子纠,不能死,又相之。'子曰:'管仲相桓公,霸诸侯,一匡天下,民到于今受其赐。微管仲,吾其被发左衽矣。岂若匹夫匹妇之为谅也,自经于沟渎,而莫之知也。'"④

根据春秋社会的君臣等级伦理,君(主)遇难,臣(仆)有死君(主)难的义务。

① 《左传·隐公三年》。
② 《论语·卷二·八佾第三》。
③ 《论语·卷十·尧曰第二十》。
④ 《论语·卷七·宪问第十四》。

所以子路、子贡认为管仲不仁,但孔子认为管仲执政利国、利民,体现了"臣事君以忠"的主张,是符合仁的。至此,孔子思想中"仁"的内涵就使其主张呈现出偏离春秋君臣伦理要求——臣绝对服从君的倾向。相应地,当臣与君发生冲突,臣无法达到利国、利民的"忠"的要求时,孔子主张臣应辞官。孔子说:"所谓大臣者,以道事君,不可则止。"①至此,孔子"臣事君以忠"的主张就体现为臣不应以利君为价值取向,而应以利民和利国为价值取向。它潜藏着民、国高于君的内涵。

再来看孔子对君民关系的理解。当冉求协助鲁国权臣季氏向百姓征收重税时,孔子说:"非吾徒也。小子鸣鼓而攻之可也。"②一般而言,赋税的征收最能反映君民之间的矛盾关系。从孔子严厉批评冉求为季氏厚敛于民来看,在君与民的关系上,孔子坚持将百姓(民)放在君之上。再结合前文孔子主张"臣事君以忠"来看,忠的内涵为利国、利民,它在一定意义上暗示民与国在价值上高于君。当然,孔子思想出现这种价值取向,源于春秋诸侯国还带有氏族部落共同体的痕迹。这意味着共同体的生存和发展高于个人的德性,要求社会成员做"社稷之臣"③,而不做君主的私人之臣。

第二,在君臣、君民关系上,孟子既传承了孔子思想,又超越了孔子思想。

首先,在君臣关系上,孟子把民和国放在首位。其一,孟子在传承孔子"以道事君,不可则止"的主张的基础上,主张君臣关系是相对的,臣如何待君应根据君如何待臣而定。在处理君臣关系上,孟子主张"君子之事君也,务引其君以当道,志于仁而已"④,反对臣子一味地逢迎君主的好恶。孟子说:"长君之恶其罪小,逢君之恶其罪大。今之大夫,皆逢君之恶,故曰:今之大夫,今之诸侯之罪人也。"⑤孟子甚至主张以德抗位,"故将大有为之君,必有所不召之臣。欲有谋焉,则就之。其尊德乐道,不如是不足与有为也"⑥。在孟子看来,贤才可拜,不可召。

----

① 《论语·卷六·先进第十一》。
② 《论语·卷六·先进第十一》。
③ 《论语·卷八·季氏第十六》。
④ 《孟子·告子下》。
⑤ 《孟子·告子下》。
⑥ 《孟子·公孙丑下》。

相应地,君臣关系不是绝对服从关系,而是相对的服从关系,臣如何待君应根据君如何待臣而定,正所谓"君之视臣如手足,则臣视君如腹心;君之视臣如犬马,则臣视君如国人;君之视臣如土芥,则臣视君如寇仇"①。其二,和孔子一样,孟子也是以利国、利民的标准来评价春秋时期的历史名臣,而且孟子比孔子要苛刻。同样是评价子产,孔子说子产在四个方面符合君子之道,即他对自己举止庄重恭敬,对君上认真负责,教养民众能予以恩惠,役使百姓也符合礼仪。② 对于郑国执政大夫子产用自己的车辆帮助别人渡过溱水和洧水,孟子却说子产未把握为政要领,只会对百姓施小恩小惠,不知尽责把政治办好。③ 同样是评价齐国宰相管仲,孔子认为管仲"九合诸侯,一匡天下"是造福天下万民的举动,是符合仁的行为。孟子却认为管仲未能帮助齐桓公修其仁政,只霸不王,不值得称颂。④

其次,在君民关系上,孟子和孔子都没有突出民的主体地位。在君民关系上,孔子的民高于君的思想暗含在孔子的"臣道"和"治民"主张中。孟子所讲的"民为贵,社稷次之,君为轻"中,民高于君表现得颇为直白。尽管孔子和孟子都把民放在君之前,但是他们都没有突出民的主体地位,因为孔子说:"民可使由之,不可使知之。"⑤同样,孟子讲"民贵君轻"也未显示出民的主体地位。在孟子看来,不是民的主动行为决定天下的归属,而是统治者对民是否有仁爱之举决定天下的归属。所以孟子思想中"民"自始至终都不具有主体性和主动性。现代学者将孟子思想夸大为民决定统治者的合法性,民决定天下的归属是对孟子思想的误读。他们没有看到,孟子和孔子的思想都没有突出民的主体性,孟子和孔子是一脉相承的,因为孔子和孟子一样,都将统治者与百姓的关系比附为父母与子女的关系。统治者像爱自己的子女一样施仁政,百姓就能像子女爱父母一样拥戴统治者。因此,将国家治理等同于家庭治理,是儒家孔子和孟子政治思想的基本论证方式。

再次,在君民关系上,孟子的一些主张超越了孔子。其一,孔子的言行严格

①《孟子·离娄下》。

②《论语·卷三·公冶长第五》。

③《孟子·离娄下》。

④《孟子·公孙丑上》。

⑤《论语·卷四·泰伯第八》。

遵守君臣上下等级,而孟子强调打破君民等级,主张君王与民同乐、同忧。① 其二,孔子暗示臣职在于利民、利国,而孟子暗示君职在于"养民"。前文所讲"臣事君以忠"表明孔子主张臣职在于利民、利国,而孟子分"王之臣有托其妻子于其友而之楚游者,比其反也,则冻馁其妻子""士师不能治士""四境之内不治"②三种情况依次问齐宣王应如何处理。最后一问隐含着"君职在养民"的含义。孔子强调臣职,孟子强调君职,孟子进了一步。其三,孔子认为人在智识上存在着上下(等级)之分,而孟子则主张靠个人的道德修养突破春秋战国社会的等级身份。例如孔子说:"唯上智下愚不移。"③孟子认为:"人性之善也,犹水之就下也。人无有不善,水无有不下。"④孟子特别强调挖掘普通人的道德自主性,强调"圣人与我同类者"⑤,"人皆可以为尧"。这样,通过提高道德修养将个人修养成圣人就打破了春秋战国时期由血统决定的身份等级。此外,孟子思想存在着贬低现实等级制度的倾向。孟子将等级制度分为"天爵""人爵"。

孟子曰:"有天爵者,有人爵者。仁义忠信,乐善不倦,此天爵也;公卿大夫,此人爵也。古之人修其天爵,而人爵从之。今之人修其天爵,以要人爵;既得人爵,而弃其天爵,则惑之甚者也,终亦必亡而已矣。"

孟子曰:"欲贵者,人之同心也。人人有贵于己者,弗思耳矣。人之所贵者,非良贵也。赵孟之所贵,赵孟能贱之。"⑥

在春秋战国时期的其他史料中并未发现"天爵""人爵"的说法,孟子的这一说法是独创。天爵的内涵为人的德性,人爵是现实等级制度。孟子认为人爵可以根据掌权者(晋国执政赵孟)的意志来逆转贵贱。因此在孟子心中,天爵最贵,人爵"非良贵"。至此,孟子思想呈现出贬低现实等级制度的倾向。最后,孟子"臣可弑暴君"的主张,在孔子思想中是找不到痕迹的,这反映了孟子对孔子思想的超越。

---

① 《孟子·梁惠王下》。
② 《孟子·梁惠王下》。
③ 《论语·卷九·阳货第十七》。
④ 《孟子·告子上》。
⑤ 《孟子·告子上》。
⑥ 《孟子·告子上》。

三、荀子对孔子思想的传承与发展

荀子(公元前313年至公元前238年)是战国时期继孟子之后的儒家大师。荀子认为:"少事长,贱事贵,不肖事贤,是天下之通义也。"①而调节贵贱等级和社会秩序主要靠礼。他说:"礼者,以财物为用,以贵贱为文,以多少为异,以隆杀为要。"②不仅如此,荀子还把礼作为治国的基本方略。他说:"礼者,政之挽也。为政不以礼,政不行矣。"③因此,"以礼治国"就是荀子治国的基本主张。

(一)荀子"以礼治国"思想的基本内容

第一,荀子主张以礼义划分社会等级。他说:"请问为政?曰:贤能不待次而举,罢不能不待须而废,元恶不待教而诛,中庸不待政而化。分未定也,则有昭缪。虽王公士大夫之子孙也,不能属于礼义,则归之庶人。虽庶人之子孙也,积文学,正身行,能属于礼义,则归之卿相士大夫。"④

第二,荀子主张以礼义来定义社会的治乱。他说:"君子治治,非治乱也。曷谓邪?曰:礼义之谓治,非礼义之谓乱也。故君子者,治礼义者也,非治非礼义者也。"⑤

第三,荀子主张以礼来选拔人才,以等级来使用人才。他说:"取人之道,参之以礼;用人之法,禁之以等。"⑥

第四,荀子认为礼是强国之本。他说:"礼者,治辨之极也,强固之本也,威行之道也,功名之总也。王公由之,所以得天下也;不由,所以陨社稷也。故坚甲利兵不足以为胜,高城深池不足以为固,严令繁刑不足以为威,由其道则行,不由其道则废。"⑦

第五,荀子认为君子是以礼治国的中坚。他说:"天地者,生之始也;礼义者,治之始也;君子者,礼义之始也。为之,贯之,积重之,致好之者,君子之始也。故

---

① 《荀子·仲尼》。
② 《荀子·礼论》。
③ 《荀子·大略》。
④ 《荀子·王制》。
⑤ 《荀子·不苟》。
⑥ 《荀子·君道》。
⑦ 《荀子·议兵》。

天地生君子,君子理天地;君子者,天地之参也,万物之总也,民之父母也。无君子,则天地不理,礼义无统,上无君师,下无父子,夫是之谓至乱。"①

第六,在具体的措施上,荀子主张以礼乐节君子、以法数制众庶,或者说礼安士、政安民。他说:"礼者,贵贱有等,长幼有差,贫富轻重皆有称者也。故天子袾裷衣冕,诸侯玄裷衣冕,大夫裨冕,士皮弁服。德必称位,位必称禄,禄必称用。由士以上则必以礼乐节之,众庶百姓则必以法数制之。"②当然,荀子的"以礼治国"实现的是一个等级制度森严、政治体系封闭、社会分工僵化、缺乏人员流动的静态社会。荀子说:"农分田而耕,贾分货而贩,百工分事而劝,士大夫分职而听,建国诸侯之君分土而守,三公总方而议,则天子共己而已矣。"③

(二)荀子对孔子"以礼治国"思想的继承和发展

荀子的"以礼治国"思想是怎么来的? 荀子说:"孔子仁知且不蔽,故学乱术,足以为先王者也。一家得周道,举而用之,不蔽于成积也。故德与周公齐,名与三王并,此不蔽之福也。"④从荀子盛赞孔子的话来看,荀子对孔子的"以礼治国"思想既有传承,又有发展。

第一,孔子的"以礼治国"思想是通过恢复等级礼制蕴含的道德来实现的。荀子的"以礼治国"思想主要通过礼制的工具性价值来实现。孔子对当时的等级礼制,坚持适当损益的原则进行变革,但他始终强调等级礼制所蕴含的道德的重要性,并希望君子通过学习内化这些道德,从而通过道德赋予等级礼制合法性。对于等级礼制本身是否具有工具性价值这个问题,现有的历史文献还未发现孔子有相关的看法。荀子则认为,人是有欲望的。欲望无法满足会导致社会出现争、乱、穷的问题。礼义的功能就在于度量分界,使天地上下、贫富贵贱等级在动态中成长。他说:"人生而有欲;欲而不得,则不能无求;求而无度量分界,则不能不争;争则乱,乱则穷。先王恶其乱也,故制礼义以分之,以养人之欲,给人之求,使欲必不穷于物,物必不屈于欲,两者相持而长。是礼之所起也。"⑤

---

① 《荀子·王制》。
② 《荀子·富国》。
③ 《荀子·王霸》。
④ 《荀子·解蔽》。
⑤ 《荀子·礼论》。

　　第二,孔子的"以礼治国"思想蕴含着人可以通过后天的学习改变等级身份(贱民由学而致君子)的思想,但孔子并未否认春秋社会血缘身份决定人的等级地位的社会观念。荀子彻底否认血缘身份决定人的等级地位的观点,他坚持以礼义划分君子与小人的等级。他说:"虽王公士大夫之子孙也,不能属于礼义,则归之庶人。虽庶人之子孙也,积文学,正身行,能属于礼义,而归之卿相士大夫。"①因此,荀子的等级礼义观具有一定的开放性。

　　第三,孔子的"以礼治国"思想强调君子与小人的区别。对于君子在治国过程中发挥什么作用,孔子没有明言。孔子似乎认为,君子只要不断学习如何做君子并出仕做官,君子就能在既有的礼制下发挥作用。荀子则认为,君子在某一行业虽然不像农、工、商有一技之长,但君子懂得"道",掌握了治理百姓、兼理万物的本领。所以,君子是"以礼治国"的中坚。荀子说"无土则人不安居,无人则土不守,无道法则人不至,无君子则道不举。故土之与人也、道之与法也者,国家之本作也;君子也者,道法之总要也,不可少顷旷也。得之则治,失之则乱;得之则安,失之则危;得之则存,失之则亡。故有良法而乱者有之矣;有君子而乱者,自古及今,未尝闻也。传曰:'治生乎君子,乱生乎小人。'此之谓也"②,"若夫谲德而定次,量能而授官,使贤不肖皆得其位,能不能皆得其官,万物得其宜,事变得其应,慎、墨不得进其谈,惠施、邓析不敢窜其察,言必当理,事必当务,是然后君子之所长也"③。荀子这种只有君子才能治国的思想,显然体现了君子治理的含义,强调君子承担着治理社会的功能,这与孔子教导弟子从道德修养上立志做君子略有不同。

　　第四,孔子的"以礼治国"思想并未明确礼与道的关系,荀子则明确指出"道也者,何也? 礼义辞让忠信是也"④。所以,就整体而言,孔子的"以礼治国"思想只是一些散乱的观点,荀子的"以礼治国"思想则具有内在的逻辑体系。

　　第五,孔子把父子孝悌伦理当作礼的根本,其他伦理规范如神人、君臣、朋友

①《荀子·王制》。
②《荀子·致士》。
③《荀子·儒效》。
④《荀子·强国》。

都有向父子伦理靠拢的特质。尽管荀子认为天地、先祖、君师伦理"是礼之三本"①，但他还是把夫妻伦理当作君臣、父子伦理的根本。他说："夫妇之道，不可不正也，君臣、父子之本也。"②荀子把夫妇放在五伦之首。

第六，孔子的"以礼治国"思想并未明确礼与人性的关系，荀子则把"以礼治国"的思想明确地建立在人性恶的基础上。孔子讲"为国以礼"，但孔子"言性与天道，不可得而闻"③。因此，礼与人性具体是何种关系，后人并不清楚。而荀子说："古者圣王以人性恶，以为偏险而不正、悖乱而不治，是以为之起礼义、制法度，以矫饰人之情性而正之，以扰化人之情性而导之也。始皆出于治，合于道者也。"④因此，荀子的"以礼治国"思想建立在人性恶的基础上。虽然荀子的"以礼治国"思想是对孔子"以礼治国"思想的传承，但荀子的性恶论与孔子无关。它是荀子批判孟子的人性善论的结果。孟子的"仁政王道"思想建立在人性善的基础上。孟子人性善的主张可能使等级礼制处于可有可无的地步，因为如果"仁"根植于人性善，那么人只要专心挖掘自身的善性，一样可以达到"仁"的境界。这样，外在的礼就显得可有可无。对此，荀子批评孟子说："凡古今天下之所谓善者，正理平治也；所谓恶者，偏险悖乱也，是善恶之分也矣。今诚以人之性固正理平治邪，则有恶用圣王、恶用礼义哉？虽有圣王礼义，将曷加于正理平治也哉？"⑤总之，荀子的"以礼治国"思想是批判孟子人性善论并将其建立在人性恶基础上的产物。

第二节　道家思想及其社会分析

一、老子清静无为的思想

老子是春秋战国诸子中最具原创性的思想家。老子的政治思想以无为而治，实现小国寡民的理想为特征。老子认为，道是世界万物的本原，只可意会不

---

① 《荀子·礼论》。
② 《荀子·大略》。
③ 《论语·卷三·公冶长第五》。
④ 《荀子·性恶》。
⑤ 《荀子·性恶》。

可言传。它最初是一种无的状态，转为有的混沌状态后就具有衍生万物的能力。而道的动态表现是循环往复，源源不绝，外在表现是柔弱的。由于天、地、人都是道产生的，因此《老子》二十五章说："人法地，地法天，天法道，道法自然。"这种层层效法的思想反映的是一种道、天、地、人之间价值高低所形成的自然和社会秩序。由此，它奠定了老子为人处世和治国理政等一系列人生和政治的哲学主张。

（一）老子守弱不争的处世哲学

老子认为天道和人道是对立的。《老子》七十七章说："天之道，损有余而补不足。人之道，则不然，损不足以奉有余。"相应地，在人道和天道中，老子认为为人处世应抛弃人道，效法天道。《老子》七十三章说："天之道，不争而善胜，不言而善应，不召而自来，嬗然而善谋。"然而，圣人似乎能做到行为合于天道，因为《老子》八十一章说："圣人之道，为而不争。"所以，效法天道就是指圣人以无为处世，具体而言，就是善于站在矛盾双方的非主导方的立场来行事，做到抱雌守弱、知足不争。《老子》三十六章说："柔弱胜刚强。"《老子》三十三章又说："知足者富。"《老子》二十二章还说："夫唯不争，故天下莫能与之争。"而要达到圣人的境界，就必须入道。所谓入道，一是要使自己委身于寂静虚无的内觉状态，正如《老子》十六章所说："致虚极，守静笃。万物并作，吾以观复。夫物芸芸，各复归其根。归根曰静，静曰复命。复命曰常，知常曰明。不知常，妄作凶。知常容，容乃公，公乃全，全乃天，天乃道，道乃久。没身不殆。"二是要通过外物反观自身，以内敛的方式进行自我修养。《老子》三十三章说："知人者智，自知者明，胜人者有力，自胜者强。知足者富。强行者有志。不失其所者久。死而不亡者寿。"而入道的表现是能把握道，但老子要求入道者不表现出入道的真相，必须以假象来呈现，正如《老子》四十一章所说："明道若昧，进道若退，夷道若类，上德若谷，广德若不足，建德若偷，质真若渝，大白若辱，大方无隅，大器晚成，大音希声，大象无形，道隐无名。夫唯道，善贷且成。"

（二）老子无为而治的政治哲学

第一，老子反对有为政治，主张统治者无为而治。《老子》三十七章说："道常无为而无不为。侯王若能守之，万物将自化。"所谓"无为"是指统治者要顺其自然，不强作妄为。因此，无为不是统治者不作为。所谓"有为"是指统治者追求个人贪欲,主观妄为。对于无为和无不为,西汉时期的《淮南子·原道训》的理解是:"所谓无为者,不先物为也;所谓无不为者,因物之所为。"老子认为统治阶层的有为政治是难以治理天下的根源。《老子》七十五章说:"民之饥,以其上食税之多,是以饥。民之难治,以其上之有为,是以难治。"老子认为,治国之道,首先在于统治者无为。因此,统治者要像圣人一样去除极端,去除奢侈,去除过度。《老子》二十九章说:"将欲取天下而为之,吾见其不得已。天下神器,不可为也,不可执也。为者败之,执者失之。是以圣人无为。故无败;无执,故无失。夫物或行或随;或觑或吹;或强或羸;或载或隳。是以圣人去甚,去奢,去泰。"而且,老子既反对国家用法令制度治理社会,又反对用社会伦理规范治理社会。《老子》五十七章载:"天下多忌讳,而民弥贫;人多利器,国家滋昏;人多技巧,奇物滋起;法令滋彰,盗贼多有。"《老子》十八章载:"大道废,有仁义。慧智出,有大伪。六亲不和,有孝慈。国家昏乱,有忠臣。"从这两句话来看,老子认为社会的法令制度和伦理规范都是统治者主观妄为的结果,都是失道有为的表现,都必须予以否定。这说明老子持有与法国思想家卢梭类似的观点。他们认为人类社会发展是一个退化的过程,而不是文明进步的过程。老子将社会规范分为两种类型和五个层次。两个类型是无为和有为。道和德属于无为的类型,仁、义、礼属于有为的类型。老子反对有为造作的社会规范,强调人的自然德性。因此,老人不是反社会,而是主张社会应由人的自然德性来调节,实现社会和谐。

第二,老子主张治民之道在于使民无智、无欲、无争,归于纯朴。《老子》六十五章说:"古之善为道者,非以明民,将以愚之。民之难治,以其智多。故以智治国,国之贼;不以智治国,国之福。"要使民无智、无欲、无争,就要消灭科技文明,摒弃社会礼仪文明,使百姓回到善良纯朴之境。《老子》十九章说:"绝圣弃智,民利百倍;绝仁弃义,民复孝慈;绝巧弃利,盗贼无有。"《老子》三章说:"不尚贤,使民不争;不贵难得之货,使民不为盗;不见可欲,使民心不乱。是以圣人之治,虚其心,实其腹,弱其志,强其骨。常使民无知无欲。使夫智者不敢为也。为无为,则无不治。"这两句话反映出老子的政治思想有明显的反智倾向。

第三,老子向往自给自足的小国寡民社会,主张通过个人内敛式的道德修养成圣方式实现天下的和谐。《老子》八十章说:"小国寡民。使有什伯之器而不用;使民重死而远徙。虽有舟舆,无所乘之,虽有甲兵,无所陈之。使民复结绳而用之。甘其食，美其服，安其居，乐其俗。邻国相望，鸡犬之声相闻，民至老死，不相往来。"要做到这一点，就必须依靠个人内敛式的道德修养成圣方式来实现。《老子》五十四章说："修之于身，其德乃真；修之于家，其德乃余；修之于乡，其德乃长；修之于邦，其德乃丰；修之于天下，其德乃普。故以身观身，以家观家，以乡观乡，以邦观邦，以天下观天下。吾何以知天下然哉？以此。"因此，与儒家一样，老子认为治理在本质上是个人修养达到一定的程度，体道在政治上的外在运用，它同样遵循身、家、乡、邦(国)、天下依次实现和谐的路径。

第四，老子反对战争。《老子》三十章说："大军之后，必有凶年。"《老子》三十一章说："夫兵者，不祥之器。"老子主张以谦让取下的方式处理国家与国家的关系。《老子》六十一章说："大邦者下流，天下之牝，天下之交也。牝常以静胜牡，以静为下。故大邦以下小邦，则取小邦；小邦以下大邦，则取大邦。故或下以取，或下而取。"显然，老子反对战争的主张与儒家孟子认为春秋无义战，应以仁义处理国与国之间的关系的主张略有不同。

二、老子思想奇特性的合情性分析

春秋战国时期有关老子的文献资料并不多。其中有《论语》《庄子》《韩非子》《吕氏春秋》《礼记·曾子问》和《孔子家语》。这些文献对老子的记载，要么含糊，如《论语·卷四·述而第七》"述而不作，信而好古，窃比于我老彭"中提到的"老彭"究竟是否是老子和彭祖，难以定论；要么文献作者身份存疑，如《礼记·曾子问》讲孔子向老子问丧葬礼。后来，西汉历史学家司马迁讲"盖老子百有六十余岁，或言二百余岁"①显得夸诞。对于《老子》一书作者的身份，史学家们有三种说法：第一种说法以唐兰先生为代表。他认为老聃和太史儋是同一人，因聃和儋音同而假用。他主要根据《礼记·曾子问》《庄子》《韩非子》和《吕氏春秋》来证明。同时唐兰先生认为，老聃"姓李名耳"说是不可靠的。② 第二种说法以罗根泽先生为代表。他认为老子即是太史儋，且后孔子百余年。③ 第三种说法以顾颉刚先生为代表，认为《老子》成书于战国时代。顾颉刚先生认为，在儒家倡导

---

① 《史记·老子韩非列传》。

② 罗根泽：《古史辨》第 4 册，上海古籍出版社 1982 年版，第 332－334 页。

③ 同上书，第 449 页。

仁义前,《老子》讲"绝仁弃义"是没有意义的。同样,在墨家倡导"尚贤"前,《老子》讲"不尚贤"也没有意义。① 因此,《老子》成书于儒家和墨家之后的战国时期。而且,顾颉刚先生根据《吕氏春秋》行文中称老聃而不称老子,认为《老子》的作者就是老聃。总之,上述三种说法的重点都是考查《老子》一书成书的年代,而不是考查《老子》一书的作者。因此这些考查都不同程度地呈现以《史记》所载《老子传》为中心的特质。这些历史学家考查了存疑的老子身份,但并未得出确切的结果。之所以如此,是因为他们侧重于根据春秋战国时期的其他文献,并对照《老子》一书内容的相似处来考证《老子》一书成书的年代,而不是根据《老子》一书的内容与其他先秦文献的相异处来推测《老子》一书作者的身份。

从《史记》的记载和春秋战国时期的社会背景来看,老子思想颇具奇特性。第一,老子提倡的为人处世应抱雌、守弱、不争的思想与先秦社会强调的君子为人处世要自强不息的主张相对立。《老子》三章讲:"不尚贤,使民不争。"《老子》二十八章讲:"知其雄,守其雌,为天下溪。"《老子》三十六章讲:"柔弱胜刚强。"而战国时期的《周易·乾卦》讲:"天行健,君子以自强不息。"因此,老子为人不争的主张与春秋战国社会的"君子以自强不息"的主张相矛盾。

第二,老子反智治国的主张与春秋战国社会认为统治是君子的专职,提倡君子靠智力和本领治国的主张相对立。《老子》六十五章讲:"古之善为道者,非以明民,将以愚之。民之难治,以其智多。故以智治国,国之贼;不以智治国,国之福。"而《左传·襄公九年》中说:"君子劳心,小人劳力,先王之制也。"《左传·襄公十三年》中说:"世之治也,君子尚能而让其下,小人农力以事其上,是以上下有礼。"因此,从某种意义讲,《老子》中的反智治国思想与春秋时代尚能的治国思想背道而驰。

第三,老子的"道"与春秋战国社会的"道"概念不同。《老子》的"道"指世界的本原或起源。如《老子》四十二章说:"道生一,一生二,二生三,三生万物。万物负阴而抱阳,冲气以为和。"而且,《老子》二十一章说:"道之为物,惟恍惟惚。惚兮恍兮,其不有象;恍兮惚兮,其中有物。窈兮冥兮,其中有精;其精甚真,其中有信。"对于此句,陈鼓应先生译作:"道这个东西,是恍恍惚惚的。那样的恍恍惚

---

① 罗根泽:《古史辨》第 4 册,上海古籍出版社 1982 年版,第 464 页。

惚,其中却有实物;那样的深远暗昧,其中却有精质;那样的深远暗昧,其中却是可信验的。"①从陈先生的翻译来看,老子是根据个体"恍惚"的生活体验来描述"道"的。而春秋社会的"道"是指处理人神关系和人与人之间的关系的原则。如《左传·桓公六年》中说:"所谓道,忠于民而信于神也。"对于《老子》一书中"道"的来源,后来的研究者往往摸不着头脑。近代学者刘节说:"老子以谈道著名,在他的书里找不到老子何以为会悟出客观的道? 实在是莫大的缺憾。"②

第四,《老子》一书作者的身份具有夸诞性。《史记·老子韩非列传》中说:"老子者,楚苦县厉乡曲仁里人也,姓李氏,名耳,字聃,周守藏室之史也。"又说,"或曰:老莱子亦楚人也,著书十五篇,言道家之用,与孔子同时云。"但他说"盖老子百有六十余岁,或言二百余岁"就显得不可思议。他还说:"或曰儋即老子,或曰非也,世莫知其然否。老子,隐君子也。"至此,不禁要问:为什么老子思想与春秋战国时期的文献资料中的思想如此不一致?

本目要考查老子的性别,并根据老子的性别来分析老子思想的奇特之处。从现代医学的角度来讲,要知道一个人的性别,最好的办法是检测其基因。但老子是战国时代的隐士,我们无法找到并确认其尸首,然后取样检测基因,确认其性别。本文对老子性别的社会分析,采用的是合情推理(plausible reasoning)方法。所谓"合情推理"是指从已有的事实出发,凭借经验和直觉,通过归纳和模拟等手段推断某些结果的一种推理方法。合情推理得出的结论未必是真的。然而,当多条合情推理都指向同一结论时,则该结论的准确性就较高。

第一,根据《老子》三十六章讲的"柔弱胜刚强"可知,持柔处世是《老子》一书的基本主张。根据春秋文献讲的"君令臣共,父慈子孝,兄爱弟敬,夫和妻柔,姑慈妇听,礼也"③可知,在春秋社会,礼仪要求妇女持柔处世。因此,最有可能持柔处世的是女性。所以,《老子》一书的作者可能是女性。

第二,《老子》一书的作者会书写和烹饪,表明老子可能为女性。考虑到春秋战国社会文字与书写主要掌握在社会贵族阶层手中,由此可以推测《老子》一书

---

① 陈鼓应:《老子今译今注》(修订版),商务印书馆 2003 年版,第 159 页。
② 刘节:《古史考存》,人民出版社 1958 年版,第 191 页。
③《左传·昭公二十六年》。

的作者最可能出身贵族阶层。而且,从《老子》一书中提到的"侯王""上士""中士""下士"来看,作者可能出自贵族中的士阶层。从《老子》六十章讲的"治大国,若烹小鲜"来看,作者熟知烹饪知识。从孟子所说"君子远庖厨"①可排除作者是男性贵族,作者可能是一位贵族家庭中会书写和烹饪的女性。春秋战国社会的贵族女性是否会烹饪呢?先来看看春秋战国社会对妇女的社会分工的看法。《诗经》中说:"于以采苹,南涧之滨。于以采藻,于彼行潦。于以盛之,维筐及筥。于以湘之,维锜及釜。于以奠之,宗室牖下。谁其尸之?有齐季女。"②《诗经》这两句话说明烹饪是春秋社会的妇女的基本工作。而且,《礼记·内则》也说:"女子十年不出,姆教婉娩、听从,执麻枲,治丝茧,织纴组紃,学女事,以共衣服。观于祭祀,纳酒、浆、笾、豆、菹、醢,礼相助奠。"因此,纺织和烹饪是先秦女性的基本工作。因此,《老子》一书的作者可能是一位贵族家庭中会书写和烹饪的女性。

第三,从古代中国文字传承的男女差别来看,《老子》一书的作者可能是女性。《老子》推崇的"小国寡民"社会是一个结绳记事的社会。这个社会实际上是人们只会说语言却不会用文字书写的乡村社会。从现代人的角度讲,人在接受文字书写启蒙教育前处于一个有语言而无文字的社会。一般而言,人越早启蒙,他(她)对无文字社会的印象越不深刻。古代人也同样如此。而且,春秋战国时期文字书写掌握在人数极少的贵族手中,广大庶民难有机会接受文字书写教育。并且,春秋战国时期诸国古文难以自学,往往由贵族口传身授。同时,春秋战国时期,男子一般从八岁开始接受书写启蒙。如《大戴礼记·保傅》中说:"古者年八岁而出就外舍,学小艺焉,履小节焉。"《汉书·食货志》讲周室先王之制时说:"八岁入小学,学六甲五方书计之事,始知室家长幼之节。十五入大学,学先圣礼乐,而知朝廷君臣之礼。"因此,春秋战国社会贵族男性在八岁启蒙前对无文字社会是很难有深刻印象的,更不用说推崇备至,因此《老子》的作者不太可能是贵族男性,只能是出自贵族家庭的女性。作者对有语言无文字的乡村社会推崇

---

① 《孟子·梁惠王上》。
② 《诗经·召南·采苹》。

备至,说明作者曾在无文字的乡村社会长期生活并有深刻体会。再考虑到先秦贵族主要居住在城邑,而普遍是文盲的庶民主要居住在乡村,加上《老子》三十九章讲"贵以贱为本,高以下为基",作者可能是来自乡村庶民家庭的女性。如果《老子》一书的作者是女性,她是怎样学会文字,并进入贵族家庭的? 根据《礼记·内则》所讲女子"十有五年而笄,二十而嫁"推测,作者可能是二十岁后嫁到贵族家庭的。这样说似乎忽视了春秋战国等级制度对不同等级间通婚的阻碍。值得注意的是,春秋时期国家对男女婚姻似乎持较开放的态度。如《周礼·地官司徒·媒氏》载:"中春之月,令会男女。于是时也,奔者不禁。若无故而不用令者,罚之。"相应地,在春秋时期,贵族士阶层与庶民之间似乎流行开放式婚配。《诗经·周南·关雎》中"窈窕淑女,君子好逑",就是讲贵族君子追求乡村美女的故事。《诗经·召南·野有死麕》中"有女怀春,吉士诱之",露骨地描写了春游时节贵族男子引诱少女并成功婚配的行为。另外,春秋战国时期贵族还有抢婚的行为,如《周易·屯卦》说:"乘马班如,匪寇昏媾。"既然贵族与庶民之间能婚配,那么《老子》一书的作者就可能是来自乡村庶民家庭,嫁入贵族家庭的女性。简言之,《老子》一书的作者可能是嫁入贵族家庭并在丈夫的口传身授下接受了文字书写教育的女性。

第四,《老子》一书中多次提到抚育幼儿的生活经验,这表明作者可能是女性。考虑到《老子》一书未提及任何先秦历史人物(如圣人的姓名)和典籍或书中的名言,排除作者故意不提及先秦历史人物或典籍的情况,我们大抵可推测:作者可能接受过基本书写的教育,但作者所受教育极为有限,因为作者并未提到历史典籍中的知识。换言之,作者的知识来源大多不是来自书本和文献,而是来自个人的生活经验。当然,排除作者不提先秦历史人物或先秦典籍是出于故意,在逻辑推理上确实不够严谨,特别是在《史记》明确作者是一个隐士的前提下,因为作者可能为了隐逸的需要,而尽量不暴露自己。这里可以举一个反例。《鹖冠子》一书的作者也是一个隐士,但他在问答中不仅提到赵武灵王、赵悼襄王、庞焕、庞暖,而且还提到了令尹、上柱国等官名。因此,作者的隐士身份,并不妨碍作者提到先秦历史人物和典籍。《老子》十章讲:"专气致柔,能如婴儿乎?"类似地,《老子》二十章、二十八章都提到了婴儿,可知养育婴儿是作者基本的生活体验。孟子所述"古者易子而教之,父子之间不责善"①说明"君子不教子",由此可推断:春秋战国时期承担生儿育女职责的人主要是母亲。至此,可以推断:具有丰富的育儿经验的人很有可能是一位女性。

第五,《老子》一书的作者为女性也隐藏在《史记》的记载中。"窦太后好《老子》书,召辕固生问《老子》书。固曰:'此是家人言耳。'太后怒曰:'安得司空城旦书乎?'乃使固入圈刺豕。"②

为什么辕固生的一句话——"此是家人言耳"会激怒窦太后?我们来对窦太后的回答做一番分析。"司空"是古代掌握水利和营建的官职名。"城旦"是秦朝时期一种罚男犯服四年劳役的刑罚。它反映的是国家治理公的场域。从"家人言"与"司空城旦书"来看,"家人言"反映的应是家族生活私的场域。如果老子一书的作者是男性,那么《老子》一书谈无为而治的治国主张,涉及的就是男子谈论国家治理公的场域,那么窦太后没有必要发怒。如果《老子》一书的作者为女性,根据《礼记·内则》讲的"男不言内,女不言外……内言不出,外言不入"来看,"家人言"就是女性的"妇人"之言。在古代,妇人谈国家治理违背了男女社会分工。当然,这只是逻辑推理的结果,并未将春秋战国时期的文献中有关"家人"的理解作为旁证(西汉以后,家人的内涵可能发生变化)。《诗经·国风·桃夭》中有"桃之夭夭,灼灼其华。之子于归,宜其室家……桃之夭夭,其叶蓁蓁,之子于归,宜其家人"的说法。诗中的"家人",根据现代人的理解,估计是包括男女在内的家庭成员。而根据公元前694年申繻所说"女有家,男有室"③和孟子所说"丈夫生而愿为之有室,女子生而愿为之有家"④,男子对应"室",女子对应"家"。前一句中的"家""室"应指夫妻两人构成的小家庭。后一句中的"家"应是指一门之内的女性成员。如果这种理解成立,那么辕固生说《老子》书是"家人言",实际上指出了《老子》一书的作者是女性。据此可知,辕固生此说含有指责女性不该谈论国家治理的意思。也正因为如此,窦太后才会大怒,试图置辕固生

---

① 《孟子·离娄上》。
② 《史记·儒林列传》。
③ 《左传·桓公十八年》。
④ 《孟子·滕文公下》。

于徒手杀野猪的险地。

总之，上述五个方面都可能存在反例，但它们都合乎逻辑，显示出老子为女性的可能性较高。因此，大抵可以推断老子为女性。

如果《老子》一书的作者为女性，那么我们就可以从先秦女性的角度来理解老子思想的奇特处。

第一，为什么《老子》一书主张为人处世要抱雌、守弱、用柔？因为作者本身就是女性，而坚持以柔处世是春秋社会对女性基本的道德要求。这种要求与先秦社会要求男性做君子"自强不息"是有显著区别的。

第二，为何《老子》中讲"无为"和"不争"？我们可以从美国学者霍娜（Matina Horner）1972 年提出的女性回避成就动机来理解。所谓"回避成就动机"是指当事人想成功却害怕成功而显示出其内心存在回避成功的动机。霍娜研究发现，相较于男性，女性存在着较高的惧怕成功的心理动机。但后来研究者进一步研究发现，现代社会"女性和男性在恐惧成功方面没有区别"[1]。这里提到霍娜的观点，主要是因为她对回避成就动机成因的解释很有道理。她说："企图回避成就的动机（回避成就动机）在动机的期待——价值理论的模式中被概念化了，回避成就动机一般是极为普遍的社会陈规旧俗中的心理表现。这个社会的传统观念认为，男子气和精神面貌有正相关，把能力、独立、竞争、智慧的形成看作是与女性不相干的事，甚至认为女性在与成就有关的领域取得成功，反而会招致相反的结果。这就引起有创造成就动机的女性，在取得成功时产生害怕情绪，出现了'成功害怕'。"[2]换言之，霍娜认为回避成就动机的出现是男尊女卑的伦理规范内化于个体的产物。当代心理学研究显示，一旦现代社会普遍强调男女平等，那么男女在回避成就动机方面并没有明显的差异。而春秋社会强调"夫和妻柔，姑慈妇听"[3]，那么女性就可能有较高的回避成就动机。因此，回避成就动机使春秋战国社会的女性有较大的可能性采取藏拙、不争作为处世方法。

---

① ［美］埃托奥、布里奇斯：《欧美心理学译丛：女性心理学》，苏彦捷等译，北京大学出版社 2003 年版，第 169 页。

② ［美］霍娜：《充分理解女性发奋中的种种困难》，转引自袁振国、朱永新、蒋乐群、许为民：《男女差异心理学》，天津人民出版社 1989 年版，第 240 页。

③ 《左传·昭公二十六年》。

第三,为什么《老子》中有反智的治国主张? 因为《老子》一书的作者为女性,她出身乡村庶民家庭,推崇无文字的乡村社会,贬低有文字的礼仪社会。如果她推崇无文字的乡村社会,那么无文字的乡村社会就是大道运行的社会,而有文字的礼仪社会就是大道废弃的社会。而且,根据她个人先乡村后城市的生活经历,无文字的乡村社会在时间上先于有文字的礼仪社会,因而《老子》十八章说:"大道废,有仁义。慧智出,有大伪。六亲不和,有孝慈。国家昏乱,有忠臣。"相应地,返回民风自然纯朴、民智混沌未开的无文字社会就成为其治国的价值取向。

第四,为什么《老子》中道的概念不同于春秋战国社会所理解的道。《老子》一书的核心概念是"道"。《老子》一书将"道"看作天地万物的本原。从《老子》四十章说"天下万物生于有,有生于无"来看,道生万物就是一个从无到有的过程。女性受孕有子也是从无到有的过程。而且,作者把道与万物的关系比喻为母子关系,所以作者完全可能根据女性受孕有子的个体感悟来向读者解释抽象的"道"。当然,作者在谈及女性受孕的主观感受时肯定牵涉到对性交体验的看法,因此必然会提到女性的性欲和生殖器官。是否如此呢?《老子》六章说:"谷神不死,是谓玄牝。玄牝之门,是谓天地根。绵绵若存,用之不勤。"这里"谷"通"欲",指爱欲。"玄牝"是指女性的生殖器官。譬如,明初话本小说这样描写男女性交:"噙着的,呼吸元精而不疲;耨着的,出入玄牝以无休。"[①]所以,传统中国社会人们讲的"玄牝"就是指女性的生殖器官。同时,《老子》五十五章还说:"未知牝牡之合而朘作,精之至也。"句中的"牝牡之合"就是指男女性交。此外,当作者把女性生殖器看作"天地根"时,作者完全有可能根据女性的受孕体验来描述"道"。而且,作者根据个体"恍惚"的生活体验来描述"道",那么何种情况下会出现"恍惚"的情形呢? 一种可能是个体生病神志模糊时,还有一种可能是女性处于性高潮时。研究女性性高潮的学者发现,女性性高潮的主观感受有三个阶段。第一阶段是性紧张到极点,女性有瞬间悬吊或飘浮的感觉。第二阶段是温热的感觉自盆腔传遍全身。在此阶段女性还隐约有"堕落"和"敞开"的身体感受。第三阶段是女性意识到不随意的暖流从骨盆传遍全身,它以骨盆抽搐为特

---

① [明]凌蒙初:《初刻拍案惊奇》,新世界出版社 2013 年版,第 201 页。

征而达到快感顶峰。在此阶段,女性可能感受到恍惚、与世隔绝或神志暂时丧失的极度兴奋感。① 如果对《老子》描述的"恍惚"状态与女性性高潮第三阶段体验到恍惚状态的相似性进行对比,我们可以推测作者可能是以女性性高潮的第三阶段出现的恍惚的主观感受为蓝本来描述"道"的。

如果这种推测是真的,我们就可以从女性对性交的主观感受来理解《老子》一书对道的一系列描述。譬如作者讲"其中有精,其精甚真"。这里的精不是什么神秘的东西,而是受精的"精"。《易·系辞下》中说:"男女构精,万物化生。"这里揭示的是女性性高潮中受精的主观体验。同样,作者讲"其中有信",如果把信理解为征兆或迹象,那么这里描写的就是女性受精并感悟到身体受孕的征兆或迹象。

此外,老子还具体地解释了"惚恍",《老子》十四章说:"视之不见,名曰夷,听之不闻,名曰希,搏之不得,名曰微。此三者不可致诘,故混而为一。其上不皦,其下不昧,绳绳兮不可名,复归于无物。是谓无状之状,无物之象,是谓惚恍。"对于此句,陈鼓应先生解读为:"看它看不见,名叫'夷';听它听不到,名叫'希';摸它摸不着,名叫'微'。这三者的形象无从究诘,它是浑沦一体的。它上面不显得光亮,它下面也不显得阴暗,它绵绵不绝而不可名状,一切的运动都还会回到不见物体的状态。这是没有形状的形状,不见物体的形象,叫它做'惚恍'。"②

从陈先生的解读,很难看出女性性高潮的生活体验。然而,如果对照一下女性性高潮第三阶段出现的恍惚的主观感受,也许《老子》中讲的"视之不见""听之不闻""搏之不得""不可名""无物",是女性性高潮时视觉和听觉完全与外界失去联系,处于混沌迷糊状态下的主观感受。研究女性性高潮的医师发现,"女性在高潮刚过的一刻,可能有些恍惚,虽然性感高涨散开了,可是身体感觉意识还在亢奋之中,所以会极力关注自身的感觉"③,因此,作者可能以女性性高潮并受孕的主观感受为蓝本,揭示"道"从无到有、生化万物的过程。

---

① 马晓年:《知性·女性篇》,湖南科学技术出版社 2016 年版,第 75 - 76 页。
② 陈鼓应:《老子今译今注》(修订版),商务印书馆 2003 年版,第 127 页。
③ 李雨薇:《女医检师现身说法:教你高潮一直来一直来》,文经社 2011 年版,第 46 页。

沿着作者女性性高潮的思路,我们也可以很好地理解《老子》二十五章中的说法:"有物混成,先天地生。寂兮寥兮,独立而不改,周行而不殆,可以为天地母。吾不知其名,字之曰道,强为之,名曰大。大曰逝,逝曰远,远曰反。"为何道是混成的? 估计作者在性高潮时中神志恍惚,感受到导致自己受孕的道是混沌模糊的。为何道是寂静无声且无形的? 估计在性高潮时作者的意识与外界隔离。为何道"周行而不殆"? 估计是作者在性高潮时体验到暖流和快感从骨盆传遍全身。为何道消逝,远离又返回? 估计是作者体验到多次性高潮,即前一次高潮消逝,后一次又迭起。

第五,为什么世人说《老子》的作者是个隐者? 众所周知,《老子》中提出了无为而治的治国思想。如果《老子》一书的作者是女性,那么妇女谈治国的行为就违背了春秋社会的男女分工,因为春秋时期"妇人送迎不出门,见兄弟不逾阈,戎事不迩女器"①。同样,公父文伯的母亲到鲁国权臣季康子家中串门,季康子跟她说话,她一直不回应。最后季康子追到内室,她才回答:"天子及诸侯合民事于外朝,合神事于内朝;自卿以下,合官职于外朝,合家事于内朝;寝门之内,妇人治其业焉。上下同之。夫外朝,子将业君之官职焉;内朝,子将庀季氏之政焉,皆非吾所敢言也。"②而且,《礼记·内则》也说:"男不言内,女不言外……内言不出,外言不入。"内为家事,外为公事。显然,治国属于公事,妇女谈治国明显跨越了春秋社会的男女分界,也违背了西周之后春秋社会反对妇女干政的主流舆论,如西周武王说:"古人有言曰:'牝鸡无晨,牝鸡之晨,惟家之索。'今商王受,惟妇言是用。昏弃厥肆祀,弗答。"③这句话的大意是,武王说:"古人有句话说:'母鸡没有早晨打鸣的,如果母鸡早晨打鸣,这个家就要败落了。'现在商王受(纣),只听妇人的话,轻蔑地抛弃了对自己祖先的祭祀,不闻不问。"④同样,当晋国骊姬媚惑晋献公时,晋国大夫史苏说:"昔夏桀伐有施,有施人以妹喜女焉,妹喜有宠,于是乎与伊尹比而亡夏。殷辛伐有苏,有苏氏以妲己女焉,妲己有宠,于是乎与胶鬲比而亡殷。周幽王伐有褒,褒人以褒姒女焉,褒姒有宠,生伯服,于是乎与虢石甫

---

① 《左传·僖公二十二年》。
② 《国语·鲁语下》。
③ 《尚书·周书·牧誓》。
④ 李民、王健:《尚书译注》,上海古籍出版社2004年版,第207页。

比，逐太子宜臼而立伯服。太子出奔申，申人、鄫人召西戎以伐周，周于是乎亡。"①而且，《诗经》中这样讽刺周幽王的宠妃褒姒："哲夫成城，哲妇倾城，懿厥哲妇，为枭为鸱。妇有长舌，维厉之阶。乱匪降自天，生自妇人。"②这几句诗的大意是："智慧的男子能建筑城墙，智慧的妇人却能毁灭城墙。唉，那个智慧的妇人，是枭是鸱都一样。女人有长舌，是败坏的祸殃。乱不是从天下降，生在妇人的身上！"③同样，公元前651年九月，齐桓公与诸侯在葵丘会盟时提出："壹明天子之禁，曰：'毋雍泉，毋讫籴，毋易树子，毋以妾为妻，毋使妇人与国事。'"④既然在春秋社会，女性谈治国有诸多违背社会礼法和主流舆论的问题，那么老子作为女性，为了传播其治国思想就不得不隐匿自己的身份。换言之，《老子》作者是女性与社会占主导的男权结构相冲突，它影响了社会对《老子》一书作者性别的认知。一旦《老子》一书传入社会，有人领悟深刻时，后世就会误将那些深刻领悟《老子》思想的男性当成作者。所以，司马迁说《老子》作者或是老聃，或是老莱子，或是太史儋，就不足为奇。

第六，如果把《老子》一书看作一个整体，那么老子论证"无为而治"主张遵循的逻辑就是"有为不如无为"。来看老子描述"有为"举措造成的消极后果。《老子》三十章说："师之所处，荆棘生焉。大军之后，必有凶年。"《老子》四十四章说："甚爱必大费，多藏必厚亡。"《老子》五十七章说："天下多忌讳，而民弥贫；人多利器，国家滋昏；人多技巧，奇物滋起；法令滋彰，盗贼多有。"《老子》七十五章说："民之饥，以其上食税之多，是以饥。民之难治，以其上之有为，是以难治。民之轻死，以其上求生之厚，是以轻死。"

老子通过对比"无为""有为"，得出"无为"胜"有为"，应实施无为而治的主张。《老子》十九章说："绝圣弃智，民利百倍。绝仁弃义，民复孝慈。绝巧弃利，盗贼无有。"《老子》五十八章说："其政闷闷，其民淳淳；其政察察，其民缺缺。"《老子》二十九章说："为者败之，执者失之。是以圣人无为，故无败；无执，故无失。""有为不如无为"意思是"做不如不做"。那么什么情况下人会讲"做不如不

---

①《国语·晋语一》。

②《诗经·大雅·瞻卬》。

③ 周振甫：《中国古典名著译注丛书：诗经译注》，中华书局2002年版，第489页。

④《穀梁传·僖公九年》。

做"呢？我研究这个问题时百思不得其解。记得有一年家里种苎麻亏了本，母亲跟我说："早知亏本，做不如不做。"显然，母亲说此句的逻辑与老子论证"无为而治"主张的逻辑是类似的。也许有人会说，我母亲受了《老子》一书的影响。然而，我母亲是个文盲，根本不知《老子》一书。受母亲的启发，我推测"无为而治"的主张是作者在事情失败后得出的反思言论。可能有人说，《老子》一书是春秋战国时期的作品，我们不能用现代人的思维去推断前人的思维模式。如果在春秋战国时期有类似"做不如不做"的思维模式，那么这种推测就有一定的合理性。《诗经·小雅·苕之华》中说："苕之华，其叶青青。知我如此，不如无生！"这两句诗的大意是，凌霄花儿开，叶子青又青。早知我活得苦，生不如不出生。既然在春秋时期的《诗经》中早就有"生不如无生"的后悔思维，那么《老子》中"无为而治"的思想就可能是作者观察"有为"举措失败后得出的反思言论。当然，这种结论跟作者的女性身份无关。

三、庄子对老子思想的传承与超越

对于庄子与老子思想的关系，吕振羽先生说："庄周的思想体系，虽是由老聃而一贯继承下来的，但却是老聃哲学的修正：第一点，他把老聃的唯心主义更深刻化、体系化，而老聃的辩证法，却由他而降为相对论；第二点，他在政治上完全由老聃的复古论而转化为出世主义。"①吕振羽先生的理解，有对的地方，也有不对的地方。第一点讲老聃的辩证法降为庄子的相对论，总体上是对的。然而，他既未揭示老聃辩证法的特质，也未指出庄子不继承老子辩证法的原因。第二点讲老聃的复古论转化为出世主义，对老子和庄子都存在不同程度的误读。老子确实主张回到小国寡民的社会，但老子的"小国寡民"主张并不是复古论，而是老子作为女性描述自己出嫁前在无文字乡村社会的生活经历。庄子也主张回到小国寡民的社会，并把它看作上古的"至德之世"，因此庄子对老子"小国寡民"思想的传承应作为复古论来理解。同时，庄子主张摆脱世俗束缚，追求心灵自由，因此有出世（更确切地说是避世或游世）主义的特质。总的说来，庄子的思想在一定意义上讲是对老子清静无为思想的继承，但又有细微的不同，从而走向超越。

① 胡道静：《十家论庄》，上海人民出版社2004年版，第85页。

第一，与老子一样，庄子把道看作世界万物的本原。但在社会的伦理道德与身的关系上，庄子的思想与老子却有不同。《老子》三十八章中讲"失道而后德"意味着"德"在价值层次上要低于"道"。虽然《老子》五十一章说："道生之，德畜之，物形之，势成之。是以万物莫不尊道而贵德。"但老子并未揭示"道"与"德"的生成关系。庄子对道与德的关系进行了分析，他说："泰初有无，无有无名；一之所起，有一而未形。物得以生，谓之德；未形者有分，且然无间，谓之命；留动而生物，物成生理，谓之形；形体保神，各有仪则，谓之性。性修反德，德至同于初。同乃虚，虚乃大。合喙鸣，喙鸣合，与天地为合。其合缗缗，若愚若昏，是谓玄德，同乎大顺。"对于此句，陈鼓应先生译作："宇宙始原是'无'，没有'有'，也没有名称；'道的活动'呈现混一的状态，混一的状态还没有成形体。万物得到道而生成，便是'德'；没有成形体时却有阴阳之分，犹且流行无间，称之为'命'；'元气'运动时滞留便产生了物，万物生成具有各别样态，就称为'形'；形体保有精神，各有轨则，便称为'性'。经过修养再返于'德'，'德'同于太初。同于太初便虚豁，虚豁便包容广大。浑合无心之言；无心之言的浑合，便和天地融合。这种融合泯然无迹，如质朴又如昏昧，这就叫作'玄德'，同于自然。"①

从这句翻译可以看出，道（无）可以生成万物，道是万物的共性，德是万物得道后的产物。而且，人可以通过修养回到道初无名的状态。根据老子"尊道贵德"的主张，庄子引申出通过存形穷生（即守身）来实现"立德明道"的观点。《庄子·天地》说："故形非道不生，生非德不明。存形穷生，立德明道，非王德者邪！"因此，庄子强调保存形体和充实生命以立德明道。

相应地，庄子把个体的存形穷生看作"立德明道"的前提，如《庄子·让王》中说："故曰，道之真以治身，其绪余以为国家，其土苴以治天下。由此观之，帝王之功，圣人之余事也，非所以完身养生也。今世俗之君子，多危身弃生以殉物，岂不悲哉！"

庄子实际上是站在个人的角度，将身看作"立道明德"的基础。《庄子·庚桑楚》中强调："夫全其形生之人，藏其身也，不厌深眇而已矣。"可见，庄子反对世人"殉身伤性"的行为。《庄子·骈拇》中说："自三代以下者，天下莫不以物易其性

---

① 陈鼓应：《庄子今注今译》（修订本），商务印书馆2007年版，第365页。

矣。小人则以身殉利,士则以身殉名,大夫则以身殉家,圣人则以身殉天下。故此数子者,事业不同,名声异号,其于伤性以身为殉,一也。"从这句话来看,庄子估计对春秋战国时期社会个体践行绝对伦理时勇于舍身的行为持批评态度。而《老子》第七章说:"是以圣人后其身而身先,外其身而身存。"对于这句话,陈鼓应先生译为:"所以有道的人把自己退在后面,反而能赢得爱戴;把自己置之度外,反而能保全生命。"①从这句话来看,老子并不是把保全身体放在第一位,而是主张把身体置之度外来保存身体,以"后其身"来达到身先。因此,在如何守身的问题上,庄子与老子的理解是相背离的。

当然,庄子"守身适性"的思想中引申出"守身弃礼"的内涵。这种内涵在"杨子取为我,拔一毛而利天下,不为也"②的主张表现得最直白。在古代中国,毛发、胡须、爪子都被视为人身上最神秘而富有生命力和精力的东西③。毛发就是身体的表征。相应地,杨朱"拔一毛而利天下,不为也"是站在"身"的角度,否定春秋战国社会绝对伦理所规定的"舍生取义"的义务。毫无疑问,"杨子取为我,拔一毛而利天下,不为也"就是春秋战国时期个人自我意识的觉醒。因此,战国时期的道家思想发展到杨朱所在时代,彻底否定了春秋战国社会的绝对伦理,从而断开了春秋战国社会绝对伦理的压迫性舍身要求。这实际上是战国时期道家对"周文疲弊"所做出的一种反应。当然,从老子的"不争"到杨朱的"为我",道家站在个人的立场,在对待"身"的态度上发生了巨变。

第二,庄子和老子在对自然的认识上有一致性又略有不同。老子讲"道法自然",自然即自成。但老子对自然并未展开来论述。庄子讲自然,强调万物得道自成后,各有其德、其性,因此圣人治理天下,要使天下安然自在,不应使天下淫其性、迁其德。《庄子·在宥》中说:"闻在宥天下,不闻治天下也。在之也者,恐天下之淫其性也。宥之也者,恐天下之迁其德也。天下不淫其性,不迁其德,有治天下者哉!"因此,圣人要放德而行,循道而趋,如《庄子·天道》中以老聃的口吻对孔子说:"夫子亦放德而行,循道而趋,已至矣;又何偈偈乎揭仁义,若击鼓而

---

① 陈鼓应:《老子今注今译》(修订本),商务印书馆 2003 年版,第 101 页。
② 《孟子·尽心上》。
③ 江绍原:《发须爪:关于它们的迷信》,中华书局 2007 年版,第 38 页。

求亡子焉？意，夫子乱人之性也！"对自然的顺从就是全生适性，如《庄子·养生主》中说："缘督以为经，可以保身，可以全生，可以养亲，可以尽年。"这句话的大意是"顺着自然的理路以为常法，就可以保护生命，可以保全天性，可以养护身体，可以享尽寿命"①。所以，庄子反对违背事物的本性而人为地取长补短。《庄子·骈拇》中说："是故凫胫虽短，续之则忧；鹤胫虽长，断之则悲。故性长非所断，性短非所续。"相应地，人为地改造自然，就是《庄子·秋水》中所说"以人灭天""以故灭命"。与之相反，庄子把对自然的顺从理解为"安命"。《庄子·德充符》中说："死生、存亡、穷达、贫富、贤与不肖、毁誉、饥渴、寒暑，是事之变，命之行也。"《庄子·人间世》中说："知其不可奈何，而安之若命，德之至也。"在庄子心中，自然就是自生自发的、令人无可奈何的力量。结果，在顺应自然的过程中，个体作为人的主动性就彻底泯灭了。换言之，个体的自由和超脱是以个体丧失独特性，通过齐死生、忘物我达到万物齐一为前提的。这一点在老子思想中是看不到的。

　　第三，庄子和老子都对春秋战国时代的礼仪文明持否定态度，他们认为礼仪文明的出现都是社会废弃大道的结果，都是祸乱之源。他们都主张回归人性天然纯朴的无文字乡村社会。《老子》十八章说："大道废，有仁义。慧智出，有大伪。六亲不和，有孝慈。国家昏乱，有忠臣。"庄子也否定先秦时代的礼仪文明。《庄子·马蹄》中说："道德不废，安取仁义！性情不离，安用礼乐！五色不乱，孰为文采！五声不乱，孰应六律！"同样，庄子认为名智是社会祸乱之源。《庄子·人间世》中说："德荡乎名，知出乎争。名也者，相轧也；知也者，争之器也。二者凶器，非所以尽行也。"《庄子·胠箧》中说："故天下每每大乱，罪在于好知。"因此，庄子把老子所倡导的"小国寡民"社会看成是"至德之世"。《庄子·胠箧》中说："子独不知至德之世乎？昔者容成氏、大庭氏、伯皇氏、中央氏、栗陆氏、骊畜氏、轩辕氏、赫胥氏、尊卢氏、祝融氏、伏羲氏、神农氏，当是时也，民结绳而用之，甘其食，美其服，乐其俗，安其居，邻国相望，鸡狗之音相闻，民至老死而不相往来。"

　　老子与庄子对礼仪文明的看法略有差异。老子认为后出的礼仪文明导致社

---

　　① 陈鼓应：《庄子今注今译》（修订本），商务印书馆 2007 年版，第 115 – 116 页。

会治理困境的出现。然而,礼仪文明是否妨碍现实社会中人的心灵自由,老子并未交代。《老子》只是表现出悟道的个体置身于礼仪文明社会中的孤独。《老子》二十章说:"众人熙熙,如享太牢,如春登台。我独泊兮,其未兆,如婴儿之未孩;儽儽兮,若无所归。众人皆有余,而我独若遗。我愚人之心也哉!沌沌兮!俗人昭昭,我独昏昏;俗人察察,我独闷闷。淡兮,其若海;望兮,若无止。众人皆有以,而我独顽似鄙。我独异于人,而贵食母。"庄子则强调现实社会及其伦理规范对人心灵的束缚。《庄子·秋水》中说:"井蛙不可以语于海者,拘于虚也;夏虫不可以语于冰者,笃于时也;曲士不可以语于道者,束于教也。"并且,庄子深切地感受到现实社会及其伦理规范对人的束缚。《庄子·人间世》中说:"凤兮凤兮,何如德之衰也!来世不可待,往世不可追也。天下有道,圣人成焉;天下无道,圣人生焉。方今之时,仅免刑焉。福轻乎羽,莫之知载;祸重乎地,莫之知避。已乎,已乎!临人以德。殆乎,殆乎!画地而趋。迷阳迷阳,无伤吾行。吾行郤曲,无伤吾足。"因此,破除现实社会及其社会伦理规范对人的束缚,就是庄子得道并获得自由的基本方法。相应地,在个体如何得道上,老子强调个体内在的自觉自省。这种入道的方法与社会外在的礼仪文明对人的束缚和限制无关,只需要个体内在的主观反省。庄子入道则强调个体对包括自我执念在内的外在束缚的超脱,如《庄子·逍遥游》中说:"至人无己,神人无功,圣人无名。"

第四,老子和庄子的理想社会都是靠圣人无为而治实现的,但他们对圣人的态度略有不同。《老子》二章中说:"是以圣人处无为之事,行不言之教。万物作而弗始,生而弗有,为而弗恃,功成而不居。夫唯弗居,是以不去。"庄子对于圣人提出了明确的定义,而且指出圣人具有体道无为的特质。《庄子·天下》中说:"以天为宗,以德为本,以道为门,兆于变化,谓之圣人。"《庄子·知北游》中说:"天地有大美而不言,四时有明法而不议,万物有成理而不说。圣人者,原天地之美而达万物之理。是故至人无为,大圣不作,观于天地之谓也。"《老子》十九章虽然提出"绝圣弃智"的主张,但老子并没有明确地把自己心中的圣人与世俗的圣人区别开来。而庄子不仅指出世俗圣人导致社会道德败坏,而且明确地喊出了打倒世俗圣人的口号,如《庄子·马蹄》中说:"毁道德以为仁义,圣人之过也。"庄子对儒、墨两家歌颂的世俗圣人如尧、舜、汤、周公都进行了批判和否定,如《庄子·盗跖》中说:"尧杀长子,舜流母弟,疏戚有伦乎?汤放桀,武王杀纣,贵贱有义乎？王季为适，周公杀兄，长幼有序乎？儒者伪辞，墨者兼爱，五纪六位将有别乎？"《庄子·胠箧》中干脆说："圣人不死，大盗不止。"

第五，庄子和老子都反对儒家"仁爱"和墨家"尚贤"的主张。在政治层面，老子给出了"无为而治"和"反智"的治国主张，而庄子表达了政治妨碍个体追求心灵自由的观点。《老子》三章中说："是以圣人之治，虚其心，实其腹，弱其志，强其骨；常使民无知无欲；使夫智者不敢为也，为无为，则无不治。"《老子》十九章中说："绝圣弃智，民利百倍；绝仁弃义，民复孝慈；绝巧弃利，盗贼无有。"同样，庄子也对儒家的"仁爱"思想和墨家的"尚贤"思想进行了批判。《庄子·天地》中说："至德之世，不尚贤，不使能。"《庄子·庚桑楚》中明确指出："举贤则民相轧，任知则民相盗。"老子并未否定政治，更没有说政治会"伤生害性"。庄子在《庄子·秋水》中讲了一个寓言表达了政治妨害生命的主张。这个寓言说楚威王派两个大夫请庄子出来做官。庄子问了使者们一个问题：听说楚国有只死了三千年的神龟，国王把它藏在庙堂的竹盒里，请问这只龟是愿意死了留下一把骨头让人尊敬呢，还是愿意活着拖着尾巴在泥巴里爬？两大夫说宁愿活着拖着尾巴在泥里爬。于是庄子告诉他们，自己更愿意拖着尾巴在泥里爬。不仅如此，《庄子·逍遥游》中说"至人无己，神人无功，圣人无名"，要求个体破除自我、权势和名利的束缚，使个体精神达到优游自在、了无牵挂的境地。因此，如果说老子执着于回到自然纯朴的小国寡民社会，那么庄子更强调个体心灵摆脱世俗的束缚，达到超脱的极致自由状态。

第六，老子整理出一套抱雌、守弱、持柔的为人处世的生存术。这说明老子思想有"入世"的倾向。庄子并未继承老子守弱、持柔的生存术，而是主张超脱世俗的价值标准，追求个体心灵自由，这说明庄子思想有"出世"的倾向。《老子》二十八章说："知其雄，守其雌，为天下溪。"《老子》三十六章说："柔弱胜刚强。"《老子》八十一章说："圣人之道，为而不争。"这套处世方法是老子在对事物关系的辩证理解中总结出来的。《老子》二章说："天下皆知美之为美，斯恶已；皆知善之为善，斯不善已。有无相生，难易相成，长短相形，高下相盈，音声相和，前后相随。"但老子把握事物变化发展的规律，并不是从事物矛盾对立双方强的一方来把握，而是从弱的一方来把握。《老子》四十章认为："反者道之动；弱者道之用。"因而老子的辩证法是奇特的反向辩证法。如《老子》二十二章说："曲则全，枉则直,洼则盈,敝则新,少则得,多则惑。"《老子》六十三章说:"图难于其易,为大于其细。天下难事,必作于易;天下大事,必作于细。是以圣人终不为大,故能成其大。"《老子》二十九章说:"为者败之,执者失之。"《老子》六十九章说:"用兵有言:吾不敢为主,而为客;不敢进寸,而退尺。"从矛盾弱的一方着手来为人、处事、对敌,在现实中具有实用性、隐蔽性和迷惑性。这些思想经过法家韩非的发挥,演化成君主驾驭群臣的权谋之术。

在《庄子》一书中,作者五次提到"弱",三次提到"柔",真正体现庄子本人守"弱"或持"柔"处世的观点一个也没有。庄子对"弱者道之用"的理解并未展开。根据本节第二目对老子思想的分析可知,持柔守弱是春秋战国社会女性为人处事的德性要求,而庄子作为男性无法采用女性为人处世的方法。为此,他独创一套"才与不才"的处世生存术。《庄子·山木》中说庄子漫步山林,发现一棵大树因无用而不被木工砍伐。下山后,庄子来到朋友家。朋友准备杀鹅款待庄子。鹅有两只,一只会叫,一只不会叫。主人将不会叫的鹅杀掉。结果,弟子问庄子:山中大树因不才而不被砍伐,鹅却因不才而被杀,请问老师选择"才"还是"不才"? 庄子说自己将选择处于"才与不才"之间。但庄子并未彻底坚持这种处世生存术,因为庄子认为,"才与不才"都是世俗的标准。掉进世俗的标准,身将为世俗所累。

庄子认为事物具有相对性和流变性,相应地,价值判断也具有相对性和流变性。《庄子·秋水》中说:"以道观之,何贵何贱,是谓反衍;无拘而志,与道大蹇。何少何多,是谓谢施;无一而行,与道参差。严乎若国之有君,其无私德;繇繇乎若祭之有社,其无私福;泛泛乎其若四方之无穷,其无所畛域。兼怀万物,其孰承翼? 是谓无方。万物一齐,孰短孰长? 道无终始,物有死生,不恃其成;一虚一满,不位乎其形。年不可举,时不可止;消息盈虚,终则有始。是所以语大义之方,论万物之理也。物之生也,若骤若驰,无动而不变,无时而不移。何为乎,何不为乎? 夫固将自化。"

这段话的大意是:"从道的观点看来,无所谓贵贱,贵贱是反复无端的;不要拘束你的心志,致使和大道相违。无所谓多少,多少是互相更代变换的;不要拘执一偏而行,致使和大道不合。要严正像一国君主,没有偏私的恩惠;要超然像祭祀时的社神,没有偏私的保佑;要宽大像四方的无穷无尽,没有彼此的界限。

包容万物,有谁承受扶助? 这是说没有偏向。万物是齐一的,谁是短谁是长的呢? 大道是没有始终的,万物有死生的变化,不以一时所成而为可恃;万物时而空虚,时而盈满,没有固定不变的形状。年岁不能存留,时光不能挽住;消灭、生长、充实、空虚、终结了再开始。这就是讲大道的方向,谈万物的道理。万物的生长,犹如快马奔驰一般,没有一个动作不在变化,没有一个时间不在移动,应该做什么,应该不做什么? 万物原本会自然变化的。"①

因此,庄子反对世人身为物役,要求达到"古之真人"的境界,从而实现个体心灵自由和解放。《庄子·大宗师》中说:"古之真人,不知说生,不知恶死;其出不欣,其入不距;翛然而往,翛然而来而已矣。不忘其所始,不求其所终;受而喜之,忘而复之,是之谓不以心捐道,不以人助天。"显然,庄子认为,既然事物和价值判断具有相对性和流变性,那么个人就不应受事物的价值判断所约束。与之相适应,个人应超脱世俗,求得精神解放。

第三节　墨家思想及其社会分析

一、墨子尚同、兼爱、节葬等思想

墨子(约公元前 468 年至公元前 376 年)是战国时期的思想家,其思想宗旨主要是为当时各国救偏补弊。《墨子·鲁问》中说:"凡入国,必择务而从事焉。国家昏乱,则语之尚贤、尚同;国家贫,则语之节用、节葬;国家憙音湛湎,则语之非乐、非命;国家淫僻无礼,则语之尊天、事鬼;国家务夺侵凌,即语之兼爱、非攻。"因此,墨子思想主要是尚贤、尚同、节用、节葬、非乐、非命、尊天、事鬼、兼爱、非攻等一系列主张。如果将这些主张与儒家孔子、孟子和荀子的思想做比较,就会发现墨、儒两家的思想有显著的不同。

第一,墨子坚持以"尚同"为理顺社会秩序的基本原则。墨子认为,在没有刑政的古代社会,思想自由导致了社会治理困境。《墨子·尚同上》中说:"古者民始生,未有刑政之时,盖其语,人异义。是以一人则一义,二人则二义,十人则十义,其人兹众,其所谓义者亦兹众。是以人是其义,以非人之义,故文相非也。是

---

① 陈鼓应:《庄子今注今译》(修订本),商务印书馆 2007 年版,第 494 – 495 页。

以内者父子兄弟作怨恶,离散不能相和合。天下之百姓,皆以水火毒药相亏害,至有余力不能以相劳,腐臭余财不以相分,隐匿良道不以相教,天下之乱,若禽兽然。"墨子认为要解决这一治理困境,就必须在思想上实施"尚同"原则。《墨子·尚同上》中说:"上之所是,必皆是之;所非,必皆非之。上有过则规谏之,下有善则傍荐之。上同而不下比者,此上之所赏,而下之所誉也。"墨子主张"尚同"实际上就是主张人人向社会上层看齐。墨子具体地论述了一乡"尚同"乡长、一国"尚同"国君和天下"尚同"天子三种情形。至于"尚同"措施的实行,墨子主张人人向上告发善恶,通过上位者对下位者的赏贤罚暴来实现。《墨子·尚同中》说:"凡闻见善者,必以告其上;闻见不善者,亦必以告其上。上之所是,必亦是之;上之所非,必亦非之。己有善傍荐之,上有过规谏之。尚同义其上,而毋有下比之心。上得则赏之,万民闻则誉之。意若闻见善,不以告其上;闻见不善,亦不以告其上。上之所是不能是,上之所非不能非,己有善不能傍荐之,上有过不能规谏之。下比而非其上者,上得则诛罚之,万民闻则非毁之。"因此,墨子的"尚同"主张实际上是运用赏罚的办法统一民众的思想和行为。墨子对"尚同"主张非常自信,实施"尚同"可以实现家治、国治,乃至天下治。《墨子·尚同下》中说:"故当尚同之为说也,尚用之天子,可以治天下矣;中用之诸侯,可而治其国矣;小用之家君,可而治其家矣。是故大用之,治天下不窕;小用之,治一国一家而不横者,若道之谓也。故曰:治天下之国若治一家,使天下之民若使一夫。"

墨子主张"尚同",而孔子强调弟子们应"和而不同",因为孔子希望弟子们立志做君子。孔子对子夏说:"女为君子儒!无为小人儒!"[①]而做君子应以"和"为处世的基本生活模式。孔子说:"君子和而不同,小人同而不和。"[②]因此,孔子强调弟子们应站在"君子"的立场上讲"和",其本质是上层君子通过"和"整合下层,实现社会有序运转;而墨子则站在下层(小人)的立场上讲"同",其本质是下层向上层看齐,实现社会有序运转。

第二,墨子将"尚贤"原则当作为政之本。墨子讲"尚同",本质上是要民众服从各级官僚,但墨子并没有指出人们服从官僚的理由。如果各级官僚本身品

①《论语·卷三·雍也第六》。
②《论语·卷七·子路第十三》。

德败坏,能力低下,那么"尚同"原则依靠赏罚办法确立的政治服从关系将无法持久。因此,墨子将"尚贤"作为官僚选拔的基本原则和为政之本。《墨子·尚贤中》中说:"何以知尚贤之为政本也?曰:自贵且智者,为政乎愚且贱者,则治;自愚且贱者,为政乎贵且智者,则乱。"

首先,墨子从举贤的角度来解释不同层级官吏的产生,如《墨子·尚同上》中说:"夫明虖天下之所以乱者,生于无政长。是故选天下之贤可者,立以为天子。天子立,以其力为未足,又选择天下之贤可者,置立之以为三公。天子三公既以立,以天下为博大,远国异土之民,是非利害之辩,不可一二而明知,故画分万国,立诸侯国君。诸侯国君既已立,以其力为未足,又选择其国之贤可者,置立之以为正长。"

其次,墨子认为实施"尚贤"原则必须明白为贤之道在于提倡人人互利互助,如《墨子·尚贤下》中说:"为贤之道将奈何?曰:有力者疾以助人,有财者勉以分人,有道者劝以教人。若此则饥者得食,寒者得衣,乱者得治。"

再次,墨子主张打破贵贱等级,以"尚贤"原则来选拔人才,如《墨子·尚贤上》中说:"以德就列,以官服事,以劳殿赏,量功而分禄。故官无常贵,而民无终贱,有能则举之,无能则下之,举公义,辟私怨,此若言之谓也。"至于具体如何举贤,墨子要求统治者"举义不辟(避)贫贱""举义不辟疏""举义不辟远"。对于贤者,墨子要求"高予之爵,重予之禄,任之以事,断予之令"。实施"尚贤"原则的结果是实现"官无常贵而民无终贱"①。与墨子"尚贤"类似,春秋战国时期的儒家也讲"举贤才"。仲弓向孔子问政,孔子回答:"先有司,赦小过,举贤才。"②孟子也说:"尊贤使能,俊杰在位,则天下之士皆悦而愿立于其朝矣。"③荀子也强调"尚贤使能"④。

在贤的标准问题上,儒家所讲的"贤"侧重于个人的道德质量。他们一方面将"贤"与"能"并举,另一方面又将它们区别开来。荀子说:"君子之所谓贤者,

①《墨子·尚贤上》。
②《论语·卷七·子路第十三》。
③《孟子·公孙丑上》
④《荀子·富国》。

非能遍能人之所能之谓也。"①荀子所谓的贤是指通晓道法,能用礼义实施社会治理的君子。荀子说:"无土则人不安居,无人则土不守,无道法则人不至,无君子则道不举。故土之与人也,道之与法也者,国家之本作也。君子也者,道法之摠要也,不可少顷旷也。得之则治,失之则乱;得之则安,失之则危;得之则存,失之则亡。"②而墨子讲的"贤良"是指"厚乎德行、辩乎言谈、博乎道术者"③。这与春秋社会对"贤"的理解是一致的,如晋国大夫智果对智宣子说:"美鬓长大则贤,射御足力则贤,伎艺毕给则贤,巧文辩惠则贤,强毅果敢则贤。"④因此,墨子的"尚贤"与儒家的"举贤"有一定的区别。

此外,儒家的"尚贤"并没有改变当时的政治体制呈现出的等级特征。儒家的"尚贤"对社会下层而言,只是使人富贵的政治录用途径;对国家而言,是巩固既有等级制度、提高政治运作效能的方式。而墨家的"尚贤"解决的是官僚体系的合法性问题,其本质是要求打破春秋战国时期的世卿世禄制,实现政治体制向"贤能"开放。

第三,墨子主张践行"兼爱"的原则来实现社会个体间的和谐。如果说墨子"尚同"是为了确立百姓对官吏的服从,"尚贤"是为了解决官吏的合法性问题,那么践行"兼爱"原则就是为了实现社会个体间人际关系的和谐。墨子认为,社会动乱源于人人自利而不相爱。《墨子·兼爱上》中说:"圣人以治天下为事者也,不可不察乱之所自起。当察乱何自起? 起不相爱。臣子之不孝君父,所谓乱也。子自爱不爱父,故亏父而自利;弟自爱不爱兄,故亏兄而自利;臣自爱不爱君,故亏君而自利,此所谓乱也。"因此,墨子认为践行"兼爱"原则是实现社会大治的基本方法。《墨子·兼爱上》中说:"故天下兼相爱则治,交相恶则乱。"所谓兼,就是尽全力或全心全意地付出。"兼相爱"就是人人尽全力(全心全意)地无分别地爱他人、他家、他国。它要打破传统的宗法家族和阶级界限。《墨子·小取》中说:"臧,人也,爱臧,爱人也。"这里"臧"是指处于社会底层的奴隶;"爱臧"是指"爱人"。它打破的是春秋战国社会严格的等级界限。

---

① 《荀子·儒效》。
② 《荀子·致士》。
③ 《墨子·尚贤上》。
④ 《国语·晋语九》。

　　墨子坚信践行爱人、利人的原则，必然获得其他社会成员的爱戴和帮助。《墨子·兼爱中》中说："夫爱人者，人必从而爱之；利人者，人必从而利之。恶人者，人必从而恶之；害人者，人必从而害之。"相应地，实施"兼爱"的方法，就是《墨子·兼爱中》所说的"视人之国若视其国，视人之家若视其家，视人之身若视其身"。所以，梁启超先生说墨子主张"兼爱"是"要建设一种劳力本位的互助社会"①。

　　在墨子看来，践行"兼爱"原则的基本宗旨是兴天下之利，除天下之害。《墨子·兼爱下》中说："仁人之事者，必务求兴天下之利，除天下之害。"此外，墨子认为"兼爱"是圣王之法，天下之治道，因为古代六圣(尧、舜、禹、商汤、周文王、周武王)曾践行过"兼爱"原则。《墨子·兼爱中》中说："今天下之君子，忠实欲天下之富，而恶其贫；欲天下之治，而恶其乱，当兼相爱、交相利。此圣王之法，天下之治道，不可不务为也。"墨子指出，如果统治者推行"兼爱"，那么社会成员一定会自发跟随。《墨子·兼爱下》中说："苟有上说之者，劝之以赏誉，威之以刑罚，我以为人之于就兼相爱、交相利也，譬之犹火之就上，水之就下也，不可防止于天下。"

　　与墨子主张"兼爱"一样，孔子也主张"仁者爱人"。但墨子的"兼爱"超越等级和人际关系的亲疏远近，强调爱无等差。《墨子·大取》中说："爱人，待周爱人，而后为爱人。不爱人，不待周不爱人，不周爱，因为不爱人矣。"儒家则强调爱有等差，根据人际关系的亲疏远近推己及人。儒家孔子、孟子和荀子都将父母与子女之爱当作人际亲爱的核心。所以，儒家对墨子爱无等差的主张多有批评。孟子攻击墨子说："墨氏兼爱，是无父也。"②荀子批评墨家"不知壹天下，建国家之权称，上功用，大俭约，而慢差等，曾不足以容辨异，县君臣；然而其持之有故，其言之成理，足以欺惑愚众，是墨翟、宋钘也"③。另外，墨子讲"兼爱"的宗旨是兴天下之利。言必称利是墨子整个思想立论的基础。儒家则以"仁义"为君子立身的标准，儒家是重义轻利的。孔子说："君子喻于义，小人喻于利。"④孟子也

①　蔡尚思：《十家论丛：十家论墨》，上海人民出版社 2008 年版，第 4 页。
②《孟子·滕文公下》。
③《荀子·非十二子》。
④《论语·卷二·里仁第四》。

说："为人臣者怀利以事其君，为人子者怀利以事其父，为人弟者怀利以事其兄。是君臣、父子、兄弟终去仁义，怀利以相接，然而不亡者，未之有也。"①

荀子强调先义后利，反对唯利是图。荀子说"先义而后利者荣，先利而后义者辱"②，"挈国以呼功利，不务张其义、齐其信，唯利之求，内则不惮诈其民而求小利焉，外而不惮诈其与而求大利焉，内不修正其所以有，然常欲人之有。如是，则臣下百姓莫不以诈心待其上矣。上诈其下，下诈其上，则是上下析也。如是，则敌国轻之，与国疑之，权谋日行而国不免危削，綦之而亡，齐闵、薛公是也"③。

简言之，墨子主张"兼爱"以"利"为基础，儒家讲"爱人"以"仁义"为基础。这反映了儒、墨两家思想的显著不同。

第四，墨子主张节用、节葬，简化社会治理。从功利角度考虑政府及百姓的生活用度，墨子主张去无用之费。《墨子·节用中》中说："诸加费不加于民利者，圣王弗为。"墨子特别强调要适时生财并注重节约。《墨子·七患》中说："财不足则反之时，食不足则反之用。"相应地，墨子反对统治阶级劳民伤财，大兴土木。《墨子·辞过》中说："凡费财劳力，不加利者，不为也。"而且，墨子认为百姓节俭则政府治理容易，统治者用度节约则百姓供养政府容易。《墨子·辞过》中说："是以其民俭而易治，其君用财节而易赡也。"

除了主张节用，墨子还主张节葬。墨子认为厚葬久丧，不但不能使父母富裕、人口增加，反而使官员无法早起治事，农夫无法竭力农耕，妇女无法尽力纺织。《墨子·节葬下》中说："以厚葬久丧者为政，国家必贫，人民必寡，刑政必乱。"为此，墨子主张"节葬"并制定了葬埋之法。《墨子·节葬下》中说："子墨子制为葬埋之法，曰：棺三寸，足以朽骨；衣三领，足以朽肉；掘地之深，下无菹漏，气无发泄于上，垄足以期其所，则止矣。哭往哭来，反从事乎衣食之财，俟乎祭祀，以致孝于亲。故曰子墨子之法，不失死生之利者，此也。"

与墨子主张节用、节葬一样，孔子也讲节用。孔子说："道千乘之国，敬事而信，节用而爱人，使民以时。"④但儒家的"节用"建立在合乎礼仪的基础上。儒家

---

① 《孟子·告子下》。
② 《荀子·荣辱》。
③ 《荀子·王霸》。
④ 《论语·卷一·学而第一》。

反对墨子的"节用"主张。荀子说:"故墨术诚行则天下尚俭而弥贫,非斗而日争,劳苦顿萃而愈无功,愀然忧戚非乐而日不和。"①因此,儒家讲"节用"实际上是主张用等级礼仪来规范和限制统治阶级的行为。

然而,儒家强调合乎礼仪的"节用"主张可能蜕变为空洞的口号。因为儒家根据人际关系的亲疏远近来服丧礼,在最亲的人际关系上,存在着奢侈浪费、损害身体和长期不劳动的问题。譬如孔子去世,孔子的弟子们采取为父服丧的礼节来为孔子服丧。② 其中,弟子一般为孔子服丧三年,子贡却为孔子服丧六年。③至于服丧时间,儒家是根据人际关系的亲疏远近来确定的,如《孔子家语·本命解》中说:"故丧礼有举焉,有恩有义,有节有权。所以举象四时其恩厚者其服重,故为父母斩衰三年,以恩制者也。门内之治恩掩义,门外之治义掩恩。资于事父以事君而敬同。尊尊贵贵,义之大也。故为君亦服衰三年,以义制者也。三日而食,三月而沐,期而练,毁不灭性,不以死伤生;丧不过三年,齐衰不补,坟墓不修;除服之日鼓素琴,示民有终也,凡此以节制者也;资于事父以事母而爱同。天无二日,国无二君,家无二尊,以治之。故父在为母齐衰期者,见无二尊也。"

如果人际关系越亲,那么儒家遵守礼仪的行为导致的浪费就可能越严重。如孟子葬母,有人说孟子用的棺木质料过好,但孟子说:"吾闻之也,君子不以天下俭其亲。"④在孟子看来,只要能表达子女对父母的孝心,奢侈是可以的。孟子甚至还提出:"孝子之至,莫大乎尊亲;尊亲之至,莫大乎以天下养。"⑤因此,儒家对最亲的人际关系,确实存在着奢侈浪费的问题。

第五,墨子主张非乐、非攻。《墨子·非乐》中说:"民有三患:饥者不得食,寒者不得衣,劳者不得息。三者民之巨患也。然即当为之撞巨钟、击鸣鼓、弹琴瑟、吹竽笙而扬干戚,民衣食之财将安可得乎? 即我以为未必然也。意舍此。今有大国即攻小国,有大家即伐小家,强劫弱,众暴寡,诈欺愚,贵傲贱,寇乱盗贼并兴,不可禁止也。然即当为之撞巨钟、击鸣鼓、弹琴瑟、吹竽笙而扬干戚,天下之

---

① 《荀子·富国》。
② 《礼记·檀弓上》。
③ 《孟子·滕文公上》。
④ 《孟子·公孙丑下》。
⑤ 《孟子·万章上》。

乱也,将安可得而治与? 即我未必然也。是故子墨子曰:'姑尝厚措敛乎万民,以为大钟、鸣鼓、琴瑟、竽笙之声,以求兴天下之利,除天下之害而无补也。'是故子墨子曰:'为乐非也。'"于是墨子站在利民的角度提出禁止音乐。

与此同时,墨子还提出"非攻"主张。墨子认为诸侯间的兼并战争与社会中"入人园圃,窃其桃李"的性质是一样的,都是亏人自利的不义行为。并且,墨子认为诸侯列国之间的土地兼并战争"上不中天之利""下不中人之利"。兴师动众、旷日持久的土地兼并战争最终影响政府治理和百姓生产。《墨子·非攻下》中说:"若使中兴师,君子庶人也,必且数千,徒倍十万,然后足以师而动矣。久者数岁,速者数月。是上不暇听治,士不暇治其官府,农夫不暇稼穑,妇人不暇纺绩织纴,则是国家失卒,而百姓易务也。"

值得注意的是,墨子反对"攻"却主张"诛"。所谓"攻"是指列国出于追求统治者私利的兼并战争。所谓"诛"是天子根据天命讨伐残暴国君或君王的行为。墨子认为禹征有苗、汤伐桀、武王伐纣都是替天征伐暴君的行为,是"诛"而非"攻"。因此,墨子的"非攻"主张本质是企图为列国的战争行为确立道德规范。

我们来对比墨子的"非乐"和"非攻"主张。儒家强调礼乐教化。孔子在齐国听韶乐,三月而不知肉味。① 荀子则强调乐的整合功能。荀子说:"且乐也者,和之不可变者也;礼也者,理之不可易者也。乐合同,礼别异。"②相应地,荀子批评墨子的"节用"和"非乐"主张将使得自身贫苦,劳而无功,愁眉苦脸,没有一天是快乐的。荀子说:"故墨术诚行则天下尚俭而弥贫,非斗而日争,劳苦顿萃而愈无功,愀然忧戚非乐而日不和。"③

当然,儒家也反对土地兼并战争,但儒家主张战争建立在仁义的基础上。孟子说:"春秋无义战。"④相应地,儒家主张战争要合乎社会道德规范。孟子说:"君不行仁政而富之,皆弃于孔子者也。况于为之强战? 争地以战,杀人盈野;争城以战,杀人盈城。此所谓率土地而食人肉,罪不容于死。故善战者服上刑,连

---

① 《论语·卷四·述而第七》。
② 《荀子·乐论》。
③ 《荀子·富国》。
④ 《孟子·尽心下》。

诸侯者次之,辟草莱、任土地者次之。"①同样,荀子也说:"彼兵者,所以禁暴除害也,非争夺也。"②所以,王桐龄先生说:"儒家反对战争,恶其不仁也;墨家反对战争,以其不利也。"③

第六,墨子主张"法天""非命"。墨子认为父母、有知识的学者、国君都不足以成为人们效法的对象,天才是人们最终效法的对象。《墨子·法仪》中说:"然则奚以为治法而可? 当皆法其父母奚若? 天下之为父母者众,而仁者寡,若皆法其父母,此法不仁也。法不仁,不可以为法。当皆法其学奚若? 天下之为学者众,而仁者寡,若皆法其学,此法不仁也。法不仁,不可以为法。当皆法其君奚若? 天下之为君者众,而仁者寡,若皆法其君,此法不仁也。法不仁不可以为法。故父母、学、君三者,莫可以为治法。然则奚以为治法而可? 故曰莫若法天。天之行广而无私,其施厚而不德,其明久而不衰,故圣王法之。"

墨子的"尚同""尚贤""兼爱""节用""节葬""非乐""非攻"等主张的最终理论支撑都是天。墨子所谓的"天"不是自然中与人无关的客观的天,而是一个有自主意志、欲富恶贫、欲治恶乱、赏善罚恶的人格化的"天"。《墨子·法仪》中说:"爱人利人者,天必福之;恶人贼人者,天必祸之。"因此,墨子不仅强调"以敬事天",而且以顺"天"还是反"天"来评判统治者执政行为的善恶好坏。而"顺"天的内涵,在墨子看来就是兼爱天下之人。

墨子还提出了"明鬼"的主张。墨子认为自夏、商、周三代以后天下就丢掉了义,诸侯都依靠暴力施政,结果导致天下大乱。之所以如此,是因为人们怀疑鬼神的存在,怀疑鬼神具有赏善罚暴的能力。对此,墨子以周朝史书《春秋》记载的冤死鬼魂杜伯向周宣王报仇、人首鸟身的句芒向郑穆公赐福和冤死的庄子仪的鬼魂向燕简公报仇等诸多典故证明鬼神的存在。而且,墨子提出,如果人们想兴天下之利,除天下之害,那就必须相信鬼神的存在,相信鬼神具有赏善罚暴的能力。

与墨子的"法天""明鬼神"主张相比较,儒家至少在三个方面是不同的。首

---

① 《孟子·离娄上》。

② 《荀子·议兵》。

③ 蔡尚思:《十家论丛:十家论墨》,上海人民出版社 2008 年版,第 45 页。

先,与墨子将"天"人格化不同,儒家对天采取非人格化的态度。先秦儒家对天的认识大抵有三种,一是孔子采取一种存而不论的模糊态度,如子贡说:"夫子之文章,可得而闻也;夫子之言性与天道,不可得而闻也。"①二是孟子采取尽人事来知天、敬天的迂回态度。孟子说:"尽其心者,知其性也。知其性,则知天矣。存其心,养其性,所以事天也。"②三是荀子将天视为客观自然。荀子说:"天行有常,不为尧存,不为桀亡。应之以治则吉,应之以乱则凶。强本而节用,则天不能贫;养备而动时,则天不能病;循道而不忒,则天不能祸。"③

其次,与墨子相信鬼神存在,坚信鬼神会赏善罚暴不同,儒家对鬼神采取"敬而远之"和先人后神的世俗化态度。孔子认为:"务民之义,敬鬼神而远之,可谓知矣。"④而且,在人鬼关系上,孔子强调:"未能事人,焉能事鬼?"⑤

再次,儒家认为(天)命决定个人前途和天子的位份,因而持一种听从命运安排的"知命"观,并对天命持敬畏的态度。孔子说"不知命,无以为君子也"⑥,"道之将行也与,命也。道之将废也与,命也。公伯寮其如命何"⑦。子夏也说:"死生有命,富贵在天。"⑧孟子更认为天子得天下是天命的结果,并且天子不能自作主张将天下授予他人。⑨

墨子猛烈抨击儒家顺从天命安排的主张。他认为相信命定论的结果就是《墨子·非命上》中所说的"上不听治,下不从事"。墨子指出,命定论实际上是暴君和懒人为自己的行为辩护的手段。《墨子·非命下》中说:"命者,暴王所作,穷人所术,非仁者之言也。"

总之,墨子"尚同""兼爱""节葬""天志""明鬼"等思想与儒家思想具有显著的不同。兹将春秋战国时期儒、墨两家思想的不同点列于表4-1。

---

①《论语·卷三·公冶长第五》。

②《孟子·尽心上》。

③《荀子·天论》。

④《论语·卷三·雍也第六》。

⑤《论语·卷六·先进第十一》。

⑥《论语·卷十·尧曰第二十》。

⑦《论语·卷七·宪问第十四》。

⑧《论语·卷六·颜渊第十二》。

⑨《孟子·万章上》。

表4-1　春秋战国时期墨家与儒家思想的不同点

不同点	墨家	儒家
政治服从	墨家讲"尚同",确立下层对上层的政治服从关系	孔子讲"君子和而不同",确立上层整合下层的路径
政治录用	墨家讲"尚贤",打破先秦等级礼制,确立官吏集团的合法性	孔子主张"举贤才",本质上是使社会下层获得富贵来完善等级礼制
社会和谐的路径	墨家主张"兼爱",打破等级制度,建立一个共财互助、有序和谐的社会	儒家讲"爱"有等差,从自己、家庭、国家依次外推,根据人际关系的亲疏远近来实现社会贵贱等级间的和谐
对财富的态度	墨家主张节用、节葬,站在有利民生的角度考虑,要求变革等级礼制	儒家讲"节用",主张统治者对财富运用要符合等级礼仪,其本质是用等级礼仪规范统治阶层的行为
对鬼神与天命的态度	墨家相信鬼神对社会个体具有赏善罚恶的能力,将等级服从最终建立在宗教迷信上。但墨家不相信命定论,认为命定论是统治者为其残暴行为辩护的借口	儒家敬鬼神而远之。考虑到祭祀等宗教礼仪蕴含着维护社会宗法共同体的孝道伦理,儒家对鬼神等祭祀仪式采取慎重而认真的态度。但儒家信命,将个人成败归结为命

当然,墨子对儒家思想持强烈批判的态度。《墨子·公孟》中说:"儒之道足以丧天下者,四政焉。儒以天为不明,以鬼为不神,天鬼不说,此足以丧天下。又厚葬久丧,重为棺椁,多为衣衾,送死若徙,三年哭泣,扶后起,杖后行,耳无闻,目无见,此足以丧天下。又弦歌鼓舞,习为声乐,此足以丧天下。又以命为有,贫富寿夭,治乱安危有极矣,不可损益也,为上者行之,必不听治矣;为下者行之,必不从事矣,此足以丧天下。"

墨子与儒家都讲仁义,都主张效法尧、舜、禹、汤、文、武等先王。因此,西汉有人提出墨子源出儒家却反儒家:"墨子学儒者之业,受孔子之术,以为其礼烦扰而不说,厚葬靡财而贫民,服伤生而害事,故背周道而行夏政。禹之时,天下大水,禹身执橐垂,以为民先,剔河而道九岐,凿江而通九路,辟五湖而定东海,当此之时,烧不暇撌,濡不给扢,死陵者葬陵,死泽者葬泽,故节财、薄葬、闲服生焉。"①

---

① 《淮南子·要略》。

二、墨子思想的社会分析

墨子思想曾是战国时期的显学。现代学者一般认为,墨子思想是平民(百姓)阶层的思想。兹将主张墨子思想是平民阶层思想的部分学者列于表4-2。

表4-2 主张墨子思想是平民阶层思想的部分学者汇总

姓名	观点	出处
梁启超	墨子特别注意经济组织的改造,要建设一种劳力本位的互助社会	《十家论墨》第4页
方授楚	墨子贱人出身,而其学说亦以贱人为立场者也	《十家论墨》第125页
萧公权	墨子乃一平民化之孔子,墨学乃平民化之孔学	《中国政治思想史》第86页
冯友兰	墨子之学说,盖就平民之观点,以主张周制之反面者也	《中国哲学史》第67页
侯外庐	墨子"这些主张反映了当时手工业者和平民阶层要求改革社会关系和提高政治地位、保障私有财产、人身自由、保护生产和反对兼并战争的愿望"	《中国思想史纲》第44页
蔡尚思	墨子是平民("贱人""役夫")的小人学派,代表被压迫者的革新派而不是贵族的君子学派和代表压迫者的守旧派	《十家论墨》第289页
李泽厚	中国小生产者劳动阶级的某些思想特征,是空前绝后地以系统的理论形态呈现在墨子此人或此书中	《中国古代思想史论》第46页
秦彦士	墨子作为平民思想家,显得尤为突出	《诸子学与先秦社会》第38页
李玉洁	墨子代表的是手工业者和下层劳动人民的利益,呼吁奔波,著书立说,反映了小手工业者的愿望和要求	《先秦诸子思想研究》第123页
曹德本	在战国时期,墨子的学说很受社会下层民众的信从	《中国政治思想史》第83页

对于上述观点,一直以来鲜有学者依据《墨子》文本来证明,仿佛这个观点不证自明。但这类根据直觉发表的观点,除主张者众多外,没有任何说服力。如果

从司马迁所讲"盖墨翟,宋之大夫,善守御,为节用"①来看,说墨子思想是平民百姓的思想似乎与墨子曾任宋国大夫的身份不符。诸如此类未经过证明的观点,与其说予人知识,不如说使人们养成信口开河的习惯。由于此类观点未经过证明,因此这种主张极易受到攻击。譬如郭沫若批评墨子"像他那样满嘴的王公大人,一脑袋的鬼神上帝,极端专制、极端保守的宗教思想家,我真不知道何以竟能成为'工农革命的代表'"②。为克服前人的思维惰性,结合春秋战国时期的历史文献,本目提出:墨子思想是战国时期小人的思想主张。兹证明如下:

第一,从孔子所讲"君子和而不同,小人同而不和"来看,既然墨子主张"尚同",那么墨子这种主张就是春秋战国时期小人的主张。这里对孔子所说"君子和而不同,小人同而不和"还应做一番解读。杨伯峻先生将这句话翻译为:孔子说,君子用自己的正确意见来纠正别人的错误意见,使一切都做到恰到好处,却不肯盲从附和;小人只是盲从附和,却不肯表示自己的不同意见。学界有前辈认为"这个译文正确地表达了孔子的原意,是译得很好的"③。实际上这个译文是有问题的:杨先生讲君子时带有褒义,讲小人时带有贬义。如果此句译得好,意味着在春秋战国社会,"和"是褒,"同"是贬,那么怎么解释孟子所说"杨朱、墨翟之言盈天下。天下之言,不归杨,则归墨"④? 而且,孔子的这句话中,君子与小人是并列出现的,"和"与"同"反映了君子和小人的社会生活模式不同。这种不同就是本书第二章第三节第二目所讲的上层要遵守礼仪,下层要向上层看齐。

由此可知,春秋社会君子对小人用"和",小人对君子用"同",它并不存在褒贬之意。晏婴对齐景公说:"和如羹焉,水火醯醢盐梅以烹鱼肉,燀之以薪。宰夫和之,齐之以味,济其不及,以泄其过。君子食之,以平其心。君臣亦然……君所谓可,据亦曰可;君所谓否,据亦曰否。若以水济水,谁能食之? 若琴瑟之专一,谁能听之? 同之不可也如是。"⑤从这句话来看,"和"的本义是吸收下层的不同观点,整合出一个新的东西。"同"则是照抄照搬。如果引申一下,"和"的含义

① 《史记·孟子荀卿列传》。
② 郭沫若:《郭沫若全集:历史编1》,人民出版社1982年版,第463页。
③ 周振甫:《怎样学古文二十五讲》,重庆大学出版社2010年版,第112页。
④ 《孟子·滕文公下》。
⑤ 《左传·昭公二十年》。

就是整合,"同"的含义就是模仿和看齐。理解了这一点,我们就可以从孔子所说的"君子和而不同,小人同而不和"推理出墨子的"尚同"思想是小人的主张。

《墨子·兼爱下》中说:"当使若二士者,言必信,行必果,使言行之合犹合符节也,无言而不行也。"当子贡问孔子怎样才可称为"士"时,孔子回答:"言必信,行必果,硁硁然小人哉。"①由此可知,墨子强调的"言必信,行必果"正是孔子眼中小人的行为模式。所以,墨子主张的"言必信,行必果"的思想是小人的思想。《墨子》全书有381处提到"利",可以讲墨子提出的尚贤、尚同、节用、节葬、非乐、非命、尊天、事鬼、兼爱、非攻等一系列主张几乎言必称"利"。根据孔子讲的"君子喻于义,小人喻于利"②来看,墨子讲的"利"集中反映的是春秋战国时期社会下层小人的思想。

第二,墨子主张"天志""明鬼",认为天和鬼神会赏善罚暴。这说明墨子特别迷信鬼神,忌讳不祥。如《墨子·天志上》中说:"杀一不辜者必有一不祥,杀不辜者谁也? 则人也。予之不祥者谁也? 则天也。"《墨子》全书提到"不祥"两字的有29处(其中《法仪》1处,《天志上》3处,《天志中》7处,《天志下》2处,《明鬼下》2处,《耕柱》3处,《公孟》5处,《鲁问》6处),根据齐国晏婴所说"君子不犯非礼,小人不犯不祥,古之制也"③,迷信鬼神,忌讳不祥正是先秦社会小人的生活模式。所以,墨子讲的"天志""明鬼"等主张正是小人的主张。

第三,墨子主张"非乐",他认为,人与动物的区别就在于人人劳动为生。《墨子·非乐上》中说:"今之禽兽、麋鹿、蜚鸟、贞虫,因其羽毛以为衣裘,因其蹄蚤以为裤屦,因其水草以为饮食。故唯使雄不耕稼树艺,雌亦不纺绩织纴,衣食之财固已具矣。今人与此异者也,赖其力者生,不赖其力者不生。"这里所谓的"力",本义是指从事稼穑种植和纺织劳作。而且,《墨子·公孟》中说,社会成员"知者必量其力所能至而从事焉"。春秋时期社会有"君子勤礼,小人尽力"④的说法,

①《论语·卷七·子路第十三》。这句话的大意是:言语一定信实,行为一定坚决,这是不问是非黑白只管自己贯彻言论的小人啊。详见杨伯峻:《论语译注》,中华书局2009年版,第138页。

②《论语·卷二·里仁第四》。

③《左传·昭公三年》。

④《左传·成公十三年》。

这表明墨子"赖其力者生"的思想是小人的思想。

第四,墨子并未否认其主张是"贱人之所为"。《墨子·贵义》中穆贺告诉墨子:"子之言则成善矣!而君王,天下之大王也,毋乃曰'贱人之所为',而不用乎?子墨子曰:'唯其可行⋯⋯故虽贱人也,上比之农,下比之药,曾不若一草之本乎?'"从墨子的回答来看,墨子并不否认自己的思想是贱人的思想。

当然,这里的"小人"并非今天带贬义的小人,而是先秦社会下层的劳动群众。因此,说墨子思想是小人的思想实际上是说它是社会下层劳动者的主张。既然如此,人们就可以更深入地理解墨子思想。尚同、尚贤、尊天、事鬼反映的是社会下层的行为模式,兼爱主张反映了饱受等级制度压迫的社会下层要求打破等级礼仪的森严壁垒。节用、节葬、非乐主张反映的是社会下层将生存作为一切主张的出发点,并要求变革等级礼制。

第四节　法家思想及其社会分析

春秋战国社会法家人物很多,比较有代表性的有慎到、申不害、商鞅和韩非。现代学者归纳法家思想有五个特点:一是强调以法治国;二是倡导耕战;三是强化君主专制;四是坚持进化的历史观和人性好利说;五是强调法、势、术等核心概念。[①] 由于法家文献散佚不全,这里只分析有代表性且有完整著作传世的商鞅和韩非的思想。

一、商鞅用"法治"强化国家能力的思想

商鞅(约公元前395年至公元前338年),又名公孙鞅,他是卫国国君的后裔,战国时期著名的政治改革家和思想家。他的思想主要保存在法家后学者将商鞅的言行(或以商鞅为名的言行)汇编而成的《商君书》中。商鞅的"法治"思想以强化国家的能力为特色。

第一,商鞅的"法治"思想以人性好利为立论依据。商鞅认为人性好利是最基本的民情。《商君书·算地》中说:"民之生:饥而求食,劳则求佚,苦则索乐,辱则求荣,此民之情也。民之求利,失礼之法;求名,失性之常。"商鞅主张国家治理

---

① 刘泽华、葛荃:《中国古代政治思想史》(修订本),南开大学出版社2001年版,第80页。

必须从人性好利的民情出发，把百姓好利的行为引导到强化国家能力上来。商鞅主张国家实行让贫者富、让富者贫的社会政策来使国家强大。《商君书·说民》中说："治国之举，贵令贫者富，富者贫。"而且，商鞅认为国家应利用百姓求利求名的趋向，将名利集中在耕战上。《商君书·农战》中说："圣人知治国之要，故令民归心于农。归心于农，则民朴而可正也，纷纷则不易使也，信可以守战也。"

商鞅认识到农业在传统国家中的基础地位，主张把奖励耕战作为实现国家富强的基本国策。《商君书·算地》中说："利出于地，则民尽力；名出于战，则民致死。入使民尽力，则草不荒；出使民致死，则胜敌。胜敌而草不荒，富强之功可坐而致也。"为达到奖励耕战的目的，商鞅强调国家政策必须做到"利出一孔"，即国家垄断百姓求利晋升的途径。《商君书·靳令》中说："利出一空者其国无敌，利出二空者其国半利，利出十空者，其国不守。"此句中"空"通孔，即途径。从这句可以看出，商鞅主张将百姓的趋利行为引导到依附国家生存的境地。

商鞅主张封杀影响农民务农的社会因素。他不仅主张禁止粮食买卖，而且主张禁止雇佣人员并限制人员流动，如《商君书·垦令》中说："使商无得籴，农无得粜。""无得取庸，则大夫家长不建缮。爱子不惰食，惰民不窳，而庸民无所于食，是必农。大夫家长不建缮，则农事不伤。爱子惰民不窳，则故田不荒。农事不伤，农民益农，则草必垦矣。""废逆旅，则奸伪、躁心、私交、疑农之民不行。逆旅之民无所于食，则必农。农则草必垦矣。"商鞅甚至还主张加重关税来限制商业发展，如《商君书·垦令》中说："重关市之赋，则农恶商，商有疑惰之心。农恶商，商疑惰，则草必垦矣。"

第二，商鞅坚持进化史观，为"法治"取代"礼治"辩护。商鞅不否认历史上"礼治"的存在，但他认为社会发展是进化的。《商君书·开塞》中说："上世亲亲而爱私，中世上贤而说仁，下世贵贵而尊官。"既然时代不同，那么治国的原则和手段也应不同，商鞅从"爱民""便事"的角度来考虑礼与法的取舍。《商君书·更法》中说："法者，所以爱民也；礼者，所以便事也。是以圣人苟可以强国，不法其故；苟可以利民，不循其礼。"从这句话可以看出，商鞅主张法和礼都应适时变革。而且，商鞅认为社会的仁义时代已结束，社会发展到"强国事兼并，弱国务力守"的时代，因此治国之道就不能"法古"和"修今"。《商君书·开塞》中说："圣人不法古，不修今。法古则后于时，修今则塞于势。"所谓"法古"是指效法春秋社会的传统"礼治"来实现国家治理。所谓"修今"是指简单地顺应现实而无所作为。商鞅这种进化史观为秦国开展以"变法"为名的制度变革提供了理论依据。这个理论蕴含着一个基本思想：国家强盛的根本在于制度。制度变了，国家对治下百姓才能产生有效激励，从而富国强兵。如果制度依旧，制度激励不变，则国家与百姓将依然处于贫弱状态。与商鞅坚持进化史观强调创新不同，春秋时期儒家、道家和墨家的思想都有复古的趋向，但三者略有不同：儒家主张恢复夏禹、商汤、周文王三代的等级礼仪文明的邑共同体；道家主张抛弃城市礼仪文明，回归乡村无文字社会；墨家主张打破礼仪等级并建立共财互助的兼爱共同体。

第三，商鞅认为只有实行"法治"才能富国强兵。商鞅认为法是实现国家治理的根本。《商君书·画策》中说："昔之能制天下者，必先制其民者也；能胜强敌者，必先胜其民者也。故胜民之本，在制民，若治于金，陶于土也。本不坚，则民如飞鸟禽兽，其孰能制之？民本，法也。故善治者塞民以法。"商鞅坚信"法治"比传统的"政治"（即人治）更强。《商君书·去强》中说："以治法者，强；以治政者，削。"商鞅主张"法治"，他认为社会道德产生的问题不能靠道德来解决，必须靠严刑峻法来解决。《商君书·开塞》中说："故以刑治则民威；民威则无奸；无奸，则民安其所乐。以义教则民纵，民纵则乱，乱则民伤其所恶。吾所谓利者，义之本也；而世所谓义者，暴之道也。夫正民者，以其所恶，必终其所好；以其所好，必败其所恶。"

商鞅认为刑是补救社会道德缺陷的根本，所以商鞅反对"德治"。《商君书·去强》中说："国为善，奸必多。"值得注意的是，商鞅所谓的"法"，不是现代国家的法而是专制君主的个人意志。现代国家的法是人民意志上升为国家意志的集中体现，商鞅所讲的"法"的主要内容是赏罚。《商君书·开塞》中说："立君之道莫广于胜法，胜法之务莫急于去奸，去奸之本莫深于严刑。故王者以赏禁，以刑劝。求过不求善，藉刑以去刑。"

在商鞅眼里，法和刑的主要功能是去恶，而不是扬善。相应地，商鞅讲"法治"讲究的是轻罪重罚，使民不讼并专心于农业生产和战争。《商君书·垦令》中说："重刑而连其罪，则褊急之民不斗，很刚之民不讼，怠惰之民不游，费资之民不作，巧谀、恶心之民无变也。"

在商鞅看来，社会伦理道德是无法实现社会秩序的，而法和刑是对仁德功能缺陷的根本补救。当然，商鞅并不否定奖励手段能实现社会治理，但商鞅主张社会治理主要靠惩罚手段。《商君书·去强》中说："王者刑九赏一,强国刑七赏三,削国刑五赏五。"为了维护"法治",商鞅强调统治者治理国家必须以法为准绳。《商君书·君臣》中说："故明主慎法制。言不中法者不听也,行不中法者不高,事不中法者不为也。言中法,则辩之;行中法,则高之;事中法,则为之。"并且,商鞅强调"法"的普遍性,反对"以私害法"。《商君书·修权》中说："君臣释法任私,必乱。故立法明分,而不以私害法,则治。"

此外,商鞅要求国家制定的法律通俗易懂,无论智者还是愚者都能明白。因此,他主张由法官负责教授百姓法律知识,防止百姓因违法而处于危险的境地。《商君书·定分》中说："故圣人为法必使之明白易知,名正,愚知遍能知之。为置法官,置主法之吏,以为天下师,令万民无陷于险危。"因此,商鞅的"法治"思想,在一定意义上讲颇有当代西方"法治"思想的影子。

第四,商鞅"法治"思想的落脚点是提高国家的能力。首先,商鞅站在国家与社会对立的角度来看待"法治"。他认为"法治"的基本功能是弱民。《商君书·弱民》中说："民弱国强;国强民弱。故有道之国务在弱民。"其次,商鞅认识到户口统计是国家有效控制民众的基础。《商君书·去强》中说："举民众口数,生者着,死者削。民不逃粟,野无荒草,则国富,国富者强。"相应地,强化人口统计就强化了国家对社会人口的控制和人力资源的汲取。再次,商鞅特别重视国家行政的效率。《商君书·去强》中说："十里断者,国弱;九里断者,国强。以日治者王,以夜治者强,以宿治者削。"

二、韩非用法、术、势增强和驾驭专制权力的思想

韩非(约公元前 280 至公元前 233 年)是战国时期韩国韩王的宗室子弟,出生于韩国都城新郑。他历来被誉为战国时期法家思想的集大成者,其"尚法""用术"和"任势"的政治主张,既增强了国家专制权力,提高了国家实力,又为统治者驾驭专制权力提供了方法论指导。

(一)韩非以治民为重心的"法治"思想

韩非的"法治"思想与他的人类社会发展三阶段说相联系。他认为人类社会经历了上古、中世、当今三个阶段,不同的阶段有不同的特点。《韩非子·五蠹》中说："上古竞于道德,中世逐于智谋,当今争于气力。"韩非认为道德在当今已经过时了,真正的圣人不遵循古道,不效法陈规,而是根据当时的情况采取相应的

措施。《韩非子·五蠹》中说："是以圣人不期修古,不法常可,论世之事,因为之备。"并且,韩非认为当时天下大乱,源于人口增长和财富不足的矛盾。《韩非子·五蠹》说："古者丈夫不耕,草木之实足食也;妇人不织,禽兽之皮足衣也。不事力而养足,人民少而财有余,故民不争。是以厚赏不行,重罚不用,而民自治。今人有五子不为多,子又有五子,大父未死而有二十五孙。是以人民众而货财寡,事力劳而供养薄,故民争,虽倍赏累罚而不免于乱。"而要实现天下大治,就应实行"法治",因为韩非认为只有"法治"才是国家强盛的根本。《韩非子·有度》中说："国无常强,无常弱。奉法者强则国强,奉法者弱则国弱。"相对于对统治者能力要求高的圣人之治,法治的好处在于只具备中等才能的君主也可以治理国家。《韩非子·用人》中说："使中主守法术,拙匠守规矩尺寸,则万不失矣。君人者能去贤巧之所不能,守中拙之所万不失,则人力尽而功名立。"

因此,韩非的"法治"思想具有十分重大的现实意义。它至少具有三个方面的价值。一、"法治"是对社会的补救。社会本身无法实现治理,它必须依赖国家。二、"法治"是国家存亡的关键。这一点在列国争雄的战国时代,显得尤其突出。三、"法治"是对统治者素质不足的补救。韩非认为,一代统治者素质优秀无法实现国家长治久安,而"法治"在一定程度上解决了统治者能力不足妨碍治理的问题。具体而言,韩非的"法治"思想主要包括以下六个方面。

第一,实行"法治"要有公私之分。《韩非子·饰邪》中说："明主之道,必明于公私之分,明法制,去私恩。""法治"要有公私之分,因为韩非认为法代表了公,公与私是对立的。《韩非子·五蠹》中说："古者仓颉之作书也,自环者谓之私,背私谓之公,公私之相背也。"相应地,实行"法治"应去私立公。韩非认为只有去私立公才能实现国治兵强。《韩非子·有度》中说："故当今之时,能去私曲就公法者,民安而国治;能去私行行公法者,则兵强而敌弱。"

第二,法令制度不但要公正、公开,而且要健全、统一。韩非认为法令制度不同于权术,因为法令制度是治民的,而权术是驾驭群臣的,因此法令制度应公开而权术不公开。《韩非子·难三》中说："法者,编着之图籍,设之于官府,而布之于百姓者也。术者,藏之于胸中,以偶众端而潜御群臣者也。故法莫如显,而术不欲见。是以明主言法,则境内卑贱莫不闻知也,不独满于堂。用术,则亲爱近习莫之得闻也,不得满室。"不仅如此,韩非认为法令必须健全完备。《韩非子·

八说》中说："书约而弟子辩，法省而民讼简。是以圣人之书必着论，明主之法必详事。"此外，韩非还认为号令是最尊贵的，法律是适合事物的，因此国家的所有言行都必须统一到法令上来。《韩非子·问辩》中说："明主之国，令者，言最贵者也，法者，事最适者也。言无二贵，法不两适。故言行而不轨于法令者必禁。"韩非反对鬼神之说，认为鬼神之说对"法治"有害。《韩非子·饰邪》中说："故恃鬼神者慢于法，恃诸侯者危其国。"

第三，"法治"中赏罚的具体原则是厚赏重罚。韩非认为奖赏不应多，要通过厚赏来确立国家的威信，惩罚则要轻罪重罚，使百姓害怕。《韩非子·五蠹》中说："是以赏莫如厚而信，使民利之；罚莫如重而必，使民畏之；法莫如一而固，使民知之。"而赏罚的结果主要是让百姓从赏罚中获得自己的利益，从而使全国人民成为致力耕战的机器。《韩非子·饬令》中说："重刑少赏，上爱民，民死赏。多赏轻刑，上不爱民，民不死赏。"韩非认为轻罪重罚并不是对百姓残暴，而是以刑去刑。并且，韩非认为儒、墨两家主张国家施行"仁政"，减轻刑罚，为百姓设置了陷阱，结果将是以轻刑致刑。《韩非子·六反》中说："今轻刑罚，民必易之，犯而不诛，是驱国而弃之也；犯而诛之，是为民设陷也。是故轻罪者，民之垤也。是以轻罪之为民道也，非乱国也则设民陷也，此则可谓伤民矣！"韩非认为儒、墨两家施"仁政"的结果是先乐后穷，而"法治"轻罪重罚的后果是先苦后甜。《韩非子·六反》中说："故法之为道，前苦而长利；仁之为道，偷乐而后穷。"换言之，在韩非看来，隐藏在"法治"轻罪重罚的背后是统治者爱民利民。

第四，实施"法治"的目的不是扬善而是禁奸。为了禁奸，韩非主张国家建立连坐告奸的组织网络。《韩非子·制分》中说："是故夫至治之国，善以止奸为务。是何也？其法通乎人情，关乎治理也。然则去微奸之道奈何？其务令之相规其情者也。则使相窥奈何？曰：盖里相坐而已……禁尚有连于己者，理不得不相窥，惟恐不得免。有奸心者不令得忘，窥者多也。如此，则慎己而窥彼。发奸之密，告过者免罪受赏，失奸者必诛连刑。如此，则奸类发矣。奸不容细，私告任坐使然也。"韩非主张设立连坐告奸的组织网络肯定会破坏社会，结果是政治强权侵蚀社会。相应地，韩非思想走入了极端，认为禁奸法律最理想的是禁锢人的思想，其次是禁止人的言论，再次是禁止人的行为。《韩非子·说疑》中说："是故禁奸之法，太上禁其心，其次禁其言，其次禁其事。"

第五，"法治"的理想状态是"言轨于法，以吏为师"。韩非认为"法治"达到"言轨于法，以吏为师"，一定可以建立超过三皇五帝的功业。《韩非子·五蠹》中说："故明主之国，无书简之文，以法为教；无先王之语，以吏为师；无私剑之捍，以斩首为勇。是境内之民，其言谈者必轨于法，动作者归之于功，为勇者尽之于军。是故无事则国富，有事则兵强，此之谓王资。既畜王资而承敌国之衅，超五帝，侔三王者，必此法也。"

第六，法要与时俱进。《韩非子·心度》中说："法与时转则治，治与世宜则有功。故民朴而禁之以名则治，世知维之以刑则从。时移而治不易者乱，能治众而禁不变者削。故圣人之治民也。法与时移而禁与治变。"

当然，韩非也认识到推行"法治"要付出代价。《韩非子·八说》中说："法所以制事，事所以名功也。法有立而有难，权其难而事成则立之，事成而有害，权其害而功多则为之。无难之法，无害之功，天下无有也。"对于当时社会"法治"难立的情况，韩非认为主要原因在于法术之士受到当权者阻挠，才智不能为统治者所用。《韩非子·人主》中说："今人主非肯用法术之士，听愚不肖之臣，则贤智之士，孰敢当三子(注：三子指关龙逢、比干、伍子胥)之危而进其智能者乎？此世之所以乱也。"

（二）韩非为君主驾驭群臣而总结的统治术

如果说韩非主张的"法治"主要是处理政府和百姓的关系，那么韩非用术、借势的统治术理论就侧重于处理君臣关系。《韩非子·外储说右下》中说："圣人不亲细民，明主不躬小事。""明主治吏不治民。"韩非认为君臣关系是一种利益交换关系。《韩非子·难一》中说："且臣尽死力以与君市，君垂爵禄以与臣市，君臣之际，非父子之亲也，计数之所出也。"而且，这种利益交换关系不同于一般的社会利益交换关系。《韩非子·外储说右上》中说："人主者，利害之辕毂也，射者众，故人主共矣。是以好恶见则下有因，而人主惑矣；辞言通则臣难言，而主不神矣。"这句话中，辕毂即箭靶，比喻利害的关键所在；通即泄露。

从这句话可知，君臣关系是君主位于中心，一人对多人的利益交换关系。所以在韩非看来，群臣对君主的服从只能建立在利益交换或暴力的基础上。相应地，在服从过程中，君主和群臣间充满了复杂而深沉的利益计较和心理算计。《韩非子·饰邪》中说："君以计畜臣，臣以计事君，君臣之交，计也。害身而利国，臣弗为也;富国而利臣,君不行也。臣之情,害身无利;君之情,害国无亲。君臣也者,以计合者也。"由于君臣地位不对等,利益不平衡,具有权势等级性,因此君臣"上下一日百战"。同时,君主在君臣关系中也有劣势。因为君主是一个人,且精力和智力不足,结果往往是君主寡不敌众,君主不得不借助"法治"行赏罚,玩"势"弄"术"。《韩非子·有度》中说:"夫为人主而身察百官,则日不足,力不给。且上用目则下饰观,上用耳则下饰声,上用虑则下繁辞。先王以三者为不足,故舍己能,而因法数,审赏罚。"由此可见,统治术的产生源于君主在处理君臣利害冲突中必须维护和巩固君主权力。掌握统治术无论是对君主个人,还是对国家治理都极为重要。《韩非子·外储说右下》中说:"人主者不操术,则威势轻而臣擅名。"

韩非所说的统治术主要包括三个方面。

第一,掌握统治术,君主要独掌大权。首先,君主必须独掌赏罚的权柄。《韩非子·二柄》中说:"明主之所导制其臣者,二柄而已矣。二柄者,刑、德也。何谓刑德?曰:杀戮之谓刑,庆赏之谓德。为人臣者畏诛罚而利庆赏,故人主自用其刑德,则群臣畏其威而归其利矣。"而且,君主只有独掌赏罚的权柄,群臣才能服从君主。韩非说:"赏罚者,利器也,君操之以制臣,臣得之以拥主。"这里"拥"通壅,即蒙蔽的意思。其次,君主要掌握制令权、财政权、决策权,要禁止群臣结党。《韩非子·主道》中说:"人主有五壅:臣闭其主曰壅,臣制财利曰壅,臣擅行令曰壅,臣得行义曰壅,臣得树人曰壅。臣闭其主则主失位,臣制财利则主失德,臣擅行令则主失制,臣得行义则主失明,臣得树人则主失党。此人主之所以独擅也,非人臣之所以得操也。"

第二,掌握统治术,君主应避免泄露个人的喜好,同时要想方设法地了解大臣。首先,君主在群臣面前不能泄露个人的偏好。《韩非子·二柄》中说:"去好去恶,群臣见素。"《韩非子·八经》中也说:"故明主之言隔塞而不通,周密而不见。"其次,君主要用"七术"、察"六微"来了解群臣。《韩非子·内储说上七术》中说:"一曰众端参观,二曰必罚明威,三曰信赏尽能,四曰一听责下,五曰疑诏诡使,六曰挟知而问,七曰倒言反事。"这句话的大意是:一是多方验证和考察臣下的言行;二是犯法必罚,以示君主的权威;三是有功必赏,使臣下竭尽所能;四是逐一听取臣下的意见并督促他们行动;五是发布让臣下感到疑惑的命令,用诡诈之法来役使君臣;六是隐藏自己所知晓的情况而询问臣下;七是说相反的话,做相反的事,这就是"七术"。《韩非子·内储说下六微》中说:"一曰权借在下,二曰利异外借,三曰托于似类,四曰利害有反,五曰参疑内争,六曰敌国废置。"这句话的大意是:一是君权旁落臣子手中;二是君臣利益不同,臣下借外援以谋取私利;三是臣下假托类似的事情来欺瞒君主;四是君臣利害相反,臣下为谋取私利而危害君主;五是臣子势位相互匹敌就会争权夺利;六是按照敌国的意图来废黜和任用大臣,这就是"六微"。总之,用"七术"意味着君主在群臣面前神秘,察"六微"意味着群臣在君主面前透明。韩非提醒君主要提防左右亲信和大臣。《韩非子·孤愤》中说:"万乘之患,大臣太重;千乘之患,左右太信,此人主之所公患也。且人臣有大罪,人主有大失,臣主之利与相异者也。何以明之哉? 曰:主利在有能而任官,臣利在无能而得事;主利在有劳而爵禄,臣利在无功而富贵;主利在豪杰使能,臣利在朋党用私。是以国地削而私家富,主上卑而大臣重。故主失势而臣得国,主更称蕃臣,而相室剖符。此人臣之所以谲主便私也。"因此,韩非主张采用要挟、安抚和比较验证后进行处罚的方式来控制位高权重的大臣。《韩非子·八经》中说:"官袭节而进,以至大任,智也。其位至而任大者,以三节持之,曰质、曰镇、曰固。亲戚妻子,质也。爵禄厚而必,镇也。参伍贵帑,固也。"这句话中"质"意为要挟,"镇"意为安抚,"固"就是比较验证后进行处罚。

第三,掌握统治术,君主考察官吏应采用参伍之道,严格根据法律选任官吏。所谓参伍之道,就是《韩非子·八经》中所说的"参言以知其诚,易视以改其泽,执见以得非常。一用以务近习,重言以惧远使,举往以悉其前,即迩以知其内,疏置以知其外,握明以问所闇,诡使以绝黩泄,倒言以尝所疑,论反以得阴奸,设谏以纲独为,举错以观奸动,明说以诱避过,卑适以观直谄,宣闻以通未见,作斗以散朋党,深一以警众心,泄异以易其虑"。并且,韩非主张君主严格依据标准来赏罚。《韩非子·二柄》中说:"人主将欲禁奸,则审合刑名者,言异事也。为人臣者陈而言,君以其言授之事,专以其事责其功。功当其事,事当其言,则赏;功不当其事,事不当其言,则罚。"此外,韩非主张集合大家的力量,公开听取意见并记录下来,事后以记录为依据进行奖惩。《韩非子·八经》中说:"下君尽己之能,中君尽人之力,上君尽人之智。是以事至而结智,一听而公会。听不一则后悖于前,后悖于前则愚智不分;不公会则犹豫而不断,不断则事留。自取一,则毋堕壑之累。故使之讽,讽定而怒。是以言陈之日,必有筴籍,结智者事发而验,结能者功见而谋成败。成败有征,赏罚随之。事成则君收其功,规败则臣任其罪。"

(三)韩非以尊君为内核的权势理论

如果说韩非的"法治"思想以治民为主要内容,"用术"思想以驾驭群臣为重点,那么"任势"思想则以尊君为主旨。

韩非认为政治服从的基础不是才智和德性,而是权势。《韩非子·功名》中说:"夫有材而无势,虽贤不能制不肖。故立尺材于高山之上,下则临千仞之谷,材非长也,位高也。桀为天子,能制天下,非贤也,势重也;尧为匹夫,不能正三家,非不肖也,位卑也。"韩非认为君臣之间没有互信,只是一种互相算计的利益交换关系。因此他认为多数百姓服从少数官吏,群臣服从君主一人,都是建立在法令和权势的基础上。《韩非子·八经》中说:"民以制畏上,而上以势卑下。"所以,英明的君主要善于"任势"。《韩非子·奸劫弑臣》中说:"善任势者国安,不知因其势者国危。"因而权势是君主驾驭群臣的胜众之资。《韩非子·八经》中说:"君执柄以处势,故令行禁止。柄者,杀生之制也;势者,胜众之资也。"

更为重要的是,韩非认为如果君主善于"处势",那么才智中等的君主也可以治理好国家。《韩非子·难势》中说:"吾所以为言势者,中也。中者,上不及尧、舜,而下亦不为桀、纣。抱法处势则治,背法去势则乱。"当然,韩非所讲的势,不是自然之势而是人为确立的权势。《韩非子·难势》中说:"夫势者,名一而变无数者也。势必于自然,则无为言于势矣。吾所为言势者,言人之所设也。"

要建立权势,首先,君主就必须保持权重位尊。因为韩非认为君主只有权重位尊,贤才能服从不肖。《韩非子·难势》中说:"贤人而诎于不肖者,则权轻位卑也;不肖而能服于贤者,则权重位尊也。"因此,君主应该独视、独听、独断。《韩非子·外储说右上》中引用申不害的话说:"独视者谓明,独听者谓聪。能独断者,故可以为天下主。"

其次,为了保护权势,君主必须提防左右亲信和掌权的大臣,防止权势丧失。《韩非子·人主》中说:"人主之所以身危国亡者,大臣太贵,左右太威也。所谓贵者,无法而擅行,操国柄而便私者也。所谓威者,擅权势而轻重者也。此二者,不可不察也。"

再次,为了保持权势,君主要善于创造群臣不得不服从的社会情境。这样,群臣在利益和行为上不得不依赖并服从君主。《韩非子·外储说右上》中说:"夫明主畜臣亦然,令臣不得不利君之禄,不得无服上之名。夫利君之禄,服上之名,焉得不服?"此外,为保持权势,君主要坚持"强干弱枝"的原则对待君臣,禁绝群臣结党。《韩非子·扬权》中说:"为人君者,数披其木,毋使木枝扶疏;木枝扶疏,将塞公闾,私门将实,公庭将虚,主将壅围。"最后,君主保持权势要形成权在中央,事在四方,君无为而臣有劳的状态。《韩非子·扬权》中说:"权不欲见,素无为也。事在四方,要在中央。圣人执要,四方来效。虚而待之,彼自以之。"

总之,在韩非的政治思想中,"法治"重在治民,"用术"重在驾驭群臣,"任势"重在尊君。

三、法家主张"法治"的社会转型逻辑

(一)法家主张"法治"排斥"礼治"的社会转型逻辑

春秋时期人们都主张以礼治国(简称"礼治")。晋国大夫叔向认为:"礼,政之舆也。政,身之守也。怠礼失政,失政不立,是以乱也。"①齐国大夫晏婴对齐景公说:"礼之可以为国也久矣。"②孔子明确主张"以礼治国"。孔子说:"能以礼让为国乎,何有? 不能以礼让为国,如礼何?"③"上好礼,则民易使也。"④当然,"礼治"的本质就是运用礼所蕴含的社会伦理来解决国家治理问题。战国时期的商鞅却说:"以义教则民纵,民纵则乱,乱则民伤其所恶。吾所谓刑者,义之本也;而世所谓义者,暴之道也。"⑤韩非也说:"明主之道,必明于公私之分,明法制,去私恩。"⑥至此不禁要问:为什么法家主张通过"法治"而排斥通过社会伦理来解决治理问题(即排斥"礼治")? 也许应换个角度问:春秋战国以"礼"为载体的社会伦理到底如何妨碍国家治理?

正如第二章第三目所证明的,春秋时期的国家都是由一个个具有明确的伦理适用边界的宗法共同体组成的。那么这种共同体中的社会伦理有何特点,是怎样妨碍国家治理的?

---

① 《左传·襄公二十一年》。
② 《左传·昭公二十六年》。
③ 《论语·卷二·里仁第四》。
④ 《论语·卷七·宪问第十四》。
⑤ 《商君书·开塞》。
⑥ 《韩非子·饰邪》。

首先,这种社会伦理具有落后性。正如第二章第六目指出的,公元前638年,宋、楚两国的泓水之战显示,春秋社会的礼在一定程度上限制了春秋时期列国争霸和战国时期国家发动土地兼并战争。

其次,社会伦理是私人性的。相应地,根据社会伦理建构的统治与服从关系也是私人性的。譬如《左传·襄公二十五年》中记载了"崔杼弑君"的故事。齐庄公与权臣崔杼的妻子东郭姜私通。公元前548年,崔杼称病不去上朝。齐庄公探望崔杼,并趁机调戏东郭姜。崔杼关好门之后发动家兵围攻齐庄公。齐庄公登上高台开始求饶,却没有获得对方允许;接着请求进行盟誓,也没有获得允许;最后请求自己到太庙自杀,也没有获得允许。崔杼的家兵们说:"国君的臣子崔杼病得厉害,不能听从您的命令了。这里离国君的宫殿很近,作为崔杼的家臣只知追杀淫贼,没听说过我家主君还有另外的命令。"随后齐庄公被杀。这个事例充分说明,在邑共同体中,家族宗法伦理都是私人性的,个人对特定的邑共同体的忠诚无法转化为对国家的忠诚。

再次,春秋战国时期的社会伦理具有必须舍身赴死的刚性,它对国家法令制度构成了挑战。公元前552年,晋国大夫栾盈叛逃楚国。当时晋国严禁栾氏家臣跟随,违者死罪。栾盈的家臣辛俞听说栾盈在楚国,就带着家财想跟栾盈会合,结果被守城的官吏逮捕。当时晋平公质问辛俞为什么要违背国家法令,辛俞以自己与栾氏有君臣关系,不能背叛栾氏为由为自己辩护。晋平公有感于辛俞忠诚于栾盈而放他走。① 此外,根据《孟子·尽心上》中所说"吾今而后知杀人亲之重也,杀人之父,人亦杀其父;杀人之兄,人亦杀其兄,然而非自杀之也,一间耳"可知,战国时期还有私人间相互报仇的社会风气。人们之所以要互相报仇,是因为《礼记·曲礼》中讲"父之仇弗与共戴天"。因此,春秋战国时期私人间的仇杀风气对国家法令构成了严重的挑战。

最后,社会伦理的适用具有边界性。春秋战国时期的国家实际上是由一个个大大小小的宗法家族共同体组成的。社会伦理只在共同体内起作用,这意味着国君与臣子之间虽然受君臣伦理约束,但国君与大臣的家臣之间并没有任何直接的伦理义务。这类似于中世纪欧洲出现的一个现象——"我的封臣的封臣,

———————

① 《国语·晋语八》。

不是我的封臣"。因此,春秋战国时期的国家治理结构是一种叠床架屋式的分割治理结构。这种结构使整个社会治理碎片化,普通百姓很难跟国家建立直接的联系,因而它妨碍国家的生存。即使春秋时期家臣的行为有利于国家,其行为也得不到社会伦理的支持。如公元前530年鲁国权臣季孙氏的家臣南蒯挟持费地背叛季孙氏,没有成功而逃到齐国。尽管齐国接纳了南蒯,但在一次酒宴上,齐景公和大夫子韩皙抨击南蒯是叛徒且罪大恶极。① 因此,只有打破春秋战国时期以宗法伦理维系的分封结构,建立百姓与国家的直接联系才能增强国家的治理能力。

如果人们仅仅将春秋战国时期的"礼"理解为不适应时代,那么国家治理采取变革"礼"的方式就可以了。儒家孔子强调以礼治国,但他并非不知变通。如孔子说:"麻冕,礼也;今也纯,俭。吾从众。"②这句话的大意是"用麻布制作的帽子,是符合礼仪规定的。现在大家用黑丝绸制作帽子,比过去节俭。我赞成大家的做法"。因此,孔子对春秋时期的"礼"坚持有所损益的改良路径。墨家虽然反对儒家奢侈浪费的做法,但只是从功利的角度改革等级礼制。墨子说:"以厚葬久丧者为政,国家必贫,人民必寡,刑政必乱。"③为此,墨子主张节葬,并制定了"棺三寸,衣衾三领"的葬埋之法。与儒家一样,墨家也坚持社会伦理的方式处理国家事务。唐代余知古所记《墨子》佚文中,墨子说:"道不行不受其赏,义不听不处其朝。"④总之,儒家和墨家都坚持通过社会伦理来实现社会治理有序。

然而,这些主张都无法增强国家的生存能力。如滕国国君滕文公与孟子的一段对话。当时滕文公问孟子说:"滕作为小国,夹在齐、楚两个大国之间,是事奉齐国,还是事奉楚国好?"孟子回答:"这不是我所能谋划的。如果迫不得已,就只有一个法子,即挖深护城河,高筑城墙,跟百姓一起守城,敢于赴死而且百姓又不愿离去,那么事情就可以办好。"⑤从滕文公与孟子的对话来看,孟子对滕文公的回答不能立即提高滕国的生存能力,显得答非所问。而且,孟子将不讲仁义,

---

① 《左传·昭公十二年》。
② 《论语·卷五·子罕第十》。
③ 《墨子·节葬下》。
④ [唐]余知古:《渚宫旧事·卷二》。清末孙诒让先生认为,此处字句系《墨子·贵义》篇的佚文,详情见《墨子闲诂·卷十二》。
⑤ 《孟子·梁惠王下》。

为国开辟疆土、打胜仗的良臣称为"民贼"①,说明孟子的"仁政王道"主张并不能提高国家在土地兼并战争中的生存能力。同样,儒家荀子与临武君在赵孝成王面前讨论用兵的关键,荀子给出的答案是"兵要在乎善附民而已"②。荀子给出用兵的答案时,并没有认识到"用兵"(政治问题)不能完全等同于"附民"(社会问题),他还是用社会伦理的方式来处理政治问题。类似地,鲁国国君曾问墨子,齐国将攻打鲁国,怎样挽救鲁国?墨子却跟鲁国国君说:"从前三代时期的圣王夏禹、商汤和周朝文王、武王,都只不过是方圆百里的诸侯,他们靠推行忠义取得天下。而三代暴王夏桀、商纣、周幽王和周厉王,推行仇恨,采用暴行,最终失了天下。我希望君主对上应尊天事鬼,对下应爱利百姓,携带厚重的财礼,言辞谦卑,对四周邻国普遍以礼相待,举全国之力来事奉齐国,就可以避免鲁国的灭国之祸。若是不这样做,想来没有其他好办法。"③显然,墨子坚持"爱利百姓"的伦理主张根本没解决鲁国所面临的齐国进攻的灭国之祸。总之,儒、墨两家都坚持"礼治",采用社会伦理解决政治问题。相应地,战国时期受儒、墨思想影响的国家,其生存能力都不高。《淮南子·人间训》中说:"徐偃王为义而灭,燕子哙行仁而亡,哀公好儒而削,代君为墨而残。"尽管儒家和墨家对礼都采取了适当变革的举措,但采用社会伦理实现社会有序并不能有效地提高国家的生存能力。

因此,法家主张以"法治"取代"礼治",排斥采用社会伦理来治理国家。

第一,法家强调"法治"是为了满足战国时期土地兼并战争的需要。对于战国时期的特点,商鞅说:"今世强国事兼并,弱国务力守。"④同样,韩非也说:"古人亟于德,中世逐于智,当今争于力。"⑤因此,商鞅主张"圣人之为国也,不法古不修今,因世而为之治,度俗而为之法"。韩非则说:"是以圣人不期修古,不法常可,论世之事,因为之备。"⑥

第二,法家反对私人伦理治国,强调以"法"构建国家与百姓的直接联系。韩

---

① 《孟子·告子下》。
② 《荀子·议兵》。
③ 《墨子·鲁问》。
④ 《商君书·开塞》。
⑤ 《韩非子·八说》。
⑥ 《韩非子·五蠹》。

非认为用社会伦理处理政治关系将阻碍国家治理。韩非说："吾以是明仁义爱惠之不足用,而严刑重罚之可以治国也。"①相应地,法家认为实施"法治"就是要排斥采用社会伦理治国。韩非说："立法令者以废私也,法令行而私道废矣。私者所以乱法也。"②法家推行"法治"的宗旨在于强化百姓与国家的政治联系,提高国家的生存能力。韩非说："故明主之国,无书简之文,以法为教;无先王之语,以吏为师;无私剑之捍,以斩首为勇。是境内之民,其言谈者必轨于法,动作者归之于功,为勇者尽之于军。"③

第三,法家通过"严刑峻法"来响应社会个体的私人行为对国家构成的挑战。韩非指出,为熟人行方便的所谓"不弃",实际上说明官吏在玩阴谋;用公家的财产接济他人的所谓"仁人",实际上说明他在损害公家的财产;看重身体、看轻俸禄的所谓"君子",实际上说明他难以为国效力;徇私枉法的所谓"有行",实际上说明他在毁坏国家法制;辞官并结交朋友的所谓"有侠",实际上说明他在让官位空缺;选择离世隐遁的所谓"高傲",实际上说明他作为百姓没做好分内的事;敢于争斗、违背法令的所谓"刚材",实际上说明他使法令得不到实行;靠施恩惠讨好众人的所谓"得民",实际上说明他在孤立君主。④ 韩非主张消灭这些根据私人绝对伦理处事的"不弃""仁人""君子""有行""有侠""高傲""刚材"和"得民"。类似地,商鞅主张"重刑而连其罪,则褊急之民不斗,很刚之民不讼,怠惰之民不游,费资之民不作,巧谀、恶心之民无变也"⑤,实际上就是主张运用国家法令改变社会个体的行为。

第四,法家通过"法令"来统一统治者和治下民众的言行。商鞅说："故明主慎法制。言不中法者不听也,行不中法者不高也,事不中法者不为也。"⑥同样,韩非也说："明主之国,令者,言最贵者也,法者,事最适者也。言无二贵,法不两适。故言行而不轨于法令者必禁。"⑦法家实施"法治"的结果是消灭社会上一切反抗

---

① 《韩非子·奸劫弑臣》。
② 《韩非子·诡使》。
③ 《韩非子·五蠹》。
④ 《韩非子·八说》。
⑤ 《商君书·垦令》。
⑥ 《商君书·君臣》。
⑦ 《韩非子·问辩》。

国家的力量。因此,法家的"法治"主张体现出反社会的倾向。

当然,要增强国家在列国争霸中的生存能力,靠强化政府对百姓资源的榨取是不行的,只有实施以制度变革为主要内容的变法,才能增加国家所掌握的资源总量,实现富国强兵。法家主张以"法治"取代"礼治"的根本原因在于春秋社会以"礼"为载体的制度在提高国家能力和实现社会有序方面的效用已达到顶点,而社会转型又使"礼治"在提高国家能力方面面临着边际收益递减的问题。所以,只有进行制度变革,才能实现社会有序,才能提高国家能力(见图4-1)。

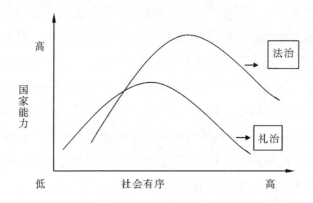

图4-1 法家"法治"与春秋"礼治"实现社会有序和国家富强的示意图

从上图可以看出,法家"法治"思想的重心不在于提高国家对社会的榨取率,而在于增加国家掌握的社会资源总量。在技术条件总体保持不变的条件下,在原有的礼仪制度下,一国所生产的社会资源总量是既定的。在这种情况下,提高国家对社会的榨取率,只会激化统治者与百姓的矛盾。因此,为了赢得民心,统治者有时必须适当地减小对社会资源的榨取力度。譬如,1972年山东临沂银雀山出土的汉简《吴问》篇显示,春秋末年,晋国六卿先后改藉田制为授田制,改原来100方步为一亩的周亩制为160方步至240方步为一亩的大亩制。同时,晋国六卿还实施了按户征收赋税的税制。其中范式、中行氏、智氏、韩氏、魏氏的税制"有赋有税","公家"较为富有;赵氏的税制在某些领地则"有赋无税",藏富于民。① 总之,法家强调以"法治"取代"礼治",实际上是要求变革

① 冯小红、刘书增:《春秋末年晋国六卿田制和税制再研究——以临沂银雀山汉简〈吴问〉篇为中心》,《中国经济史研究》2012年第1期,第27页。

国家治理制度。

（二）法家主张"法治"而非"刑治"的逻辑

如果对照春秋战国时期的史料和商鞅与韩非"法治"思想中"法"的含义会发现,法和刑在含义上并没有本质的不同。西周及春秋战国时期的刑也称之为法,都是指以杀戮的方式加罪。《尚书·周书·吕刑》中说:"苗民弗用灵,制以刑,惟作五虐之刑曰法。"《管子·心术上》也说:"杀僇(戮)禁诛谓之法。"西汉时期的《盐铁论·诏圣》中还说:"法者,刑罚也,所以禁强暴也。"同样,《商君书·算地》中说:"故刑戮者,所以止奸也。"《韩非子·二柄》中说:"杀戮之谓刑。"

随着春秋社会礼崩乐坏,一些国家开始调整国家治理方式。《左传·昭公六年》记载,公元前536年,郑国执政子产铸刑书治理国家。随后,《左传·昭公二十九年》记载,公元前513年,晋国铸刑鼎治理国家。既然法与刑无根本区别且一些国家采用铸刑书、刑鼎的方式治理国家,那么法家商鞅和韩非就应多主张"刑治"而少主张"法治"。然而,据统计,《商君书》有128处提到"刑"字,有229处提到"法"字。其中,讲"刑治"的主张有3处,讲类似"法治"的主张约有10处。《韩非子》有162处提到"刑"字,有446处提到"法"字。其中,讲"刑治"的主张有1处,讲类似"法治"的主张约有16处(见表4-3)。

表4-3　商鞅和韩非"刑治"和"法治"主张汇总

主张类型	出处	具体主张	总计
商鞅主张的法治	《商君书·更法》	今吾欲变法以治	10
	《商君书·更法》	据法而治	
	《商君书·算地》	观俗立法则治	
	《商君书·壹言》	治法明,则官无邪	
	《商君书·壹言》	垂法而治	
	《商君书·画策》	圣王者不贵义而贵法,法必明,令必行,则已矣	
	《商君书·弱民》	背法而治,此任重道远而无马、牛	
	《商君书·慎法》	破胜党任,节去言谈,任法而治矣	
	《商君书·慎法》	法任而国治矣	
	《商君书·定分》	法令者,民之命也,为治之本也	

续表

主张类型	出处	具体主张	总计
商鞅主张的刑治	《商君书·开塞》	故以刑治,则民威;民威,则无奸;无奸,则民安其所乐	3
	《商君书·靳令》	以刑治,以赏战,求过不求善	
	《商君书·弱民》	以刑治民,则乐用	
韩非主张的法治	《韩非子·制分》	有术之国,去言而任法	16
	《韩非子·有度》	国无常强,无常弱。奉法者强,则国强;奉法者弱,则国弱	
	《韩非子·有度》	故当今之时,能去私曲就公法者,民安而国治	
	《韩非子·有度》	古者世治之民,奉公法,废私术,专意一行,具以待任	
	《韩非子·有度》	以法治国,举措而已矣	
	《韩非子·备内》	执后以应前,按法以治众,众端以参观	
	《韩非子·显学》	为治者用众而舍寡,故不务德而务法	
	《韩非子·饰邪》	明法者强,慢法者弱	
	《韩非子·安危》	法所以为国也,而轻之,则功不立,名不成	
	《韩非子·用人》	三者立而上无私心,则下得循法而治	
	《韩非子·外储说右下》	治强生于法,弱乱生于阿	
	《韩非子·难势》	抱法处势则治,背法去势则乱	
	《韩非子·问辩》	言无二贵,法不两适,故言行而不轨于法令者必禁	
	《韩非子·诡使》	法令,所以为治也	
	《韩非子·诡使》	道私者乱,道法者治	
	《韩非子·心度》	治民无常,唯治为法	
韩非主张的刑治	《韩非子·饬令》	以刑治,以赏战、厚禄,以用术	1

从上述统计资料来看,商鞅和韩非讲"法"多于讲"刑",讲"法治"多于讲"刑治"。所以,主张"法治"明显是商鞅和韩非思想的主要特色。《史记·太史公自序》中司马谈也说:"法家不别亲疏,不殊贵贱,一断于法。"到近代很多学者如梁

启超等人将法家思想归纳为"法治主义"①。至此不禁要问,法家为什么主张"法治"而非"刑治"?

第一,"法"含义广泛且囊括刑,它有利于准确地表达法家的治国理念。"刑"在西周及春秋战国的文献中是指以杀戮方式加罪。有时"刑罚"连称,罚是指以金钱赎罪,如《尚书·周书·吕刑》中讲"刑罚世轻世重",《左传·昭公六年》中讲"严断刑罚以威其淫"。中国古代的法起源于中国夏、商、周青铜时代族姓统治的合法武力②,在中国青铜时代,法就是刑。

到春秋战国时期,法的含义比刑更加广泛,它更准确地表达了法家的治国理念。法的第一层含义是指刑罚。《尚书·周书·吕刑》中说:"苗民弗用灵,制以刑,惟作五虐之刑曰法。"到战国时期,法家的"法"不仅指刑罚,还包括奖赏,如《韩非子·显学》中说:"明吾法度,必吾赏罚者。"

在法家看来,刑与罪相联系,刑作为治民的工具必须建立在法律制度公正严明的基础上。《商君书·君臣》中说:"法制明则民畏刑。"因此,法家"法治"是"刑治"的基础。

当然,法家主张的"刑",并不是简单地杀戮有罪的人,而是"以刑去刑",达到禁奸的效果。《商君书·赏刑》中说:"重刑,连其罪,则民不敢试。民不敢试,故无刑也。"从法家的"法"与"刑"的区别来看,刑的功能比较单一,它通过事后杀戮来纠错止奸,而法的功能还包括事前定名分、止纷争。《商君书·定分》中说:"名分已定,贪盗不取。今法令不明,其名不定,天下之人得议之。"因此,在一定意义上讲,法家的"法治"主张并未抛弃"刑治"的内涵,而是传承和发展了春秋末期的"刑治"主张,并把春秋末期的"刑治"推进到"法治"阶段。

法的第二层含义是指法律制度。《吕氏春秋·察今》中说:"故治国无法则乱,守法而弗变则悖,悖乱不可以持国。"法指法律制度时,在法家思想中往往"法制"或"法令"两字连称。譬如《商君书·君臣》中说:"故明主慎法制。"《商君书·定分》中说:"吏明知民知法令也,故吏不敢以非法遇民,民不敢犯法以干法官也。"《韩非子·用人》中说:"释法制而妄怒,虽杀戮而奸人不恐。"

① 梁启超:《先秦政治思想史》,中国人民大学出版社 2012 年版,第 151 页。
② 梁治平:《"法"辩》,《中国社会科学》1986 年,第 4 期。

战国时期法家的"法"具有规定明确、适用普遍的特点。从《新书·阶级》中所说"故古者,礼不及庶人,刑不至君子"来看,刑对春秋时期的社会贵族阶层并不具有普遍的适用性。与之形成对比,从《商君书·定分》中所说"故圣人为法必使之明白易知,名正,愚知遍能知之"和《韩非子·八说》中所说"明主之法必详事"来看,法家的"法"具有明白易懂、健全完备的特点。再根据《韩非子·难三》中所说"法者,编着之图籍,设之于官府,而布之于百姓者也"和《韩非子·有度》中所说"法不阿贵,绳不绕曲。法之所加,智者弗能辞,勇者弗敢争,刑过不辟大臣,赏善不遗匹夫"来看,法家的"法"对广大国民具有普遍的适用性。据此可以说,法家强调的"法"健全完备,具有普遍性,摆脱了春秋时期"刑"只适用普通庶民的狭隘性,因而可以实现国家治理的长治久安。因此,法家的"法治"比"刑治"更契合法家采取普遍适用的法令制度治理国家的理念。

法的第三层含义是指模仿或效法。如《老子》二十五章中说:"人法地,地法天,天法道,道法自然。"《周易·系辞上》中说:"知崇礼卑,崇效天,卑法地。"从《商君书·定分》中所说"为置法官,置主法之吏,以为天下师,令万民无陷于险危"和《韩非子·五蠹》中所说"故明主之国,无书简之文,以法为教;无先王之语,以吏为师"来看,商鞅和韩非都主张"言轨于法,以吏为师"。这说明战国时期法家依据法的模仿或效法的含义实现国家统一的目的。与法相对照,战国时期的"刑"根本没有效法的含义。总之,法家商鞅和韩非既讲"刑治"又讲"法治",但战国时期"法"的含义比"刑"的含义更广泛,因而法家的"法治"能较好地体现他们的治国理念。

第二,法家的"法"是"公"的体现,因而法家主张"法治"有强化国家利益和尊崇君主的倾向。刘泽华先生指出:"西周时期的'公'字使用逐渐广泛,从人指扩展到属于公共的物指和事指,并开始发展为有政治公共性含义的抽象概念。"①人指是指以官爵称呼个人,如周公、召公、晋文公;物指是指属于公的各种事物,如公田、公室;事指是指与公有关的行为或朝廷和国家。当然,事指的"公"也是作为国家治理层面的公,如《诗经·国风·召南》中讲"夙夜在公"。而"公"成为

---

① 刘泽华:《先秦士人与社会》,天津人民出版社 2004 年版,第 208 页。

具有政治公共性的抽象概念是指"公"成为社会和国家的行为道德准则,体现出公共理性的特质,如《管子·形势解》中说"行天道,出公理"。这里只分析作为国家治理层面的"公"。

在春秋战国时期的文献中,作为治理层面的"公",往往呈现出公私对立,崇尚大公无私的倾向,如《左传·僖公九年》中晋国大夫荀息说:"公家之利,知无不为,忠也。"这里所谓的公家就是指国君所代表的国家。这句话显示出国家利益至上的思想倾向。同样,《左传·昭公二十六年》中晏子说:"大夫不收公利。"这句话的意思是官员不应侵吞公家财产,应公私分明。

受春秋时期这种国家利益至上、公私分明的思想的影响,在国家治理方面,战国时期也出现了崇尚大公无私的思想倾向,如《墨子·尚贤上》中说:"举公义,辟私怨。"《荀子·君道》中说:"公道达而私门塞矣。"《吕氏春秋·贵公》中也说:"昔先圣王之治天下也,必先公,公则天下平矣。"同样,法家商鞅和韩非也推崇"公"。法家的"公"基本上是指君主或国家的规定或利益。① 当然,法家是在坚持公私对立分明的前提下讲"公",如《商君书·修权》中说:"公私之分明,则小人不疾贤,而不肖者不妒功。"《韩非子·五蠹》中说:"自环者谓之私。"既然法家的"公"是指朝廷或国君代表的国家,那么朝廷或国君代表的国家就要通过"法"来表现。有时法家干脆将法称之为"公法",如《管子·五辅》中说:"公法行而私曲止。"《韩非子·有度》中也说:"故当今之时,能去私曲就公法者,民安而国治。"因此,法家的"法"就是"公"的表现。正因如此,法家的"法"极为排斥"私"。《商君书·权修》中说:"故立法明分,而不以私害法,则治。"同样,《韩非子·诡使》中也说:"立法令者以废私也,法令行而私道废矣。私者所以乱法也。"

由于法家的"公"与"私"严重对立,因此在法家眼里,"私"带有贬义,严重妨碍国家的有效治理。《商君书·画策》中说:"国乱者,民多私义。"《韩非子·诡使》中也说:"所以治者,法也;所以乱者,私也。"相应地,法家立公灭私的思路是以法为公,立公灭私。《商君书·壹言》中说:"上开公利而塞私门,以致民力。"并且,为了实现君主代表的国家公利,韩非主张将为熟人行方便的所谓"不弃"、

① 陈弱水:《公共意识与中国文化》,新星出版社2006年版,第81页。

用公家财产接济他人的所谓"仁人"、看重身体轻视俸禄的所谓"君子"、徇私枉法的所谓"有行"、辞官并结交朋友的所谓"有侠"、选择离世隐遁的所谓"高傲"、敢于争斗违背法令的所谓"刚材"、靠施恩惠讨好众人的所谓"得民"这八种人杀掉,因为《韩非子·八说》中说:"反此八者,匹夫之私毁,人主之公利也。"当然,法家主张公私对立就是认为国家与百姓对立。法家主张的"法治",其基本功能就是弱民。《商君书·弱民》中说:"民弱国强;国强民弱。故有道之国务在弱民。"因此,法家讲"法治"就是通过削弱百姓来增强国家利益。为强化国家利益,法家特别重视百姓的户口统计。《商君书·去强》中说:"举民众口数,生者着,死者削。民不逃粟,野无荒草,则国富,国富者强。"并且,法家还特别重视国家行政的效率。《商君书·去强》中说:"十里断者,国弱;九里断者,国强。以日治者王,以夜治者强,以宿治者削。"总之,如果将法家的"法"与"刑"进行对比,显然"刑"的杀戮含义无法表达这个意思:法家通过变法达到提高国家生存能力的目的。

法家推行"法治"的结果:一是运用赏罚举措引导百姓法内取利,如《商君书·外内》中说:"故为国者,边利尽归于兵,市利尽归于农。"二是使法律成为官吏和百姓的行动准则。这意味着君主所代表的国家利益成为全国官吏与百姓言行的价值取向。三是以法治的形式达到尊崇君主以及君主所代表的国家的目的。总之,法家通过实施"法治",达到尊君利国的目的。

第三,法家主张"法治"而非"刑治",主张通过"法治"建构一种百姓与国家致力于兼并扩张的利益共生结构。法家继承了春秋末期"刑治"的主张,他们主张采用严刑峻法治理国家。《商君书·开塞》中说:"夫利天下之民者莫大于治,而治莫康于立君,立君之道莫广于胜法,胜法之务莫急于去奸,去奸之本莫深于严刑。"《韩非子·有度》中说:"故明主使其群臣不游意于法之外,不为惠于法之内,动无非法。峻法,所以凌过游外私也;严刑,所以遂令惩下也。"

当然,法家的"刑"使百姓恐惧,它强化了国家专制性权力。但是,严刑峻法并不能实现国家的长治久安。战国时期很多人都认识到了这一点。如《老子》七十四章中说:"民不畏死,奈何以死惧之。"《管子·牧民》中说:"政之所兴,在顺民心;政之所废,在逆民心。民恶忧劳,我佚乐之;民恶贫贱,我富贵之;民恶危坠,我存安之;民恶灭绝,我生育之。能佚乐之,则民为之忧劳;能富贵之,则民为之贫贱;能存安之,则民为之危坠;能生育之,则民为之灭绝。故刑罚不足以畏其意,杀戮不足以服其心。故刑罚繁而意不恐,则令不行矣;杀戮众而心不服,则上位危矣。"类似地,《荀子·议兵》中也说:"凡人之动也,为赏庆为之,则见害伤焉止矣。故赏庆、刑罚、埶诈,不足以尽人之力,致人之死。为人主上者也,其所以接下之百姓者,无礼义忠信,焉虑率用赏庆、刑罚、埶诈,除阨其下,获其功用而已矣。大寇则至,使之持危城则必畔,遇敌处战则必北,劳苦烦辱则必奔,霍焉离耳,下反制其上。故赏庆、刑罚、埶诈之为道者,佣徒鬻卖之道也,不足以合大众,美国家,故古之人羞而不道也。"当然,荀子对"刑"的认识是对的,但对"赏"的认识却显得片面。尽管先秦法家讲少赏重罚,但是法家主张的"赏"是厚赏。厚赏的结果是强调百姓对国家的依附和认同。这种依附和认同是通过将百姓的获利方式与国家奖励耕战的政策捆绑在一起来实现的。《商君书·说民》中说:"治国之举,贵令贫者富,富者贫。"

商鞅认为国家应利用百姓求利求名的趋向,将名利集中在国家奖励的"耕战"管道上。《商君书·农战》中说:"圣人知治国之要,故令民归心于农。归心于农,则民朴而可正也,纷纷则易使也,信可以守战也。"因此,商鞅认识到农业在传统国家的基础地位,主张把奖励耕战作为基本国策。为达到奖励耕战的目的,商鞅强调国家政策必须做到"利出一孔",即国家垄断百姓政治晋升的途径。《商君书·靳令》中说:"利出一空者其国无敌,利出二空者国半利,利出十空者,其国不守。"此句的"空"通"孔",即途径。从这句话可以看出,商鞅主张将百姓引导到依赖国家生存的境地。当然,在法家思想中,这种引导并不是只靠刑罚,而是刑赏并用。因此,只有"法治"才能体现法家采用刑赏并用的方式把百姓引导到从事耕战的道路上去。总之,"刑"使百姓畏惧政府,并可能导致百姓与政府疏离和对立。然而,法家的"法"除了树立政府权威,让百姓服从和敬畏政府外,还形成了百姓与政府共生的利益结构。所以,法家多讲"法治"而少讲"刑治",不仅遵循百姓服从政府的统治逻辑,而且遵循百姓与国家共生的利益逻辑。此外,从治理绩效来看,法家商鞅在秦国实施变法的结果是实现民富国强。《史记·商君列传》中说商鞅在秦国变法"行之十年,秦民大说,道不拾遗,山无盗贼,家给人足。民勇于公战,怯于私斗,乡邑大治"。因此,法家的"法治"思想往往渗透着强烈的利国利民的事功精神。①

第四,法家主张"法治"而非"刑治",估计是吸取了春秋末期晋国和郑国实行"刑治"导致国家分裂的历史教训。随着各国兼并战争的加剧,国家规模进一步扩大,国家对人民的统治越来越依赖暴力等专制性权力。当国家治理主要依赖专制性权力时就会出现"刑治",如公元前536年的郑国和公元前513年的晋国先后铸刑书、刑鼎,推行"以刑治国"。但春秋战国时期一些国家在强化专制性权力的过程中有一个突出的问题就是君权旁落,国家权力落在执政大臣的手中,从而出现《论语·季氏》中讲"陪臣执国命"的局面。《韩非子·难三》中说:"鲁之公室,三世劫于季氏。"从郑国和晋国"刑治"的历史来看,两国都走向了分裂。虽然晋国曾长期是春秋时期的霸主,但晋国的最终结局是韩、赵、魏三家分晋。从《韩非子·说疑》中所说"郑子阳身杀,国分为三"来看,郑国也走向了分裂。当然,晋国分裂是否是"刑治"的结果,从现有文献来看,似乎还不能下定论,但郑国分裂与"刑治"有关。从《淮南子·泛论训》中所讲"郑子阳刚毅而好罚,其于罚也,执而无赦"来看,郑国子阳确实采用了"刑治"。可见,春秋末期"刑治"并未维护国家的统一。所以,法家韩非在提出"尚法"的同时,又提出一系列"用术"和"任权"的统治术理论,其实质就是为统治者驾驭国家专制性权力提供方法论指导。韩非的"法治"以治民为主要内容,其"用术"思想以驾驭群臣为重点,而其"任势"思想则是以尊君为特色。如《韩非子·八经》中说:"民以制畏上,而上以势卑下。"同时,《韩非子·外储说右下》中说:"人主者不操术,则威势轻而臣擅名。"因此,灵活地驾驭专制性权力并保证其掌握在君主手中,是法家集大成者韩非的"法治"思想的重要内容。从韩非所讲"季氏劫持鲁国政权"和"郑国分裂为三"来看,法家主张"法治"而非"刑治"在一定意义上讲,吸取了春秋末期晋、郑两国实行"刑治"导致国家分裂的教训。

春秋战国时期法的核心要义是刑,这意味着商鞅与韩非的思想中也蕴含着"以刑治国"的理念。如果仔细考察《商君书》和《韩非子》两书有关"法"和"法

---

① 王健:《法家事功思想初探——以〈商君书〉〈韩非子〉为中心》,《史学月刊》2001年第6期,第51-56页。

治"的记载,就会发现商鞅和韩非思想都以"法治"为主要特色。从"法"的含义、"法治"的宗旨、"法治"建立的利益共生结构和"法治"吸取"刑治"导致国家分裂的教训等角度来探讨法家主张"法治"而不主张"刑治"的原因,并不是溢美战国时期的法家思想,而是为了更好地把握和传承法家思想。当然,法家的"法治"思想也不是没有缺陷,其功利主义的法律工具论、强国弱民的制民论、只见人不见社会的人性论和以奸止为度的重刑论都是法家"法治"理论的"硬伤"。① 而且,商鞅与韩非的"法治"思想也并非毫无区别,对秦国而言,它存在着商鞅的法治思想兴秦而韩非的"集大成"思想亡秦的不同。②

---

① 徐进:《商鞅法治理论的缺失——再论法家思想与秦亡的关系》,《法学研究》1997 年第 6 期,第 131 – 137 页。
② 徐进:《韩子亡秦论——商鞅、韩非法律思想之比较》,《法学研究》1994 年第 4 期,第 78 – 84 页。

第五章　春秋战国社会转型中诸子思想 生成意识形态

第一节　社会转型与儒家思想生成意识形态

一、儒家思想强化国家建制性权力

在国家统治上,孔子赞成国家建制性权力和专制性权力二者有机结合。孔子说:"政宽则民慢,慢则纠之以猛。猛则民残,残则施之以宽。宽以济猛,猛以济宽,政是以和。"①这里所谓的"宽",就是采用宽和的方法进行统治。结合《论语》来理解,就是统治者在道德上率先垂范,采用道德教化来进行统治。这里所谓的"猛",就是用刑罚和暴力来进行统治。值得注意的是,孔子反对"不教而杀"的虐政。② 这表明孔子倾向于采用建制性权力进行社会治理。孔子说:"道之以政,齐之以刑,民免而无耻;道之以德,齐之以礼,有耻且格。"③从这句话可以看出,与使百姓服从的刑罚手段相比,孔子认为道德手段不仅可以使百姓免于犯罪,而且能使百姓发自内心地服从政府。因此,在统治手段上,孔子强调建制性权力优于专制性权力。同样,孟子也坚持将德治与刑罚结合起来进行统治。他说:"徒善不足以为政,徒法不能以自行。"④同时他又继承了孔子"德治"优于"刑治"的思想。孟子反对诸侯国依赖武力开拓国土的"霸道"政治,他主张以"王道"统一天下。他说"以力假仁者霸""以德行仁者王"⑤。并且,孟子预言天下统一是通过"不嗜杀者"实现的。荀子也继承了孔子的将国家建制性权力和专制性

---

① 《左传·昭公二十年》。
② 《论语·卷十·尧曰第二十》。
③ 《论语·卷一·为政第二》。
④ 《孟子·离娄上》。
⑤ 《孟子·公孙丑上》。

权力有机结合进行统治的思想,他主张"听政之大分:以善至者待之以礼,以不善至者待之以刑"①。荀子反对单纯靠刑法进行社会治理,主张将道德教化与刑法诛杀相结合。他说:"故不教而诛,则刑繁而邪不胜;教而不诛,则奸民不惩;诛而不赏,则勤厉之民不劝;诛赏而不类,则下疑俗俭而百姓不一。"②并且,荀子主张国家暴力的行使必须合乎社会道德。他说:"彼兵者,所以禁暴除害也,非争夺也。"③

值得注意的是,在孔子强化国家建制性权力的思想中,他们始终站在社会而非国家的立场上。首先,在国家与人民利益产生冲突时,孔子反对国家厚敛于民,主张轻徭薄赋,藏富于民。譬如鲁国遭遇饥荒,政府用度缺乏,鲁哀公反对有若提出的收取百姓收成十分之一的"彻"税,孔子说:"百姓足,君孰与不足?百姓不足,君孰与足?"④其次,在国家法令与社会伦理产生冲突时,孔子坚持社会孝道伦理高于国家法令。当楚国叶公告诉孔子自己家乡有个正直的人,父亲偷窃,他却到官府告发父亲。孔子评价道:"吾党之直者异于是:父为子隐,子为父隐,直在其中矣。"⑤显然,从孔子主张"父为子隐,子为父隐"可以看出,孔子把父子间的孝道伦理看作社会的根本,它具有高于国家法律的价值。相应地,孔子要求弟子们做君子,靠内在道德来挺立个体。孔子说:"君子义以为质,礼以行之,孙以出之,信以成之。君子哉!"⑥再次,孔子坚持以利民标准评价齐国管仲,认为他具备"仁"德。这反映出孔子在本质上坚持宗法家族共同体至上。此外,孔子、孟子和荀子还从社会伦理的角度来思考和解决政治问题。有子认为等级尊卑之间的服从,根植于家庭孝悌伦理。有子说:"其为人也孝弟,而好犯上者,鲜矣;不好犯上,而好作乱者,未之有也。君子务本,本立而道生。孝弟也者,其为仁之本与!"⑦孔子干脆认为实践社会孝道伦理就是治国理政的表现。有人问孔子为什

---

① 《荀子·王制》。
② 《荀子·富国》。
③ 《荀子·议兵》。
④ 《论语·卷六·颜渊第十二》。
⑤ 《论语·卷七·子路第十三》。
⑥ 《论语·卷八·卫灵公第十五》。
⑦ 《论语·卷一·学而第一》。

么不参与政治,孔子回答:"《书》云:'孝乎！惟孝,友于兄弟,施于有政。'是亦为政,奚其为为政？"①因此,儒家的"仁政"学说本质上是把国家对社会的治理等同于父母与子女之间的一方向另一方无私付出的亲爱关系。所以,在从社会伦理的角度来解决政治问题上,有若和孔子的思路是一脉相承的。

孟子和荀子也很好地传承了孔子从社会伦理的角度来解决政治问题的思路。首先,孟子认为百姓才是国家的根本,正如他所说:"民为贵,社稷次之,君为轻。"②相应地,孟子认为解决国家问题的根本在于个人的道德修养。他说:"天下之本在国,国之本在家,家之本在身。"③因此,孟子坚持以社会伦理道德的标准来评价统治者（或国家）的行为。孟子不仅批评梁惠王厚敛于民的行为是率兽食人的暴政④,而且反对列国之间的土地兼并战争。他认为:"争地以战,杀人盈野；争城以战,杀人盈城。此所谓率土地而食人肉,罪不容于死。故善战者服上刑,连诸侯者次之,辟草莱、任土地者次之。"⑤正是因为孟子坚持社会伦理本位,所以孟子强调社会个体可"以德抗位",坚持"将大有为之君,必有所不召之臣"⑥。当有人假设舜的父亲瞽瞍杀人,国家法令与社会孝道伦理相互冲突时,孟子认为正确的做法是舜丢掉天下,背负瞽瞍逃亡到海滨⑦。荀子也认为国家的根本在于得百姓,因为"用国者,得百姓之力者富,得百姓之死者强,得百姓之誉者荣。三得者具而天下归之,三得者亡而天下去之"⑧。

荀子认为设立国君的本旨是为民,所谓"天之生民,非为君也；天之立君,以为民也"⑨。而且,在一系列的社会关系中,夫妇关系才是君臣、父子关系的根本。⑩ 此外,荀子还说:"从道不从君,从义不从父,人之大行。"⑪所以,荀子也从

①《论语·卷一·为政第二》。
②《孟子·尽心下》。
③《孟子·离娄上》。
④《孟子·梁惠王上》。
⑤《孟子·离娄上》。
⑥《孟子·公孙丑下》。
⑦《孟子·尽心上》。
⑧《荀子·王霸》。
⑨《荀子·大略》。
⑩《荀子·大略》。
⑪《荀子·子道》。

社会伦理的角度强调治国理政的根本在于统治者个人的修身。他说:"闻修身,未尝闻为国也。"①

总之,孔子、孟子和荀子这种坚持从社会伦理的角度来解决政治问题的思想,一方面有利于强化统治的合道德性,强化国家建制性权力;另一方面又为接受儒家思想的统治者选拔社会人才奠定了伦理基础。

二、儒家意识形态的社会生成

意识形态是行动导向的思想,因此,思想要转化为行动就要强调知行一致或者言行一致。孔子的主张是否强调言行一致呢?《论语》中说:"子以四教:文、行、忠、信。"②这里只讲信。在先秦社会,信和其他德性都是春秋社会人们的立身之本,正所谓"人所以立,信、知、勇也"③。春秋社会的"信"指什么? 当时的人讲:"定身以行事谓之信。"④先秦社会特别强调为人处事要言行一致。春秋时期的人对承诺特别慎重,所谓"慎尔言也,谓尔不信"⑤。孔子既强调为人要信⑥,又强调言行要统一。孔子说"人而无信,不知其可也"⑦,"故君子名之必可言也,言之必可行也"⑧。而且,在言和行的关系上,孔子在对弟子的讲述中,多次强调行动高于言辞。孔子说"君子欲讷于言而敏于行"⑨,"君子耻其言而过其行"⑩。至此可知,孔子强调言行一致就是强调理论和实践的统一。这意味着孔子思想可以在理论和实践的统一中转化为弟子们现实的生活方式。子夏也说:"与朋友交,言而有信。"⑪在孔门弟子中,颜回以德行居首。孔子称赞颜回说:"贤哉,回

---

① 《荀子·君道》。
② 《论语·卷四·述而第七》。
③ 《左传·成公十七年》。
④ 《国语·晋语二》。
⑤ 《诗经·小雅·巷伯》。
⑥ 当然,孔子主张的"信"与春秋社会所讲的"信"略有不同,因为孔子强调"君子贞而不谅"。详情见本节第三目社会转型影响儒家意识形态的走向。
⑦ 《论语·卷一·为政第二》。
⑧ 《论语·卷七·子路第十三》。
⑨ 《论语·卷二·里仁第四》。
⑩ 《论语·卷七·宪问第十四》。
⑪ 《论语·卷一·学而第一》。

也！一箪食,一瓢饮,在陋巷。人不堪其忧,回也不改其乐。"①此外,"仁"是孔子思想的核心。在孔子弟子中,颜回是对"仁"践行得最好的。孔子说:"回也,其心三月不违仁,其余则日月至焉而已矣。"②因此,颜回是孔子弟子中将理论与道德实践相统一做得最完美的人。再来看孔子的弟子子路。据说,子路拜孔子为师前,"性鄙,好勇力,志伉直,冠雄鸡,佩豭豚,陵暴孔子"③。在孔子的诱导下,子路开始穿儒服,重视履行诺言。《论语》讲"子路无宿诺"④,即子路说话没有不算数的。子路成为孔子弟子后一直以君子自许。公元前480年,卫国内乱,子路被杀前还说:"君子死,冠不免。"⑤子路系好自己的头冠带子后被杀。当然,儒家这种言行一致的思想与孔子倡导弟子做道德完善的君子有关。换言之,君子的伦理道德要求使他们在言行上保持高度的一致,相应地,后世儒家就可以在实践中将孔子的理论转化为现实的生活方式。

孔子之后,孔子、孟子和荀子的思想逐渐传播开来。那么儒家弟子如何在社会中建构起统治与服从关系呢?孔子认为,被统治阶级的服从程度取决于统治阶级是否"好礼"和"身正",因为孔子认为:"上好礼,则民易使也。"⑥"苟正其身矣,于从政乎何有?不能正其身,如正人何?"⑦当然,孔子思想是坚持社会本位的。他认为等级尊卑之间的政治服从根植于人们是否遵循社会的伦理规范。相应地,孔子强调实践孝道伦理就是从政的表现。受孔子影响,孔子弟子有子也说:"其为人也孝弟,而好犯上者,鲜矣;不好犯上,而好作乱者,未之有也。君子务本,本立而道生。孝弟也者,其为仁之本与!"⑧显然,在孔子及其弟子看来,践行社会孝悌伦理可以建构起政治服从关系。同样,孟子也赞同孔子的看法,他认为:"上有好者,下必有甚焉者矣。"⑨并且,孔子提倡弟子践行社会孝道伦理,这

---

① 《论语·卷三·雍也第六》。
② 《论语·卷三·雍也第六》。
③ 《史记·仲尼弟子列传》。
④ 《论语·卷六·颜渊第十二》。
⑤ 《左传·哀公十五年》。
⑥ 《论语·卷七·宪问第十四》。
⑦ 《论语·卷七·子路第十三》。
⑧ 《论语·卷一·学而第一》。
⑨ 《孟子·滕文公上》。

样可以在不知不觉中实现职业的代际传承,并减少职业之间的人员流动,实现国家对社会群体的控制。孔子说:"父在,观其志;父没,观其行;三年无改于父之道,可谓孝矣。"①如果社会成员接受和认同孔子的这一主张,那么如果儿子遵循孝道,他就必须坚守父亲的理想或事业。子承父业就成为后代的基本选择。这种思想实现了社会职业的稳定并减少了人员流动。它比政府强制性地规定"士之子恒为士,农之子恒为农,工之子恒为工,商之子恒为商"②高明得多。同样,孟子讲"王道",认为实施井田制可以实现"死徙无出乡,乡田同井"③。实施井田制同样减少了社会人员的流动,实现了社会稳定,因为统治的本质在于控制被统治阶级的人身自由并汲取他们的资源。孔子提倡的孝道伦理和孟子提倡的井田制度都是从伦理或社会制度对被统治阶级实行人身控制。相比于以暴力手段控制人身自由,它的效果要好得多。

孔子强调弟子们要做君子,不要做小人,而做君子就要"以礼立身"。同样,荀子强调:"人无礼则不生,事无礼则不成,国家无礼则不宁。"④因此,孔子和荀子都很好地保存和发扬了春秋战国时期的社会礼仪。据说,今天流传的《仪礼》就是春秋末期孔子编定的。荀子的《礼论》系统地探讨了礼的起源和礼的根本。当然,春秋战国时期的礼(仪)颇为繁杂,《礼记·礼器》中说"经礼三百,曲礼三千"。值得注意的是,在春秋战国礼仪所蕴含的种种社会伦理中,孔子弟子、孟子和荀子特别强调"孝弟"伦理。有子说:"孝弟也者,其为仁之本与!"⑤孟子说:"尧舜之道,孝弟而已矣。"⑥荀子也认为:"选贤良,举笃敬,兴孝弟,收孤寡,补贫穷,如是,则庶人安政矣。"⑦何谓"孝弟"?荀子说:"能以事亲谓之孝,能以事兄谓之弟。"⑧在具体的实践中,孔子敬鬼神而远之。对于涉及社会孝道伦理的祭

---

① 《论语·卷一·学而第一》。
② 《周礼注疏·卷三十一》。
③ 《孟子·滕文公上》。
④ 《荀子·修身》。
⑤ 《论语·卷一·学而第一》。
⑥ 《孟子·告子下》。
⑦ 《荀子·王制》。
⑧ 《荀子·王制》。

祀,孔子采取郑重对待的态度,孔子说:"吾不与祭,如不祭。"①孔子去世后,孔子的弟子采取为父服丧的礼节来为孔子服丧。② 其中,一般弟子为孔子服丧三年,而子贡为孔子服丧六年。③ 当然,儒家践行社会的"孝弟"伦理,维护的是由死去的祖先和活着的当世人组成的宗法家族共同体。这种共同体最典型的呈现就是"孔里"村落的出现。孔里是指在孔子去世后,孔子的众多弟子及鲁国人在孔子墓边安家落户,逐渐发展成一百多家的村落。④

意识形态能够在社会上建立伦理共同体,并在共同体内建构起统治与服从关系。因此,意识形态在社会中生成建制性权力后发展到一定程度,就可能与国家发生冲突或形成互利。对于春秋战国时期儒家思想的特点,东汉历史学家班固总结为"游文于六经之中,留意于仁义之际,祖述尧、舜,宪章文、武,宗师仲尼,以重其言,于道最为高"⑤。这里结合班固的理解,分析儒家思想与国家政权的关系。

第一,儒家"游文于六经之中"(六经是指《诗经》《尚书》《礼》《易》《乐》《春秋》),这说明儒家通过掌握春秋战国时期的历史文献和社会礼仪,在一定程度上把持了社会人才的培养,垄断了社会礼仪的传承。国家如果要不断更新政治体系并建立和维系政治权力,就必须借助儒家知识分子。公元前219年,秦始皇东巡到山东,他曾询问当地儒生有关登泰山封禅的事宜。⑥ 儒家知识分子贡献的是巩固、维持人神社会共同体的仪式。不仅如此,儒家垄断的礼仪还可以强化社会等级间的权力服从关系。现代人类学者发现"竞争性社会总是颂扬它的英雄,等级制社会则颂扬它的祖先,宗派则会颂扬它的殉道士"⑦。儒家所掌握的祭祀祖先的社会礼仪在传承孝悌伦理的同时,还承担着维护春秋战国时期社会等级制度的功能。相应地,任何一个新建立的王朝,要重建社会的等级制度,就必须借

① 《论语·卷二·八佾第三》。
② 《礼记·檀弓上》。
③ 《孟子·滕文公上》。
④ 《史记·孔子世家》和《孔子家语·终记解》。
⑤ 《汉书·卷三十·艺文志》。
⑥ 《史记·秦始皇本纪》。
⑦ 〔英〕玛丽·道格拉斯:《制度如何思考》,张晨曲译,经济管理出版社2013年版,第102页。

助儒家所掌握的礼仪。譬如,汉高祖刘邦建立汉朝时曾废除秦朝烦琐的宫廷礼仪,结果作为皇帝的他在朝堂上没有得到臣属的尊重。大臣们喝酒时往往喝得酩酊大醉,为争功而大呼小叫,甚至拔剑击柱。刘邦为此深感头痛。后来,刘邦采纳儒生叔孙通建立朝廷礼仪的建议,终于在公元前200年确立了朝廷礼仪。当时刘邦高兴地说:"吾乃今日知为皇帝之贵也。"① 对此,西方学者评论说,汉朝开国皇帝刘邦通过确立皇帝与大臣之间的跪拜等级仪式,增强了专制权力,实现了农民领袖向皇帝的转变。②

　　第二,儒家"祖述尧、舜,宪章文、武",说明儒家思想具有复古的特质,因而它存在以古非今的可能性。因为儒家坚持社会伦理本位,所以儒生从社会伦理的角度来看待执政者的施政举措时,就形成了制约国家权力的"社会舆论"。这种"社会舆论"反映了社会制约国家权力的企图,它预示着儒生与国家发生冲突的可能。公元前213年,齐国儒生淳于越建议秦始皇恢复周初分封制度就遭到丞相李斯的反对。李斯认为儒生们以古非今的做法会导致百姓思想混乱,因此主张焚烧非官方收藏的诗、书和诸子百家的典籍。李斯的主张得到了秦始皇的采纳。公元前212年,儒生侯生、卢生等人在为秦始皇寻求长生药失败后,议论秦始皇的为人。他们认为秦始皇刚愎自用,喜欢刑杀。结果,秦始皇以诽谤皇帝的罪名坑杀儒生和方士四百六十余人。③ 这便是后世所谓的"焚书坑儒"。对于"焚书坑儒",我们应从两个方面来理解:从儒家的角度来看,儒生以古非今反映了儒生在传承儒家思想的过程中,往往不了解西周包括分封在内的典章制度产生的社会环境和条件,只是简单盲目地崇拜,并据此抨击后出的郡县制度。他们恢复分封制度的主张都有脱离实际、空谈误国的毛病。秦始皇时期的儒生淳于越犯了这个毛病。后来刘邦与项羽争霸天下,公元前204年儒生郦食其建议刘邦分封六国后代为王以抵御西楚霸王项羽的扩张时,也犯了这个毛病。如果不是张良向刘邦指出实施分封的危害,刘邦争霸天下的前途可能就被断送。难怪

---

　　① 《史记·刘敬叔孙通列传》。

　　② [美]大卫·科泽:《凤凰文库:仪式、政治与权力》,王海洲译,江苏人民出版社2015年版,第37-38页。

　　③ 《史记·秦始皇本纪》。

刘邦听了张良的分析后骂郦食其:"竖儒,几败而公事!"①从秦始皇与李斯这对君臣的角度来看,他们代表的是新兴君主专制国家。他们知道儒家从社会和历史的角度非议新建的专制政权会削弱政府的合法性,因此才会发生"焚书坑儒"。这充分证明儒家思想和专制国家之间存在着一定的张力。

第三,儒家坚持"有道则见,无道则隐"②的处世原则,意味着退隐的儒生可能成为统治集团无法驾驭的社会力量。如孔子弟子原宪在孔子死后隐居卫国。他安贫乐道,"天子不得而臣也,诸侯不得而友也"③。退隐儒生的"不臣天子,不友诸侯"的态度对统治集团的统治是一种挑战。难怪战国赵孝成王时期摄政的赵威后,向齐国使者打听齐国于陵子仲的情况,并要求将这种"上不臣于王,下不治其家,中不索交诸侯"的无用之民杀掉。④ 所以,退隐的儒生与专制国家之间始终存在着张力。

虽然秉持儒家思想的知识分子与专制国家之间存在张力,但这种张力并不一定简单地以儒生屈服于专制国家而告终。在特定的历史情境中,专制皇权也可能向儒生让步。譬如,汉高祖刘邦想废黜刘盈的太子之位,将戚夫人的儿子如意立为太子。但皇后吕氏听从张良的计谋,请出刘邦一直招纳未成的儒家隐士商山四皓辅佐太子。刘邦知道此事后,感觉太子羽翼已成,不得不放弃废黜太子之事。⑤

三、社会转型影响儒家意识形态的走向

正如第二章第三节第六目所证,春秋战国社会转型是绝对伦理社会向相对伦理社会转型。据此可以推断,与相对伦理社会相适应的意识形态将经历先慢后快的传播过程。春秋战国时期儒家思想作为意识形态,是否也将经历先慢后快的传播过程?这里细化为两个小的假设命题:一、春秋战国时期儒家思想与相对伦理社会有相适应的内容;二、春秋战国时期儒家思想在传播中将经历先慢后快的传播过程。下面具体检验这两个推论。

---

① 《史记·留侯世家》。
② 《论语·卷四·泰伯第八》。
③ 《韩诗外传·卷一》。
④ 《战国策·齐策四》。
⑤ 《史记·留侯世家》。

（一）春秋战国时期儒家思想与相对伦理社会有相适应的内容

1. 孔子思想具有离开绝对伦理社会的转型内容

礼崩乐坏前的春秋社会是绝对伦理社会。所谓绝对伦理是指社会个体（上层与下层）在履行伦理义务时必须身体力行，勇于献身。由于春秋社会的绝对伦理要求社会个体以身全礼，因此，身与礼所蕴含的绝对伦理存在着较大的张力。来看春秋战国时期儒家如何化解这一张力。曾参说："士不可以不弘毅，任重而道远。仁以为己任，不亦重乎？死而后已，不亦远乎？"①孔子强调："志士仁人，无求生以害仁，有杀身以成仁。"②曾参主张"仁为己任"，孔子主张"杀身成仁"，表明春秋时期儒家主张个体必须为符合"仁"的伦理义务舍身赴死。孔子思想似乎契合先秦社会的绝对伦理。但本书第二章第三节第六目曾以卞庄子的事迹来证明春秋社会的转型。从孔子所讲"若臧武仲之知，公绰之不欲，卞庄子之勇，冉求之艺，文之以礼乐，亦可以为成人矣"③来看，卞庄子可能是略早于孔子时代的人。因此，春秋社会转型至少从孔子时代就开始了。既然如此，那么孔子思想中是否有呈现绝对伦理社会向相对伦理社会转型的内容呢？

首先，孔子的君臣伦理主张偏离了春秋社会占主流的君臣绝对伦理。春秋社会的君臣绝对伦理首先要求臣绝对服从君。如公元前636年，晋国重耳当上国君，原来曾两次接受晋献公命令追杀重耳的寺人披请求拜见晋文公。晋文公派人指责他，寺人披回答："君命无二，古之制也。除君之恶，唯力是视。"④这里"二"通"贰"，就是背叛、违背之意。从寺人披的说辞可以看出，古代的制度规定君主的命令不能违背。同样，公元前516年，齐国大夫晏婴对齐景公说"君令而不违，臣共而不贰。"⑤这句话中"贰"是背叛之意，这句话的大意是：君主的命令是不能违背的，臣子必须不折不扣地执行。春秋时期的君臣伦理要求臣履行死君难的义务。《春秋穀梁传·桓公十一年》中说："死君难，臣道也。"同样，《吕氏春秋·忠廉》中也说："忠臣亦然。苟便于主利于国，无敢辞违，杀身出生以徇

①《论语·卷四·泰伯第八》。
②《论语·卷八·卫灵公第十五》。
③《论语·卷七·宪问第十四》。
④《左传·僖公二十四年》。
⑤《左传·昭公二十六年》。

之。"因此,死君难是春秋时期臣对君的伦理义务。而且,春秋时期君臣关系是不能解除的。公元前 637 年,晋国大夫狐突说:"子之能仕,父教之忠,古之制也。策名委质,贰乃辟(辟,是罪行之意)也。"①可见,春秋时期君臣关系是通过一方当事人向另一方当事人订立委质为臣的策书而建立的,违背君臣关系就是犯罪。《国语·晋语九》中,鼓子之臣夙沙厘对晋国大夫荀吴说:"委质为臣,无有二心。委质而策死,古之法也。"古代的制度规定:委质为臣的策书一旦订立,臣便不能解除与君的君臣关系。

孔子对君臣伦理的理解却与上述理解不同。孔子说:"所谓大臣者,以道事君,不可则止。"②孔子这句话包含两层意思:一、孔子主张臣服侍(或服从)君主,应建立在"道"的基础上。"道"的具体内涵是什么,孔子在《论语》中并未明言。从荀子所说"道也者,何也?曰:礼义、辞让、忠信是也"③来看,估计孔子所说的"道"就是指符合"仁"的社会伦理道德规范。因为"仁"是孔子思想的核心,而且孔子曾根据"仁"来评价春秋时期各国大臣,如楚国令伊子文、郑国执政子产和齐国宰相管仲的言行。公元前 685 年,齐国公子纠与公子小白(即后来的齐桓公)争夺齐国君位失败。在齐国的压迫下,桓公杀死了齐国公子纠。公子纠的臣子召忽随之自杀。但公子纠的另一位臣子管仲却没有死君难,反而投入齐桓公门下做了宰相。④ 子路、子贡认为管仲没有为公子纠死君难就不能称为"仁"。然而,孔子根据管仲对国家、对人民的功绩来评价管仲的行为,孔子认为管仲的行为是符合"仁"的。孔子说:"桓公九合诸侯,不以兵车,管仲之力也。如其仁,如其仁。"⑤从孔子为管仲辩护来看,孔子并不主张臣绝对服从君,臣也不一定要死君难。二、孔子认为君臣关系是可以解除的。从孔子所说"邦有道,则仕;邦无道,则可卷而怀之"⑥来看,君臣关系是可以解除的。

其次,孔子主张的"信"改变了春秋社会主流对"信"的理解。春秋时期,信

---

① 《左传·僖公二十三年》。
② 《论语·卷六·先进第十一》。
③ 《荀子·强国》。
④ 《左传·庄公九年》。
⑤ 《论语·卷七·宪问第十四》。
⑥ 《论语·卷八·卫灵公第十五》。

是社会成员的立身之本。从公元前574年晋国大夫郤至所说"人所以立,信、知、勇也"①来看,信、知、勇都是春秋时期人们的立身之本。春秋时期人们讲守信,跟现代人讲守信一样,都强调言行一致。孔子弟子子夏说:"与朋友交,言而有信。"②正因为春秋社会强调言行一致,所以春秋社会往往强调社会个体讲话要慎重,以免失信于人。《诗经·小雅·巷伯》中说:"慎尔言也,谓尔不信。"春秋时期的信,不仅是社会成员的立身之本,而且是国家统治的政治基础。公元前635年冬,晋文公率军围攻原城,当时晋军下令只带三日的军粮,三日后原城并未投降,于是晋文公下令撤军。而在原城的晋国间谍传信报告说,原城马上就会投降,于是军中将领请求再围攻一些时日。晋文公却说:"信,国之宝也,民之所庇也。得原失信,何以庇之?所亡滋多。"③显然,晋文公担心失信于军民而选择撤军。原城军民听到晋文公讲诚信,于是在晋军撤军三十里后选择投降。从晋文公把"信"当"国之宝"来看,信是统治者建立统治、取信于民的根本。据此推测,在春秋时期,信可能有下级遵守上级命令的含义。如公元前653年秋天,鲁僖公和齐桓公、宋襄公、陈国世子款、郑国世子华在宁母会盟,谋划攻打郑国。郑国世子华接受郑文公的命令参加会盟,并请求齐桓公杀掉郑国掌权的泄氏、孔氏和子人氏三族并立他为郑国国君,然而齐国宰相管仲反对:"君以礼与信属诸侯,而以奸终之,无乃不可乎?子父不奸之谓礼,守命共时之谓信……违此二者,奸莫大焉。"④从管仲反对的言辞来看,太子华参加会盟却不守君命,谋划攻打郑国,估计违背了春秋时期信的伦理要求。公元前594年,晋国大夫解扬说:"君能制命为义,臣能承命为信。"⑤因此,信在春秋时期有遵守国君(上级)命令的含义。

值得注意的是,春秋战国时期,社会个体守信与当代国人守信不同,它要求以身守信。《国语·晋语二》中说:"定身以行事谓之信。"《国语·周语下》中也讲晋襄公的曾孙孙周"言信必及身"。所谓以身守信是指社会个体为做到言行一致,必须勇于献身。来看晋国锄麑不杀赵盾却自杀的故事。晋灵公残暴无道,执

---

① 《左传·成公十七年》。
② 《论语·卷一·学而第一》。
③ 《左传·僖公二十五年》。
④ 《左传·僖公七年》。
⑤ 《左传·宣公十五年》。

政大臣赵盾多次劝谏。晋灵公内心十分忌惮赵盾。公元前 607 年,晋灵公派遣锄麑清晨去刺杀赵盾。锄麑到达赵盾家时发现赵盾早早起床并郑重地穿好了官服,等待上朝处理国家公务。于是锄麑返回并感叹道:"不忘恭敬。民之主也。贼民之主。不忠。弃君之命。不信。有一于此。不如死也。"①最终,锄麑用头撞槐树自杀。总之,信是春秋社会个体立身和国家统治的基础,它要求人们以身守信。

在"信"的问题上,一方面,孔子强调"民无信不立"②;另一方面,孔子又说:"言必信,行必果,硁硁然小人哉。"③从孔子始终强调君子与小人之分,并告诫子夏"汝为君子儒,无为小人儒"④来看,孔子并不认为君子一定要做到"言必信,行必果"。而且,孔子主张:"君子贞而不谅。"⑤汉代贾谊讲:"言行抱一谓之贞,反贞为伪。期果言当,谓之信,反信为慢。"⑥贞是讲言行应一致,谅是讲行为必须契合预先许下的诺言。因此,"贞"和"谅"的含义都是信。东汉许慎也讲:"谅,信也。"⑦既然贞、谅都是信,那么如何解读孔子所说"君子贞而不谅"?宋代朱熹的解读是:"贞,正而固也。谅,则不择是非而必于信。"⑧从朱熹的解读来理解,贞与谅的区别似乎在于是否讲"是非",但"是非"是什么还不是很清楚。现代学者杨伯峻先生解读为:君子讲大信,不讲小信。⑨ 然而,"大信"和"小信"分别是什么,杨伯峻先生并未交代清楚。从孔子弟子有子讲"信近于义,言可复也"⑩来看,诺言的履行建立在信接近(或符合)义的基础上。"义"即是社会的伦理道德规范。由于信只是接近义却不是义本身,因此根据是否符合义的标准,信可以分为两种:一是要求言行一致并符合社会伦理道德,即孔子所说的"贞",这可能是

①《左传·宣公二年》。
②《论语·卷六·颜渊第十二》。
③《论语·卷七·子路第十三》。
④《论语·卷三·雍也第六》。
⑤《论语·卷八·卫灵公第十五》。
⑥《新书·道术》。
⑦《说文解字·言部》。
⑧ [宋]朱熹:《四书章句集注》,中华书局 1983 年版,第 168 页。
⑨ 杨伯峻:《论语译注》,中华书局 1980 年版,第 170 页。
⑩《论语·卷一·学而第一》。

杨伯峻先生所说的"大信";二是简单地强调言行一致,即孔子所说的"谅",这估计是杨伯峻先生所讲的"小信"。然而,大信、小信的说法与公元前 594 年晋国大夫解扬所讲"义无二信,信无二命"①相违背。因此,孔子是站在社会伦理道德规范的立场上,区分君子是否应该守信的。如果不符合社会伦理道德规范,那么他主张君子不必守信,也不必献身赴死。孔子的这种理解意味着当统治者的命令违背社会伦理道德规范时,人们可以不服从统治者的命令,于是百姓与政府的统治关系就可能瓦解。总之,在信的问题上,孔子的理解偏离春秋社会人们所说的信,这说明孔子思想迈出了绝对伦理走向相对伦理的第一步。

再次,孔子对主仆伦理的理解不同于孔子同代人的理解。来看孔子评价卫国宗鲁为大夫公孟絷战死的行为。卫国大夫公孟絷轻慢大夫齐豹,剥夺了齐豹的官职——司寇和封地——鄄地。于是齐豹和一些卫国贵族于公元前 522 年发动了叛乱。宗鲁是齐豹推荐给公孟絷做骖乘的。在叛乱发动前,齐豹告诉宗鲁自己的打算,并要求宗鲁离开公孟絷。但宗鲁告诉齐豹自己既不会向公孟絷告密也不会离开,而是选择为公孟絷战死。结果,宗鲁死于齐氏一族刺杀公孟絷的卫国内乱中。鲁国琴张听说宗鲁死于公孟絷之难,想到卫国去吊唁。孔子认为宗鲁根本不值得吊唁,因为孔子认为君子不拿奸邪之人的俸禄,不做不义的事情,不做不符合礼的事情,更不会掩盖不义卷入叛乱。② 显然,宗鲁处于告密则违背朋友的举荐之义和逃离公孙絷则违背主仆伦理的两难之中。宗鲁选择不告密而赴死的行为,类似于第二章第三节第五目所讲的楚国令伊子南的儿子弃疾与赵襄子骖乘青茀的做法,说明宗鲁的行为符合当时一般人的选择。孔子发表这样的看法,明显超出了当时人们的看法。

最后,孔子对孝道伦理的理解超越春秋战国社会的主流看法。在子女与父母的关系上,春秋战国时期的主流看法是子女要绝对孝顺父母,不能违逆父母。《庄子·内篇》中说:"父母于子,东西南北,唯命之从。"同样,《韩非子·忠孝》中说:"孝子不非其亲。"而且,子女不能违逆父母的孝道还受政府的支持。1975 年12 月湖北省云梦县出土的《睡虎地秦墓竹简·法律问答》中写道:"免老告人以

---

① 《左传·宣公十五年》。
② 《左传·昭公二十年》。

为不孝,谒杀,当三环之不? 不当环,亟执勿失。"这句话的大意是:上了年纪免除国家力役义务的老人控告儿子不孝顺,要求官府判处其儿子死刑,是否要经过三次原谅的手续? 不应原谅,要立即拘捕,不要让他逃走。① 从这句话可以看出,父母拥有杀死不孝儿子的权利。这种权利受到国家司法制度的保障。当然,春秋时期子女对父母的孝道本质上属于臣民"私"的范畴。当"私"与代表国家的"公"冲突时,春秋社会一般要求先公后私、一心为公或公私分明。如《诗经·小雅·大田》中说:"雨我公田,遂及我私。"公元前 651 年,晋国大夫荀息说:"公家之利,知无不为,忠也。"②公元前 516 年,晏子也说:"大夫不收公利。"③因此,春秋社会伦理要求人们不要以私害公。公元前 621 年,晋国大夫臾骈说:"以私害公,非忠也。"④类似地,公元前 506 年,吴王阖闾提出兴兵伐楚,为伍子胥报楚平王杀父兄之仇。对此,伍子胥说:"诸侯不为匹夫兴师,且臣闻之,事君犹事父也。亏君之义,复父之仇,臣不为也。"⑤从伍子胥的说辞可以看出,伍子胥报父兄之仇是私怨,而吴王伐楚是代表国家的公权力行为。伍子胥报父兄之仇,不能违背公义高于私德的伦理要求。所以,伍子胥一直等到蔡国受到楚国的不义对待向吴国求援时,才建议吴国出兵伐楚。换言之,吴国出兵伐楚应建立在公义的基础上。到战国时期,人们往往将代表国家的"公"放在高于"私"的对立位置上。商鞅说:"上开公利而塞私门,以致民力。"⑥荀子也说:"公道达而私门塞矣。"⑦总之,春秋战国社会一般要求将"公"放在高于"私"的位置上。据此可知,春秋战国时期臣民个体的孝道行为不能凌驾于代表国家公义的法令之上。

然而,孔子对孝道伦理的理解却与众不同。首先,孔子不主张子女无条件地服从父母。孟懿子向孔子问孝,孔子答:"无违。"⑧再从孔子所说"事父母几谏,

---

① 《睡虎地秦墓竹简》整理小组编:《睡虎地秦墓竹简》,文物出版社 1978 年版,第 195 页。

② 《左传·僖公九年》。

③ 《左传·昭公二十六年》。

④ 《左传·文公六年》。

⑤ 《春秋公羊传·定公四年》。

⑥ 《商君书·壹言》。

⑦ 《荀子·君道》。

⑧ 《论语·卷一·为政第二》。

见志不从，又敬不违，劳而不怨"①来看，孔子所说的"无违"，并不是子女绝对不违逆父母，而是对父母不符合社会伦理道德规范的言行必须反复劝谏，在自己的意见不被父母听从的情况下，仍然恭敬地不触犯他们，虽然自己很忧愁，但也不能怨恨父母。其次，当孝道伦理与国家法令发生冲突时，孔子将孝道伦理放在国家法令之上。对于楚国一男子告发父亲偷羊的事件，孔子持反对意见，主张"父为子隐，子为父隐"②。孔子的这种主张，显然将社会孝道伦理置于国家法令之上。这是孔子对不同的伦理规范进行价值排序的表现。这种价值排序缓解了人们对春秋时期绝对伦理要求人们必须舍身赴死的刚性。当然，孔子并不完全将孝道伦理放在与国家对立冲突的位置上，而是希望社会成员可以通过实践孝道伦理打破公私对立的状态。孔子弟子有子说："其为人也孝弟，而好犯上者，鲜矣；不好犯上，而好作乱者，未之有也。"③从这句话可以看出，孔子及其弟子认为政治等级之间的服从，根植于家庭孝悌伦理中。家之孝子即国（君）之忠臣。这样，社会个体实践"孝"的私德可以转化为国家公利。孔子及其弟子的这种主张为君主提供了一个录用官吏的基本道德原则。从这个角度讲，孔子有关孝的主张超越了春秋社会占主流的孝道伦理。但是，孔子主张孝道伦理高于国家法令的思想无疑存在着"以私害公"的问题。对此，韩非批评道："夫父之孝子，君之背臣也。"④因此，孔子的孝道伦理思想与战国时期走向中央集权的专制国家之间存在着一定的张力。

总之，无论是孔子的君臣伦理主张，还是对信的理解，抑或是对主仆伦理的理解都偏离了春秋社会占主流的绝对伦理。孔子对这些伦理的履行都设置了条件。条件就是坚持以"仁"为核心的社会伦理。⑤ 一旦人们对履行社会绝对伦理设置了条件，春秋社会绝对伦理的刚性就被削弱了，这是孔子对如何缓解春秋社会身与礼所蕴含的绝对伦理的张力给出的解答。这正是春秋社会绝对伦理向相

---

① 《论语·卷二·里仁第四》。
② 《论语·卷七·子路第十三》。
③ 《论语·卷一·学而第一》。
④ 《韩非子·五蠹》。
⑤ 在孝道伦理上，孔子反对子绝对服从父母，强调父母不对时子要劝谏父母。见下文对曾参的分析。

对伦理转型的表现。

2.孟子思想具有与相对伦理社会相适应的内容

孟子讲:"生,亦我所欲也;义,亦我所欲也,二者不可得兼,舍生而取义者也。"①从孟子这句话来看,孟子似乎赞成春秋战国社会的绝对伦理。但孟子传承了孔子思想,他强调"舍生取义"一定要坚持"道"的标准。他说:"天下有道,以道殉身;天下无道,以身殉道。未闻以道殉乎人者也。"②这个道在孟子看来就是符合"仁"的社会伦理。所以在君臣关系上,他坚持出仕由道,主张"君子之事君也,务引其君以当道,志于仁而已"③,反对儒家知识分子迁就、依附权力;坚持"民贵君轻",以社稷为重来处理君臣关系。他甚至对"异姓之卿"和"贵戚之卿"进行了区分,主张"异姓之卿","有过则谏,反复之而不听,则去",而"贵戚之卿"则"有大过则谏,反复之而不听,则易位"④。这里,孟子所谓"异姓之卿"是指与以国君为宗主的宗法共同体没有血缘关系的外姓大臣;所谓"贵戚之卿"是指与以国君为宗主的宗法共同体具有直系血缘关系的大臣。孟子认为"贵戚之卿"可以夺取宗法国家的君位,根本原因在于孟子坚持认为传统宗法共同体(社稷)的价值高于君主个人。不仅如此,当社会伦理与国家法律发生冲突时,孟子和孔子一样坚持社会伦理本位。在回答假定舜的父亲瞽瞍杀人应该怎么办时,孟子主张舜放弃天子之位,背着父亲逃亡到海滨。⑤ 此外,孟子继承了孔子对"信"的理解。孟子说:"大人者,言不必信,行不必果,惟义所在。"⑥相应地,接受孔子对"信"的理解后,孟子就合乎逻辑地得出瓦解国家统治关系的主张。孟子说:"无罪而杀士,则大大可以去;无罪而戮民,则士可以徙。"⑦值得一提的是,在臣应该如何对待国君的问题上,孟子不仅突破春秋社会臣要绝对服从君的伦理要求,还直接主张相对化。他告诉齐宣王:"君之视臣如手足,则臣视君如腹心;君之视臣

---

① 《孟子·告子上》。
② 《孟子·尽心上》。
③ 《孟子·告子下》。
④ 《孟子·万章下》。
⑤ 《孟子·尽心上》。
⑥ 《孟子·离娄下》。
⑦ 《孟子·离娄下》。

如犬马,则臣视君如国人;君之视臣如土芥,则臣视君如寇仇。"①孟子的这种思想正是绝对伦理社会向相对伦理社会转型的直接表现。

3.荀子思想与相对伦理社会相适应的内容

荀子讲:"君子易知而难狎,易惧而难胁,畏患而不避义死,欲利而不为所非,交亲而不比,言辩而不辞。"②从荀子的这句话来看,荀子似乎赞成春秋战国社会的绝对伦理。但荀子主张君子勇于赴死是有条件的,这个条件就是"义"。荀子说"义之所在,不倾于权,不顾其利,举国而与之不为改视,重死持义而不桡,是士君子之勇也"③,"从道不从君,从义不从父,人之大行"④。所以,无论是君臣伦理还是父子伦理,荀子都反对绝对服从。而且,荀子对春秋社会的绝对伦理也进行了排序。荀子说:"夫妇之道,不可不正也,君臣、父子之本也。"⑤显然,在价值排序上,荀子将夫妇之道当作君臣、父子伦理的基础和根本。在战国时期的其他儒家文献中,父子伦理被放在最高的位置,如《礼记·曲礼》中说:"父母存,不许友以死。"显然,这种提法把父子伦理放在朋友伦理之上。类似这样的排序,实际上降低了春秋战国时期社会个体践行绝对伦理必须舍身赴死的刚性。它们都适应了春秋战国绝对伦理社会向相对伦理社会转型的趋势。

(二)春秋战国时期儒家思想经历了先慢后快的传播过程

考虑到后世儒家都尊孔子为师,因此分析春秋战国时期儒家思想的传播,首先应从孔子思想的传播谈起。从司马迁讲"孔子以诗书礼乐教,弟子盖三千焉,身通六艺者七十有二人。如颜浊邹之徒,颇受业者甚众"⑥来看,似乎孔子思想传播得相当广泛。当然,孔子能训练弟子从政做官是孔子吸引弟子的一个重要原因。⑦ 但孔子教授给弟子的内容并不能简单地等同于孔子思想。所以,考察孔子思想的传播情况,既要看当时社会对孔子思想的看法,又要看孔子弟子中有多少

---

① 《孟子·离娄下》。

② 《荀子·不苟》。

③ 《荀子·荣辱》。

④ 《荀子·子道》。

⑤ 《荀子·大略》。

⑥ 《史记·孔子世家》。

⑦ [美]顾立雅:《当代海外汉学名著译丛:孔子与中国之道》,高专诚译,大象出版社2000年版,第33页。

人真正地传承了孔子思想的精髓。从当时的社会来看,从石门守门人说孔子"知其不可而为之者"①来看,一方面,孔子传播以"仁"为核心的"德治"主张颇为积极主动;另一方面,他的这些主张在春秋社会传播得较为艰难。齐景公曾计划用"尼溪田"封赏孔子,任用孔子治理齐国,但齐国宰相晏婴反对:"儒者都能说会道,是不能用法令来约束他们的;他们高傲任性,自以为是,不能任命他们作为下臣使用;他们重视丧事,竭尽哀情,为了使葬礼隆重而不惜倾家荡产,不能让这种做法成为社会风气;他们四处游说,谋求官禄,不能用他们来治理国家。自从那些圣贤相继去世后,周王室衰微,礼乐不用已有很长时间了。现在孔子讲究仪容服饰,烦琐的上朝、下朝礼节,刻意快步行走的规矩。这些繁文缛节,几代人都学不完,也搞不清楚。如果你想用这套东西来改变齐国的风俗,恐怕这不是引导百姓的好办法。"结果,齐景公没有任用孔子。② 因此,孔子思想并不为以晏婴为代表的齐国贵族阶层所接受。从孔子弟子传承孔子思想的精神来看,所谓孔子思想的精髓,概括地讲是以"仁"为核心的"德治"思想。孔子以"仁"为核心的"德治"思想是否在弟子中传播艰难,应结合《论语》中的有关论述来看待。《论语》中提到的孔子弟子有颜回(子渊)、颜无繇(颜路)、澹台灭明(子羽)、曾点(子皙)、曾参(子舆)、陈亢(子禽)、卜商(子夏)、端木赐(子贡)、仲由(子路)、高柴(子羔)、颛孙师(子张)、公冶长、南宫适(子容)、宓不齐(子贱)、冉雍(仲弓)、冉耕(伯牛)、冉求(子有)、漆雕开(子开)、公西赤(子华)、原宪(子思)、闵损(子骞)、言偃(子游)、巫马施(子期)、樊须(子迟)、有若、宰予(子我)、司马牛、公伯寮(子周)共28人。下面对这28人传承孔子思想精髓的状况做一番考察。

颜回是孔子最爱的弟子。从孔子对颜回所说的话——"用之则行,舍之则藏,唯我与尔有是乎"③来看,颜回是对孔子"德治"思想传承得最好的弟子。同样,原宪(子思)也是孔子的弟子。孔子任鲁国司寇时,他曾做过孔子的家宰。④这说明孔子对原宪颇为赏识,估计原宪对孔子思想传承得也不错。然而,颜回和原宪在世时都颇为贫困。孔子称赞颜回安贫乐道:"贤哉,回也! 一箪食,一瓢

①《论语·卷七·宪问第十四》。
②《史记·孔子世家》。
③《论语·卷四·述而第七》。
④《论语·卷三·雍也第六》。

饮,在陋巷,人不堪其忧,回也不改其乐。"①同样,原宪在孔子死后隐居卫国。据说当时他的同窗好友子贡当上卫国大夫,穿着轻裘驾着驷马高车去看原宪。结果发现原宪居处破败不堪,但原宪安贫乐道。② 司马迁说原宪和公皙哀(孔子另一个弟子,但《论语》中没有提到公皙哀)皆是"读书怀独行君子之德,义不苟合当世",并过着"空室蓬户,褐衣疏食"的生活。③ 因此,这几位真正传承孔子思想精髓的弟子,在世时都处于社会下层且颇为贫困。

闵损、漆雕开、南宫适、宓不齐、公冶长、言偃、澹台灭明也是孔子的弟子。孔子称赞过闵损:"孝哉,闵子骞! 人不间于其父母昆弟之言。"④闵损对鲁国权臣季氏任命他为费地长官采取逃避的态度⑤,说明他坚持孔子"有道则见,无道则隐"的从政原则。因此,某种意义上讲,闵损较好地传承了孔子思想。同样,漆雕开因自己能力不足而表现得很老实,孔子对此感到高兴。⑥ 这说明孔子对漆雕开持比较欣赏的态度。孔子称赞过南宫适的人品。他说:"君子哉若人! 尚德哉若人!"⑦并且孔子把自己的侄女嫁给南宫适。从孔子对待南宫适的言行来看,估计孔子对南宫适的人品和才学持比较肯定的看法。孔子称赞宓不齐时说:"君子哉若人! 鲁无君子者,斯焉取斯。"⑧估计宓不齐较好地践行了孔子所提倡的弟子做"君子"的要求。宓不齐能不下公堂弹着琴就将单父治理好⑨,说明宓不齐治国理政的能力较强。公冶长曾进过监狱,但孔子认为他无罪,并将女儿嫁给他。⑩ 这说明孔子比较欣赏公冶长的人品和才学。言偃曾做过武城的长官。言偃用礼乐来治理武城,孔子经过言偃治理的武城时曾对言偃说:"割鸡焉用牛刀?"但后来孔子承认自己所说为戏言,言偃的做法是正确的。⑪ 据此可知,言偃治理武城

① 《论语·卷三·雍也第六》。
② 《史记·仲尼弟子列传》。
③ 《史记·游侠列传》。
④ 《论语·卷六·先进第十一》。
⑤ 《论语·卷三·雍也第六》。
⑥ 《论语·卷三·公冶长第五》。
⑦ 《论语·卷七·宪问第十四》。
⑧ 《论语·卷三·公冶长第五》。
⑨ 《韩诗外传·卷二》。
⑩ 《论语·卷三·公冶长第五》。
⑪ 《论语·卷九·阳货第十七》。

的做法获得孔子的肯定,说明其做法很契合孔子的"德治"思想。澹台灭明是言偃做武城宰时向孔子提到的人才。言偃说澹台灭明走路不抄小道,只在有公事时才登门。① 这说明澹台灭明贤能,能做到公私分明。但他当时似乎还不是孔子弟子。② 澹台灭明拜孔子为师时,孔子曾以貌取人,嫌他相貌丑。后来,澹台灭明南游到楚国等地(现南昌)讲学,名闻诸侯。孔子知道澹台灭明的事迹后说:"吾以言取人,失之宰予;以貌取人,失之子羽。"③这似乎说明澹台灭明对孔子思想传承得较好。

曾参在孔子弟子中以孝闻名。据说曾参父母在世时,曾参出仕坚持"重其禄而轻其身"的原则,不惜委屈自己到莒国任小官,俸禄只有三秉(秉,古代计量单位,一秉为16石,三秉约为48石)粟。曾参父母去世后,曾参出仕坚持"重其身而轻其禄"的原则,齐国邀请他做宰相,楚国邀请他做令尹,晋国邀请他做上卿,他都不答应。④ 从曾参这种表现来看,似乎他很好地传承了孔子的社会孝道伦理本位的思想。但是,在侍奉父亲的问题上,曾参受到孔子的批评。据说,有一次,曾参犯了错,他的父亲曾晳拿木棍打他,曾参倒地昏迷。曾参苏醒后站起来还问:"父亲还生气吗?"孔子听说这件事后,认为曾参侍奉父亲不当,并告诉弟子,曾参来了不要让他进门。⑤ 曾参估计是根据孔子对孟懿子所说孝是"无违"⑥这个标准来侍奉父亲的。显然,曾参并未把握孔子有条件绝对伦理的精髓,因为孔子说:"事父母几谏,见志不从,又敬不违,劳而不怨。"⑦因此,孔子所谓的"无违",并不是子女单向地绝对不违逆父母,而是要对父母不符合社会伦理道德的言行多次劝谏,即使自己的意见不被父母听从,仍然保持恭敬,不触犯他们,虽然自己很忧愁,但是也不能怨恨父母。

当然,孔子所倡导的父子伦理有别于春秋战国社会要求子女盲目地服从父

---

① 《论语·卷三·雍也第六》。
② 杨伯峻:《论语译注》,中华书局1980年版,第60页。
③ 《史记·仲尼弟子列传》。《大戴礼记·五帝德》也有类似记载。
④ 《韩诗外传·卷一》。
⑤ 《韩诗外传·卷八》。
⑥ 《论语·卷一·为政第二》。
⑦ 《论语·卷二·里仁第四》。

母的绝对伦理。曾皙将曾参打得昏迷，违背了父慈子孝的伦理，为避免父亲落下虐待儿子的恶名，根据孔子有条件绝对伦理的主张，当时曾参应逃出家门（曾参当时并未这样做）。而且，曾参醒来后还问父亲生气吗，估计曾参认为如果父亲不解气，可以接着再打。毫无疑问，这是彰父之恶。因此，孔子认为曾参对孝的理解是错误的，因而不让他进自己的家门。据此可知，曾参对孔子孝道思想的理解并不到位。另外，曾参对孔子思想有一个基本的理解，他认为："夫子之道，忠恕而已矣。"①这种理解是否把握了孔子思想的精髓，值得推敲。确实，"恕"可以看作把握孔子思想精髓的一条路径，因为子贡问孔子是否有一言能终身奉行时，孔子的回答是"恕"。② 但把"忠"作为孔子思想的精髓却未必能把握住孔子思想的精髓，因为孔子思想的核心是"仁"。虽然他教弟子们"文，行，忠，信"③四个方面的知识，但是孔子讲的"忠"有别于春秋社会的"忠"。"忠"只有体现"仁"，他才赞许。春秋社会的"忠"有两层含义：一是为臣要内心无私地利民、利国，如文献所讲"上思利民，忠也"④，"公家之利，知无不为，忠也"⑤，"无私，忠也"⑥，"将死不忘卫社稷，可不谓忠乎"⑦，"临患不忘国，忠也"⑧，"可以利公室，力有所能，无不为，忠也"⑨，"杀身赎国，忠也"⑩；二是内心与外表如一地努力与付出，如文献所讲"外强内温，忠也"⑪，"外内倡和为忠"⑫，"考中度衷，忠也"⑬，"中能应外，忠也"⑭，"忠自中而信自身"⑮。从第二层含义出发，"忠"又引申出尽职尽

---

① 《论语·卷二·里仁第四》。
② 《论语·卷八·卫灵公第十五》。
③ 《论语·卷四·述而第七》。
④ 《左传·桓公六年》。
⑤ 《左传·僖公九年》。
⑥ 《左传·成公九年》。
⑦ 《左传·襄公十四年》。
⑧ 《左传·昭公元年》。
⑨ 《国语·晋语二》。
⑩ 《国语·晋语四》。
⑪ 《左传·昭公十二年》。
⑫ 《左传·昭公十二年》。
⑬ 《国语·周语上》。
⑭ 《国语·周语上》。
⑮ 《国语·晋语八》。

责、忠于职守的内涵,如"违命不孝,弃事不忠"①,"子桑之忠也,其知人也,能举善也"②。从孔子认为管仲"九合诸侯,一匡天下"的行为合乎"仁"来看,估计只有"忠"的第一层含义才合乎孔子所说的"仁"。而忠的第二层含义——忠于职守,在孔子看来并不是仁。因为子张问孔子如何看待楚国大夫子文三次当上令尹无喜色,三次被免职还认真地向新令尹做好职务交接工作时,孔子回答,这是忠而不是仁。③ 既然孔子所提倡的"忠"与春秋社会的"忠"是有区别的,那么曾参以"忠恕"来把握孔子思想的精髓就有跑偏的可能。此外,孟子讲曾参在武城居住时曾遇到越国军队进攻。曾参不仅率先逃走,而且临走时还嘱咐留守的人:"无寓人于我室,毁伤其薪木。"④从孟子所述来看,曾参在武城的表现既缺乏为人守城的忠勇,也缺乏待人的仁德。因此,无论是对孔子的"孝"和"仁",还是对"仁"的践行,曾参都未能真正把握到位。

子路、子贡是《论语》中提到最多的弟子。据杨伯峻先生统计,《论语》提到子路 50 次(提到子路 47 次,仲由 3 次),提到子贡 61 次(提到子贡 44 次,赐 17次)。⑤ 子路在孔子弟子中以好勇力闻名。孔子在鲁国不得志,周游列国时曾多次出入卫国。或许在孔子看来,卫国是能让他施展政治抱负的国家。相应地,包括子路在内的孔门弟子大多选择在卫国做官。公元前 493 年,卫灵公去世,卫灵公的孙子卫出公辄继位。当时子路问孔子,如果卫国新君让他来治理卫国,他首先要做什么?孔子的回答是"正名"。但子路认为孔子的"正名"主张是迂腐之论。⑥ 孔子给出"正名"主张是因为当时卫国出现卫出公辄与其父(即卫太子蒯聩,后来的卫庄公)争夺君位的乱象。这种行为毫无疑问违背了春秋社会父慈子孝的绝对伦理。孔子主张社会孝道伦理至上,如果无法做到父慈子孝,那么卫国就无法开展孔子所谓的"以礼治国",无法实现"德治"。因为当时卫太子蒯聩在晋国逃亡,如果蒯聩回国当国君,卫国政治就会偏向晋国,卫国人不愿意发生这

---

① 《左传·闵公二年》。
② 《左传·文公三年》。
③ 《论语·卷三·公冶长第五》。
④ 《孟子·离娄下》。
⑤ 杨伯峻:《论语译注》,中华书局 1980 年版,第 217 – 218 页。
⑥ 《论语·卷七·子路第十三》。

样的事。换言之,孔子是从心中理想的社会本位出发来理顺卫国政治问题,而子路是根据国人的意愿来理顺卫国问题。当年卫太子蒯聩在晋国执政赵简子的支持下,曾企图回国做国君,但没有成功。卫国出现这种情况,根据孔子"危邦不入,乱邦不居。天下有道则见,无道则隐"①的主张,说明当时卫国不具备孔子所要求的做官环境。所以,孔子没过多久就返回了鲁国。然而,子路并没有跟随孔子回到鲁国,而是选择留在卫国做大夫孔悝的家族总管(即宰)。公元前480年,卫国太子蒯聩潜回卫国,胁迫孔悝,当上国君,由此导致卫出公出逃鲁国。子路刚好要进城,便遭遇此事。当时孔门弟子子羔告诉子路进城就会有杀身之祸。但子路以"食君之禄就不能躲避灾难"为由进城救孔悝,结果被杀。②

　　这里对子路之死做一番分析,看它是否契合孔子主张的君臣伦理。在君臣关系上,孔子主张"君使臣以礼,臣事君以忠"③,孔子也强调臣不要欺骗君主,但可以当面触犯他。④ 因此,在君臣关系上,孔子坚持的是有条件绝对伦理。从子路舍身为孔悝而死来看,子路并未接受孔子有条件绝对伦理的主张。而且,孔子对子路和冉求从政时所承担的臣子角色有过评价,他说:"所谓大臣者,以道事君,不可则止。今由与求也,可谓具臣矣。"⑤此外,孔子对子路是否"仁"及其对自己思想的传承状况有过点评。他说"由也,千乘之国,可使治其赋也,不知其仁也"⑥,"由也升堂矣,未入于室也"⑦。因此,子路并没有传承孔子思想的精髓。

　　在孔子弟子中,子贡以善于外交而闻名。史料记载,子贡出使取得了"存鲁,乱齐,破吴,强晋而霸越"⑧的功绩。子贡曾问孔子,自己是什么样的人。孔子回答,子贡是一个器物。子贡追问是什么器物,孔子说是宗庙祭祀中盛粮食的瑚

---

① 《论语·卷四·泰伯第八》。
② 《左传·哀公十五年》。
③ 《论语·卷二·八佾第三》。
④ 《论语·卷七·宪问第十四》中讲,子路问事君,子曰:"勿欺也,而犯之。"
⑤ 《论语·卷六·先进第十一》。
⑥ 《论语·卷三·公冶长第五》。
⑦ 《论语·卷六·先进第十一》。
⑧ 《史记·仲尼弟子列传》。

琏。① 瑚琏是宗庙祭祀中贵重的礼器,然而根据孔子所说"君子不器"②来看,作为"器物"的子贡并未达到君子的要求。因此,他也未得到孔子的真传。

子羔、子张、子夏、有若、公西赤、巫马施、司马牛都是孔子的弟子。对子羔、曾参、子张和子路,孔子的评价是"柴也愚,参也鲁,师也辟,由也喭"③。子路让子羔做费邑的长官,孔子却说:"这是害了别人的儿子。"④因此,孔子认为子羔的从政能力较低。孔子对子张和子夏的评价是"师也过,商也不及"⑤,并且孔子对子夏说:"女为君子儒,无为小人儒!"⑥显然,此话揭示出子夏的言行偏离了孔子所说的君子的要求。因此,子羔、子张、子夏都没有很好地传承孔子思想。有若是长得像孔子的弟子。孔子死后,聚在一起的弟子们曾待有若如孔子,让他坐上孔子原来的座位。但后来有若因回答不出大家的问题而被师兄弟们赶下了座位。⑦ 这说明有若也没有很好地传承孔子思想。公西赤也是孔子的弟子,孔子对他的评价是:"赤也,束带立于朝,可使与宾客言也,不知其仁也。"⑧因此,公西赤也未很好地传承孔子思想的精髓。巫马施作为孔子弟子,曾治理过单父。宓不齐弹着琴而不下公堂就能治理好单父,巫马施则早出晚归,亲力亲为,才将单父治理好。⑨ 估计巫马施传承了孔子对子路所讲的为政在于"先之,劳之"的主张,却没有传承孔子对冉雍所讲的为政在于"举贤才"的主张。⑩ 因此,巫马施也没有很好地传承孔子思想。司马牛曾向孔子问"仁",而孔子告诉他,仁人言语迟钝。⑪ 孔子如此回答他是因为他"多言而躁"⑫。而且司马牛还向孔子问"君

---

① 《论语·卷三·公冶长第五》。
② 《论语·卷一·为政第二》。
③ 《论语·卷六·先进第十一》。
④ 《论语·卷六·先进第十一》。
⑤ 《论语·卷六·先进第十一》。
⑥ 《论语·卷三·雍也第六》。
⑦ 《史记·仲尼弟子列传》。
⑧ 《论语·卷三·公冶长第五》。
⑨ 《韩诗外传·卷二》。
⑩ 《论语·卷七·子路第十三》。
⑪ 《论语·卷六·颜渊第十二》。
⑫ 《史记·仲尼弟子列传》。

子"，而孔子告诉他："君子不忧不惧。"①孔子善于因材施教，他这样说可能是因为司马牛的脾气和品格都离他所讲的君子标准有很大的距离，因此司马牛也未真正传承孔子思想的精髓。

曾晳、冉耕、冉雍、颜路也是孔子的弟子。曾晳对孔子讲自己的志向是"莫春者，春服既成。冠者五六人，童子六七人，浴乎沂，风乎舞雩，咏而归"②。因此，曾晳似乎热衷于幼儿教育，做自己喜欢的事情。这与孔子以仁实现"德治"还有很大的距离。估计曾晳也没有很好地传承孔子思想。冉耕、冉雍兄弟都是孔子的弟子。冉耕有德行，但得恶疾最终病死，孔子深为叹息。③因此我们难以得知他传承孔子思想的状况。冉雍做过鲁国权臣季氏的宰。④对于冉雍，孔子说过："雍也可使南面。"⑤此话说明冉雍具有很高的治国才能。有人说"冉雍有仁德，没有口才"，孔子却说："不知其仁，焉用佞？"⑥因此，冉雍未能很好地传承孔子思想的精髓。颜路是颜回的父亲。颜回死后，颜路要求孔子将车驾卖掉，为儿子颜回制椁。这说明他十分爱自己的儿子，然而因家庭贫困而提出超出自己能力的要求。显然，他并未很好地传承孔子思想。

冉求、宰予、樊迟都是孔子批评过的弟子。其中，冉求是孔子弟子中颇有治国才能的一位。他曾帮助鲁国击退齐国的军事进攻。冉求对孔子说："非不说子之道，力不足也。"⑦而孔子评价冉求说："求也，千室之邑，百乘之家，可使为之宰也，不知其仁也。"⑧后来冉求帮助鲁国季康子进行田赋改革，因厚敛于民而受到孔子的严厉批评。孔子说冉求"非吾徒也。小子鸣鼓而攻之，可也"⑨。因此，冉求并未接受孔子的社会伦理本位、藏富于民的"德治"思想。宰予也是孔子弟子中比较能言善辩的一位，他就"三年之丧"发表意见说："守丧三年太久，守丧一年

----

① 《论语·卷六·颜渊第十二》。
② 《论语·卷六·先进第十一》。
③ 《史记·仲尼弟子列传》。
④ 《论语·卷七·子路第十三》。
⑤ 《论语·卷三·雍也第六》。
⑥ 《论语·卷三·公冶长第五》。
⑦ 《论语·卷三·雍也第六》。
⑧ 《论语·卷三·公冶长第五》。
⑨ 《论语·卷六·先进第十一》。

就可以了。"事后,孔子批评宰予"不仁"。① 后来,宰予做了齐国临淄大夫,在与齐国大夫田常的争斗中被杀,其族被灭。孔子为有此弟子感到羞愧。② 因此,宰予肯定没能很好地传承孔子思想。樊迟也是孔子的弟子。樊迟向孔子请教种庄稼和种菜的知识。对此,孔子不得不承认自己不如老农和老圃。樊迟走后,孔子却说樊迟是个小人。③ 显然,樊迟所问与孔子主张弟子们要立志做君子是背道而驰的。而且,樊迟向孔子问"仁"和"智",孔子回答后,他仍理解不透,不得不跑去问子夏。④ 因此,樊迟也没有很好地传承孔子思想。此外,公伯寮曾向鲁国权臣季氏诋毁子路,虽然孔子并未直接批评。⑤ 此事反映出公伯寮人品低下。他作为孔子弟子,估计也未很好地传承孔子的"德治"思想。

至此,我们可以将《论语》中提到的 28 位孔子弟子分为三类:第一类是受到孔子赏识的弟子。他们传承和践行了孔子以"仁"为核心,坚持社会伦理本位的"德治"思想,如颜回、原宪。这类弟子坚持了孔子"有道则见,无道则隐"的原则,因而他们在为人处世上表现出安贫乐道、遗世独立的品质。如果用现代商品质量等级来划分,从传承孔子思想的角度,他们可核定为优,占《论语》中提到的 28 个弟子的 7.1%。第二类是受到孔子称赞,较好地传承和践行孔子思想的弟子,如闵损、漆雕开、南宫适、宓不齐、公冶长、言偃、澹台灭明。由于先秦文献所述不多,因此只能粗略地核定为合格,这类弟子占《论语》中提到的 28 个弟子的 25%。第三类是跟孔子经常接触,但未把握孔子思想精髓的弟子,如曾参、子路、子贡、子羔、子张、子夏、有若、公西赤、巫马施、冉雍、司马牛、曾皙、冉耕、颜路。其中,曾参、子路、子贡、子羔、子夏、公西赤、巫马施、冉雍都做过官,有一定的社会地位。而子张、有若、曾皙、冉耕、颜路社会地位一般。从传承孔子思想的角度看,他们被核定为不合格的次品,占《论语》中提到的 28 个弟子的 50%。第四类是跟孔子学习,受到孔子批评的弟子,如冉求、宰予、樊须和公伯寮。这类弟子未践行孔子以"仁"为核心的"德治"思想:冉求为季氏厚敛于民,宰予不守三年之

---

① 《论语·卷九·阳货第十七》。
② 《史记·仲尼弟子列传》。
③ 《论语·卷七·子路第十三》。
④ 《论语·卷六·颜渊第十二》。
⑤ 《论语·卷七·宪问第十四》。

丧,樊迟问种粮种菜,公伯寮向季氏诋毁子路,他们都在某些方面与孔子的"德治"思想背道而驰。因此从传承孔子思想的角度看,他们被核定为废品。此类弟子占《论语》中提到的28个弟子的14.3%。最后,值得一提的是,《论语》中提到陈亢,但《史记·仲尼弟子列传》中却没有提到他。在陈亢是否为孔子弟子未明的情况下,我们无法知道陈亢传承孔子思想的情况。兹将《论语》中孔子弟子传承孔子思想的情况列于表5-1。

表5-1　弟子传承孔子以"仁"为核心的思想状况分析汇总

姓名	社会状况及做官情况	传承状况	占比(%)
颜回、原宪	颜回一生安贫乐道。原宪曾任孔子家宰,孔子死后在卫国归隐,安贫乐道	优	7.1%
闵损、漆雕开、南宫适、宓不齐、公冶长、言偃、澹台灭明	闵损以孝闻名乡里,曾任费宰。漆雕开不喜欢做官,孔子曾叫他去做官,他认为自己能力还不行。孔子称赞南宫适为君子,并把侄女嫁给他。宓不齐为单父宰,取得身不下堂而单父治的成绩。公冶长曾无辜下狱,孔子认为他无罪,并把女儿嫁给他。言偃曾任武城宰,用礼乐教育人民,受到孔子称赞。澹台灭明在孔子门下学成后,曾南游到楚国讲学,闻名诸侯	合格	25%
曾参、子路、子贡、子羔、子张、子夏、有若、公西赤、巫马施、冉雍、司马牛、曾皙、冉耕、颜路	曾参以孝闻名诸侯,曾在莒国做过小吏,后谢绝齐、楚、晋的做官邀请。子路曾任卫国蒲邑大夫、鲁国季氏家宰、卫国孔悝家宰。子贡以善于言辩著称,曾任鲁、卫国相。高柴曾任鲁国费邑宰、郈宰、武城宰和卫国的士师。子夏曾任莒父宰,孔子死后,居魏国西河,曾为魏文侯师。有若以教授学生为业。公西赤曾代表鲁国出使齐国。巫马施曾任单父宰。冉雍曾任季氏私邑宰	次品	50%
冉求、宰予、樊须、公伯寮	冉求曾任季氏家宰。宰予善于言辩,曾任临淄大夫。樊须曾仕于鲁国权臣季氏。公伯寮曾做季氏家宰	废品	14.3%
陈亢	不详	不详	3.6%

总之,在《论语》所提到的28位弟子中,真正传承孔子思想的弟子只有三成

左右。这一结果与孔子所讲"莫我知也夫"①是一致的。这表明当时真正把握孔子思想精髓的弟子并不多。

为什么孔子思想传播得这么艰难？正如第四章第一节所述，孔子的"礼治"和"德治"主张都是春秋时期已有的思想，而且春秋社会礼崩乐坏，"礼治"和"德治"主张都在走向没落。我们仔细研究孔子的"德治"思想内容会发现孔子在两个方面实现了创新。

第一，孔子采用"缘情入礼"的方式，用"德治"复活了"礼治"。从第四章第一节第一目孔子的"德治"主张来看，它对统治者的从政行为提出了较高的伦理道德要求。对统治者的德性要求有很多，如"忠，德之正也；信，德之固也；卑让，德之基也"②。这些德性都蕴含在春秋社会的礼乐制度中，因为春秋时期的文献讲"礼乐，德之则也"③。从这些内容广泛、外表繁杂的礼乐制度中体验到相应的德性，是维护等级礼制的迫切要求。孔子所采用的"缘情入礼"的方式本质上是保留礼的外壳，更新其内容，它实际上是对春秋时期的"周文疲弊"做出的回应。

第二，孔子把"仁"当作其"德治"思想的核心。孔子说："人而不仁，如礼何？人而不仁，如乐何？"④并且，孔子把"仁"看作君子处世的根本原则，孔子说："君子去仁，恶乎成名？君子无终食之间违仁，造次必于是，颠沛必于是。"⑤因此，孔子思想，从外在来讲，提倡"礼治"；从内在来讲，提倡"德治"，而德治的核心就是孔子所倡导的"仁"。所以，"内仁外礼"是理解和把握孔子"德治"政治思想的基本理路。

既然"仁"是孔子思想的核心，那为什么其弟子及当时的社会都不愿接受孔子以"仁"为核心的"德治"思想呢？从前面的分析来看，无论是孔子对君臣伦理的理解、对信的理解，还是他对孝道的理解，都表明孔子的政治思想偏离了春秋战国时期的主流看法。如果我们仔细分析就可以发现，孔子的政治思想始终站在社会的立场上，坚持认为无论是个体的从政行为，还是国家的统治行为都要符

---

① 《论语·卷七·宪问第十四》。
② 《左传·文公元年》。
③ 《左传·僖公二十七年》。
④ 《论语·卷二·八佾第三》。
⑤ 《论语·卷二·里仁第四》。

合社会的伦理道德规范。尽管孔子的政治思想在当时不为世人所普遍接受,但孔子坚持社会为本,这无疑为其政治思想在战国以后的广泛传播奠定了坚实的社会基础。由于孔子有关君臣伦理的主张实际上扩大了当事人的选择自由,而孔子有关"信"的主张站在社会(人民)的立场上,有利于儒学的传播,而且,孔子有关"忠臣出自孝子之门"的思想为未来的新兴王朝提供了新的伦理原则,因此,从孔子所处时代来看,孔子思想毫无疑问具有时代超越性。从这个角度来看,似乎这些内容不会妨碍其思想的传播,而是有利于其思想的传播。再从石门守门人说孔子是"知其不可而为之者"①来看,一方面"为之",说明孔子为推行他的治国思想采取了主动作为的态度;另一方面"知其不可",表明孔子思想难以被当时社会普遍接受。据此可猜测,孔子思想的核心——"仁"存在与主流社会观念相背的问题。

　　这里先从孔子推己及人地履行"仁"的方式与美国学者所说的女性关怀伦理(the ethic of care)的相似性入手来展开分析。当冉雍问孔子怎样践行"仁"时,孔子说:"出门如见大宾,使民如承大祭。己所不欲,勿施于人。在邦无怨,在家无怨。"②因此,孔子推行"仁"采取"己所不欲,勿施于人"这种推己及人的方式。这种方式最大的特点是从自我出发,在处理自我与他人的关系中践行"仁"。它与女性关怀伦理具有相似性。根据美国哈佛大学教授卡罗尔·吉利根(Carol Gilligan)的研究,在两性个体发展过程中,女孩的道德视角不同于男孩。男孩的道德视角是一种正义伦理。男孩在个体与他人的分离中定义自我,从而突出个性与自我发展。因而他们在与他人、社会互动的过程中,特别强调个人的权利。因此,他们对道德的定义是权利规则下的公平。这是一种正义伦理观。在这种伦理观下,责任意味着对自我行为的限制,即不去做自己想做的事。而女孩在成长过程中,在人际关系的背景下定义自我,并根据关怀能力判断自己。因此,她们奉行的是把自我置于关系世界中并产生关怀行为的责任伦理。在女性的责任伦理中,责任意味着关怀他人行为的扩展,即去做他人指望自己去做的事情。根据吉利根对女性从怀孕到是否做出流产决定的心理分析,女性关怀伦理的发展要

①《论语·卷七·宪问第十四》。
②《论语·卷六·颜渊第十二》。

经历三个阶段:第一阶段,女性为了生存而关怀自我。这一阶段中,女性因为自身缺乏权力而处于孤立无助的状态,这迫使女性慎重地选择孤立来保证自己不受伤害。在此阶段,道德是社会强加的约束力。在这种社会中,人更多的是臣民而不是公民。第二阶段,女性批判前一阶段的自我太"自私"而产生对他人的责任。怀孕是使这个阶段发生转折的一个突出事件。怀孕使她确定女性的身份认同,使她在社会和身体意义上开始将自我定义为母亲,并试图承担起关心父母和保护孩子的责任。孩子在母体中的孕育过程并非女性简单的个人生育问题,其行为的合道德性取决于他人(特别是孩子父亲)承认与接受与否。因此,女性在此阶段的经历要根据她对他人的关怀来定义自身怀孕行为的合道德性。如果他人不接受女性生育孩子的想法,女性就要把自己对承担做母亲的角色和保护孩子的责任自我定义为"自私"。所以,此阶段是一个排除自我关怀的阶段。是否做出流产决定又可能使女性关怀伦理进入第三阶段。在此阶段,女性认识到自我价值并不完全取决于对他人的关怀,她开始重新思考自私与责任之间的对立,从而对自我关怀和他人关怀有了更深的理解,由此进入关怀伦理的最高阶段。在此阶段,女性开始明确地意识到自己内心的声音。但它并未排除关怀作为女性伦理的基本原则。相反,它反而使女性对关怀进行反省性理解,以对自己负责的方式去建构关怀的人际关系网络。

总之,在女性关怀伦理的三个阶段中,第一阶段关怀的中心是生存,第二阶段关怀的中心是善,第三阶段是自我生存和善待他人之间的反思性平衡。① 吉利根的女性关怀伦理颇启人思考。如果将孔子的"仁"的实现方式和吉里根的女性伦理内容相对照,我们会发现它们有两点相似。首先,女性关怀伦理和孔子的"仁"都是从处理自我与他人的关系来定义和实现的。其次,孔子的"己所不欲,勿施于人"这种推己及人的展现"仁"的方式与女性关怀伦理第三阶段实现自我生存与善待他人的反思性平衡具有一定的共通性。

考虑到孔子的"仁"与女性关怀伦理的相似性,我们不妨做这样的猜测:"仁"就是春秋战国社会主要规范妇女的女性伦理。当然,这里首先要问,春秋社

① [美]卡罗尔·吉利根:《不同的声音——心理学理论与妇女发展》,肖巍译,中央编译出版社 1999 版,第 76 - 77 页。

会是否存在专门规范女性的伦理规范？齐国大夫晏婴说："礼之可以为国也久矣。与天地并。君令臣共，父慈子孝，兄爱弟敬，夫和妻柔，姑慈妇听，礼也。"①可见，在春秋时期，"柔"和"听"都是规范女性的女性伦理。并且，它受到东汉班昭的肯定。班昭在《女诫》中说："阴阳殊性，男女异行。阳以刚为德，阴以柔为用，男以强为贵，女以弱为美。"②因此，春秋社会专门规范妇女的女性伦理是存在的。可以从以下几个方面来证明"仁"是春秋社会主要规范妇女的女性伦理。

首先，从西周到秦始皇统一中国前，"仁"字从来没被作为谥号来概括列国男性国君的一生（见表5-2），而用来概括妇女德性的却不少。

表5-2　西周至秦朝列国历代国君谥号汇总

周	鲁	齐	晋	秦	楚	宋	卫	燕
文王	周公旦	太公尚	晋唐叔虞	恶来	熊绎	微子	康叔	召公
武王	鲁公伯禽	丁公	晋侯燮	女防	熊乂	微仲	康伯	惠侯
成王	考公	乙公	武侯	旁皋	熊黮	宋公稽	考伯	侯
康王	炀公	癸公	成侯	大几	熊胜	丁公	嗣伯	顷侯
昭王	幽公	哀公	厉侯	大骆	熊炀	愍公	捷伯	哀侯
穆王	魏公	胡公	靖侯	非子	熊渠	炀公	靖伯	郑侯
恭王	厉公	献公	厘侯	秦侯	熊无康	厉公	贞伯	缪侯
懿王	献公	武公	献侯	公伯	熊鸷红	厘公	顷侯	宣侯
孝王	真公	厉公	穆侯	秦仲	熊延	惠公	厘侯	桓侯
夷王	武公	文公	殇叔	庄公	熊勇	哀公	武公	庄公
厉王	懿公	庄公	文侯	襄公	熊严	戴公	庄公	襄公
宣王	孝公	厘公	昭侯	文公	熊霜	武公	桓公	桓公
幽王	惠公	襄公	孝侯	宁公	熊徇	宣公	宣公	宣公
平王	隐公	桓公	鄂侯	武公	熊鄂	穆公	惠公	昭公
桓王	桓公	孝公	哀侯	德公	楚若敖	殇公	懿公	武公

①《左传·昭公二十六年》。

②《后汉书·列女传第七十四》。

续表

周	鲁	齐	晋	秦	楚	宋	卫	燕
庄王	庄公	昭公	小子侯	宣公	楚霄敖	庄公	戴公	文公
厘王	愍公	懿公	武公	成公	楚蚡冒	愍公	文公	懿公
惠王	僖公	惠公	献公	缪公	武王	桓公	成公	惠公
襄王	文公	顷公	惠公	康公	文王	襄公	穆公	悼公
顷王	宣公	灵公	文公	共公	楚堵敖囏	成公	定公	共公
匡王	成公	庄公	襄公	桓公	成王	昭公	献公	平公
定王	襄公	景公	灵公	景公	穆王	文公	殇公	简公
简王	昭公	悼公	成公	哀公	庄王	共公	襄公	献公
灵王	定公	简公	景公	惠公	共王	平公	灵公	孝公
景王	哀公	平公	厉公	悼公	康王	元公	出公	成公
敬王	悼公	宣公	悼公	厉共公	灵王	景公	庄公	愍公
	元公	康公	平公	躁公	平王	昭公	悼公	厘公
	穆公		昭公	怀公	昭王	悼公	敬公	桓公
	共公		顷公	灵公	惠王	休公	昭公	文公
	康公		定公	简公		辟公	怀公	易王
	景公		出公	惠公		剔成	慎公	昭王
	平公		哀公	献公		君偃	声公	惠王
	文公		幽公	孝公			成侯	武成王
	顷公		烈公	惠(文)王			平侯	孝王
			孝公	武王			嗣君	喜
			静公	昭襄王			怀君	
				秦始皇			元君	
							君角	

　　(根据《左传》和《史记》整理。注意：谥号据说为周公旦所创，所以在与周公旦同时代的列国第一、二代国君以及末代国君往往只有名字，没有谥号。而秦、楚两国接受周朝文化较晚，秦国直到庄公才有谥号，楚国直到武王时才有谥号)

　　根据第四章第一节第一目所述，殷商甲骨文和西周金文中没有发现"仁"字。"仁"字主要出现在东周以后春秋战国时期的文献中。而周代礼乐文明社会的一个重要特征就是用谥号来概括死后的国君或有身份地位的贵族一生,如春秋时期卫国大夫孔圉死后谥号为"文"①。谥号据说源自西周周公旦所做的谥法。每个君主、诸侯或有身份地位的人死后,后人就根据他生前的行为,给他一个代名。史书《春秋》就是根据诸侯谥号来纪年的。根据《史记正义·谥法解》,谥号的选择往往固定在一些具有特定内涵的字上。这些字分为三类:一类是上谥,表彰人的生前功德。如"文"表示人具有"经天纬地""道德博闻""勤学好问"或"慈惠爱民"的才能或品德;"康"表示人具有"渊源流通""温柔好乐""安乐抚民"的才能或品德。另一类是下谥,斥责其生前品行。如"炀"表示人具有"好内远礼""去礼远众"等品性。第三类是中谥,对其生前行为多表同情。如"愍"表示"在国遭忧"或"在国逢难"。根据《史记正义·谥法解》,"王"表示"仁义所往","怀"表示"慈仁短折","哀"表示"恭仁短折",因此谥号"王""怀"和"哀"都与"仁"有关。那么,为什么在春秋战国时期贵族们不直接使用"仁"字作为谥号? 然而,直接用"仁"来评价先秦贵族女性的却有不少。如《列女传》中称赞舜的两位妻子娥皇与女英"天下乐二妃贞仁"②,殷商始祖契的母亲简狄"敦仁励翼"③,西周武王和周公旦的母亲太姒"仁明而有德"④,魏国大臣芒卯的妻子"慈惠仁义"⑤,齐灵公夫人仲子"仁智显明"⑥,赵国赵括的母亲"仁智"⑦,韩国侠客聂政的姐姐"仁而有勇"⑧。

当然,儒家在汉武帝时取得独尊的国家意识形态地位后,随着时代的演变,宋朝以后的皇帝才有以"仁"作谥号的(见表5-3),一些皇帝甚至以"仁宗"为庙号,如宋仁宗、元仁宗、明仁宗、清仁宗。

---

① 《论语·卷三·公冶长第五》载,子贡问曰:"孔文子何以谓之文也?"子曰:"敏而好学,不耻下问。是以谓之文也。"

② 《列女传·有虞二妃》。

③ 《列女传·契母简狄》。

④ 《列女传·周室三母》。

⑤ 《列女传·魏芒慈母》。

⑥ 《列女传·齐灵仲子》。

⑦ 《列女传·赵将括母》。

⑧ 《列女传·聂政姊》。

表5-3 西汉至清代历代皇帝谥号含"仁"字汇总

皇帝庙号及姓名	谥号	出处
宋徽宗赵佶	体神合道骏烈逊功圣文仁德宪慈显孝皇帝	《宋史》卷二十二
宋钦宗赵桓	恭文顺德仁孝皇帝	《宋史》卷二十三
宋高宗赵构	受命中兴全功至德圣神武文昭仁宪孝皇帝	《宋史》卷三十二
宋光宗赵惇	循道宪仁明功茂德温文顺武圣哲慈孝皇帝	《宋史》卷三十六
宋宁宗赵扩	法天备道纯德茂功仁文哲武圣睿恭孝皇帝	《宋史》卷三十七
宋理宗赵昀	建道备德大功复兴烈文仁武圣明安孝皇帝	《宋史》卷四十五
金太祖阿骨打	应干兴运昭德定功仁明庄孝大圣武元皇帝	《金史》卷二
金太宗吴乞买	体元应运世德昭功哲惠仁圣文烈皇帝	《金史》卷三
金世宗乌禄	光天兴运文德武功圣明仁孝皇帝	《金史》卷八
金章宗璟	宪天光运仁文义武神圣英孝皇帝	《金史》卷十二
金宣宗珣	继天兴统述道勤仁英武圣孝皇帝	《金史》卷十六
元武宗海山	仁惠宣孝皇帝	《元史》卷二十三
明宣宗朱瞻基	宪天崇道英明神圣钦文昭武宽仁纯孝章皇帝	《明史》卷九
明英宗朱祁镇	法天立道仁明诚敬昭文宪武至德广孝睿皇帝	《明史》卷十
明景帝朱祁钰	恭仁康定景皇帝	《明史》卷十一
明宪宗朱见深	继天凝道诚明仁敬崇文肃武宏德圣孝纯皇帝	《明史》卷十三
明孝宗朱佑樘	达天明道纯诚中正圣文神武至仁大德敬皇帝	《明史》卷十五
明世宗朱厚熜	钦天履道英毅神圣宣文广武洪仁大孝肃皇帝	《明史》卷十七
明穆宗朱载垕	契天隆道渊懿宽仁显文光武纯德弘孝庄皇帝	《明史》卷十九
明神宗朱翊钧	范天合道哲肃敦简光文章武安仁止孝显皇帝	《明史》卷二十
明光宗朱常洛	崇天契道英睿恭纯宪文景武渊仁懿孝贞皇帝	《明史》卷二十一
清太祖努尔哈赤	承天广运圣德神功肇纪立极仁孝睿武端毅钦安弘文定业高皇帝	《清史稿》卷一
清太宗皇太极	应天兴国弘德彰武宽温仁圣睿孝敬敏昭定隆道显功文皇帝	《清史稿》卷三
清世祖福临	体天隆运定统建极英睿钦文显武大德弘功至仁纯孝章皇帝	《清史稿》卷五

续表

皇帝庙号及姓名	谥号	出处
清圣祖玄烨	圣祖合天弘运文武睿哲恭俭宽裕孝敬诚信功德大成仁皇帝	《清史稿》卷六
清世宗胤禛	敬天昌运建中表正文武英明宽仁信毅睿圣大孝至诚宪皇帝	《清史稿》卷九
清宣宗旻宁	效天符运立中体正至文圣武智勇仁慈俭勤孝敏宽定成皇帝	《清史稿》卷十七
清文宗奕詝	协天翊运执中垂谟懋德振武圣孝渊恭端仁宽敏显皇帝	《清史稿》卷二十
清德宗载湉	同天崇运大中至正经文纬武仁孝睿智端俭宽勤景皇帝	《清史稿》卷二十四

其次,春秋时期用"仁"字评价男性的并不多且未体现"仁"字的核心内涵。春秋时期也有用"仁"字评价男性贵族的说法,如"目夷长,且仁"①,"吾闻申生甚好仁而强"②,"岂无居人? 不如叔也,洵美且仁"③。在这三例中,宋国大臣目夷和晋国太子申生都是因为爱君父才表现出"仁",郑庄公共叔段是因为爱母亲才表现出"仁"。子女对父母的爱,都可以归入"报"的范畴。正如第四章第一目所述,只有父母对子女的不求回报之爱才是"仁"字的核心内涵。"天子及诸侯合民事于外朝,合神事于内朝;自卿以下,合官职于外朝,合家事于内朝;寝门之内,妇人治其业焉。上下同之"④和孟子所述"古者易子而教之,父子之间不责善"⑤说明"君子不教子",承担生儿育女的主要职责的人是母亲。因此,父母对子女的无私之爱,估计主要集中在母亲身上。所以,在春秋战国时期,"仁"主要指母亲在生儿育女的过程中表现出的对子女的无私之爱。值得一提的是,秦朝灭亡后,楚

---

① 《左传·僖公八年》。
② 《国语·晋语一》。
③ 《诗经·郑风·叔于田》。
④ 《国语·鲁语下》。
⑤ 《孟子·离娄上》。

汉争霸时韩信评价项羽时曾说,项羽待人显示出"妇人之仁"①。同样,汉成帝生母王政君不愿交出皇帝玉玺给王莽,东汉司徒掾班彪对此评论道:"妇人之仁。"②"妇人之仁"是指某人处事慈爱软弱,优柔寡断,不识大体。这种提法毫无疑问带有贬义。而且,"妇人之仁"的提法将"仁"与女性牵扯到一起,估计至少在西汉末年以前,"仁"主要是规范妇女的伦理规范。③ 既然如此,孔子以"仁"为核心的"德治"思想就与占主流的春秋男权社会不相契合,与春秋社会的绝对伦理也不相契合,因此孔子思想在春秋社会传播得较为艰难。

再来看孟子、荀子时期儒家思想的传播情况。司马迁说:"道既通,游事齐宣王,宣王不能用。适梁,梁惠王不果所言,则见以为迂远而阔于事情。当是之时,秦用商君,富国强兵;楚、魏用吴起,战胜弱敌;齐威王、宣王用孙子、田忌之徒,而诸侯东面朝齐。天下方务于合从连衡,以攻伐为贤,而孟轲乃述唐、虞、三代之德,是以所如者不合。"④这说明孟子思想当时并不为统治者所赏识。而且,从孟子所说"圣王不作,诸侯放恣,处士横议,杨朱、墨翟之言盈天下。天下之言,不归杨,则归墨"⑤来看,至少在孟子时代,儒家思想传播得还不是很广泛。

再来看荀子时代,荀子曾在齐国做祭酒大夫三次,到楚国后,春申君让他做过兰陵令。春申君一死,荀子兰陵令的官职就被罢免。⑥ 因此,荀子在世时,其思想也不为当时的统治精英所接受。当然,不能否认孔子、孟子、荀子在周游列国时,都获得过列国的礼遇,但他们都没有获得列国统治者的真正重用。估计列国统治者接触儒家士子后发现,给予高官厚禄,儒家士子却以不符合各自主观认定的"道义"条件为由而不愿为之赴死,因此列国统治者都不愿给儒家士子真正施展才华的机会。值得注意的是,尽管春秋战国时期儒家思想不为统治精英所接

① 《史记·淮阴侯列传》。
② 《汉书·卷九十八·元后传》。
③ 孔子之所以将"仁"作为自己思想的核心,根据《孔子家语》的记载,估计是因为他自幼丧父,其母对孔子的成长影响大。同样,孟子之所以在孔子思想的基础上发展出"王道"学说,根据"孟母三迁"的典故,估计是因为孟子自幼丧父,其母对孟子的成长影响大。总之,孔子和孟子的成长环境相似,导致他们的思想具有一定的相似性。
④ 《史记·孟子荀卿列传》。
⑤ 《孟子·滕文公下》。
⑥ 《史记·孟子荀卿列传》。

受,我们却不能据此说儒家思想传播不广泛。《吕氏春秋·论·卷第二十五》中说:"孔、墨之弟子徒属充满天下,皆以仁义之术教导于天下。"这说明到战国末期,儒家思想传播已达到满天下的地步。因此,孔孟时代,儒家思想传播较慢,到战国末期"弟子徒属充满天下",说明儒家思想传播确实经历了先慢后快的传播过程。

四、儒家意识形态成长为国家意识形态

春秋战国时期,儒家思想具有与相对伦理社会极为契合的一面,因而它能成长为社会意识形态。而它能否进一步成长为国家意识形态,取决于它能否满足国家统治的需要。

首先,春秋战国时期儒家思想为新建立的王朝提供了一套"天命"转移的合法性学说。天命转移的思想最早出现于《尚书》。正如第二章第四节第二目所述,殷朝盘庚迁都的根据是天命会随地转移。西周取代殷商后,西周统治者认为天命转移的根据是统治者的德性,因而统治者必须勤修道德以保有天命。但这种看法并没有解答天是通过何种方式显示统治者拥有天命的。真正解决这一问题的是战国时期的儒家孟子。孟子认为舜的天下并不是尧给予的,而是"天与",但天不言。所谓"天与"是通过君主主持祭祀百神,并通过君主治理百姓的良好绩效来显示的。① 因此,在孟子的天命思想中,尽管天命神秘,但天子是通过治理天下的状况来显示天命有无的。而且,孟子强调"得其民,斯得天下矣"②,即天命"天与"是以得民心为前提的。因此,儒家的"天命"观否定了法家所主张的以暴力治理天下的逻辑。当然,墨家"天志""明鬼"也强调天子"尚同"于天。但正如第五章第三节第三目所述,墨家坚持春秋战国社会的绝对伦理,但绝对伦理无法为新兴王朝天命合法性的转移提供有力的论证,因为根据春秋战国时期的君臣绝对伦理,臣只能服从原有君主,而无法服从新君主。譬如,西汉黄生与儒生辕固生在汉景帝面前争论"汤武受命"。黄生坚持君臣绝对伦理,认为汤武诛桀纣并自立为天子是弑君篡位的行为。而辕固生则根据孟子学说,认为天命最高,主张天与天命是通过君主治理百姓的绩效好坏来显示的。自然,桀纣暴虐,其治

---

① 《孟子·万章上》。
② 《孟子·离娄下》。

下百姓困苦，桀纣就失去了天命，因而桀纣不再具有"天子"的资格。① 据此理解，汉高祖取代秦二世也是天命转移，不是弑君行为。汉景帝内心接受为汉王朝辩护的儒家"天命观"，却又制止这种争论，原因有二：一是汉朝已确立，皇帝还是希望以君臣绝对伦理来确保统治关系永固。由于君臣绝对伦理无法为新建王朝的合法性提供有力的支持，因此孟子学说就成为一种选择。二是这种学说为推翻暴虐王朝辩护。为防止乱臣贼子以孟子思想为借口篡夺皇权，汉景帝以转移话题的方式制止了这场争论。但到了汉景帝之子汉武帝时，儒家取得独尊地位，孟子的"天命"观就为新王朝提供了合法性辩护。

其次，春秋战国时期儒家思想为官员忠诚于专制王朝提供了政治伦理。自秦始皇统一中国后，虽然王朝时有更替，但是君主专制中央集权官僚体系始终得以保持。君主专制中央集权官僚体系置身于乡土社会差序格局中，会不断受到乡土社会的侵蚀，降低治理效能。要提高中央集权官僚体系的治理效能，就必须有比较合适的思想为官吏提供基本的政治伦理。从法家来看，正如本书第四章第四节第二目所言，法家韩非认为统治关系纯粹是赤裸裸的利益关系，因而统治关系的确立主要是靠严刑峻法来维持的。并且，法家的"法治"，排斥运用社会伦理治理国家，因而在中央集权官僚体系中，官吏和普通百姓的服从是缺乏伦理基础的。从墨家来看，墨家（正如第四章第三节所言）坚守春秋战国社会绝对伦理，导致官僚治理碎片化的问题。从儒家来看，春秋战国时期的儒家思想确实如本章第一节第三目所讲有与乡土社会相对伦理相适应的内容。由于相对伦理是根据个人的亲疏远近来决定具体伦理适用的程度，因此将社会相对伦理引入官僚体系，会形成以掌握实权的大臣为核心的党派。当结党现象达到一定的程度，就意味着专制皇权在官僚体系运作中有大权旁落的危险。因此，为保证中央集权官僚体系长久且有效地运作，就需要一套保证官吏忠诚于王朝而非忠诚于皇帝及大臣个人的伦理思想。而春秋战国时期的儒家思想为此提供了较为理想的选择。当齐景公问政于孔子，孔子回答："君君，臣臣，父父，子子。"②孔子这句话实际上意味着儒家可以迅速地确立一套上下有别、长幼有序、君臣父子各安其分的

---

① 《史记·儒林列传》。
② 《论语·卷六·颜渊第十二》。

稳定的社会秩序。在君臣关系上,孔子坚持社会"仁义"为本,这意味着儒家强调臣不是简单地忠于君主个人,而是要忠于王朝国家,要做"社稷之臣"。孔子说"君使臣以礼,臣事君以忠"①,"所谓大臣者,以道事君,不可则止"②。这意味着儒家强调臣的忠并不是忠于君主个人,而是以社会"仁义"为根本原则。当然,"仁义"的具体内涵,并不是官吏个人的主观认定,而是社会共同体的社稷伦理。这一点在孟子的民本思想中表现得最为直接。孟子认为:"民为贵,社稷次之,君为轻。是故得乎丘民而为天子,得乎天子为诸侯,得乎诸侯为大夫。诸侯危社稷,则变置。"③在孟子这个观点中,既然民为贵,则民为国之本,那么臣就应忠于由民组成的社稷共同体,而不是简单地忠于皇帝个人。所以,春秋战国时期儒家思想中的臣应是"社稷之臣",而不是君主私人之臣。"社稷之臣"的说法,最早源于孔子。季氏准备攻打颛臾,孔子反对:"夫颛臾,昔者先王以为东蒙主,且在邦域之中矣,是社稷之臣也。"④儒家这种臣忠于社稷的思想,在天下统一的条件下,可以有效地转化为对王朝国家的忠诚。值得一提的是,儒家的"天命"观强调"天无二日,土无二王,家无二主,尊无二上"⑤的主张,蕴含着国家定于一尊的集权统一思想,它与君主专制中央集权王朝具有内在的契合性。此外,在乡土社会中,孔子强调"君子矜而不争,群而不党"⑥。这意味着儒家士大夫在出仕为官时应坚持与人为善而不结党的原则。这种原则为防止官吏结成党派提供了基本的伦理指导。这一点满足了专制皇权反对结党的要求。所以,当后世皇权不振时,用儒生、兴儒学都是君主扩张皇权的基本举措。

再次,先秦儒家为新王朝提供了一套转化专制性权力、催生国家建制性权力的方法。在传统中国王朝的更替中,新王朝往往通过暴力建立起来,但一个稳定和谐的社会建立在社会成员普遍信任的基础上。暴力横行反映的是社会成员极度缺失信任从而导致社会动乱。因此,要建立稳定和谐的社会,就必须恢复社会

①《论语·卷二·八佾第三》。
②《论语·卷六·先进第十一》。
③《孟子·尽心下》。
④《论语·卷八·季氏第十六》。
⑤《礼记·坊记第三十》。
⑥《论语·卷八·卫灵公第十五》。

成员的普遍信任，其基本途径就是使社会成员杜绝暴力，并实现国家对暴力的合法垄断。所以，开国皇帝建立新王朝之初就面临着"打天下"到"坐天下"的转变。相应地，要实现国家的长治久安，原来主要依靠专制性权力建立的统治关系就要向主要依靠建制性权力转化。譬如，西汉朝建立之初，儒生陆贾常在汉高祖刘邦面前称颂诗书。刘邦骂陆贾，说，我们是骑马凭武力打天下的，要诗书干什么？陆贾反驳道："居马上得之，宁可以马上治之乎？且汤武逆取而以顺守之，文武并用，长久之术也。昔者吴王夫差、智伯极武而亡；秦任刑法不变，卒灭赵氏。乡使秦已并天下，行仁义，法先圣，陛下安得而有之？"①最终汉高祖刘邦接受了陆贾"诗书治国"的主张。诗书之所以能治国，根本原因在于诗书蕴含儒家所倡导的伦理道德。这些东西是实现专制性权力向建制性权力转变的载体。而儒家宗师孔子，极力传承诗书礼仪。因此，儒家思想强化的是国家建制性权力。儒家意识形态为新兴王朝实现专制性权力向建制性权力转变提供了基本方法。历史上王朝更替后，儒家思想始终是新兴王朝的国家意识形态，国家意识形态是社会意识形态的产物，而社会意识形态能实现专制性权力向建制性权力转变。

最后，儒家思想为王朝政治体系更新提供了一套较为可靠的录用原则。孔子弟子有若认为："其为人也孝弟，而好犯上者，鲜矣；不好犯上，而好作乱者，未之有也。"②从这句话可以看出，春秋战国时期儒家认为政治等级之间的服从，根植于家庭孝悌伦理。家之孝子即国（君）之忠臣。这种主张倡导忠孝一体。现代人仔细分析就会发现，"忠"规范的是君臣关系，"孝"规范的是父子关系。前者作用于国家政治场域，后者作用于家族场域。因此，儒家主张忠孝一体似乎将不同场域的伦理混为一谈。儒家忠孝一体必须放置在春秋战国社会场域中来理解，因为在春秋战国社会，忠和孝都属于"六顺"的伦理范畴。春秋早期，卫国大夫石碏规劝卫庄公时就讲："君义，臣行，父慈，子孝，兄爱，弟敬，所谓六顺也。"③所谓顺，就是顺从或服从。因此，在当时的人看来，统治的本质就是服从。根据春秋战国时期学者论证的比附推理思维，既然"忠""孝"都要求服从，那么二者

---

① 《史记·郦生陆贾列传》。
② 《论语·卷一·学而第一》。
③ 《左传·隐公三年》。

就具有相似性,完全可以实现忠孝一体。儒家主张忠孝一体,这种忠孝一体理论为专制王朝选拔官吏提供了道德指导原则。譬如战国时期,秦国攻打齐国,齐威王派遣章子领兵迎战。在齐、秦双方军队对峙期间,前线侦察人员多次向齐威王反映,章子将率齐军向秦军投降,齐威王始终不信,最终章子大败秦军。事后,左右近臣问齐威王为什么如此信任齐将章子,齐威王说:“章子之母启得罪其父,其父杀之而埋马栈之下。吾使者章子将也,勉之曰:‘夫子之强,全兵而还,必更葬将军之母。’对曰:‘臣非不能更葬先妾也。臣之母启得罪臣之父,臣之父未教而死。夫不得父之教而更葬母,是欺死父也,故不敢。’夫为人子而不欺死父,岂为人臣欺生君哉?”①从这句话可以看出,齐威王对章子的信任建立在“为人子而不欺死父,则为人臣不欺生君”的基础上。它与儒家“父之孝子即君之忠臣”的主张是一致的。可见,历朝统治者采用儒家思想作为国家意识形态的一个重要原因是它为王朝统治者提供了一个录用官吏的道德原则。对专制王朝而言,对君主的忠诚度显然是选拔官吏的第一原则。当然,在具体实践中,儒家讲“学而优则仕”,这种主张为官的道德取向也损害了中央集权科层化官僚体系的专业化。

第二节　社会转型与道家逃避统治的艺术

本节依次证明以下几个理论假设:一、春秋战国社会存在着强化统治的国家建设运动;二、春秋战国社会对强化统治的国家建设运动存在反动;三、道家思想是春秋战国社会逃避统治运动的艺术。它具体分为两个小推论:一是这种思想认为国家强化统治的运动是导致社会动荡的根源;二是它们要取消统治,力求社会治理简单化,力求国家回到朴素、自然的状态。

一、春秋战国时期的国家建设运动

春秋战国社会转型是绝对伦理社会向相对伦理社会转型。与社会转型相适应,春秋时期的列国争霸发展为战国时期的土地兼并战争,土地兼并战争的规模和烈度都达到空前程度。司马迁说:“《春秋》之中,弑君三十六,亡国五十二,诸

————————

① 《战国策·齐策一》。

侯奔走,不得保其社稷者,不可胜数。"①到了战国时期,土地兼并战争更残酷。《孟子·离娄上》说:"争地以战,杀人盈野;争城以战,杀人盈城。"对于战国时期秦国开展的兼并六国的战争,研究中国人口史的专家统计发现:"从公元前364年秦与三晋之师战于石门,到公元前245年攻打卷这个地方,史书上有斩首记录的十九次战争中,秦兵共砍掉了一百八十二万多人头。"②而公元前260年秦国和赵国的长平之战中,秦国坑杀赵国四十万人。秦国为打赢这场战争,曾动员全国十五岁以上男子到长平挖壕沟阻断赵国援军。根据《吕氏春秋·应言》所讲"秦虽大胜于长平,三年然后决,士民倦,粮食(匮)"可知,长平之战,秦国胜得相当辛苦。因此,强化统治,提高国家的生存能力是春秋战国时期国家的必然选择。从现代来看,这种选择就是强化统治的国家建设运动。

所谓"国家建设运动",就是国家通过制定政策和创设制度,强化政权对自身官僚体系的控制能力和政权对社会资源的汲取与渗透能力的一系列过程。这个过程既涉及人才选拔制度和官制的变革,又涉及国家控制社会的组织结构和治理手段的变革,还涉及国家汲取社会资源方面的赋税制度的变革和人员组织动员方面的军事制度的变革。

从人才选拔制度和官制的变革来看,提高国家的生存能力就要打破春秋社会世族垄断的世禄世卿制度。所谓"世禄世卿",就是最高统治者按血缘关系的远近,分封自己的亲属,形成一个由大大小小贵族掌握的从中央到地方的金字塔式权力结构体系。而权力的代际传承,则实行嫡长子继承爵位的制度,世代相传且不能随意任免。春秋时期各国官职都垄断在世族手中,要提高国家的生存能力,国家政治录用制度就必须唯才是举。如齐桓公之所以能成为春秋五霸之首,就是因为其任内多次下令:"于子之乡,有拳勇股肱之力秀出于众者,有则以告。有而不以告,谓之蔽贤,其罪五。"③同样,春秋时期晋国能多次战胜楚国,成为中原霸主,就是因为楚国历经内乱,析公、申公巫臣、苗贲皇等人才都外流到晋国,导致"虽楚有材,晋实用之"④。同样,秦国能从春秋时期的霸主发展到战国时期

①《史记·太史公自序》。
② 赵文林、谢淑君:《中国人口史》,人民出版社1988年,第20页。
③《国语·齐语》。
④《左传·襄公二十六年》。

兼并六国,也是秦国不拘一格选用人才的结果。如李斯在《谏逐客书》中对秦王嬴政说:"昔缪公求士,西取由余于戎,东得百里奚于宛,迎蹇叔于宋,来丕豹、公孙支于晋。此五子者,不产于秦,而缪公用之,并国二十,遂霸西戎。孝公用商鞅之法,移风易俗,民以殷盛,国以富强,百姓乐用,诸侯亲服,获楚、魏之师,举地千里,至今治强。惠王用张仪之计,拔三川之地,西并巴、蜀,北收上郡,南取汉中,包九夷,制鄢、郢,东据成皋之险,割膏腴之壤,遂散六国之从,使之西面事秦,功施到今。昭王得范雎,废穰侯,逐华阳,强公室,杜私门,蚕食诸侯,使秦成帝业。"①与唯才是举相适应,官制变迁也由春秋时期的军政合一,发展到战国时期以相、将为首脑,官分文武的中央集权官僚制度。②《尉缭子·原官第十》中说:"官分文武,惟王之二术也。"

从国家控制社会的组织结构和治理手段的变革来看,春秋时期,一些国家陆续在小国灭亡的地方设立郡县以加强国家对地方的控制。如公元前680年,"楚子灭息"③。公元前478年,楚文王任命彭仲爽为令尹,"实县申、息"④。公元前627年,晋襄公将"先茅之县赏胥臣"⑤。公元前493年,晋国执政赵简子宣布:"克敌者,上大夫受县,下大夫受郡"⑥因此,晋国在春秋中期之后普遍设立县制来管理新开拓的国土。在治理手段上,春秋末期开始,各国开始铸刑鼎、颁刑书。公元前536年,郑国执政子产开始铸刑书。⑦公元前513年,晋国也开始铸刑鼎,鼎上铸范宣子所制定的《刑书》。⑧

从赋税制度和军事制度的变革来看,在赋税制度方面,西周早期曾实施藉田制,即村社农民只服兵役,不交纳车马、兵甲等费用,战时才交纳粮草和服徭役。公元前645年,晋国改革军赋制度,建立州军。这种军赋制度主要是为适应晋惠公被秦国俘虏,晋国面临内忧外患这种情况而建立的,它以州为单位,人人负担

---

① 《史记·李斯列传》。
② 顾德融、朱顺龙:《春秋史》,上海人民出版社2001年版,第298页。
③ 《左传·庄公十四年》。
④ 《左传·哀公十七年》。
⑤ 《左传·僖公三十三年》。
⑥ 《左传·哀公二年》。
⑦ 《左传·昭公六年》。
⑧ 《左传·昭公二十九年》。

军赋。改革的结果是晋国"甲兵益多"①。公元前 548 年,楚国也进行了军赋制度改革。这种改革具体是"书土田,度山林,鸠薮泽,辨京陵,表淳卤,数疆潦,规偃猪,町原防,牧隰皋,井衍沃。量入修赋,赋车籍马,赋车兵、徒兵、甲楯之数"。与之相适应,各国军队建制也发生了变化。管仲开展的军制改革以"作内政而寄军令"为特征。具体是"五家为轨,故五人为伍,轨长帅之;十轨为里,故五十人为小戎,里有司帅之;四里为连,故二百人为卒,连长帅之;十连为乡,故二千人为旅,乡良人帅之;五乡一帅,故万人为一军,五乡之帅帅之。三军,故有中军之鼓,有国子之鼓,有高子之鼓。春以搜振旅,秋以狝治兵。是故卒伍整于里,军旅整于郊"②。晋国军队规模也发生了变化,由公元前 681 年的一军扩展到公元前661 年的二军、公元前 629 年的五军、公元前 588 年的六军。③ 到了战国时期,各国开始掀起变法改革运动:公元前 403 年,魏文侯任用李悝开展变法;公元前 386至公元前 381 年,楚悼王任用吴起在楚国变法;公元前 356 年和公元前 350 年,秦孝公任用商鞅两次开展变法;公元前 307 年,赵国赵武灵王又推行以胡服骑射为内容的军制改革。战国时期的这些变法都以变革国家制度、提高国家的生存能力为目的。

二、春秋战国社会对国家建设运动的反动

从社会来看,国家建设运动本质上是国家通过组织、制度和政策重塑社会的过程。《管子·轻重丁》曾举了一个例子。齐国五方的百姓喜欢赶集,那些相好的人赶集回来,喜欢在回来路上相会。男女谈笑终日不归,结果导致田地荒芜,百姓过着衣不蔽体、鞋不完好的日子。对此,齐桓公问管仲怎么办。管仲告诉齐桓公,将去集市马路两边的树木全部砍掉。结果,那些相好的人赶集回来发现路边无树木遮阴,不得不回家耕种、纺织。因此,砍掉路边树木的法令执行不到一年,五方的百姓不仅帛衣崭新,而且鞋子完好。这个例子未必是齐国的真实事例,但从侧面反映出国家在改变百姓的习俗。同样,商鞅变法使秦国"民勇于公

---

① 《左传·僖公十五年》。

② 《国语·齐语》。

③ 顾德融、朱顺龙:《春秋史》,上海人民出版社 2001 年版,第 312 页。

战,怯于私斗"①,这反映出国家法律改变了百姓私相复仇的民间风气。

面对国家建设运动的不断展开,社会为了维护自己而对政治做出反动。

首先,从政治录用角度来看,人才选拔制度和官制的变革无疑改变了原有的权力结构和利益分配,因而必然会遭到原有的世禄世卿制度受益者的反对。公元前535年,东周大夫单献公弃用自己的亲友而重用外地客人做官,结果单献公被单襄公、单顷公的族人杀死。②

其次,从国家控制社会的组织结构和治理手段的变革来看,一方面,传统"国""野"分治体制无法适应国家对战争动员的需要,而且,战争频繁会导致社会人员的大规模流动和逃亡。如鲁国国君(具体是鲁国国君伯禽还是鲁僖公,后人还有争议)征伐费地时说:"马牛其风,臣妾逋逃,勿敢越逐。祇复之,我商赉汝。乃越逐不复,汝则有常刑! 无敢寇攘,逾垣墙,窃马牛,诱臣妾,汝则有常刑!"③这几句话的大意是:"像在风中的牛马分散背向奔逃一样,如果随军出征的男女奴隶分散逃跑,你们不要脱离自己的队伍去追赶。如果你们得到逃跑的奴隶,能恭敬地送还主人,我将赏赐你们。假如离开队伍去追赶而又不归还原主,你们就要受到法律的惩罚。不许抢夺掠取,若是翻越围墙,偷盗马牛,诱骗男女奴隶,你们就要受到法律的惩罚。"④这几句话反映了春秋社会奴隶逃亡的情况,说明传统的"国""野"社会治理体制在社会人口控制方面存在着极大的漏洞。

有时聚集到一起的逃亡人口会影响到国家治安状况。公元前522年,郑国大夫子大叔接替子产执掌郑国朝政,他采用宽和的方法治理国家。结果郑国盗贼众多,很多盗贼都聚集在萑苻沼泽中作乱。⑤ 而且,在山上聚集的逃亡人口有时能扭转国与国之间战役的成败。公元前645年,秦穆公率秦军与晋国军队在韩原交战。秦穆公差点儿被晋惠公俘虏。但在关键时刻三百野人从山上杀出,不仅解了秦穆公之围,而且还俘虏了晋惠公。⑥ 这些野人之所以冒死解救秦穆

---

① 《史记·商君列传》。
② 《左传·昭公七年》载:单献公弃亲用羁。
③ 《尚书·周书·费誓》。
④ 李民、王健:《尚书译注》,上海古籍出版社2004年版,第419页。
⑤ 《左传·昭公二十年》。
⑥ 《史记·秦本纪》。

公,是因为三年前他们曾在岐山下偷杀并吃掉了秦穆公的一匹良马而被俘。当时秦穆公赦免了他们的罪行。从这些野人感恩图报的行为来看,他们可能是为了躲避春秋列国战争而逃亡到山中的农民。数百流亡人口的存在表明春秋时期垒土分疆控制人口的分封举措已无法满足时代要求。因此,郡县制应运而生。郡县制取代西周分封制意味着国家权力直达公民个人,直接或间接地导致传统村社宗法维持的村落血缘共同体瓦解,血缘亲情变得淡漠。《诗经·王风·葛藟》中说:"绵绵葛藟,在河之浒。终远兄弟,谓他人父。谓他人父,亦莫我顾!绵绵葛爱,在河之蘦。终远兄弟,谓他人母。谓他人母,亦莫我有!绵绵葛藟,在河之漘。终远兄弟,谓他人昆。谓他人昆,亦莫我闻!"这首诗的大意是:"长长的野葛茎,在河的边上生。终于远离兄弟们,叫他人父。叫他人父,也没有照顾我。长长的野葛茎,在河的边上生,终于远离兄弟们,叫他人娘。叫他人娘,也没有宣扬我。长长的野葛茎,在河的边上生。终于远离兄弟们,叫他人兄。叫他人兄,也没有欢迎我。"①这是一首讲亲情疏远的诗。它说明传统宗法血缘维持的社会共同体结构受到侵蚀,作者在感叹人情冷暖。

随着春秋末期刑书的颁布,社会不同阶层的人也有不同的看法。公元前536年,郑国大夫子产颁布《刑书》。早在公元前544年子产执掌郑国政权时,吴国大夫季札就劝谏子产:"子为政,慎之以礼。不然,郑国将败。"②但子产执政后还是颁布《刑书》治国。对此,晋国大夫叔向写信劝谏子产,说:"昔先王议事以制,不为刑辟,惧民之有争心也……民知有辟,则不忌于上。并有争心,以征于书,而徼幸以成之,弗可为矣……民知争端矣,将弃礼而征于书。锥刀之末,将尽争之。乱狱滋丰,贿赂并行,终子之世,郑其败乎!肸闻之,国将亡,必多制,其此之谓乎!"叔向对子产颁布《刑书》的行为反应强烈,因为刑获得了公开的地位,它在根本上改变了春秋时期列国将刑作为贵族私藏的做法,它本质上是对传统贵族统治特权的一种变相剥夺。子产用《刑书》治国,郑国邓析却搞破坏,他私自制定了《竹刑》,并且通过收受他人衣物来教人打官司。他教人把错的当成对的,把对的当成错的。据说,当时向他学打官司的人"不可胜数"。邓析很聪明,他想让谁胜

---

① 周振甫:《中国古典名著译注丛书:诗经译注》,中华书局2002年版,第103页。
② 《左传·襄公二十九年》。

诉就让谁胜诉,想让谁获罪就让谁获罪。结果邓析把郑国搞得大乱。最终子产把邓析杀了并采用了邓析所制定的《竹刑》,社会才安定下来。① 同样,公元前513年,晋国铸刑鼎导致晋国内外一片哗然。晋国的蔡史墨说:"范氏、中行氏其亡乎? 中行寅为下卿,而干上令,擅作刑器,以为国法,是法奸也。又加范氏焉,易之,亡也。其及赵氏,赵孟与焉。然不得已,若德,可以免。"而鲁国孔子说:"晋其亡乎! 失其度矣。夫晋国将守唐叔之所受法度,以经纬其民,卿大夫以序守之。民是以能尊其贵,贵是以能守其业。贵贱不愆,所谓度也。文公是以作执秩之官,为被庐之法,以为盟主。今弃是度也,而为刑鼎,民在鼎矣,何以尊贵? 贵何业之守? 贵贱无序,何以为国? 且夫宣子之刑,夷之蒐也,晋国之乱制也,若之何以为法?"②叔向、蔡史墨和孔子反对采用刑法治国,根本原因在于春秋社会国家治理原来是通过礼仪实现的。采用刑法治理国家,意味着先秦社会礼仪等级世袭制度规范社会秩序的主要功能被统治者人为地搁置了。

再次,从国家汲取社会资源方面的制度的变革来看,国家加大对社会资源的汲取力度,社会将相应地采取逃避行为。如《左传·昭公三年》中,晋国大夫叔向对齐国大夫晏婴说:"民闻公命,如逃寇仇。"《管子·轻重甲》中也讲了齐桓公与管仲的一段对话。桓公说:"我想征收房屋税。"管仲回答:"不行,这等于毁坏房屋。"桓公说:"我想征收人口税。"管仲回答:"不行,这等于让人们抑制情欲。"桓公说:"我想征牲畜税。"管仲说:"不行,这等于叫人宰杀牲畜。"桓公说:"我想征收树木税。"管仲回答:"不行,这等于叫人们砍伐树木。"③从齐桓公与管仲的对话可以看出,如果国家开征房屋、人口、牲畜、树木税,加大对百姓的资源汲取,人们将做出毁房、节欲、杀牲和砍树的规避行为。此外,社会对强化统治的反应,还表现在其他方面。《诗经·王风·君子于役》中说:"君子于役,不日不月,曷其有佸?"这句诗的大意是"先生在服役,不讲日子不讲月,怎么能够求会合?"④这是

---

① 《吕氏春秋·审应览·离谓》。《左传·定公九年》讲,子产死后,郑国执政驷歂将邓析杀死。

② 《左传·昭公二十九年》。

③ 刘柯、李克和:《二十二子详注全译:管子译注》,黑龙江人民出版社2003年版,第524页。

④ 周振甫:《中国古典名著译注丛书:诗经译注》,中华书局2002年版,第97页。

普通妇女抱怨国家劳役无度的一首诗。《诗经·魏风·陟岵》中说："陟彼岵兮，瞻望父兮。父曰：'嗟！予子行役，夙夜无已。上慎旃哉，犹来！无止！'"这几句诗的大意是："登上那座青山啊，看望爸啊。爸说：'唉，我的儿子去服役，早晚不停止。还是谨慎些吧，可以回来，不要停留。'"①这是父母抱怨政府劳役过度的一首诗。《诗经·魏风·伐檀》中说："不稼不穑，胡取禾三百廛兮？不狩不猎，胡瞻尔庭有县貆兮？彼君子兮，不素餐兮？"这几句诗的大意是："不耕种不收获，怎么取禾三百束啊？不上山去打猎，怎么看你庭内挂貆肉啊？那个君子啊，不吃白饭啊。"②这几句诗是讽刺贵族不劳而获的。《诗经·魏风·硕鼠》中说："硕鼠硕鼠，无食我黍！三岁贯汝，莫我肯顾。逝将去汝，适彼乐土。乐土乐土，爰得我所。"这几句诗的大意是："土耗子啊，土耗子啊，不要吃我的黄黍。三年养活你，没有人肯照顾我。发誓将要离开你，到那乐土。乐土呀，乐土呀，于是得到我的处所。"③这几句诗讽刺国君重敛于民，百姓一心想逃离。《诗经·唐风·鸨羽》中说："王室靡盬，不能蓺稷黍，父母何怙？"这句诗的大意是："周王的役事没有完，不能种稷黍，父母有什么可依恃的？"④这几句诗写的是百姓抱怨政府劳役无度，影响农业生产，父母饥饿，无所依靠。《诗经·小雅·何草不黄》中说："哀我征夫，独为匪民！""哀我征夫，朝夕不暇。"这两句诗的大意分别是："可悲我等出征者，不被当人看！""可悲我等出征者，早晚没空暇。"⑤这两句诗慨叹战争频繁，用兵不息，士兵疲惫不堪。总之，社会对政府和贵族都有抱怨，它在一定意义上讲是社会对强化统治的国家建设运动的反动。

三、道家思想是先秦社会逃避统治的艺术

庄子和老子对春秋战国时期的礼仪文明都持否定态度，他们认为礼仪文明的出现都是社会废弃大道的结果，都是社会祸乱之源。与之相对应，老子和庄子都对贵贱等级制度持与众不同的态度。《老子》三十九章说："贵以贱为本，高以下为基。"庄子从道的角度来看，认为贵贱是齐一的。《庄子·秋水》中说："以道

① 周振甫：《中国古典名著译注丛书：诗经译注》，中华书局 2002 年版，第 152 页。
② 同上书，第 154 页。
③ 同上书，第 156 页。
④ 同上书，第 168 页。
⑤ 同上书，第 393 页。

观之,物无贵贱。"因此,《庄子·盗跖》中说:"势为天子,未必贵也;穷为匹夫,未必贱也。贵贱之分,在行之美恶。"而且,他们对导致社会凋敝的土地兼并战争持强烈的反对态度。《老子》三十章说:"师之所处,荆棘生焉。大军之后,必有凶年。"《老子》三十一章说:"夫兵者,不祥之器,物或恶之,故有道者不处。"庄子则指出历史上圣人热衷于战争攻伐,是追求名利的结果。《庄子·人间世》中说:"昔者尧攻丛枝、胥敖,禹攻有扈,国为虚厉,身为刑戮。其用兵不止,其求实无已。是皆求名实者也。"庄子还反对诸侯打着"爱民"的口号来制止战争。《庄子·徐无鬼》中说:"爱民,害民之始也;为义偃兵,造兵之本也。"

对于法家主张依靠法令来实现国家有效治理的主张,老子和庄子都认为这种做法将适得其反,越治越乱。《老子》五十七章认为:"天下多忌讳,而民弥贫;人多利器,国家滋昏;人多技巧,奇物滋起;法令滋彰,盗贼多有。"《庄子·天地》中说:"今子赏罚而民且不仁,德自此衰,刑自此立,后世之乱,自此始矣。"而且,老子认为统治者强化统治的行为只会导致治理困境。《老子》七十五章说:"民之饥,以其上食税之多,是以饥。民之难治,以其上之有为,是以难治。民之轻死,以其上求生之厚,是以轻死。"庄子则干脆说,统治者求治的行为是社会动乱的根源。《庄子·天地》中说:"治,乱之率也,北面之祸也,南面之贼也。"

因此,在社会治理上,老子和庄子的主张都呈现出反智特征。《老子》六十五章中说:"古之善为道者,非以明民,将以愚之。民之难治,以其智多。故以智治国,国之贼;不以智治国,国之福。"同样,庄子认为好智是社会祸乱之源。《庄子·胠箧》中说:"故天下每每大乱,罪在于好知。"因此,老子和庄子都主张回到纯朴自然的无文字的"小国寡民"的乡村社会。对于文字书写,德国社会学家卢曼说:"没有书写人们不可能创造政治和行政官僚制中的复杂权力结构,更不用说对政治权力的民主控制了。陶片放逐制度以书写为先决条件。"[①]相应地,道家对书写文字的排斥,本质上是对政治统治的排斥。春秋战国时期,社会礼崩乐坏,先秦儒家保留礼仪形式而变革其内容。而先秦道家对当时规范社会秩序的礼仪文明,无论是对形式还是内容都采取了彻底否定的态度。这是先秦道家对春秋时期"周文疲弊"做出的一种反应。

---

① ［德］尼克拉斯·卢曼:《权力》,瞿铁鹏译,上海人民出版社2005年版,第8页。

四、道家思想生成意识形态的困境

道家思想能否成长为意识形态？对于这个问题，如果考虑到后来东汉时期出现道教的情况，答案似乎是"能"。这样回答显然把宗教完全等同于意识形态。这种理解没有认识到意识形态是国家指导思想、国家建制性权力和宗教三者交集的产物，但是三者并不能完全等同。这种理解最根本的错误在于不知意识形态的本质是它能在社会中生成建制性权力。

首先，意识形态之所以成为意识形态，是因为其蕴含的意义可以成为社会中人们的现实生活方式。先秦道家特别是庄子的思想强调保存形体，充实生命，立德明道。他认为真正的圣人应放德而行、循道而趋，即追求一种现实的有意义的生活方式，也即个体要破除自我、权势和名利的世俗束缚，达到优游自在、了无牵挂的心灵自由状态。因此，先秦道家的主张确实具备成长为意识形态的第一个条件。这一点在庄子向楚威王的使者明确表明自己无心做官，追求个人精神自由时得到证明。① 因此，先秦道家向世人提供了一种现实的生活方式就是从政治领域退出，追求个体精神自由。《庄子·让王》中说："遭治世不避其任，遇乱世不为苟存。"先秦道家追求精神自由的思想与西方基督教强调个体应进行灵魂救赎与解脱以达到天堂有着异曲同工之妙。如果从宗教具有的为社会个体提供灵魂救赎的功能来看，道家思想蕴含着个体精神自由的思想，这决定了它在东汉后成长为道教的发展趋向。

其次，意识形态之所以成为意识形态，是因为其蕴含的思想强调理论与实践的统一，即言行一致。老子强调抱雌、守弱、持柔的生存术，向世人展示的并不是理论与实践的一致，而是聪明绝顶的圣人表现出深藏若虚，大智若愚，大巧若拙。这套生存术与其说提倡言行一致，倒不如说掩盖自己的真实状况，表现得高深莫测。当然，这套生存术可能为信奉者提供了极好的生存策略，但它并不能保证信奉者永久生存。如春秋时期晋国范氏一族的家主如范武子、范文子、范宣子都坚持《老子》的处世思想来保持和提升家族地位，但最终无法使该家族走出衰败的

---

① 《庄子·列御寇》。

命运。① 先秦道家信徒的内在真实想法与其外在的言行是不一致的,道家信徒无法与其支持者保持一致,无法结成一个有着共同价值观,由文化网络建构起来的社会共同体。因此,它无法在社会中成长为一种意识形态。

再次,意识形态之所以成为意识形态,是因为创立意识形态的知识分子所倡导的规范能在社会上建构起基于社会文化或道德网络的统治与服从关系。先秦道家思想对世俗文明持否定的态度。它否认世俗等级制度的价值(如庄子认为从道的角度看,万物无贵贱,是齐一的),这意味着它无法在社会上有效地建构起具体的统治与服从关系。先秦道家强调无为而治,本质在于因袭社会既有制度,实现社会治理。譬如西汉初年天下太平,这是汉承秦制,秦朝制度自动发挥作用的结果。换言之,曹参作为道家思想的信奉者因袭秦朝制度,因而统治与服从关系可以不断在社会上再生产出来。但道家思想本身否定世俗礼仪,因此无法强化既有的统治与服从的权力关系。如西晋时期,由等级礼仪规范的君臣、父子等人伦秩序出现所谓的"名教"危机,统治精英中出现崇尚老子和庄子思想的玄学思潮②,但老庄思想却无法提高国家处理危机的能力。如西晋末年重臣王衍"妙善玄言,唯谈《老》《庄》为事"。永嘉五年(公元 311 年),王衍被石勒俘虏。石勒与王衍交谈时,为求免死,王衍说自己"少不豫事"。石勒指责他说:"君名盖四海,身居重任,少壮登朝,至于白首,何得言不豫世事邪? 破坏天下,正是君罪。"王衍最终为石勒所杀。王衍死前曾说:"呜呼! 吾曹虽不如古人,向若不祖尚浮虚,戮力以匡天下,犹可不至今日。"③因而王衍死后落了"清谈误国"的骂名。值得一提的是,统治精英崇尚老庄的清谈风气一直持续到东晋南朝时期。南朝统治精英用老庄思想治国严重影响了国家的生存能力。贞观二年(公元 628 年),唐太宗批评南北朝时期梁武帝父子崇尚佛教和道家老庄学说:"至如梁武帝父子志尚浮华,惟好释氏、老氏之教;武帝末年,频幸同泰寺,亲讲佛经,百寮皆大冠高履,乘车扈从,终日谈论苦空,未尝以军国典章为意。及侯景率兵向阙,尚书郎以

---

① ［日］高木智见:《先秦社会与思想——试论中国文化的核心》,何晓毅译,上海古籍出版社 2011 年版,第 177 页。

② 余英时:《名教思想与魏晋士风的演变》。详见余英时:《士与中国文化》,上海人民出版社 2003 年版。

③ 《晋书·列传第十三》。

下，多不解乘马，狼狈步走，死者相继于道路。武帝及简文帝被侯景幽逼而死。孝元帝在于江陵，为万纽于谨所围，帝犹讲《老子》不辍，百寮皆戎服以听。俄而城陷，君臣俱被囚挚。庾信亦叹其如此，及作《哀江南赋》，乃云：'宰衡以干戈为儿戏，缙绅以清谈为庙略。'此事亦足为鉴戒。朕今所好者，惟在尧、舜之道，周、孔之教，以为如鸟有翼，如鱼依水，失之必死，不可暂无耳。"①此外，庄子对政治采取鄙视和远离态度，如《淮南子·齐俗训》中说："惠子从车百乘以过孟诸，庄子见之，弃其余鱼。"因此，道家这种鄙视和远离政治的态度，在社会人际互动中无法生成建制性权力。

总之，道家老庄思想否定世俗礼仪文明，追求超脱世俗的精神自由的主张可以成长为宗教，但无法成长为意识形态。

第三节　社会转型与墨家意识形态速兴而暴亡

一、墨家思想强化国家建制性权力

墨子的"尚贤""尚同""兼爱"等主张都以拯救当时列国的治理难题为己任。这些主张都蕴含着赏罚并用、刑政结合的统治思想。譬如《墨子·尚同中》中说："古者国君诸侯之闻见善与不善也，皆驰驱以告天子。是以赏当贤，罚当暴，不杀不辜，不失有罪，则此尚同之功也。"从墨子这句话来看，他主张国家的有效治理应是专制性权力和建制性权力的有机结合。但墨子并不是简单地主张刑罚统治，而是主张实施"善政"或"义政"。《墨子·天志中》中说："义者，善政也。何以知义之为善政也？曰：天下有义则治，无义则乱，是以知义之为善政也。"从这句话来看，墨子把社会的"道义"当作实现社会大治的根本。因此，墨子强调"善政"本质上就是强调统治行为必须符合社会的伦理道德规范。与之相应，墨子强调做官必须坚持道义为本的原则。唐代余知古所记《墨子》佚文中，墨子说："道不行不受其赏，义不听不处其朝。"②墨子不仅在《墨子·耕柱》篇中称赞了高石

---

① 《贞观政要·慎所好第二十一》。
② ［唐］余知古：《渚宫旧事·卷二》。清末孙诒让先生认为，此处字句系《墨子·贵义》篇的佚文，详情见《墨子闲诂·卷十二》。

子舍弃俸禄而追求道义的行为，而且他在《墨子·鲁问》篇中明确反对为了越国的高官厚禄而出卖道义原则的"义粜"行为。因此，墨子思想强化的主要是国家建制性权力。

那么，这种权力具体是靠什么来确立支配与服从的统治关系呢？墨子给出的答案是理性、道德和宗教。《墨子·非命上》中说："必立仪，言而毋仪，譬犹运钧之上而立朝夕者也，是非利害之辨，不可得而明知也。故言必有三表。何谓三表？子墨子言曰：'有本之者，有原之者，有用之者。于何本之？上本之于古者圣王之事。于何原之？下原察百姓耳目之实。于何用之？废以为刑政，观其中国家百姓人民之利。此所谓言有三表也。'"从这句话来看，墨子主张理论或思想观点在实践中可行，必须满足三个标准：一是历史的合理性；二是民意的合理性；三是实践功效的合理性。所谓"历史的合理性"，是指该理论在历史上曾被圣王有效实施过。《墨子》一书中讲得最多的是各国历史书籍所记载的经典事例，特别是尧、舜、禹、汤、文、武六圣所开创的事迹。所谓"民意的合理性"，就是社会大众根据伦理道德对具体主张的普遍看法。《墨子·非命中》中说："我所以知命之有与亡者，以众人耳目之情，知有与亡。有闻之，有见之，谓之有；莫之闻，莫之见，谓之亡。"（这里，亡通"无"）所谓"实践功效的合理性"，就是指该理论在社会治理过程中能为天下万民兴利除害。这三个标准是融合在一起的，其中，墨子思想强调最多的标准是实践功效的合理性。当然，墨子讲利弊的权衡取舍并不是简单地强调"两利相权取其重，两害相权取其轻"。《墨子·大取》中说："于事为之中，而权轻重之谓求。求，为之非也，害之中取小，求为义，非为义也。""利之中取大，非不得已也。害之中取小，不得已也。"从这两句话可以看出，墨子认为利中取大，是合乎道德的，但害中取小是不道德的迫不得已的行为。相应地，只注重利害权衡的"求"在道德上是错误的。因此，墨子不是简单地计算功利，而是站在天下万民的立场考虑，强调合乎道德的兴利除害。如果政府施政能做到这一点，那么人们对政府统治的服从，就建立在人们对政府具体施政措施的理性理解上，也建立在人们对政府具体施政措施是否符合社会基本道德的判断上。同时，墨子认为社会动乱源于人人自利不相爱，因此墨子主张"兼相爱，交相利"。如果社会上的人还坚持自利不相爱怎么办呢？从《墨子·尚同下》中说"善人赏而暴人罚，则国必治"来看，实行兼爱的社会应赏善罚暴。《墨子·法仪》中说："爱人利人者,天必福之;恶人贼人者,天必祸之。"从这句话来看,墨子强调赏罚出自鬼神和天意。这意味着人们对赏罚的服从本质上并不是源于人们对政府暴力的恐惧,而是源于对天地鬼神的迷信和敬畏。换言之,在墨子所建构的劳力互助的理想社会,人们对赏罚的服从并不是源于专制性权力,而是源于鬼神宗教迷信。

二、墨家意识形态的社会生成

意识形态都是行动导向的思想,思想要指导行动必须强调知行一致或者言行一致。墨家思想是否具有这一特征呢?从《墨子·修身》中讲"志不彊者智不达,言不信者行不果"来看,强调言行一致正是墨子思想的基本主张。然而,研究墨子思想的学者一般认为,《修身》和《亲士》并非墨子所作。然《墨子·兼爱下》中说:"当使若二士者,言必信,行必果,使言行之合犹合符节也,无言而不行也。"据此可知,提倡言行一致正是墨子思想的基本主张。既然如此,墨子思想就完全可以在实践中转化为战国时期人们现实的生活方式。这种言行一致的生活方式不仅体现在为人处世上,而且体现在施政上。《墨子·鲁问》中说:"王公大人用吾言,国必治;匹夫徒步之士用吾言,行必修。"《墨子·公孟》中说:"政者,口言之,身必行之。"同样,在《墨子·耕柱》中说:"言足以复行者,常之;不足以举行者,勿常。"《墨子·贵义》中也说:"言足以迁行者,常之;不足以迁行者,勿常。不足以迁行而常之,是荡口也。"这句话中"迁"即付诸的意思。因此,强调理论与实践的统一是墨子思想的基本特质。

如果一种思想是意识形态,那么这种思想所倡导的规范就能在社会上建构起具有统治与服从关系的共同体。据此要问:墨子思想是否能建构起社会共同体?从《墨子·尚贤下》中所说"为贤之道将奈何?曰:有力者疾以助人,有财者勉以分人,有道者劝以教人。若此,则饥者得食,寒者得衣,乱者得治"来看,墨子通过"兼爱"原则建立起来的是一个劳动互助的共同体。春秋战国社会是否有人愿意加入这个共同体呢?《庄子·天下》中说:"相里勤之弟子,五侯之徒,南方之墨者若获、已齿、邓陵子之属,俱诵《墨经》,而倍谲不同,相谓别墨;以坚白同异之辩相訾,以觭偶不仵之辞相应;以巨子为圣人。皆愿为之尸,冀得为其后世,至今不决。"可见,社会上不断有人愿意加入墨家组织,因而它肯定能在社会上不断发展壮大。那么,这个互助共同体能否建构起统治与服从的关系呢?《墨子·尚同上》中说:"上之所是,必皆是之;所非,必皆非之。上有过则规谏之,下有善则傍荐之。上同而不下比者,此上之所赏,而下之所誉也。"从这句话来看,墨子的"尚同"主张实际上确立了社会上层与下层之间的统治与服从关系。当然,这种统治关系比较持久。上层贤能,讲究道义,并对"兼爱"原则身体力行是确立下层服从上层关系的关键。

墨子通过"兼爱"原则建立的共同体有什么特点呢? 首先,它强调财产互助。如《墨子·耕柱》中说:"子墨子游荆耕柱子于楚,二三子过之,食之三升,客之不厚。二三子复于子墨子曰:'耕柱子处楚无益矣! 二三子之过之,食之三升,客之不厚。'子墨子曰:'未可智也。'毋几何而遗十金于子墨子,曰:'后生不敢死,有十金于此,愿夫子之用也。'子墨子曰:'果未可智也!'"其次,它强调成员采取节欲苦行的方式践行社会的"仁义"。《墨子·贵义》中说:"必去喜,去怒,去乐,去悲,去爱,而用仁义。"墨子信徒节欲苦行的表现如何?《墨子·备梯》中说:"禽滑厘子事子墨子三年,手足胼胝,面目黧黑,役身给使,不敢问欲。"因此,墨子信徒具有苦行僧的特质。再从《墨子·经上》所说"任,士损己而益所为也"来看,墨子信徒具有为共同体勇于牺牲的特质。再次,共同体的领袖负责向列国推荐共同体中学有所成的成员为官。《墨子·公孟》中说:"有游于子墨子之门者,身体强良,思虑徇通,欲使随而学。子墨子曰:'故学乎? 我将仕子!'劝于善言而学,其年,而责仕于子墨子。"最后,这个共同体有一套制度用于处罚背叛墨学的成员。《墨子·鲁问》中说:"子墨子使胜绰事项子牛。项子牛三侵鲁地,而胜绰三从。子墨子闻之,使高孙子请而退之。"

从现代社会来看,社会共同体的生存和发展往往需要一定的仪式来强化。墨子虽然主张"节用""节葬",但他并未取消先秦儒家的礼仪。从墨子制定的丧葬礼仪来看,墨子依据为天下兴利除害的宗旨简化了礼仪。而且,这种简化的礼仪有助于墨家组织内部的团结。值得注意的是,墨子信徒的衣着和举止都与当时的人不同。《庄子·天下》中说:"后世之墨者,多以裘褐为衣,以屐蹻为服,日夜不休,以自苦为极。"这种身穿裘褐、力行节俭的生活方式,反映出墨子组织正是通过统一衣着和苦行的方式不断强化墨家共同体与外界的心理边界。同时,墨家信徒通过践行"兼爱"原则实现组织成员内部互利,从而加强了共同体内部成员的心理凝聚力。因此,墨家信徒的组织凝聚力是相当强的。相应地,墨家组织对社会的影响也是巨大的。《淮南子·泰族训》中说:"墨子服役者百八十人,皆可使赴火蹈刃,死不还踵。"孟子批评墨子兼爱是"禽兽",但孟子又说:"墨子兼爱,摩顶放踵利天下,为之。"①同样,庄子在批评墨子"其生也勤,其死也薄,其道大觳;使人忧,使人悲,其行难为也"②的同时,又说"墨子真天下之好也,将求之不得也,虽枯槁不舍也,才士也夫"③。

与先秦儒家思想一样,墨子思想作为意识形态,在社会上形成了建制性权力。这种权力存在与国家发生冲突的可能。当国家推行的政策与墨子所主张的社会伦理一致时,墨子思想作为意识形态就存在与国家合作的可能;当国家推行的政策与墨子所主张的社会伦理发生冲突时,墨子思想作为意识形态就存在与国家发生冲突的可能。此时,墨子及其信徒就可能对国家构成挑战。第一,墨子的"兼爱"主张可能对专制国家推行的土地兼并战争政策构成挑战。《墨子·兼爱中》说:"今诸侯独知爱其国,不爱人之国,是以不惮举其国,以攻人之国。"这种主张对于正进行兼并战争的大国肯定是一个挑战。对此,《管子·立政九败解》中批评道:"人君唯毋听兼爱之说,则视天下之民如其民,视国如吾国,如是,则无并兼攘夺之心,无覆军败将之事然则射御勇力之士不厚禄,覆军杀将之臣不贵爵,如是,则射御勇力之士出在外矣,我能毋攻人可也,不能令人毋攻我,被求地而予之,非吾所欲也,不予而与战,必不胜也。被以教士,我以驱众,彼以良将,我以无能,其败必覆军杀将,故曰:'兼爱之说胜,则士卒不战。'"第二,墨子的"尚贤"主张对专制国家的君主任人唯亲的政策构成了挑战。《墨子·尚贤下》中说:"今王公大人其所富,其所贵,皆王公大人骨肉之亲。"墨家信徒是一群颇有才华又坚持社会"道义"原则的贤人。如果他(们)不能为统治阶级所用,他(们)就可能招致统治集团的忌恨或杀戮。《史记·鲁仲连邹阳列传》中说:"宋信子罕之计而囚墨翟。"第三,墨子的节用、节葬主张可能与专制国家大兴土木、厚敛于民的政策相冲突。《墨子·辞过》中说:"当今之主,其为宫室则与此异矣,必厚作敛于百姓,暴夺民衣食之财,以为宫室台榭曲直之望、青黄刻镂之饰。为宫室若此,故左右皆法象之。是以其财不足以待凶饥,振孤寡,故国贫而民难治也。"第四,虽

---

① 《孟子·尽心上》。
② 《庄子·天下》。
③ 同上书。

然墨子在《备城门》《备高临》《备梯》《备水》《备突》《备穴》《备蛾傅》《杂守》中专门讲述了战争中守城的方法，但由于墨子始终坚持社会道义原则，在特定的时候，墨子思想不但不能迅速地强化国家的生存能力，反而可能削弱国家的生存能力，如《淮南子·人间训》中讲"代君为墨而残"。第五，墨子思想坚守的私人间绝对伦理对专制国家的统一构成了挑战。据说墨家学派的巨子孟胜与楚国的阳城君很友好，阳城君让他守卫自己的食邑，剖分璜玉作为符信，并对他说："合符以后才能听从命令。"后来，阳城君因参与楚国反对吴起的叛乱而被楚国收回食邑。孟胜率领信徒一百八十三人为守信而战死了。① 显然在此事例中，墨家坚守绝对伦理导致墨家巨子孟胜只忠于楚国阳城君。这种行为毫无疑问挑战了专制国家的统一，墨家守信重诺的行为必然与专制国家的统一要求和法令发生冲突，因此墨家巨子孟胜及其信徒最终都战死了。

三、社会转型与墨家意识形态速兴而暴亡

本目要验证的假设是：与绝对伦理相适应的意识形态在春秋战国社会转型时期将经历速兴而暴亡的命运。这一假设可以细化为三个推论：一、墨子思想作为意识形态，有与绝对伦理社会相适应的内容；二、由于春秋战国社会原来就是绝对伦理社会，因此墨子思想在战国社会传播将十分迅速；三、随着社会转型结束，墨家信徒将迅速消失，即墨家意识形态将暴亡。

（一）墨子思想有与绝对伦理社会相适应的内容

第一，墨子强调义政，反对为高官厚禄出卖道义的"义枭"行为。《墨子·修身》中说："名不可简而成也，誉不可巧而立也，君子以身戴行者也。"显然，强调"以身戴行"正是绝对伦理的特质。当然，有人会说《修身》篇是墨子后学之作，并非墨子本人的思想。从《墨子·非命上》强调"守城则不崩叛，君有难则死，出亡则送"来看，它反映的正是春秋社会臣必须死君难的绝对伦理。《墨子·兼爱下》中说："当使若二士者，言必信，行必果，使言行之合，犹合符节也，无言而不行也。"估计墨子信徒主要是通过重信守诺来建构墨子共同体组织的内部关系。《墨子·经说上》中说："任，为身之所恶，以成人之所急。"这句话的大意是：任侠，就是愿意做损害身体的事，以成全他人的迫切需求的人。因此，墨子信徒都

---

① 《吕氏春秋·上德》。

强调以身戴行,以身守信,以身守义,来践行自己所倡导的春秋战国社会的绝对伦理。其中最典型的事例就是,墨家巨子孟胜率领信徒一百八十多人为守信而集体战死。① 显然,他们选择战死,根本原因在于他们坚持的都是春秋社会的绝对伦理。同样,战国时期有文献记载,墨家钜子腹䵍的儿子在秦国杀了人,秦惠王考虑到腹䵍年纪大主张赦免他的儿子,但腹䵍坚持"墨者之法",最终处死自己的儿子。② 显然,墨家钜子腹䵍认为"墨子之法"规定的"杀人者死,伤人者刑"是天下大义。这种大义具有不可违背的刚性。所以,墨家信徒坚持以春秋战国社会的绝对伦理来处事。在实践中,墨子信徒往往能做到舍生取义,悍不畏死。《新语·思务》中说:"墨子之门多勇士。"

墨子信徒强调"言必信,行必果",说明墨家采取了坚守绝对伦理的立场。这明显不同于儒家将绝对伦理相对化以缓和实践绝对伦理的舍身压力的做法。出现这种不同的根本原因在于春秋社会的绝对伦理是通过鬼神宗教崇拜建立起来的。对春秋社会的鬼神宗教崇拜,儒家采取敬而远之的无神论态度,而墨家始终对鬼神持迷信的态度。因而墨家感到受压迫最深的估计是春秋战国时期等级身份对社会底层的压力,因此,他们要求打破等级身份,以建立兼爱互助的社会共同体。而儒家特别是荀子坚持"天行有常,不为尧存,不为桀亡","制天命而用之"③的主张,这意味着他继承了孔子的"敬鬼神而远之"④的主张,将春秋战国时期思想世俗化趋势推进到了"无神论"的阶段。

第二,既然墨子信徒坚持以绝对伦理行事,那么墨家思想在社会上传播是否快速而广泛呢?从孟子所说"杨朱、墨翟之言盈天下。天下之言,不归杨,则归墨"⑤来看,至少在孟子时期,墨子思想传播得十分广泛,并且快于儒家思想。再从《吕氏春秋·论·卷第二十五》中所讲"孔、墨之弟子徒属充满天下"来看,到秦王嬴政统一中国前夕,墨子思想传播是迅速而广泛的。

第三,随着社会转型结束,墨家信徒将迅速消失。除了西汉《盐铁论·晁错》

① 《吕氏春秋·上德》。
② 《吕氏春秋·去私》。
③ 《荀子·天论》。
④ 《论语·卷三·雍也第六》。
⑤ 《孟子·滕文公下》。

中提到了墨家信徒:"日者,淮南、衡山修文学,招四方游士,山东儒墨咸聚于江、淮之间,讲议集论,著书数十篇。"西汉其他典籍都未提到墨家信徒。因此,墨家思想传播到西汉突然中断已成为学界公案。对此,清末孙诒让先生说:"犷秦隐儒,墨学亦微,至西汉儒复兴而墨学绝。"①对于西汉墨学灭绝,不少学术名家都发表过看法。兹举有代表性的三位。胡适先生猜测墨学灭绝原因有三:一是儒家的反对,二是墨学遭到政客猜忌;三是由于墨学后进的诡辩太微妙了。② 方授楚先生认为墨学灭绝原因有四:一是墨学自相矛盾;二是理想过高;三是组织之破坏;四是拥秦之嫌疑。③ 郭沫若先生认为:"墨学的失传倒是由于自己的瓦解。第一是由于墨家后学多数逃入了儒家、道家而失掉了墨子的精神。第二是由于墨家后学过于接近王公大人而失掉了人民大众的基础。"④

　　胡适、方授楚和郭沫若三位先生的看法多为猜测而非论证。这里简单反驳如下:如果三位名家的观点成立,那么墨学灭绝就是自身的问题。如果墨学自身有根本性缺陷,那为什么在秦国统一中国之前,墨学传遍天下? 换言之,只有对墨学速兴和暴亡做出前后一贯的解释,这种解释才能不落入主观偏见的窠臼。

　　本目提出先秦墨学灭绝与社会转型有关。由于先秦社会的转型是绝对伦理社会向相对伦理社会转型,因此我们不妨这样做一个推论:由于墨子思想是坚持绝对伦理的思想,如果绝对伦理社会消失,那么墨家思想就会失去传播的社会土壤,墨学就会在社会上灭绝。本书第二章第四节第四目证明,相对伦理社会的形成大约是在西汉时期。巧合的是,自汉景帝之后,历史文献就再没有墨家信徒的记载。这里不妨对墨子学说在西汉的暴亡做一番解释。墨子强调信徒应坚守"言必信,行为果"的生活模式,这种生活模式挑战了国家统一法令,所以墨子信徒会受到统一国家的打击。关于这种打击的记载,虽然在相关文献中未找到,但是,西汉时期社会下层的游侠坚持"言必信,行必果"的生活模式挑战了国家统一法令,所以西汉和东汉时期的国家对游侠豪强都采取了严厉的打击措施,如司马

---

① [清]孙诒让:《墨子闲诂》,中华书局 2001 年版,第 707 页。
② 胡适:《中国哲学史大纲》,中国华侨出版社 2013 年版,第 172－173 页。
③ 蔡尚思:《十家论丛·十家论墨》,上海人民出版社 2008 年版,第 125－126 页。
④ 郭沫若:《郭沫若全集·历史编 1》,人民出版社 1982 年版,第 477 页。

迁说:"是时济南瞯氏、陈周庸亦以豪闻,景帝闻之,使使尽诛此属。"①同样,汉昭帝(公元前94至公元前74年)统治时期,新丰人杜建历来表现豪侠,网罗门客谋取私利,当时赵广京担任辅都尉,在私下警告杜建无效后,直接逮捕杜建并在闹市中将他处以死刑。②汉成帝河平年间(公元前28年至公元前25年),王尊担任京兆尹,逮捕、打击地方豪侠,其中豪侠萭章、张回、赵君都、贾子光都被杀。③汉平帝(公元1年至6年)时,外戚卫素和卫子伯两人也是游侠,王莽听人举报说卫氏兄弟侵害百姓,横行州郡,就将他们诛杀。④不仅如此,在摄政时期,王莽曾大规模逮捕、诛杀豪侠。⑤从这里可以看出,君主专制大一统王朝的建立加速了春秋战国社会绝对伦理的消失。一旦失去绝对伦理的社会土壤,墨子信徒就面临着暴亡的命运。

第四节　社会转型与儒法国家的诞生

一、法家思想生成意识形态面临的障碍

意识形态是行动导向的思想。它必须是有机知识分子践行理论和实践统一的产物。当普通百姓开始模仿这种知行合一的生活方式时,有机知识分子在教育群众和群众的模仿中形成具有支配与服从关系的社会共同体。对照意识形态的生成过程就会发现,先秦法家思想存在着生成意识形态的障碍。

第一,法家思想是统治者本位的政治思想。韩非说:"圣人不亲细民,明主不躬小事。""明主治吏不治民。"⑥这意味着实践法家思想的统治者都不会与广大的普通百姓直接打交道,因而实践法家"法治"思想的统治者即使做到理论与实践的统一,其实践生活方式也不可能构成群众的示范,在统治者和普通百姓中间根本不可能建立起具有支配和服从关系的社会共同体。当然,法家"法治"思想

---

① 《史记·游侠列传》。
② 《汉书·卷七十六·赵尹韩张两王传》。
③ 《汉书·卷九十二·游侠传》。
④ 《汉书·六十九·赵充国辛庆忌传》。
⑤ 《汉书·卷九十二·游侠传》。
⑥ 《韩非子·外储说右下》。

也可以在统治者和百姓之间建立起支配与服从的统治关系,但这种关系建立在专制暴力的基础上,因为法家思想家都主张通过严刑峻法来实施统治。商鞅说:"立君之道莫广于胜法,胜法之务莫急于去奸,去奸之本莫深于严刑。故王者以赏禁,以刑劝。求过不求善,藉刑以去刑。"①因此,商鞅主张轻罪重罚,使民不讼并专注于农业生产和战争。商鞅说:"重刑而连其罪,则褊急之民不斗,很刚之民不讼,怠惰之民不游,费资之民不作,巧谀、恶心之民无变也。"②当然,商鞅并不否定通过奖励手段实现社会治理,但商鞅主张社会治理主要靠惩罚手段。商鞅说:"王者刑九赏一,强国刑七赏三,削国刑五赏五。"③韩非说:"是以赏莫如厚而信,使民利之;罚莫如重而必,使民畏之。"④因此,法家"严刑峻法"的主张意味着他们强化的是国家专制性权力。长期实施"严刑峻法"的结果是使百姓恐惧,进而远离政府。远离百姓,使百姓感到恐惧的法家思想是不可能成长为意识形态的。

第二,法家"法治"思想缺乏社会道德基础,无法长久地指导统治者的行为。因为善于"用术"的君主一定深不可测,而"任势"的君主也一定尊贵无比。如果"法治"极端地依赖专制君主,而君主又善于玩弄权术和权势,那么法治在运行中将最终为专制君主的统治术所颠覆。而且,法家的"法"主要是刑,因此法家统治关系的确立主要依靠专制性权力。然而,当统治者对专制性权力的驾驭建立在利益和权势上时,其政治服从是脆弱的。如春秋末期季孙氏用刑治理鲁国,讲究"杀当其罪,罚当其过",子贡却当面批评季孙氏:"今窃闻夫子疾之时,则国人喜,活则国人皆骇。以死相贺,以生相恐,非暴而何哉!赐闻之:托法而治,谓之暴;不戒致期,谓之虐;不教而诛,谓之贼;以身胜人,谓之责。责者失身,贼者失臣,虐者失政,暴者失民。且赐闻:居上位,行此四者而不亡者,未之有也。"⑤这里的夫子是指季孙氏。子贡的批评说明刑治只能实现短期的服从。因为面对严刑峻法,人们将选择逃避和远离,逃避和远离则意味着统治关系的瓦解。子贡对季氏的批评其实反映了一个道理:统治关系的确立必须是专制性权力和建制性权力

---

① 《商君书·开塞》。
② 《商君书·垦令》。
③ 《商君书·去强》。
④ 《韩非子·五蠹》。
⑤ 《韩诗外传·卷三》。

共同作用的结果。只靠专制性权力,统治关系无法持久。或许有人说,法家倡导的奖励耕战政策形成了国家与百姓的利益共生结构,可以把百姓对政府的统治与服从关系内置于这种利益共生结构中,从而实现统治关系的长久。但是,法家通过奖励耕战政策建立的百姓与国家的利益共生结构不能过分夸大,因为在农业生产技术和土地总量既定的情况下,农民从国家获得的利益,严格来讲,主要不是从本国获得的。它是通过兼并战争不断获胜,将占领的六国土地赏赐给有军功的士卒家庭,农民在新土地上耕种,收获更多的粮食实现的。一旦秦国统一六国就意味着国家无法再以额外的土地来调动农民的积极性,国家重塑社会(如修长城、建阿房宫)的一系列举措都将失去利益推动。相应地,国家施行的这些重塑社会的举措就将蜕变成虐待百姓的暴政。因此,秦国统一中国是国家与农民的利益共生结构开始走向瓦解的拐点。过了这个拐点,原来闻战则喜的秦国军队因缺乏利益共生结构将迅速衰败。所以,陈胜、吴广起义引发全国反叛潮后,秦国走向瓦解的速度快得让人瞠目结舌。

第三,法家思想推行"法治",将导致国家侵蚀和削弱社会。法家的"法治"思想都蕴含着社会伦理有碍于国家治理的观点。法家坚持统治者本位,意味着法家的"法治"思想将坚持以削弱和侵蚀社会的方式来实现国家的强大。商鞅说:"民弱国强;国强民弱。故有道之国务在弱民。"①法家推出一系列的奖励耕战和连坐告奸的举措,结果是国家侵蚀和削弱社会。这说明法家不容许有超越于政府赏罚之外的个人存在,这实际意味着国家不容许有社会自主的空间。而且,法家把传授诗书的学者、带剑的游侠、主张合纵连横的游说者、贵生重己者、工商称为国家应铲除的五种害虫,这是典型的政治重构和削弱社会的思维。国家重构和削弱社会意味着意识形态难以在社会上落地生根。因此,完全推行"言轨于法,以吏为师"的法家思想,难有意识形态生存的余地。

二、社会转型与儒法国家的诞生

正如第二章第三节第六目所证,春秋战国社会转型是从绝对伦理社会向相对伦理社会转型。面对等级礼制崩溃的社会转型,先秦儒、道、墨和法家都做出了自己的反映。儒家和墨家都承认等级礼仪规范社会秩序的效力,但儒家"知其

---

① 《商君书·弱民》。

不可而为之"①的态度显示他们的应对更为积极主动。墨家除了简化礼仪要求，打破等级，继续坚守着春秋战国的绝对伦理，这意味着他们的应对较为消极被动。道家和法家都彻底否定等级礼仪规范社会秩序的效力，但道家选择"无为而治"，企图回到小国寡民的社会，显得特别消极被动；而法家商鞅主张"圣人苟可以强国，不法其故；苟可以利民，不循其礼"②，韩非主张"圣人不期修古，不法常可，论世之事，因为之备"③，他们都显得积极主动。在对待等级礼仪所蕴含的绝对伦理要求社会个体勇于献身的问题上，法家对儒、墨、道家的主张都持批评态度。儒家将社会孝道放在君臣伦理之上。韩非说儒家这样选择的结果是"夫父之孝子，君之背臣也"④。道家杨朱选择彻底否定礼仪文明，主张"拔一毛而利天下，不为也"。韩非指出统治者"贵轻物重生之士"⑤却希望他们为统治者舍身赴死，这压根儿就不可能。墨家主张节俭苦行并推崇圣人夏禹的主张——"身为民先"。但韩非嘲笑禹作为天子，劳苦之极还不如"臣虏"（奴隶）。⑥ 因此，法家指出春秋战国时期"礼"所蕴含的社会伦理不仅落后于时代，而且有碍于国家治理。法家提出"法治"的主张，一方面以"法"代"礼"，排斥春秋社会伦理来实现富国强兵；另一方面继承了春秋社会等级绝对服从的伦理要求，坚持"忠臣不危其君，孝子不非其亲"⑦。因此，法家强调"法治"的本质就在于改造春秋战国时期的社会伦理。对此，西汉政论家贾谊评论商鞅变法："商君违礼义，弃伦理，并心于进取，行之二岁，秦俗日败。秦人有子，家富子壮则出分，家贫子壮则出赘。假父耰鉏杖篲，虑有德色矣；母取瓢碗箕帚，虑立谇语。抱哺其子，与公并踞。妇姑不相说，则反唇而睨。其慈子嗜利而轻简父母也，虑非有伦理也，其不同禽兽仅焉耳。"⑧

　　法家对社会伦理的改造在一定程度上适应了春秋战国分封制向君主专制中

---

① 《论语·卷七·宪问第十四》。
② 《商君书·更法》。
③ 《韩非子·五蠹》。
④ 《韩非子·五蠹》。
⑤ 《韩非子·显学》。
⑥ 《韩非子·五蠹》。
⑦ 《韩非子·忠孝》。
⑧ 《新书·时变》。

央集权郡县制的转型。在春秋绝对伦理社会,社会伦理具有适用的边界性和私人性,导致列国的治理采用叠床架屋的分封制度。正如第二章第四节第三目所述,春秋社会绝对伦理的瓦解是从贵族上层开始的。贵族上层一旦在社会上践行相对伦理就意味着春秋社会的贵族上层开始根据人际关系的亲疏远近建立个人由近及远的差序格局。差序格局的确立造成了宗法家族共同体的解体。到春秋晚期,一个个蕴含相对伦理的乡土村落熟人社会先后建立起来。相应地,经过土地兼并战争生存下来的战国七雄也就或快或慢地演变成为囊括一个个大大小小的熟人村落的超大型社会。同时,由于贵族上层掌握着国家的权力,而其权力的运作逐渐摆脱传统宗法血缘关系,因此贵族上层开始选拔外族熟人。如公元前535年,东周单献公选拔官吏因"弃亲用羁"(羁是指寄居本地的外族人)。①

同样,公元前509年,"周巩简公弃其子弟,而好用远人"②。随着列国战争的加剧和国家规模的扩大,为保证战争的胜利,各国掌权阶层甚至不得不大量使用敌国的人才。如楚国历次内乱导致析公、申公巫臣、苗贲皇等人才外流到晋国,所以公元前547年蔡国大夫声子才对楚国令伊子木说:"虽楚有材,晋实用之。"③当国家选拔和任用官吏普遍开始超越春秋时期的宗法血缘制度时,国家对社会的治理就逐渐建立在中央集权郡县制度的基础上。当然,中央集权郡县制度的核心,毫无疑问是以君主为核心的差序圈子。随着国家控制的疆域范围的扩大和人口规模的增加,中央集权官僚体系也在不断膨胀。当中央集权官僚体系的官员数量远远超出以君主为核心的差序圈子时,中央集权官僚体系对整个超大型社会的治理就呈现出摆脱君主个人的差序圈子的趋势。在这种趋势下,官吏的权力来自集权的官僚体系,官吏对相对伦理社会的治理主要依赖国家专制权力。所以,随着绝对伦理社会向相对伦理社会转型,国家治理社会的制度也由春秋时期的宗法分封制度向中央集权郡县制度转型。

战国时期的国家都是君主专制中央集权官僚体系笼罩下的由一个个村落熟人社会组成的超大型社会。如果具体分析这个超大型社会就会发现,在超大型

---

① 《左传·昭公七年》。
② 《左传·定公元年》。
③ 《左传·襄公二十六年》。

社会的基层,村落熟人社会的秩序总体是靠社会伦理道德自我调节的。但社会道德伦理的调节不是万能的,因为村落内部熟人间在家庭婚姻、婆媳矛盾和分家析产等方面都可能产生问题,传统中国历来就有"清官难断家务事"之说。在熟人村落外部,在婚姻纠纷、田地和山林产权、宗教信仰等诸多问题上,村落与村落之间也会产生纠纷。如公元前518年,吴国边城卑梁少女与楚国边城钟离妇女因争桑而引发吴楚两国战争。① 因此,春秋战国社会村落间可能就普遍存在争人(春秋战国社会有抢婚的习俗)、争田、争山、争水的械斗。所以,不同熟人社会之间的社会秩序,靠熟人社会自身是无法解决的,而必须依靠君主专制中央集权的专制性权力。法家为强化和驾驭专制性权力贡献了自己的智慧。首先,法家认为,父子关系和君臣关系都是一种彼此算计的利益关系。韩非说:"故父母之于子也,犹用计算之心以相待也,而况无父子之泽乎?"②"君以计畜臣,臣以计事君,君臣之交,计也。"③因此,韩非反对儒家的"仁政"学说,主张将君主与百姓、君主与官吏的统治关系建立在利益和权势的基础上。韩非说:"民以制畏上,而上以势卑下。"④统治阶层与百姓利益的结合就是通过奖励耕战的举措形成国家与普通百姓之间的利益共生结构。君主与官吏权势的结合就是通过君主的"任势"和"用术"确立"君尊臣卑"的君臣结构。韩非的这种理论实际上为专制性权力控制人民、驾驭百官提供了方法论指导。其次,法家认识到户口统计是国家有效控制民众的基础。商鞅说:"举民众口数,生者著,死者削。民不逃粟,野无荒草,则国富,国富者强。"⑤相应地,强化人口统计有助于强化国家对社会人口的控制和人力资源的汲取。再次,法家特别重视国家行政的效率。商鞅说:"十里断者,国弱;九里断者,国强。以日治者王,以夜治者强,以宿治者削。"⑥法家"法治"思想强化的是国家专制性权力,因而采用法家商鞅"法治"思想指导变法的秦国才由战国初期的弱国成长为强国。《战国策·秦策一》中说:"商君治秦,法令

① 《史记·吴太伯世家》。
② 《韩非子·六反》。
③ 《韩非子·饰邪》。
④ 《韩非子·八经》。
⑤ 《商君书·去强》。
⑥ 《商君书·去强》。

至行,公平无私,罚不讳强大,赏不私亲近。法及太子,黥、劓其傅。期年之后,道不拾遗,民不妄取,兵革大强,诸侯畏惧。"

商鞅死后,秦国沿袭了商鞅变法的举措。考虑到任何国家进行统治都是专制性权力和建制性权力相结合的结果,而且法家"法治"思想缺乏社会道德基础,因此我们可以推断:商鞅死后,秦国仍然利用建制性权力进行治理。是否如此呢? 1975 年 12 月湖北省云梦县出土的秦代竹简中说:"'父盗子,不为盗。'今叚(假)父盗叚(假)子,可(何)论? 当为盗。"这句话的大意是:"父亲盗窃儿子的东西,不作为盗窃。"如义父盗窃义子的东西,应如何论处? 应作为盗窃。① 而且,云梦秦简中还说:"免老告人以为不孝,谒杀,当三环之不? 不当环,亟执勿失。"这句话的大意是:上了年纪免除国家力役义务的老人控告儿子不孝顺,要求官府判处其儿子死刑,是否要经过三次原谅的手续? 不应原谅,要立即拘捕,不要让他逃走。② 从上述几句话可知,先秦法家尽管排斥以儒家"仁义"进行社会治理。但在具体实践中,以法家思想为指导的秦国法律并未否定春秋战国社会的父子孝道伦理,相反还为其提供法律保障。因此,秦国治理社会并不是单纯地依靠专制性权力,而是将专制性权力和建制性权力有机结合。这说明秦国治理社会呈现出儒法合流的特质。相应地,商鞅变法后的秦国本质上是一个新型的儒法国家。

值得注意的是,战国时期赵国也呈现出儒法合流的趋向。来看赵国太后赵威后与齐国使者的一番对答。齐王派遣使者慰问赵国太后赵威后。赵威后还未看国书就问齐国使者:"齐国今年收成没有歉收吧? 百姓没有感染疫病吧? 齐王身体还好吧?"齐使听后不高兴,就说:"外臣奉命出使慰问太后,现在你不先询问我国齐王身体如何,却先问国家的收成和百姓,怎么能先讲低贱者后讲尊贵者呢?"赵威后说:"不对,如果国家没有收成,怎么会有百姓? 如果没有百姓,怎么会有国君? 怎么能舍本逐末呢?"赵威后接着问齐国使者:"齐国于陵子仲这个人还活着吗? 这个人啊,对上不忠于君王,对下不理政务,在中间则不结交诸侯。

---

① 《睡虎地秦墓竹简》整理小组编:《睡虎地秦墓竹简》,文物出版社 1978 年版,第 159 页。
② 同上书,第 195 页。

这种引导百姓去做对国家没用的事情的人,为什么到今天还不杀掉呢?"①从上面这段话可以看出,赵威后"不问王而先问岁与民"反映出她的治国理念受到了儒家民本思想的影响。同时,她主张杀掉齐国于陵子仲,表明她受法家韩非思想的影响。韩非说:"夫见利不喜,上虽厚赏无以劝之;临难不恐,上虽严刑无以威之。此之谓不令之民也。"②对不令之民,韩非说:"赏之誉之不劝,罚之毁之不畏,四者加焉不变,则其除之。"③因此,赵威后的言论说明赵国的治理呈现出儒法合流的特质。

　　到汉武帝时期,虽然儒家思想获得了独尊地位,但国家治理却是以"王霸并用"的方式实现儒法合流的。如汉宣帝对大臣杨恽等人说:"汉家自有制度,本以霸王道杂之,奈何纯任德教,用周政乎!且俗儒不达时宜,好是古非今,使人眩于名实,不知所守,何足委任?"④因此,儒法合流反映的正是统治都是国家专制性权力和建制性权力有机结合的结果。对此,日本学者说:"儒家的德治,与法家权术的恩赏,在观念上包括完全相异的理论结构,它们的现实基础却都是相同的家长式的支配场所。与此同样,这样的支配秩序,在民间社会集团的场合,在形成过程中的官僚制秩序的场合,假如说要依照活生生的现实,那么,'德'和'术'和'法',各自的原生形态均浑然一体,互不分离,是具有相同关系的一体。只是在民间集团的场合下,'德'的比重偏大,向个体性的任侠习俗发展;与此相对,国家秩序方面在向官僚制形成的过程中,'法术'的因素愈来愈强化,'个人'的因素沉落在具有优势的法术性机构之下,'德'的因素退化为完全的术的'庆赏'。"⑤所以,在国家指导思想上,儒家思想和法家思想的合流意味着儒法国家的诞生。

---

① 《战国策·齐策四》。
② 《韩非子·说疑》。
③ 《韩非子·外储说右上》。
④ 《汉书·卷九·元帝纪》。
⑤ [日]增渊龙夫:《中国古代的社会与国家》,吕静译,上海古籍出版社2017年版,第202页。

第六章　转型社会意识形态的生成

第一节　结　　论

　　众所周知,春秋战国时期是古代中国的社会转型时期。这个社会转型就是绝对伦理社会向相对伦理社会转型,且社会转型的外在表现是等级礼制的崩溃。对春秋战国的社会转型,诸子都做出了反应。出身贵族阶层的儒家,为恢复或保持他们的贵族地位,坚持"以礼治国"。同时,他们将"礼"所蕴含的绝对伦理相对化。在满足儒家所追求的"仁义"的基础上,个体才愿意"舍生取义""杀身成仁"。因此,先秦儒家延续了礼的传统等级形式,更新了其内容,缓解了社会绝对伦理要求个体勇于献身的压力。儒家做出如此反应,根源在于儒家宗师孔子,其思想受春秋战国思想世俗化趋势的影响,对维持等级礼仪的鬼神宗教崇拜持"敬而远之"的无神论态度。因此,儒家将春秋战国时期思想世俗化趋势推进到了"无神论"的阶段。墨家出身于战国社会底层(小人),小人们迷信鬼神使他们对鬼神采取了坚信不疑的态度,因此他们坚持"言必信,行为果"的做法延续了春秋社会的绝对伦理。与此同时,作为受等级礼制压迫最深的社会底层,墨子站在利天下的功利角度简化了"礼"的形式。他倡导的"兼爱"原则打破了春秋战国时期的等级宗法制度。墨家简化了"礼"的形式,却保留其蕴含的绝对伦理,因此,墨家信徒积极践行社会绝对伦理勇于献身的要求。自然,墨子信徒多出勇士,能"赴火蹈刃,死不还踵"①。道家老子站在无文字乡村社会的角度否定了城市礼仪文明的价值,他们倡导"无为而治",追求小国寡民的生活状态。接着,庄子在传承老子思想的过程中发展出"守身适性"思想。这种"守身适性"思想发展到杨朱,他干脆站在个人的角度提出"拔一毛而利天下,不为"的主张。因此,先秦

――――――――――

　　①《淮南子·泰族训》。

道家彻底否定了春秋战国社会的绝对伦理,从而断开了社会绝对伦理要求个人勇于献身的压迫性要求。这样,绝对伦理与身的矛盾荡然无存。相应地,道家杨朱从个人出发,喊出"拔一毛而利天下,不为"的主张,这反映了战国社会个体自我意识的觉醒。它成为战国时期追求个体生命自由最响亮的主张。先秦法家反对儒家和墨家运用社会伦理治理国家,他们站在国家立场主张以"法治"取代"礼治",以强化国家的生存能力。但法家保留了春秋战国社会绝对伦理中臣绝对服从君,子绝对服从父(母)的要求,因此法家的"法治"并未彻底否定春秋战国社会的绝对伦理。法家做出如此反应,根源在于法家代表人物如商鞅和韩非等都出身城市统治阶层,其思想响应了春秋战国时期的国家建设运动,并将它由春秋晚期的"刑治"阶段推进到战国时期的"法治"阶段。总之,春秋战国诸子对社会转型的反应,表现出不同的能动性,而且都考虑了等级礼制是否有效,具体可以归纳为四种类型,兹列于表6-1。

表6-1　儒、墨、道、法家对春秋战国时期社会转型的反应类型

		等级礼制在诸子心中的效能	
		继续有效	彻底无效
诸子在社会转型中的能动性	主动	儒家诸子(坚持等级礼制,将礼制蕴含的绝对伦理相对化)	法家诸子(否定等级礼制,采用新的治理形式传承等级礼制蕴含的绝对伦理)
	被动	墨家墨子(坚守等级礼制的绝对伦理,主张简化礼制,打破等级)	道家诸子(采用乡村文明,彻底否定等级礼制,坚持保全个人生命/身体至上)

春秋战国诸子不仅针对社会转型中礼崩乐坏导致的"周文疲弊"的时代问题给出了自己的意见,而且他们具有强烈的国家关怀。先秦儒、道、墨、法家的思想都含有国家治理的思想。具体而言,先秦儒家和墨家思想都坚持社会本位,主张通过践行社会伦理来实现社会治理。尽管先秦儒、墨两家思想有诸多不同,但是两家思想强化的都是国家建制性权力。与之相对立,先秦法家思想坚持国家本位,主张运用"法治"并排斥社会伦理来实现国家治理。由于法家的"法"多为严刑峻法,因而先秦法家思想强化的主要是国家专制性权力。与之相适应,先秦法家思想在强化国家专制性权力的同时,也贡献出一套"任势""用术"的驾驭专制

性权力的统治术理论。先秦道家思想尽管与统治有关,但它并不强化国家统治。相反,它对春秋战国时期的国家建设运动做出反动,它向世人贡献的是逃避统治的艺术。他们希望通过"无为而治"回到自然、纯朴的简单社会。

如果从意识形态生成角度理解,春秋战国社会儒、道、墨、法四家思想中,只有儒家和墨家思想能生成意识形态,因为它们具备意识形态行动导向的特质,它们不仅强调言行一致,而且能在社会上生成建制性权力。而法家奖励耕战的思想和驾驭专制性权力的统治术理论,针对百姓畏惧政府和官吏畏惧君主权势的情形提供了方法论指导。所以,法家理论虽然形成了支配与服从的统治关系,但这种统治关系建立在专制性权力的基础上。而且,由于法家思想强调统治者与百姓的对立与分离,因此它无法在社会上生成建制性权力的共同体。因此,法家思想可以成为统治者的指导思想,但无法在社会上生成意识形态。所以,严格说来,春秋战国社会诸子思想中,真正能成长为意识形态的,只有儒家和墨家思想。自然,儒家和墨家作为社会意识形态都存在与国家发生冲突的可能。这正如韩非所说:"儒以文乱法,侠以武犯禁。"①另外,随着春秋战国社会从绝对伦理社会向相对伦理社会转型,坚持绝对伦理的墨家思想,其发展经历了战国时期速兴、西汉时期暴亡的命运。与之形成鲜明对比的是,坚持相对伦理的儒家思想,其发展经历了缓慢传播并最终成长为独尊的国家意识形态的过程。因此,儒家思想获得独尊的国家意识形态地位,既不是统治者简单选择的结果,又不是儒家信徒主观努力的结果,而是春秋战国社会转型导致墨家思想被淘汰的结果。任何国家统治都是专制性权力和建制性权力相互结合的结果,因此在国家统治的指导思想层面,主张强化建制性权力的儒家思想和主张强化专制性权力的法家思想从战国时期开始就呈现出儒法合流的趋势,由此导致传统中国儒法国家的诞生。

①《韩非子·五蠹》。

第二节　启示与反思

一、社会转型、思想激荡与国家关怀

本书主要研究古代中国春秋战国时期的社会转型,而现代学者理解最深的是传统农业社会向现代(工业)社会的转型。因此,我们可以对这两类社会转型中思想家们的国家关怀和彼此的思想激荡进行有趣的比较。

向现代社会转型其实就是现代化。现代化的观念最早可以追溯到马克思的经典思想。马克思认为"'现代社会'就是存在于一切文明国度中的资本主义社会"①,而且"工业较发达的国家向工业较不发达的国家所显示的,只是后者未来的景象"②。因此,所谓"现代化",在马克思看来就是资本主义生产方式不断扩散并支配社会的过程。而在社会学家马克斯·韦伯看来,近代以来,西欧社会发展是一个不断去魅化、理性化的过程。其中,西方社会发展是在价值理性(基督教新教伦理)的引导下,运用工具理性重构社会生活的过程。这一过程最集中的表现是出现一个理性化的官僚科层组织。因此,现代化的本质是经济中的工具理性不断扩张并塑造社会的过程。在现代社会转型过程中,有的群体或阶层会从原有的社会结构中脱嵌,成为社会革命必须打倒的"寄生"势力。如欧洲封建社会的贵族(地主)就在现代化进程中呈现出脱嵌的特征,他们放弃了自己在传统封建结构中承担的伦理义务。对此,法国思想家托克维尔说:"当贵族不仅拥有特权,而且拥有政权时,当他们进行统治管理时,他们的个人权利更大,却不引人注意。在封建时代,人们看待贵族近似于我们今天看待政府:为了取得贵族给予的保障,就得接受贵族强加的负担。贵族享有令人痛苦的特权,拥有令人难以忍受的权利,但是贵族要确保公共秩序,主持公正,执行法律,赈济贫弱,处理公务。当贵族不再负责这些事情,贵族特权的分量便显得沉重,甚至贵族本身的存

①《马克思恩格斯文集》第 3 卷,人民出版社 2009 年版,第 444 页。
②《马克思恩格斯文集》第 5 卷,人民出版社 2009 年版,第 8 页。

在也成为疑问。"①当然,受现代化转型影响的不仅仅有贵族地主,还有广大的农民。13世纪开始的英国圈地运动,资产阶级化的地主将农民从世代耕种的土地上赶走,迫使众多农民沦为城市中出卖劳动力的无产阶级。无独有偶,古代中国春秋战国时期从绝对伦理社会向相对伦理社会转型,坚守春秋战国社会绝对伦理的贵族也表现出过时的特质。当然,春秋战国社会转型也对普通人产生了冲击。《诗经·郑风·将仲子》中说:"将仲子兮,无逾我里,无折我树杞。岂敢爱之,畏我父母。仲可怀也,父母之言,亦可畏也。"这几句诗的大意是:仲子哥啊,莫跨我家院外墙,莫把墙边杞树伤。非我爱惜墙边树,实是心怕爹和娘。时刻把哥来牵挂,又怕爹娘来责骂,这事叫我真害怕。因此,春秋战国社会转型对子女(婚姻)服从父母(之命)的绝对伦理也构成了严重挑战。

社会转型意味着原有社会的失范和失序,因此,如何实现社会有序,是转型时期思想家们必须解决的时代命题。要解决这些问题,光靠社会自身的力量是不够的,还必须依靠国家。相应地,思想家们解决转型社会时代问题的主张都有着强烈的国家关怀。从英国社会现代化转型来看,坚持封建传统思想的思想家如罗伯特·菲尔麦高举君权神授理论为斯图亚特王朝专制王权辩护,而约翰·洛克则坚持立宪政府理论为英国新兴的君主立宪制度辩护。当然,这种思想激荡并非简单地二元对立,思想家们都根据自己对转型时代的理解的侧重点,提出自己的创见。如英国思想家托马斯·霍布斯尽管站在专制王权一边为君主的专制权力辩护,但其蕴含理性主义的无神论思想却重创了君权神授理论。并且,随着资本主义生产方式日益发展,资产阶级思想家们的思想也日益对立和分化。在对待传统问题上,英国思想家埃德蒙·柏克就坚持渐进和传承的立场,反对法国大革命。而同样出生于英国的思想家托马斯·潘恩则坚持人民主权的立场,主张扫荡一切君主制度。这些思想,尽管内容各异,但都具有浓厚的国家关怀意识。这种国家关怀意识并非是抽象的,在菲尔麦那里,专注于君权神授;在洛克那里,专注于有限政府;在霍布斯那里,专注于绝对权力,实现和平秩序;在柏克那里,专注于文明在传承中前进;在潘恩那里,专注于人民革命重构新生秩序。

① [法]托克维尔:《汉译世界学术名著丛书:旧制度与大革命》,冯棠译,商务印书馆1992年版,第72页。

正是这种国家关怀意识,使不同流派的思想在激荡中催生出现代中央集权官僚体系。

从古代中国春秋战国时期的社会转型来看,不同的思想家有不同的主张,并彼此攻讦。儒家主张以"德治"复活"礼治";墨家从功利角度主张"兼爱""尚同",反对儒家奢侈的"礼治";道家否定传统礼仪文明的价值,主张国家无为而治;法家既反对儒家和墨家的社会伦理主张,又反对道家蔑视国家的立场,坚持以"法治"实现国富兵强。他们的思想主张尽管内容不同,但同样具有强烈的国家关怀意识。这种国家关怀,在儒家那里是身、家、国同构;在墨家那里是家、国无别,兼爱天下;在法家那里是家、国有别且公私分明;在道家那里是以无国家(天下)的心态去治理国家(《庄子·让王》中说:"唯无以天下为者,可以托天下也。")。正是春秋战国时期这种国家关怀意识不断推动国家建设运动的发展,促进君主专制中央集权官僚体系的建立。相比西方近代才建立起来的中央集权官僚体系,中国春秋战国时期出现的君主专制中央集权官僚体系明显早熟。

二、转型社会与春秋战国时期诸子对"道"的坚守

春秋战国时期社会转型集中表现在礼崩乐坏。它对人最大的考验是社会个体对自己所珍视的"道"的坚守。来看下面历史文献的记载。

叔向问晏子曰:"世乱不遵道,上辟不用义。正行则民遗,曲行则道废。正行而遗民乎?与持民而遗道乎?此二者之于行,何如?"

柏常骞去周之齐,见晏子曰:"骞,周室之贱史也,不量其不肖,愿事君子。敢问正道直行则不容于世,隐道危行则不忍,道亦无灭,身亦无废者何若?"①

上述两例都说明了春秋战国时期的知识分子坚守"道"的苦恼与困惑。他们都感慨世道变了,道难行,身难守。但"以身守道"正是春秋战国转型社会中诸子的共同特质。儒家孔子讲:"笃信好学,守死善道,危邦不入,乱邦不居。天下有道则见,无道则隐。邦有道,贫且贱焉,耻也;邦无道,富且贵焉,耻也。"②他强调"人能弘道,非道弘人"。孔子以"弘道"自任,反映了他对社会伦理道德(仁义)的坚守。这种坚守不为当时的人所理解,也受到转型社会现实的压迫。孔子周

①《晏子春秋·内篇问下第四》。
②《论语·卷四·泰伯第八》。

游列国期间,落魄时,人们把他看作"丧家之狗"①。而且,石门守门人批评孔子"是知其不可而为之者"②。同样,墨子坚守自己的"道"。唐代余知古所记《墨子》佚文中,墨子说:"道不行不受其赏,义不听不处其朝。"③为制止列国兼并战争,墨子在列国间奔走。墨子的朋友劝他:"今天下莫为义,子独自苦而为义,子不若已。"④最让后人感慨的是,墨子听说楚国将要进攻宋国,日夜兼程地跑了十天到楚国阻止楚王出兵。事成之后,墨子返回途中路过宋国时刚好天降大雨,守门人却不让墨子进城避雨。⑤ 法家商鞅为秦国变法实现国富兵强。然而,商鞅最终被车裂而死。同样,法家集大成者韩非将自己的学说看作"利民萌,便众庶之道",并且反对为了保全自身而做"资利者"。同时,为了守护心中的"道",他主张"不避死亡",杀身全"道"。⑥ 道家虽然对礼仪文明持否定的批判态度,但他们对简单、纯朴的理想生活的追求,一样使他们与世俗社会存在着巨大的张力。总之,春秋战国时期儒、道、墨、法家的知识分子对道的坚守和追求都体现出他们的思想和行为具有极强的超越世俗功利的价值。

这种超越性价值在春秋战国转型社会显得弥足珍贵。在社会转型中,所有社会价值都面临着瓦解和重构。如果当时没有春秋战国诸子对道的坚守和追求,那么古代中国文明就只能解体,而不会在重构中新生。现代人对社会转型似乎持一种相当进步的观念:转型尽管痛苦,但进步是必然的。然而,研究社会变迁的学者发现,社会进步不是必然的,复杂社会也会在变迁中崩溃。所谓"复杂社会的崩溃"是指一个复杂社会突然瓦解成较低层次的复杂社会或简单社会的过程。复杂社会之所以崩溃,从经济学上讲,是因为一个社会发展越复杂,社会行政控制的成本就越高,其投入的边际收益就会递减。当边际收益递减到一个拐点,复杂社会就会在内外原因的作用下崩溃。人类历史上"西罗马帝国、南方

---

① 《史记·孔子世家》。
② 《论语·卷七·宪问第十四》。
③ [唐]余知古:《渚宫旧事·卷二》。清末孙诒让先生认为,此处字句系《墨子·贵义》篇的佚文,详情见《墨子闲诂·卷十二》。
④ 《墨子·贵义》。
⑤ 《墨子·公输》。
⑥ 《韩非子·问田》。

低地玛雅和查科社会的崩溃,都可以理解为复杂化投资过程中边际回报持续下降的必然结果"①。因此,社会转型成功需要转型时期的思想家们既坚守"道",又追求创新。春秋战国时期的诸子正是社会转型中坚守和创新的知识分子代表。所谓"知识分子"就是这样一些人:他们不仅传承着文明,还守护着文明的核心价值——古代中国社会的仁、义、礼、智、信等(或者现代社会的良心、正义、民主、自由、法治等)。知识分子都是理想主义者。他们坚守内心珍视的价值,使得他们可以对自己和世人说:我的国度不属于这个世界。因此,知识分子与世俗的现实始终存在着巨大的张力。他们内心深处与世俗社会保持距离,在一定意义上讲,他们都是自我放逐的边缘人。知识分子集中代表了他们所处时代的文明的魂。如果说古代中国文明有魂,那么魂就集中体现在孔子、孟子、荀子、老子、庄子、墨子、商鞅及韩非等知识分子身上。他们在追逐理想的过程中见证了社会转型的艰难。然而,正是他们对"道"的坚守和追求,显示出转型社会还有无数盏守护社会的明灯。社会转型时期,哪怕社会陷入黑暗,他们以身守"道"的行为也会给人温暖,予人希望。正是因为他们的存在,古代中国文明才能薪火相传,延绵千年而不绝。

三、传承孔子思想的理路与新文化运动对先秦儒家的误读

自汉武帝确立儒术独尊的地位后,儒家思想就成为中国两千多年间占主导地位的国家意识形态,以致一些西方人将儒家文明等同于中华文明。近代,西方列强凭借"船坚炮利"打开了中国的国门,国人开始放眼看世界,反思中国儒家文明的问题。在20世纪初的新文化运动中,一些思想家对儒家文明的批判与反思都存在着一定的误读。1916年1月,陈独秀在《新青年》杂志第1卷第5号这样批判儒家:"儒者三纲之说,为一切道德政治之大原。君为臣纲,则民于君为附属品,而无独立自主之人格矣;父为子纲,则子于父为附属品,而无独立自主之人格矣;夫为妻纲,则妻于夫为附属品,而无独立自主之人格矣。率天下之男女,为臣,为子,为妻,而不见一独立自主之人者,三纲之说为之也。缘此而生金科玉律之道德名词,曰忠,曰孝,曰节,皆非推己及人之主人道德,而为以己属人之奴隶

---

① [美]约瑟夫·泰恩特:《复杂社会的崩溃》,邵旭东译,海南出版社2010年版,第259页。

道德也。"①同样,1920 年 1 月,李大钊在《新青年》第 7 卷第 2 号中说:"总观孔门的伦理道德,于君臣关系,只用一个'忠'字,使臣的一方完全牺牲于君;于父子关系,只用一个'孝'字,使子的一方完全牺牲于父;于夫妇关系,只用几个'顺''从''贞节'的名辞(词),使妻的一方完全牺牲于夫,女子的一方完全牺牲于男子。孔门的伦理是使子弟完全牺牲他自己以奉其尊上的伦理;孔门的道德是与治者绝对的权力,责被治者以片面的义务的道德。"②这些新文化运动的领袖都把"三纲"当作儒家思想的根本。据此,不禁要问:"三纲"之说是春秋战国时期儒家的基本主张吗?

　　"三纲"之说最早见于西汉大儒董仲舒。他在《春秋繁露·基义》中说:"是故仁义制度之数,尽取之天,天为君而覆露之,地为臣而持载之,阳为夫而生之,阴为妇而助之,春为父而生之,夏为子而养之,秋为死而棺之,冬为痛而丧之,王道之三纲,可求于天。"董仲舒对"三纲"的理解除了运用阴阳五行学说,还延续了春秋战国社会绝对伦理的内容。他在《春秋繁露·顺命》中说:"天子受命于天,诸侯受命于天子;子受命于父,臣妾受命于君,妻受命于夫,诸所受命者,其尊皆天也,虽谓受命于天亦可……子不奉父命,则有伯讨之罪……臣不奉君命,虽善,以叛言……妻不奉夫之命,则绝夫不言及是也。"这种将君臣、父子、夫妻伦理绝对化的理解,发展到东汉就成为"三纲"之说。东汉班固撰写的《白虎通义·三纲六纪》中说:"三纲者,何谓也? 谓君臣、父子、夫妇也……故君为臣纲,夫为妻纲。'"但春秋战国时期儒家孔子、孟子和荀子都没有明确的"三纲"之说。《论语·卷六·颜渊第十二》中齐景公问政于孔子,孔子回答:"君君,臣臣,父父,子子。"孔子的回答有点儿类似"三纲"之说,但孔子的话并没有强调臣要绝对服从君、子要绝对服从父。《论语·卷一·为政第二》中孟懿子向孔子问孝时,孔子答"无违",反映了子女对父母的绝对服从关系。但是在《论语·卷二·里仁第四》中,孔子说:"事父母几谏。见志不从,又敬不违,劳而不怨。"因此,孔子并不主张子女无条件地服从父母。而且,在君臣关系上,孔子坚持的是"君使臣以礼,臣事

---

① 蔡尚思:《十家论丛·十家论孔》,上海人民出版社 2006 年版,第 7 页。
② 同上书,第 49 页。

君以忠"①,要求"所谓大臣者,以道事君,不可则止"②。所以,在君臣关系上,孔子并不主张臣绝对服从君。同样,《孟子·公孙丑下》也说:"《礼》曰:父召无诺,君命召,不俟驾。"这反映了先秦社会子对父、臣对君的绝对服从关系。另外,《孟子·滕文公下》中说:"女子之嫁也,母命之,往送之门,戒之曰:'往之女家,必敬必戒,无违夫子!'"这反映了妻子对丈夫的绝对服从关系,但孟子反对"以顺为正",反对以"妾妇之道"事君,要求"君子之事君也,务引其君以当道,志于仁而已"③。此外,荀子也强调:"从道不从君,从义不从父,人之大行。"④因此,荀子也不赞成臣绝对服从君,子绝对服从父。所以,春秋战国时期的孔子、孟子和荀子都不主张臣对君、子对父和妻对夫绝对服从的"三纲"之说。

正如本书第二章第三节的验证,礼崩乐坏前的春秋社会是绝对伦理社会。强调臣对君、子对父和妻对夫的绝对服从正是春秋绝对伦理社会的道德要求。春秋战国时期绝对伦理社会向相对伦理社会转型,因此,强调臣对君、子对父和妻对夫的绝对服从应是春秋战国社会转型时期应延续的绝对伦理社会的内容。不仅儒家文献,先秦道家、法家和墨家文献中也有内容反映了臣对君、子对父的绝对服从。《庄子·大宗师》中说:"父母于子,东西南北,唯命之从。"《庄子·人间世》还说:"子之爱亲,命也,不可解于心;臣之事君,义也,无适而非君也,无所逃于天地之间。是之谓大戒。"同样,《韩非子·忠孝》中说:"所谓忠臣不危其君,孝子不非其亲。"类似地,《墨子·非命上》中说:"君有难则死,出亡则送。"这些内容反映的是臣绝对服从君的绝对伦理。因此,现代人讲"三纲"突出臣对君、子对父和妻对夫的绝对服从,但这并不是源于春秋战国时期的儒家,而是源于礼崩乐坏前的春秋社会。当然,儒家并未彻底否定春秋战国社会的绝对伦理,而是主张在满足社会"仁义"的基础上,可以"舍生取义""杀身成仁"。换言之,儒家在观念上承认君臣、父子、夫妇伦理的绝对性,但在实践中采取相对化的策略。如孟子讲:"君之视臣如手足,则臣视君如腹心;君之视臣如犬马,则臣视君如国

---

① 《论语·卷二·八佾第三》。
② 《论语·卷六·先进第十一》。
③ 《孟子·告子下》。
④ 《荀子·子道》。

人；君之视臣如土芥，则臣视君如寇仇。"①儒家这种实践策略正适应了春秋战国绝对伦理社会向相对伦理社会转型的要求。

后世儒家尊孔子为师，因此后人对孔子思想理解的分歧就决定了人们对孔子学说的传承理路。这种理路的不同最早表现在孟子和荀子对孔子思想的传承上。孟子的"仁政王道"学说是对孔子"德治"思想的继承和超越。由于孔子"德治"思想的内核是"仁"，因此孟子的"仁政王道"主张把"仁"当作孔子思想的核心和精髓。孟子很少讲"礼"，因此，孔子的"以礼治国"思想，在孟子思想中难觅踪影。荀子的"以礼治国"主张是对孔子的"以礼治国"思想的传承和发展。在荀子看来，孔子思想的核心是"礼"，仁只是"以礼治国"的手段。所以，荀子较少讲"仁"。孟子和荀子传承孔子思想的不同，实际上就是后世传承孔子思想的两条理路。后世坚持"仁"是孔子思想的核心和精髓的传承理路，不仅传承了孔子将春秋社会绝对伦理相对化的理路，而且继承了孟子站在社会伦理的立场上批判专制皇权的"道统"理路（尽管道统说始于唐代韩昌黎）。坚持"礼"是孔子思想的核心和精髓的传承理路，不仅传承了春秋战国时期儒家把君臣、父子和夫妻当作社会基本伦理规范的理路，譬如儒家经典《大学》中说："为人君，止于仁；为人臣，止于敬；为人子，止于孝；为人父，止于慈；与国人交，止于信。"《中庸》中说："天下之达道五，曰：君臣也，父子也，夫妇也，昆弟也，朋友之交也。"而且传承了先秦礼仪所蕴含的绝对伦理。因此，这种理路有走向绝对专制的趋势。这一点在荀子思想中有所呈现。来看荀子的一段话。

"孔子为鲁摄相，朝七日而诛少正卯。门人进问曰：'夫少正卯鲁之闻人也，夫子为政而始诛之，得无失乎？'孔子曰：'居，吾语女其故。人有恶者五，而盗窃不与焉。一曰心达而险，二曰行辟而坚，三曰言伪而辩，四曰记丑而博，五曰顺非而泽。此五者有一于人，则不得免于君子之诛，而少正卯兼有之。故居处足以聚徒成群，言谈足饰邪营众，强足以反是独立，此小人之桀雄也，不可不诛也。是以汤诛尹谐，文王诛潘止，周公诛管叔，太公诛华仕，管仲诛付里乙，子产诛邓析、史付。此七子者，皆异世同心，不可不诛也。'"②

---

① 《孟子·离娄下》。
② 《荀子·宥坐》。

荀子讲的孔子诛少正卯的事迹,《史记·孔子世家》中也有记载。这里不考证这一事件的真实性,只不过荀子记载孔子此事,显示出荀子在传承孔子思想时主张君子可以诛杀"心达而险""行辟而坚""言伪而辩""记丑而博""顺非而泽"之人,其思想有走向绝对专制的趋势。所以,赵纪彬先生说荀子是儒表法里的启蒙思想家。① 相应地,将"礼"认作孔子思想核心的理路特别契合专制皇权希望社会成员绝对服从国家的要求。自然,汉代"三纲"之说的出现,正是第二种理路与专制皇权结合的结果。这种结合就是后人常说的"名教"和"礼教"。所以,后世对孔子思想的传承一旦发展为名教或礼教之类的"三纲五常"之说,对社会成员的禁锢和毒害就尤其恶劣。

据此来看陈独秀和李大钊对春秋战国时期的儒家思想的批判,陈独秀和李大钊将"三纲"之说归于春秋战国儒家孔子在一定意义讲是误读。这种误读虽然包括正确的内涵,但是批判错了对象。譬如根据文字起源学的推测(第二章第三节第六目的分析),春秋社会乃至之前的西周社会的绝对伦理可能源于奴隶对主人的绝对服从。所以,陈独秀批判"三纲"是"以己属人之奴隶道德"是正确的,但据此批判春秋战国时期的儒家却是误读,因为臣对君、子对父和妻对夫的绝对服从并不是始于儒家,而是始于礼崩乐坏前的春秋社会。同样,批判儒家思想导致社会个体缺乏独立人格,本质是对中国伦理社会的批判,而不是对儒家思想的批判,因为无论是礼崩乐坏前的春秋社会还是传统中国乡土社会,都是伦理社会。相应地,在伦理社会,个体要完善人的德性,强化人的义务,而不是发展人的个性,张扬人的权利。所以就本质而言,20世纪初的新文化运动批判孔子思想,喊出"打倒孔家店",实际上是批判孔子之后将"礼"当作孔子思想核心的传承理路。当然,批判时没有理解批判对象,既与未深入把握孔子思想有关,又与对春秋战国社会转型缺乏深刻理解有关。或许在新文化运动中,人们对现实的关怀压倒了人们对春秋时期孔子思想精髓的真正把握。这反映出新文化运动的领袖们传承古代中国文明的局限。因此,如果不能真正把握春秋战国社会转型时期的诸子思想,那么今天的中国对诸子思想的研究就难以超越和走出20世纪初的新文化运动。

---

① 蔡尚思:《十家论丛:十家论孔》,上海人民出版社2006年版,第397页。

参 考 文 献

一、国内专著

1. ［北齐］魏收. 二十四史：魏书［M］. 简体字本. 北京：中华书局,1999.

2. ［北宋］薛居正. 二十四史：旧五代史［M］. 简体字本. 北京：中华书局,1999.

3. ［汉］班固. 二十四史：汉书［M］. 简体字本. 北京：中华书局,1999.

4. ［汉］刘向. 战国策［M］. 上海：上海古籍出版社,2007.

5. ［汉］司马迁. 二十四史：史记［M］. 简体字本. 北京：中华书局,1999.

6. ［汉］许慎. 说文解字［M］. 北京：中华书局,1963.

7. 阎振益,钟夏. 新编诸子集成：新书校注［M］. 北京：中华书局,2000.

8. ［后晋］刘昫. 二十四史：旧唐书［M］. 简体字本. 北京：中华书局,1999.

9. ［晋］陈寿. 二十四史：三国志［M］. 简体字本. 北京：中华书局,1999.

10. ［晋］郭璞,注. ［宋］邢昺,疏. 尔雅注疏［M］. 上海：上海古籍出版社,1990.

11. ［民国］赵尔巽,等. 清史稿［M］. 简体字本. 长春：吉林人民出版社,1995.

12. ［明］凌蒙初. 二刻拍案惊奇［M］. 全本. 海口：海南出版社,1993.

13. ［明］宋濂,等. 二十四史：元史［M］. 简体字本. 北京：中华书局,1999.

14. ［清］王夫之. 读通鉴论：下册［M］. 北京：中华书局,1975.

15. ［明］张居正. 张居正讲解《大学·中庸》［M］. 北京：中国华侨出版社,2009.

16. ［南朝梁］沈约. 二十四史：宋书［M］. 简体字本. 北京：中华书局,1999.

17. ［南朝梁］萧子显. 二十四史：南齐书［M］. 简体字本. 北京：中华书局,1999.

18. ［南朝宋］范晔,等. 二十四史：后汉书［M］. 简体字本. 北京：中华书局,1999.

19.［清］陈立.新编诸子集成:白虎通疏证［M］.吴则虞,校.北京:中华书局,1994.

20.［清］孙诒让.墨子闲诂［M］.孙启治,点校.北京:中华书局,2001.

21.［清］张廷玉,等.二十四史:明史［M］.简体字本.北京:中华书局,1999.

22.［宋］朱熹.四书章句集注［M］.北京:中华书局,1983.

23.［唐］房玄龄,等.二十四史:晋书［M］.简体字本.北京:中华书局,1999.

24.［唐］李百药.二十四史:北齐书［M］.简体字本.北京:中华书局,1999.

25.［唐］李商隐.李商隐诗集［M］.［清］朱鹤龄,笺注.田松青,点校.上海:上海古籍出版社,2015.

26.［唐］令狐德棻.二十四史:周书［M］.简体字本.北京:中华书局,1999.

27.［唐］欧阳询.艺文类聚［M］.上海:上海古籍出版社,1982.

28.［唐］魏征.二十四史:隋书［M］.简体字本.北京:中华书局,1999.

29.［唐］吴兢.贞观政要［M］.上海:上海古籍出版社,2007.

30.［唐］姚思廉.二十四史:陈书［M］.简体字本.北京:中华书局,1999.

31.［唐］姚思廉.二十四史:梁书［M］.简体字本.北京:中华书局,1999.

32.［元］脱脱,等.二十四史:金史［M］.简体字本.北京:中华书局,1999.

33.［元］脱脱,等.二十四史:辽史［M］.简体字本.北京:中华书局,1999.

34.［元］脱脱,等.二十四史:宋史［M］.简体字本.北京:中华书局,1999.

35.马克思恩格斯文集［M］.北京:人民出版社,2009.

36.蔡尚思.十家论丛:十家论孔［M］.上海:上海人民出版社,2006.

37.蔡尚思.十家论丛:十家论墨［M］.上海:上海人民出版社,2008.

38.蔡尚思.中国古代学术思想史论［M］.上海:上海古籍出版社,2013.

39.蔡元培.中国伦理学史［M］.长春:吉林出版集团股份有限公司,2017.

40.曾凡朝.崇文国学经典普及文库:周易［M］.武汉:崇文书局,2015.

41.陈鼓应.老子今译今注:修订版［M］.北京:商务印书馆,2003.

42.陈鼓应.庄子今译今注:修订版［M］.北京:商务印书馆,2007.

43.［汉］刘安,等.淮南子译注［M］.陈广忠,译注.长春:吉林文史出版社,1990.

44.陈弱水.公共意识与中国文化［M］.北京:新星出版社,2006.

45.陈涛.晏子春秋译注[M].北京:中华书局,2007.

46.陈桐生.全本全注全译丛书:国语[M].北京:中华书局,2013.

47.陈炜湛.古文字趣谈[M].上海:上海古籍出版社,2005.

48.陈旭麓.近代中国社会的新陈代谢[M].北京:生活·读书·新知三联书店,2017.

49.陈寅恪.陈寅恪合集:史集:隋唐制度渊源略论稿:唐代政治史述论稿[M].南京:译林出版社,2020.

50.承载.十三经译注:春秋穀梁传译注[M].上海:上海古籍出版社,2004.

51.党晴梵.先秦思想史论略[M].西安:陕西人民出版社,1959.

52.杜正胜.周代城邦[M].台北:联经出版事业公司,1985.

53.费孝通.乡土中国生育制度[M].北京:北京大学出版社,1998.

54.冯天瑜."封建"考论[M].武汉:武汉大学出版社,2006.

55.冯友兰.中国哲学史[M].重庆:重庆出版社,2009.

56.傅佩荣.傅佩荣国学精品集:解读孟子[M].上海:上海三联书店,2007.

57.傅斯年.中国古代思想与学术十论[M].桂林:广西师范大学出版社,2006.

58.高华平,王齐洲,张三夕.中华经典名著全本全注全译丛书:韩非子[M].北京:中华书局,2010.

59.顾德融,朱顺龙.春秋史[M].上海:上海人民出版社,2001.

60.顾颉刚.古史辨:第2册[M].上海:上海古籍出版社,1982.

61.郭丹,程小青,李彬源.中华经典名著全本全注全译丛书:左传[M].北京:中华书局,2012.

62.郭化若.国学经典译注丛书:孙子兵法译注[M].上海:上海古籍出版社,2012.

63.郭沫若.郭沫若全集:考古篇:第1卷[M].北京:科学出版社,1982.

64.郭沫若.郭沫若全集:历史编1[M].北京:人民出版社,1982.

65.韩锴.中国民本思想[M].北京:红旗出版社,2006.

66.何兹全.中国文库史学类:中国古代社会[M].北京:北京师范大学出版社,2001.

67. 侯外庐. 中国古代社会史论[M]. 石家庄:河北教育出版社,2000.

68. 胡道静. 十家论丛:十家论庄[M]. 上海:上海人民出版社,2004.

69. 胡适. 中国哲学史大纲[M]. 北京:中国华侨出版社,2013.

70. 黄光国. 儒家关系主义:文化反思与典范重建[M]. 北京:北京大学出版社,2006.

71. 黄光国,胡先缙. 人情与面子:中国人的权力游戏[M]. 北京:中国人民大学出版社,2010.

72. 黄怀信. 鹖冠子汇校集注:附通检[M]. 北京:中华书局,2004.

73. 黄怀信. 逸周书校补注译[M]. 西安:西北大学出版社,1996.

74. 江绍原. 发须爪:关于它们的迷信[M]. 北京:中华书局,2007.

75. 金观涛,刘青峰. 兴盛与危机:论中国社会超稳定结构[M]. 北京:法律出版社,2010.

76. 金耀基. 中国民本思想史[M]. 北京:法律出版社,2008.

77. 赖炎元. 春秋繁露今注今译[M]. 台北:台湾商务印书馆,1984.

78. 李民,王健. 十三经译注:尚书译注[M]. 上海:上海古籍出版社,2004.

79. 李小龙. 中华经典藏书:墨子[M]. 北京:中华书局,2007.

80. 李学勤. 东周与秦代文明[M]. 上海:上海人民出版社,2010.

81. 李雨薇. 女医检师现身说法:教你高潮一直来一直来[M]. 台北:文经社,2011.

82. 李泽厚. 中国思想史论:上[M]. 合肥:安徽文艺出版社,1999.

83. 梁启超. 国学基本文库:先秦政治思想史[M]. 北京:中国人民大学出版社,2012.

84. 梁漱溟. 东西文化及其哲学[M]. 上海:上海世纪出版集团,2006.

85. 梁漱溟. 世纪文库:乡村建设理论[M]. 上海:上海人民出版社,2006.

86. 梁漱溟. 世纪文库:中国文化要义[M]. 上海:上海人民出版社,2005.

87. 尉缭,刘春生. 中国历代名著全译丛书:尉缭子全译[M]. 贵阳:贵州人民出版社,1993.

88. 刘建军. 大学经典系列:古代中国政治制度十六讲[M]. 上海:上海人民出版社,2009.

89. 刘节. 古史考存[M]. 北京:人民出版社,1958.

90. 刘柯,李克和. 二十二子详注全译:管子译注[M]. 哈尔滨:黑龙江人民出版社,2003.

91. 刘尚慈. 中国古典名著译注丛书:春秋公羊传译注[M]. 北京:中华书局,2010.

92. 刘兴均. 汉字的构造及其文化意蕴[M]. 北京:人民出版社,2014.

93. 刘泽华. 名家学术精要:王权思想论[M]. 天津:天津人民出版社,2006.

94. 刘泽华. 先秦士人与社会[M]. 天津:天津人民出版社,2004.

95. 刘泽华. 中国政治思想史集[M]. 全三册. 北京:人民出版社,2008.

96. 刘泽华,葛荃. 中国古代政治思想史:修订本[M]. 天津:南开大学出版社,2001.

97. 陆宗达. 说文解字通论[M]. 北京:北京出版社,1981.

98. 罗根泽. 古史辨:第四册[M]. 上海:上海古籍出版社,1982.

99. 吕思勉. 中国大历史:秦汉史[M]. 北京:北京理工大学出版社,2016.

100. 吕思勉. 吕思勉文集:中国社会史[M]. 上海:上海古籍出版社,2007.

101. 马晓年. 知性·女性篇[M]. 长沙:湖南科学技术出版社,2016.

102. 马银琴. 华夏国学经典正宗文库:韩非子正宗[M]. 北京:华夏出版社,2008.

103. 孟天运. 国家哲学社会科学成果文库:先秦社会思想研究:下[M]. 北京:人民出版社,2012.

104. 牟宗三. 世纪文库:中国哲学十九讲[M]. 上海:上海古籍出版社,2005.

105. 钱穆. 钱穆作品系列:秦汉史[M]. 北京:生活·读书·新知三联书店,2012.

106. 秦彦士. 中国传统学术与社会丛书:诸子学与先秦社会[M]. 石家庄:河北人民出版社,2003.

107. 裘锡圭. 中国出土古文献十讲[M]. 上海:复旦大学出版社,2004.

108. 瞿同祖. 中华现代学术名著丛书:中国法律与中国社会[M]. 北京:商务印书馆,2010.

109. 《睡虎地秦墓竹简》整理小组. 睡虎地秦墓竹简[M]. 北京:文物出版

社,1978.

110. 宋天正.中庸今注今译[M].台北:台湾商务印书馆,1977.

111. 童书业.蓬莱阁丛书:春秋史[M].上海:上海古籍出版社,2003.

112. 王保国.中原文化研究丛书:两周民本思想研究[M].北京:学苑出版社,2004.

113. 王利器.新编诸子集成:新语校注[M].北京:中华书局,2012.

114. 王盛元.中国古典文化大系:孔子家语译注[M].上海:上海三联书店,2012.

115. 王世舜.尚书译注[M].成都:四川人民出版社,1982.

116. 王学泰.游民文化与中国社会:增修版[M].北京:同心出版社,2007.

117. 王亚平.权力之争:中世纪西欧的君权与教权[M].北京:东方出版社,1995.

118. 王贞珉.中国古代名著今译丛书:盐铁论译注[M].哈尔滨:黑龙江文史出版社,1995.

119. 魏达纯.韩诗外传译注[M].长春:东北师范大学出版社,1993.

120. 邬国义,胡果文,李晓路.中华古籍译注丛书:国语译注[M].上海:上海古籍出版社,1994.

121. 萧公权.萧公权文集:中国政治思想史[M].北京:新星出版社,2005.

122. 许倬云.西周史:增订本[M].北京:生活·读书·新知三联书店,1994.

123. 王栻.中国近代人物文集丛书:严复集:第1册[M].北京:中华书局,1986.

124. 阎振益,钟夏.新编诸子集成:新书校注[M].北京:中华书局,2000.

125. 杨伯峻.论语译注[M].北京:中华书局,1980.

126. 杨伯峻.中国古典名著译注丛书:孟子译注[M].北京:中华书局,2010.

127. 杨宽.中国断代史系列:西周史[M].上海:上海人民出版社,2003.

128. 杨宽.战国史:增订本[M].上海:上海人民出版社,1998.

129. 杨天宇.十三经译注:礼记译注:下[M].上海:上海古籍出版社,2004.

130. 杨向奎.宗周社会与礼乐文明:修订本[M].北京:人民出版社,1997.

131. 尹黎云.汉字字源学[M].北京:开明出版社,2003.

132. 余英时. 士与中国文化[M]. 上海:上海人民出版社,2003.

133. 余英时. 海外中国研究丛书:中国思想传统的现代诠释[M]. 南京:江苏人民出版社,2003.

134. 俞吾金. 意识形态论[M]. 上海:上海人民出版社,2014.

135. 袁振国,朱永新,蒋乐群,等. 男女差异心理学[M]. 天津:天津人民出版社,1989.

136. 张分田. 中国古代统治思想研究[M]. 北京:人民出版社,2013.

137. 张光直. 中国青铜时代[M]. 北京:生活·读书·新知三联书店,1983.

138. 张翰书. 当代中国学术文库:海外卷:比较中西政治思想[M]. 长春:吉林出版集团有限责任公司,2009.

139. 张觉. 中华古籍译注丛书:荀子译注[M]. 上海:上海古籍出版社,1995.

140. 张双棣,张万彬,殷国光,等. 中国古代名著今译丛书:吕氏春秋译注:下[M]. 长春:吉林文史出版社,1986.

141. 张涛. 列女传译注[M]. 济南:山东大学出版社,1990.

142. 章太炎. 诸子学略说[M]. 桂林:广西师范大学出版社,2010.

143. 赵鼎新. 东周战争与儒法国家的诞生[M]. 夏江旗,译. 上海:华东师范大学出版社,2011.

144. 赵文林,谢淑君. 中国人口史[M]. 北京:人民出版社,1988.

145. 中共中央马克思恩格斯列宁斯大林著作编译局. 列宁选集:1[M]. 北京:人民出版社,1995.

146. 周晓露. 中国古典文化大系:商君书译注[M]. 上海:上海三联书店,2014.

147. 周振甫. 中国古典名著译注丛书:诗经译注[M]. 北京:中华书局,2002.

148. 周振甫. 周振甫讲怎样学习古文[M]. 南京:江苏教育出版社,凤凰出版传媒集团,2005.

149. 周振鹤. 中国专题史系列丛书:中国地方行政制度史[M]. 上海:上海人民出版社,2014.

150. 周振鹤. 中国历史政治地理十六讲[M]. 北京:中华书局,2013.

151. 朱凤瀚. 商周家族形态研究:增订本[M]. 天津:天津古籍出版社,2004.

二、国外译著

152. [波]彼得·什托姆普卡. 社会科学译丛:社会变迁的社会学[M]. 林聚任等,译. 北京:北京大学出版社,2011.

153. [德]斐迪南·滕尼斯. 共同体与社会[M]. 林荣远,译. 北京:商务印书馆,1999.

154. [德]黑格尔. 汉译世界学术名著丛书:法哲学原理或自然法和国家学纲要[M]. 范扬,张企泰,译. 北京:商务印书馆,2017.

155. [德]马克斯·韦伯. 经济与社会:上卷[M]. 林荣远,译. 北京:商务印书馆,1997.

156. [英]约翰·B. 汤普森. 国外马克思主义与当代资本主义文库:意识形态理论研究[M]. 郭世平等,译. 王晓升,审校. 北京:社会科学文献出版社,2013.

157. [德]卡尔·雅斯贝尔斯. 雅斯贝尔斯著作集:论历史的起源与目标[M]. 李雪涛,译. 上海:华东师范大学出版社,2016.

158. [德]尼克拉斯·卢曼. 权力[M]. 瞿铁鹏,译. 上海:上海世纪出版集团,2005.

159. [德]扬·菲利普·雷姆茨玛. 信任与暴力:试论现代一种特殊的局面[M]. 赵蕾莲,译. 北京:商务印书馆,2016.

160. [俄]谢·卡拉-穆尔札. 当代世界社会主义研究丛书:论意识操纵:上[M]. 徐昌翰等,译. 北京:社会科学文献出版社,2004.

161. [法]埃米尔·涂尔干. 现代西方学术文库:社会分工论[M]. 渠东,译. 北京:生活·读书·新知三联书店,2000.

162. [法]埃米尔·涂尔干. 涂尔干文集:第一卷:宗教生活的基本形式[M]. 渠东,汲喆,译. 上海:上海人民出版社,1999.

163. [法]加布里埃尔·塔尔德,[美]埃尔希·克鲁斯·帕森斯. 新闻与传播学译丛:大师经典系列:模仿律[M]. 何道宽,译. 北京:中国人民大学出版社,2008.

164. [法]卢梭. 汉译世界学术名著丛书:社会契约论:修订本[M]. 3 版. 何兆武,译. 北京:商务印书馆,2003.

165. [法]马克·布洛赫. 汉译世界学术名著丛书:封建社会:上卷[M]. 张绪

山译.北京:商务印书馆,2004.

166. [法]米歇尔·福柯.规训与惩罚:监狱的诞生[M].修订译本.刘北成,杨远婴,译.北京:生活·读书·新知三联书店,1999.

167. [法]托克维尔.汉译世界学术名著丛书:旧制度与大革命[M].冯棠译.北京:商务印书馆,1992.

168. [古希腊]柏拉图.汉译世界学术名著丛书:理想国[M].郭斌和,张竹明,译.北京:商务印书馆,1986.

169. [古希腊]亚里士多德.汉译世界学术名著丛书:政治学[M].吴寿彭译.北京:商务印书馆,1997.

170. [美]埃托奥,布里奇斯.欧美心理学译丛:女性心理学[M].苏彦捷等,译.北京:北京大学出版社,2003.

171. [英]卡尔·波兰尼.巨变:当代政治与经济的起源[M].黄树民,译.北京:社会科学文献出版社,2013.

172. [美]本杰明·史华兹.海外中国研究丛书:古代中国的思想世界[M].程钢,译.南京:江苏人民出版社,2008.

173. [美]C.赖特·米尔斯.社会学的想象力[M].陈强,张永强,译.北京:生活·读书·新知三联书店,2012.

174. [美]大卫·科泽.凤凰文库:仪式、政治与权力[M].王海洲,译.南京:江苏人民出版社,2015.

175. [英]迈克尔·曼.世纪人文系列丛书:社会权力的来源:第1卷[M].刘北成,李少军,译.上海:上海人民出版社,2007.

176. [美]顾立雅.当代海外汉学名著译丛:孔子与中国之道[M].高专诚,译.郑州:大象出版社,2000.

177. [美]哈罗德·D.拉斯韦尔,亚伯拉罕·卡普兰.东方编译所译丛:权力与社会:一项政治研究的框架[M].王菲易,译.上海:上海人民出版社,2012.

178. [美]卡罗尔·吉利根.不同的声音:心理学理论与妇女发展[M].肖巍,译.北京:中央编译出版社,1999.

179. [美]柯瑞·罗宾.我们心底的"怕":一种政治观念史[M].叶安宁,译.上海:复旦大学出版社,2007.

180.[美]兰德尔·柯林斯.暴力:一种微观社会学理论[M].刘冉,译.北京:北京大学出版社,2016.

181.[美]利昂·P·巴拉达特.意识形态:起源和影响:第10版[M].张慧芝,张露璐,译.北京:世界图书出版公司,2010.

182.[美]路易斯·亨利·摩尔根.古代社会:上[M].杨东莼,马雍,马巨,译.北京:商务印书馆,1977.

183.[美]罗伯特·A·达尔,布鲁斯·斯泰恩布里克纳.现代政治分析:第6版[M].华世平,编.吴勇,译.北京:中国人民大学出版社,2012.

184.[美]玛丽·道格拉斯.制度如何思考[M].张晨曲,译.北京:经济管理出版社,2013.

185.[美]乔尔·S.米格代尔.社会中的国家:国家与社会如何相互改变与相互构成[M].李杨,郭一聪,译.张长东,校.南京:江苏人民出版社,2013.

186.[美]倪德卫,万白安.海外中国研究丛书:儒家之道:中国哲学之探讨[M].周炽成,译.南京:江苏人民出版社,2006.

187.[美]T.帕森斯.社会行动的结构[M].张明德,夏遇南,彭刚,译.南京:译林出版社,2003.

188.[美]托马斯·埃特曼.东方编译所译丛:利维坦的诞生:中世纪及现代早期欧洲的国家与政权建设[M].郭台辉,译.上海:上海人民出版社,2010.

189.[美]约瑟夫·泰恩特.复杂社会的崩溃[M].邵旭东,译.海南:海南出版社,2010.

190.[美]詹姆士·斯科特.逃避统治的艺术:东南亚高地的无政府主义历史[M].王晓毅,译.北京:生活·读书·新知三联书店,2016.

191.[日]高木智见.先秦社会与思想:试论中国文化的核心[M].何晓毅,译.上海:上海古籍出版社,2011.

192.[日]宫崎市定.东洋的古代:从都市国家到秦汉帝国[M].[日]砺波护,编.马云超,张学锋,石洋,译.北京:中信出版社,2018.

193.[日]增渊龙夫.中国古代的社会与国家[M].吕静,译.上海:上海古籍出版社,2017.

194.[日]尾形勇.日本学者中国史研究丛刊:中国古代的"家"与国家[M].

张鹤泉,译.北京:中华书局,2010.

195.[意]安东尼奥·葛兰西.狱中札记[M].曹雷雨,姜丽,张跣,译.北京:中国社会科学出版社,2000.

196.[英]安德鲁·海伍德.公共行政与公共管理经典译丛:政治学:第2版[M].张立鹏,译.北京:中国人民大学出版社,2006.

197.[英]安东尼·吉登斯.社会的构成:结构化理论大纲[M].李康,李猛,译.北京:生活·读书·新知三联书店,1998.

198.[英]大卫·麦克里兰.西方社会科学基本知识读本:意识形态:第2版[M].孔兆政,蒋龙翔,译.长春:吉林人民出版社,2005.

199.[英]芬纳.统治史:卷一:古代的王权和帝国:从苏美尔到罗马[M].马百亮,王震,译.上海:华东师范大学出版社,2010.

200.[英]亨利·梅因.古代法[M].沈景一,译.北京:商务印书馆,1984.

三、国内期刊与报纸

201.冯小红,刘书增.春秋末年晋国六卿田制和税制再研究:以临沂银雀山汉简《吴问》篇为中心[J].中国经济史研究,2012(1):27-34.

202.黄怀信.《论语》中的"仁"与孔子仁学的内涵[J].齐鲁学刊,2007(1):5-8.

203.霍宏伟.我国北方一个农庄的婚姻圈研究:对山东省济阳县江店乡贾寨村的个案分析[J].社会,2002(12):36-40.

204.梁治平."法"辩[J].中国社会科学,1986(4).

205.柳新元.意识形态与中国渐进式改革方式的选择[J].理论探讨,2010(4):10-13.

206.王保国.孟子民本思想渊源考辨[J].郑州大学学报(哲学社会科学版),2006,39(4):86-90.

207.王健.法家事功思想初探:以《商君书》《韩非子》为中心[J].史学月刊,2001(6):51-56.

208.王艳勤.原"仁"[J].孔子研究,2007(2):52-58.

209.徐进.商鞅法治理论的缺失:再论法家思想与秦亡的关系[J].法学研究,1997(6):129-135.

210. 徐进. 韩子亡秦论:商鞅、韩非法律思想之比较[J]. 法学研究,1994(4):78－84.

211. 谢阳举. 仁的起源探本[J]. 管子学刊,2001(1):44－49.

212. 晏功明. 孟子"君臣""君民"关系主张的渊源再探析[J]. 理论界,2015(8):103－108.

213. 赵波. 论传统中国儒家意识形态与法律的协调与冲突[J]. 兰州学刊,2007(1):128－130.

四、英文专著及杂志

214. H. R. Markus, S. Kitayama. Culture and the self:implications for cognition, emotion and motivation[J]. Psychological review,1991,vol. 98,No. 2.

215. Michael Mann. The autonomous power of the state:its origins, mechanisms and results[J]. Archives européennes de sociologie,1984,vol. 25.

后　记

诸子争鸣的春秋战国时期是古代中国文明的轴心时代。诸子百家的思想奠定了中国古代文明的基调。要传承中国古代文明，就必须了解和把握春秋战国时期诸子的思想。长期以来，春秋战国时期诸子的思想似乎被国人研究滥了。可惜，国人对诸子思想的研究，并未走出直觉的前科学时代。本书在一定意义上是我生为中国人，对国内春秋战国时期诸子思想研究现状不满的结果。

对本书的研究始于 2012 年。当时，我准备报考复旦大学政治学理论专业博士。2013 年，我考入复旦大学。读博期间的学术训练和文献阅读，启发我开始尝试通过"理论分析、命题假设、检验假设"的方式重构自己对春秋战国时期诸子思想的研究框架。博士毕业后，研究和解读春秋战国时期的诸子思想几乎成了我的"天命"。这种"天命"，严格说来，就是学术问题推动和逼迫着我不断去探索。学术问题丰富了探究春秋战国时期诸子思想的意义和价值。于是乎，我常常冥思苦想至半夜才卧床，入睡前偶有推理假设之心得，便立即起身，到案前谨慎地验证。几番删改，甚至不断推倒重构数次之后，才有了本书。

本书的出版获得了 2020 年度景德镇学院文库的项目资助。江西高校出版社的多位编辑老师对书稿做了大量细致而辛苦的文字校对工作，纠正了书稿中的许多疏失与错误。我在此对他们说一声：你们辛苦了，谢谢！当然，本书个别字句的修改也得到了小女晏慧娜的帮助。我真诚地希望我的妻子和女儿与我一起分享本书顺利出版的喜悦。

写作本书不是为了赤裸裸的利益，而是为了传承和理解先秦诸子关于中国古代文明的真知灼见。本书是一部学术著作，我希望本书能启发后来者普遍采用"理论分析、命题假设、检验假设"的范式开展社会科学研究。我诚恳地接受学界同人的批评和指正。

是为记。

晏功明

2021 年 2 月 25 日